Fragile Solidaritäten

»Substanz«

Marta press

Jana Günther

Fragile Solidaritäten

Klasse und Geschlecht
in der britischen und deutschen Frauenbewegung

Die Deutsche Bibliothek verzeichnet diese Publikation
in der Deutschen Nationalbibliografie.
Detaillierte bibliografische Daten sind im Internet abrufbar unter
http://dnb.d-nb.de

Zugl.: Berlin, Humboldt-Universität zu Berlin, Kultur-, Sozial- und
Bildungswissenschaftliche Fakultät, Dissertation, 2017.

Besuchen Sie uns auch im Internet:
www.marta-press.de

2. Auflage Juli 2019
© 2019 Marta Press UG (haftungsbeschränkt), Hamburg, Germany
www.marta-press.de
Alle Rechte vorbehalten.
Kein Teil des Werkes darf in irgendeiner Form (durch Fotografie, Mikrofilm oder andere Verfahren) ohne schriftliche Genehmigung des Verlages reproduziert oder unter Verwendung elektronischer Systeme verarbeitet, vervielfältigt oder verbreitet werden.
© Umschlaggestaltung: Niels Menke, Hamburg
unter Verwendung der Fotografie
© Dreherinnen Dresden, 1918, AddF, Kassel, A-F2/00174.
Printed in Germany.
ISBN 978-3-944442-62-4

Für Bill Hiscott †

Inhaltsverzeichnis

1. Einleitung **13**

2. Theoretischer Bezugsrahmen **22**
    2.1 Definition sozialer Bewegungen 23
    2.2 Zäsuren der Bewegungsforschung 25
    2.3 Frauenbewegung als Forschungsgegenstand und Forschungsproduzentin 69
    2.4 Zusammenfassung 87

3. Methodisches Vorgehen **89**
    3.1 Untersuchungsgegenstand 91
    3.2 Mehrebenenanalyse 99
    3.3 Zusammenfassung 116

4. Historischer Kontext und politische Gelegenheiten **118**
    4.1 Doppelte Transformation: Demokratisierung und Industrialisierung in Europa 119
    4.2 Deutsche Verhältnisse: Zwischen Repression und Aktion 137
    4.3 Britische Verhältnisse: Zwischen Konstitutionalismus und Militanz 186
    4.4 Zusammenfassung: Solidarität zwischen den „Frauen aller Kreise"? 234

5. Framing solidarity – Framing difference: Aushandlungen von Klasse und Geschlecht _____ 238

5.1 Bund deutscher Frauenvereine: Recht durch Anerkennung _____ 239

5.2 Die proletarische Frauenbewegung: „Kampf aller Ausgebeuteten" _____ 257

5.3 National Union of Suffrage Societies: Egalität und Bündnisoffenheit _____ 273

5.4 Women's Social and Political Union: Gynozentrismus und Nivellierung des Klassenunterschieds _____ 289

5.5 Zusammenfassung: Relationen um Klasse und Geschlecht im Kräftefeld der Frauenbewegung _____ 304

6. Das Verhältnis von Klasse und Geschlecht als Mobilisierungskatalysator in der Frauenbewegung _ 307

6.1 Bund deutscher Frauenvereine: „Augen links" _____ 308

6.2 Proletarische Frauenbewegung: „Agitieren, organisieren, disziplinieren und theoretisch schulen. Vorwärts!" _____ 315

6.3 National Union of Women Suffrage Societies: „Policy to use" _____ 325

6.4 Women's Social and Political Union: „We are guerillists" _____ 334

6.5 Frauenbewegung: Solidarisierung und Abgrenzung als Strategie _____ 342

7. Schlussbetrachtung _____ 344

Literatur- und Quellenverzeichnis _____ 356

Abbildungsverzeichnis

Abbildung 1: Ablauf der Auswertung _____ 112
Abbildung 2: Frau Stritt, Miss Carmichael, and Miss MacMillan __ 156
Abbildung 3: Streikende Arbeiterinnen aus Crimmitschau, 1904__ 174
Abbildung 4: Millicent Garrett Fawcett speaks at Hyde Park _____ 219
Abbildung 5: Suffragette selling copies of 'The Suffragette'_____ 230
Abbildung 6: Suffragette Demonstration Rally Hyde: Mrs Pethick-Lawrence, Christabel Pankhurst, Sylvia Pankhurst und Emily Wilding, 1910 _____ 336
Abbildung 7: Dreherinnen Dresden, 1918 _____ 349
Abbildung 8: Women's Suffrage Millicent Fawcett, 1917 _____ 351

Tabellenverzeichnis

Tabelle 1: Bewegungsorganisationen und Medien _____ 95
Tabelle 2: Erhobene Datensätze (DS) der deutschen Bewegungszeitschriften _____ 98
Tabelle 3: Erhobene Datensätze (DS) der britischen Bewegungszeitschriften _____ 99
Tabelle 4: Die vier Formen der „strukturierenden Inhaltsanalyse" 109
Tabelle 5: Hauptthemen, Kategorien & Unterkategorien _____ 113
Tabelle 6: Rahmungen nach Geschlecht bzw. Klasse am Beispiel Bildung _____ 114
Tabelle 7: Organisierungsgrad der Frauen _____ 176
Tabelle 8: Organisierungsgrad der Frauen in Gewerkschaften____ 193
Tabelle 9: Identifizierte Frame nach Geschlechter- und Klassenkonflikt _____ 304
Tabelle 10: Frauenanteil in den Gewerkschaften _____ 317
Tabelle 11: Mitgliedsorganisationen in der NUWSS 1912–1914 __ 328

Die Frau ist in der Oeffentlichkeit gemeinhin noch ganz passiv:
sie hört, sie sieht, sie denkt auch -
aber für sich; sie manifestiert nicht.
Vor allem hält sie mit dem Ausdruck ihres Mißfallens
meist zurück, denn Mißfallen bezeigen wäre ja „aggressiv",
das hieße ja ganz aus der weiblichen Zurückhaltung treten
und aus der weiblichen Rolle fallen.

Schirmacher, 15.04.1908, Centralblatt: 10.

1. Einleitung

Soziale Bewegungen sind amorphe Gebilde (vgl. Byrne 1997: 11), die den Versuch unternehmen, gesellschaftliche Verhältnisse zu verändern. Sie bewirken soziale Umbrüche und Krisen, werden von diesen aber auch hervorgerufen. Mit Sicherheit stellen soziale Bewegungen den Status Quo in Frage.

Frauenbewegungen gelten als **die** Agentinnen eines erkämpften bzw. zu erkämpfenden sozialen Wandels. Der gleichberechtigte Zugang zu gesellschaftlichen Ressourcen und politischer Mitbestimmung, insbesondere in Bezug auf Familien- und Sozialpolitik sowie gerechte Ausbildungs- und Erwerbsarbeitsverhältnisse, war und ist ein Thema, welches die Frauenbewegung nunmehr seit zwei Jahrhunderten und weltweit beschäftigt. Die erste Frauenbewegung in Europa konnte sich – von Vordenker_innen[1] einmal abgesehen – Mitte des 19. Jahrhunderts mit neuen Interaktions- und Kommunikationsformen etablieren, um ihre Forderungen auf die politische Agenda zu setzen. Diese Bewegung steht im Mittelpunkt der vorliegenden Arbeit.

Die in der Bewegungsforschung etablierte Idee der Inszenierung kollektiver Identität (vgl. Eder 2011; Melucci 1989), die als „Kitt" die „sozialen Bewegungen zusammenhält" (Haunss 2011: 36), stößt bei näherer empirischer Betrachtung der Frauenbewegung an ihre Grenzen. Denn die Frauenbewegung war bzw. ist nicht nur die Produzentin und Trägerin sozialer Kämpfe in vergeschlechtlichenden und vergeschlechtlichten Machtverhältnissen, sie war und ist auch selbst ein Ort, an welchem Machtverhältnisse austariert werden müssen. Gerade der identitätspolitische „Kitt" beinhaltet für die Frauenbewegung stets soziale Sprengkraft. Mitnichten handelt es sich bei der Frauenbewegung also um eine homogene politische Gruppe. Vielmehr scheint es sich um heterogene Positionen zu handeln, die erst in ihren wechselseitigen Bezugnahmen aufeinander den Gegenstand Frauenbewegung konstituieren. Diese Positionen

---

[1] In der Arbeit wird eine geschlechterdemokratische Sprachweise genutzt. In manchen Fällen geht aus dem historischen Material klar hervor, dass sich die Akteur_innen über die Kategorien ‚Frau' oder ‚Mann' definieren, daher wurde an diesen Stellen die vergeschlechtlichte Grammatik eingehalten.

sind dadurch gekennzeichnet, dass sich in ihnen – und zwar auf je unterschiedliche Weise – nicht nur Geschlecht, sondern auch andere gesellschaftlich relevante soziale Ungleichheitsverhältnisse widerspiegeln und in Zielstellungen, Forderungen und Inhalten, der Art der strategischen Mobilisierung und der Organisationsform äußern. Auf der Ebene des Protests selbst kommt es also auch zu Kämpfen um Deutungsmacht und Sprechgewalt. Konflikte und Brüche sind demnach Teil der Frauenbewegungsgeschichte, die auch von Ausschlüssen, Diskriminierungen und hegemonialen Geschlechtervorstellungen gezeichnet wird. Wie die Untersuchung zeigen wird, ermöglichten diese Konfliktlinien aber auch die Erweiterung des Protestspektrums, die Etablierung neuer Organisationen, Solidarisierungen sowie die Öffnung für neue Ziele.

Forschungsinteresse

Die vorliegende Studie versteht sich als bewegungstheoretische Mehrebenenanalyse, die intersektional informiert Solidaritäten und Konfliktlinien der frühen Frauenbewegung in Großbritannien und Deutschland auslotet. In der deutschen Frauen- und Geschlechterforschung ist die frühe Frauenbewegung zwar Gegenstand zahlreicher – überwiegend historisch angelegter – Studien. Als ein empirisches Phänomen und mit einer ländervergleichenden Perspektive fand sie allerdings nur bedingt Eingang in die Gender Studies oder in die soziologische Erforschung und Theoretisierung sozialer Bewegungen.

Den Untersuchungsgegenstand der vorliegenden Forschungsarbeit bildeten je zwei Frauenbewegungsströmungen aus dem damals viktorianisch geprägten Großbritannien und der verspäteten Nation (vgl. Plessner 1992) des wilhelminischen Kaiserreichs. Die nationalen Frauenbewegungen waren selbstredend verschiedenen politischen Bedingungen ausgesetzt. Obwohl sie sich in den beiden Staaten mit ähnlichen Forderungen etablierten, kämpften sie mit ganz spezifischen bewegungsinternen Konflikten und Brüchen. Diese bewegungsinternen Differenzen sind das Thema der vorliegenden Arbeit. Ihr Zuschnitt als vergleichende Bewegungsstudie soll die Möglichkeit bieten, Gemeinsamkeiten und Unterschiede von Bewegungen jenseits nationalstaatlicher Erklärungsmuster herauszuarbeiten.

Konfliktlinien in Frauenbewegungen werden in der Forschungsliteratur oftmals über ideologische Differenzierungen erklärt. Doch auch diese verschleiern spezifische Dynamiken und Aushandlungsprozesse in und zwischen sozialen Bewegungen. Alternativ bietet sich an, zur Bezeichnung der verschiedenen Positionen den Akteur_innen selbst zu folgen: Im deutschsprachigen Raum setzte sich die Unterscheidung nach den *politischen Stoßrichtungen* der Strömungen durch, was sich in der Kategorisierung ‚sozialistisch'/‚proletarisch' versus ‚bürgerlich' ausdrückt. Dahingegen wurden die Differenzen der britischen Frauenbewegung auf der *Handlungsebene* markiert, wobei sich die Differenzierungskategorien ‚militant' versus ‚non-militant'/‚konstitutionell' durchsetzten. Diese vier Strömungen sollen in der vorliegenden Untersuchung in ihren wechselseitigen Beziehungen, Konflikten, Brüchen und Solidarisierungen dargestellt werden. Um dies abbilden zu können, wurde eine intersektionale Perspektive gewählt, die über die Ungleichheitskategorie Geschlecht hinaus auch Klassenfragen in den Blick nimmt.

Die forschungsleitende Fragestellung lautete:

Inwiefern beeinflussten Aushandlungsprozesse und Deutungen um Geschlechter- und Klassenverhältnisse die britische und deutsche Frauenbewegung in ihren Organisations- und Mobilisierungsstrategien?

Für die historisch angelegte Studie stehen daher die Konstruktionsprozesse um Klasse und Geschlecht im Hinblick auf die differenten Bewegungsformationen im Mittelpunkt der Analyse. Dabei sollen Aktionsrepertoires und Mobilisierungsstrategien sowie die Themenwahl bzw. die Problemprognose in Bezug auf die identitätspolitischen Selbstbeschreibungen offengelegt und Prozesse der Abgrenzung interpretiert werden.

Untersuchungsgegenstand

So facettenreich und spannend die Frauenbewegungen, zumal in differenten nationalhistorischen Kontexten, auch sind, ihre soziologische Betrachtung setzt eine Entscheidung bezüglich des Untersuchungszeitraumes und -gegenstandes voraus. Um die Vergleichbarkeit zu gewährleisten, wählte ich erstens die zwei größten Frauenbewegungsorganisationen, die sich in Form eines Bundes bzw. Verbandes organisiert hatten: die *National Union of Suffrage Societies* (NUWSS) und den *Bund deutscher Frauenvereine* (BdF), sowie zweitens die *Women's Social and Political Union* und die *proletarische Frauenbewegung* in Deutschland, welche sich innerhalb der sozialdemokratisch/sozialistischen Bewegung herausgebildet hatten. Der Untersuchungszeitraum orientiert sich an den historischen Zäsuren um 1908 und 1914.

In Großbritannien gewannen die Bewegungen ab 1903 an neuem Schwung, als die *Independent Labour Party* (ILP) dem Antrag der neugegründeten WSPU nachkam, eine Women's Enfranchisement Bill zu entwerfen und im Parlament einzubringen (Rowbotham 1980: 104f). Mit tatkräftiger Unterstützung der Textilarbeiter_innen im Gewerkschaftsumfeld von Manchester gelang es der WSPU, durch öffentliche Aktionen auf ihr Anliegen aufmerksam zu machen. Die Verhaftung der WSPU-Aktivistinnen Christabel Pankhurst und Annie Kenney, einer Textilarbeiterin, bei einer solchen Gelegenheit führte zu einem öffentlichen Aufschrei und erregte enorme mediale Aufmerksamkeit. So gelang es der WSPU, innerhalb kürzester Zeit neue Mitglieder und enorme Geldmittel für ‚die Sache' zu akquirieren. Ab 1908 gaben sie einwöchentlich ihr organisationseigenes Blatt *The Votes for Women*, später *The Suffragette*, heraus.

Die traditionelle Frauenbewegungsorganisation *National Union of Suffrage Societies* (NUWSS), welche sich zu diesem Zeitpunkt eher als liberal orientiert beschreiben lässt, sah die Entwicklung zunächst skeptisch, passte sich aber den neuen Mitteln des demonstrativen öffentlichen Protestes an und öffnete sich neuen politisch-öffentlichen Praktiken der Interessenartikulation. Sie publizierte im einwöchentlichen Turnus ab 1909 die Zeitschrift *The Common Cause*.

Die deutschen Frauenbewegungsaktiven sahen sich vor das Problem der Vereinsgesetze gestellt, die es Frauen verboten, in politischen Vereinen zu wirken. Trotz widriger Bedingungen als in Großbritannien gaben beide Bewegungen ihr Organisationsblatt bereits vor der Jahrhundertwende heraus. Das *Centralblatt*, später *Die Frauenfrage* des *Bundes deutscher Frauenvereine* (BdF) sowie *Die*

Gleichheit der *proletarischen Frauen* blickten also auf eine längere Tradition zurück. Durch die Novellierung des Reichsvereinsgesetzes 1908, welches es Frauen nach Jahren unterschiedlicher und unsicherer Rechtslagen in den einzelnen Ländern nun ermöglichte, in politischen Vereinen tätig zu sein, kam es dann zu einem Mobilisierungsschub in Bezug auf deren Betätigungsfelder.

In den Jahren von 1908 bis zum Beginn des Ersten Weltkrieges 1914 entwickelten sich in den differenten Bewegungen unterschiedliche Diskurse um die Klassen- und Geschlechterfrage, um die Strategie zur Umsetzung der Ziele sowie um die Methoden, welche zur Mobilisierung für ‚die Sache' einzusetzen seien. Diese Entwicklungen der Bewegungen sind mit spezifischen Brüchen sowie einer nachweisbaren Wechselseitigkeit in Bezug auf die jeweiligen Strategien der ausländischen Bewegungen sowie der ‚konkurrierenden' Strömung im eigenen Land verbunden. So solidarisierten sich beispielsweise nach deren Verhaftungen und während der Hungerstreiks zunächst alle Bewegungen mit den Suffragetten der WSPU; doch später spalteten sich die Bewegungen an der Militanz- und der Klassenfrage. Diesem Spannungsfeld zwischen Konflikt und Solidarität wird im Rahmen dieser Studie systematisch nachgegangen.

Methoden und Quellen

Analytisch stützt sich die Untersuchung auf den Vorschlag von Doug McAdam, John D. McCarthy und Mayer N. Zald (1996: 2ff, 20), verschiedene Ansätze der Bewegungsforschung zu synthetisieren, nämlich: politische Gelegenheitsstrukturen, Rahmungen bzw. Framings und Mobilisierungsstrukturen (vgl. McAdam/McCarthy/Zald 1996: 7ff). Ich fasse in meiner Analyse die Gelegenheitsstrukturen als *Ebene der politischen Gelegenheiten* (Makroperspektive), das Framing als *Ebene der Bedeutungskonstruktion der Inhalte* (Mikro-Mesoperspektive) und die Mobilisierungsstrukturen als *Ebene von Protest und Organisation* (Mesoperspektive).

Dieses Modell ist anschlussfähig an die Konzeptualisierung der empirischen Erforschung intersektionaler Relationen von Nina Degele und Gabriele Winker, die ebenso Mehrebenenanalysen favorisieren (vgl. Winker/Degele 2009). Die Ebenen sind dabei als strukturierendes Analysemoment zu bewerten. Auf der Ebene der Bewegungspraxis greifen die Prozesse und Mechanismen ineinander, wie im Laufe der Entfaltung des empirischen Materials ersichtlich werden wird.

Im ersten Analyseschritt werden anhand von historischen Quellen, Autobiografien sowie Sekundärliteratur der historische und nationalstaatliche Kontext sowie die Bewegungsgeschichte offengelegt (Makroebene). Auf diese Weise können Gemeinsamkeiten und Unterschiede zwischen den nationalen Bewegungen kontextuell bewertet werden. Die Analyse stützt sich dabei maßgeblich auf die in der Bewegungsforschung etablierte Konzeption der politischen Gelegenheitsstrukturen (Kap. 4).

In einem zweiten Analyseschritt werden spezifische Framing-Prozesse anhand der ausgewählten drei Themendimensionen in den Debatten der Bewegungszeitschriften identifiziert (Mikro-Mesoebene). Die Strukturierung und Auswertung erfolgte in Anlehnung an die strukturierende Inhaltsanalyse nach Mayring, die geeignet ist, bestimmte Strukturen bzw. Aspekte des zu untersuchenden Materials offenzulegen (vgl. Mayring 2007: 473). Bei dem inhaltlich strukturierenden Verfahren wurden relevante Texte extrahiert, die für die intersektional orientierte Rahmenanalyse herangezogen werden sollten. Das Material wurde dann nach den Themendimensionen politische Mitbestimmung, Arbeit und Bildung sowie Familienpolitik, Sittlichkeit und Soziales sortiert und in einem zweiten Untersuchungsdurchlauf mit verringertem Materialkorpus hinsichtlich der relevanten Framing-Prozesse typologisiert (Kap. 5).

Im dritten Analyseschritt kommen die Prozesse der Mesoebene in den Blick, d. h., Organisations- und Mobilisierungsstrukturen der vier Bewegungsorganisationen stehen im Mittelpunkt des Interesses. Basierend auf dem analysierten Material ließen sich darüber hinaus spezifische Relationen und wechselseitige Bezugnahmen zwischen selbigen abbilden (Kap. 6).

Die Forschungsarbeit stützt sich hauptsächlich auf die Auswertung der jeweiligen Bewegungszeitschriften der Bewegungsorganisationen. Zusätzlich wurden Autobiografien, zeitgenössische Studien sowie Schriften der Bewegungsakteur_innen in die Untersuchung einbezogen.

Aufbau der Studie

Inhaltlich beginnt die vorliegende Arbeit in *Kapitel 2* mit der Definition von sozialen Bewegungen (Kap. 2.1), um dann die Entwicklung der Bewegungs- sowie der Frauen- und Geschlechterforschung näher zu betrachten. Dabei wird das doppelte Interesse verfolgt, sowohl der in der Bewegungsforschung entwickelten theoretischen Werkzeuge habhaft zu werden, als auch Anschlüsse zwischen Bewegungs- und Geschlechterforschung zu identifizieren. Dazu wird im Sinne einer Fachgeschichte zunächst die Entwicklung des Begriffs- und Konzeptapparats für die Bewegungsforschung nachvollzogen (Kap. 2.2). Ziel ist es, auf diesem Weg die von der Bewegungsforschung bereitgestellten, allerdings auf unterschiedliche Aggregationsebenen des Sozialen zugeschnittenen, Analyseinstrumente herauszuarbeiten, um sie im Rahmen der vorliegenden Studie im Sinne einer Mehrebenenanalyse in Anschlag bringen zu können. Im zweiten Schritt wende ich mich dann der Frauenforschung zu (Kap. 2.3). Es bedurfte selbst einer sozialen Bewegung, nämlich der Zweiten Frauenbewegung, um die Frauenforschung an den Hochschulen zu etablieren. Die Erforschung unterschiedlicher Frauenbewegungen diente auch der Sichtbarmachung der „hidden history" von Frauen und Wissenschaftlerinnen und ist selbst als politisches Programm zu verstehen. Die bewegte Theoriebildung in der Frauen- und Geschlechterforschung spiegelt sich auch im Umgang mit der Frauenbewegungsforschung wider, deren drei Entwicklungslinien ich als *Auftakt*, *Divergenzen* und *Progress* fasse. Die Auseinandersetzung mit der Frauen- und Geschlechterforschung dient dazu, ihren Gegenstand zugleich als Bewegung sichtbar zu machen. Damit soll er einer Analyse durch das Instrumentarium der Bewegungsforschung zugänglich gemacht werden.

In *Kapitel 3* wird das methodische Vorgehen auf der Basis der theoretischen Ausführungen entwickelt und begründet. Neben einer detaillierten Darstellung des Untersuchungsgegenstandes (Kap. 3.1) wird das Vorgehen der Mehrebenenanalyse schrittweise vorgestellt. Insbesondere dem qualitativ inhaltsanalytischen Auswertungsverfahren wurde dabei besondere Aufmerksamkeit zuteil, da es aufgrund der Datenmenge zum Zweck der Frame-Identifikation sinnvoll modifiziert werden musste und in seinen einzelnen Arbeitsschritten nachvollziehbar dargestellt werden sollte (Kap. 3.2).

Im *Kapitel 4* werden unter Rückgriff auf Ansätze der politischen Gelegenheitsstrukturen der Kontext und die Entwicklung der Frauenbewegungen analysiert und dargestellt. Diese makrosoziologische Perspektive geht davon aus, dass Mobilisierungs- und Organisationsformen durch bewegungsexterne Kontexte beeinflusst werden und bietet demnach strukturtheoretische Erklärungsmöglichkeiten. So werden auf dieser theoretischen Folie zunächst ausgehend von der doppelten Transformation, die sich in der politischen und ökonomischen Sphäre vollzog, wesentliche Muster sichtbar gemacht, die einen enormen sozialen Wandel in den europäischen Gesellschaften auslösten (Kap. 4.1). Der Blick auf diese politischen Gelegenheitsstrukturen der jeweiligen nationalen Verhältnisse – nämlich Großbritannien (Kap. 4.2) und Deutschland (Kap. 4.3) – soll anschließend den Zusammenhang zwischen spezifischem Kontext und den ausgewählten Frauenbewegungen deutlich machen. In diesem Kapitel werden daher die historischen Entwicklungslinien und Rahmenbedingungen für die feministischen Akteur_innen Anfang des 20. Jahrhunderts in Großbritannien und Deutschland dargestellt. Wo liegen spezifische Unterschiede? Wie wirken sich diese aus? Welche Gemeinsamkeiten lassen sich trotz der verschiedenen Gelegenheitsstrukturen feststellen?

In *Kapitel 5* werden die inhaltlichen Debatten in den Bewegungsorganisationen auf ihre spezifischen Framing-Prozesse untersucht. Dieses Vorgehen erlaubt, eine Verbindung zwischen Inhalten und Handeln sowie Bewegungsorganisation und Protestakteur_innen herzustellen. Dabei ist vor allem die Annahme leitend, dass die Rahmungen und Deutungen dieser Themen sich unterscheiden. Es ist anzunehmen, dass für dasselbe Problem durchaus unterschiedliche ‚Schuldige', Ursachen und Lösungsstrategien formuliert wurden. Ausgehend von diesen bewegungstheoretischen Vorannahmen sollen hier die für die jeweiligen Organisationen charakteristischen Rahmungen mit Bezug auf die Ungleichheitskategorien Klasse und Geschlecht beschrieben und typologisch entfaltet werden.

Im Anschluss an die zuvor entwickelte Typologie wird in *Kapitel 6* zu klären sein, inwieweit und in welcher Art die spezifischen Rahmungen der Geschlechter- und Klassenverhältnisse in den vier Bewegungsorganisationen die Mobilisierung beeinflusst haben. Anhand des Materials wird an den vier Organisationen nachvollzogen, welche Wirkungen die jeweiligen Rahmungen für die Mobilisierung entfalten konnten. Dabei steht die Vermutung im Vordergrund, dass interne Prozesse, wie z. B. kollektive Identitätsbildung, Organisationsweisen sowie die Verhältnisse sozialer Bewegungsorganisationen untereinander, und externe Prozesse, die auf relationale Beziehungen von sozialen Bewegungen und gesellschaftlichen Verhältnissen verweisen, zusammenspielen.

Die Befunde und Ergebnisse der Mehrebenenanalyse werden im letzten und abschließenden *Kapitel 7* noch einmal zusammenfassend dargestellt.

2. Theoretischer Bezugsrahmen

Die Erforschung sozialer Bewegungen hat in der Soziologie eine lange Tradition. Entsprechend umfänglich sind auch die Versuche theoretischer Verallgemeinerungen. Anthony Oberschall (1973: 1) hat deshalb zu Recht festgehalten, dass über die Entwicklung der Theorien zu sozialen Bewegungen zu schreiben darauf hinausläuft, die Geschichte der Soziologie an sich aufzuarbeiten. Die Zäsuren der Bewegungsforschung spiegeln demnach auch die Diskursdimensionen innerhalb der soziologischen Theoriebildung wider. Es ist ein Dilemma bei der Erforschung sozialer Bewegungen generell, und damit auch für die Analyse von Frauenbewegungen, dass sie wesentlich zum Wandel sozialer Verhältnisse beitragen und damit auch einen unerlässlichen Forschungsgegenstand innerhalb der Soziologie darstellen (sollten); während ihre amorphen Strukturen (vgl. Byrne 1997: 11) theoretische und empirische Schwierigkeiten bergen, die sich durch die Historie der Theoriebildung ziehen. Ansätze wurden entwickelt und wieder verworfen, theoretische Debatten rissen ab, neue Diskurse nahmen diese Fäden zu gegebener Zeit wieder auf.

Speziell für die Erforschung von Frauenbewegungen ergibt sich zudem eine weitere Herausforderung: Frauenbewegungen werden *einerseits* in der bundesdeutschen Bewegungsforschung eher als Phänomen denn als ein Effekt der bürgerlich liberalen Bewegungen (vgl. Kern 2008: 54; Rucht 1994: 125; Raschke 1988: 40), gewissermaßen als „Sekundärbewegungen" (Kern 2008: 54; Rucht 1994: 126ff), gefasst. *Andererseits* spielen die neuere Frauenbewegung und die Aufarbeitung der Frauenbewegungsgeschichte eine wesentliche Rolle bei der Etablierung der Frauen- und Geschlechterforschung selbst. Deswegen werden im folgenden Kapitel der Forschungsstand und die zentralen theoretischen Positionen sowohl der Bewegungsforschung als auch der Frauen- und Geschlechterforschung nachgezeichnet, um Bezugspunkte und deren Relevanz für die vorliegende Forschungsarbeit darzulegen.

2.1 Definition sozialer Bewegungen

Ein großes Problem für alle, die sich mit sozialen Bewegungen befassen, ist die Definition selbiger, deutet doch der Begriff *Bewegung* bereits an, dass bei der Form der Organisierung keine klaren Abgrenzungen wie beispielsweise bei Parteien oder anderen politischen Akteurinnen (vgl. Byrne 1997: 10) existieren. Zudem verweist der Begriff des *Sozialen* auf alle Bereiche sozialer Prozesse: nämlich auf kollektive und individuelle sowie private und öffentliche (ebd.).

> Social movements, then, are amorphous entities which resist neat classification. It is hard to delineate them in organisational, tactical or ideological terms (Byrne 1997: 11).

Allgemein lässt sich sagen, dass Akteur_innen in sozialen Bewegungen einen gesellschaftlichen Wandel anstreben. Ihre Motivationen speisen sich aus einer Unzufriedenheit mit den bestehenden sozialen und politischen Bedingungen und aus Wünschen nach und Hoffnungen auf neue und bessere Lebensverhältnisse (vgl. Blumer 1969: 99). Soziale Bewegungen sind darüber hinaus ein weltweites Phänomen unterschiedlicher Couleur mit einer Vielzahl an Protesttaktiken, die kulturelle und politische Arrangements beeinflussen. Sie stellen „kollektive Anstrengungen zur strukturellen Veränderung gesellschaftlicher Verhältnisse" (Raschke 1988: 117) dar. Diese Veränderungskraft – oder wenigstens der „Versuch, Einfluss auf sozialen Wandel zu nehmen" – wird als „wesentliches Merkmal jeder Definition von sozialer Bewegung" (Roth/Rucht 2008: 13) bezeichnet. Die eigentliche „Pointe", wie Dieter Ruct (2011: 20) darlegt, liegt demnach darin, dass soziale Bewegungen sich „zur Gesellschaft in Beziehung" (ebd.) setzen. Sie zeigen gesellschaftlich relevante Probleme und Missstände auf, forcieren Lösungsansätze bzw. widersetzen sich gesellschaftlichen Strukturen (ebd.). Bezogen auf Frauenbewegungen finden sich – auch im nationalen Vergleich – stets Forderungen nach gleichberechtigter Teilhabe von Frauen und die Überwindung bestimmter patriarchaler Verhältnisse, wenngleich sich konkrete Ziele und Strategien, was in der Arbeit gezeigt werden wird, als heterogen darstellen.

Anfangs sind soziale Bewegungen oftmals schwach organisiert und die Interaktions- sowie Aktionsmechanismen spontan. Protesthandeln und Protestformen sind zwar spezifische Momente sozialer Bewegungen, nicht jeder Protestakt bildet jedoch gleich eine soziale Bewegung (vgl. Roth/Rucht 2008: 13). *Protest* kann einerseits eruptiv und unstrategisch erfolgen, als Aufruhr oder Revolte, und anderseits *strategisch* von einer bereits organisierten und mehr oder weniger definierten Gruppe kollektiver Akteur_innen *initiiert* werden (vgl. Günther 2016: 50). Proteste können also, müssen jedoch nicht zwangsläufig, in eine soziale Bewegung münden. Auch ist nicht davon auszugehen, dass strategisch initiierte Proteste bzw. Protestbewegungen stets einem demokratischen Aufklärungs- und Emanzipationsanspruch folgen, wie beispielsweise Studien zu rechtsextremen Protesten belegen (Heitmeyer 2003: 339; Klandermans 1998: 181ff; Roth/Rucht 2008: 13f). Neben kollektiven Protesten können auch individuelles Protesthandeln und Verweigerung, bspw. im Sinne der von Henry Thoreau (1950: 635ff) propagierten Steuerzahlungsverweigerung, als Komponente zivilen Ungehorsams in die ‚allgemeine' Kategorie Protest fallen. Für die Analyse in der vorliegenden Studie ist die Unterscheidung zwischen Protest und sozialer Bewegung insofern relevant, als die Aktionsformen und Taktiken innerhalb der Frauenbewegungen zwischen zunächst eruptiven unstrategischen Protestformen und gezielten Kampagnen changieren.

Soziale Bewegungen sind von Dauer und bestehen oftmals aus mannigfaltigen Kampagnen bzw. aus einer Episode kollektiver Aktionen innerhalb einer Kampagne (vgl. Staggenborg 2011: 5). Sie setzen sich aus Interaktionen zwischen den Bewegungsakteur_innen mit der Öffentlichkeit und anderen Akteur_innen zusammen (ebd.). Zur Zielscheibe des Protests werden oftmals (staatliche) Autoritäten aber auch Institutionen der wirtschaftlichen oder religiösen Sphäre. Längst nicht immer ist ‚der Staat' das Angriffsziel von sozialen Bewegungen (ebd.). Eine wesentliche Unterscheidung zwischen sozialen Bewegungen und politischen Parteien oder institutionalisierten Interessengruppen ist, dass in letztgenannten die Frage der Mitgliedschaft einfach zu klären ist. Auch verfügen institutionalisierte Akteur_innengruppen über einen besseren Zugang zur etablierten politischen Macht (vgl. Staggenborg 2011: 6).

Das Bild der amorphen sozialen Bewegung greift am besten, denn aus sozialen Bewegungen begründen sich Organisationen, sie koalieren mit institutionalisierten Akteur_innen, schließen sich anderen Protestbewegungen an oder lösen sich ganz einfach auf. Am Beispiel der hier gewählten Frauenbewegungen in Großbritannien und Deutschland sollen diese Prozesse gezeigt werden: Sie schmiedeten untereinander oder mit externen politischen Organisationen Bündnisse, formulierten Solidaritätserklärungen und Koalitionen, formierten aber auch Gegenpositionen zueinander. Nicht zuletzt weisen soziale Bewegungen – und insbesondere die frühen Frauenbewegungen – einen hohen Organisationsgrad auf. Das heißt, dass „movements may become **professionalized** in the sense that they include fairly stable organizations, often headed by paid leaders, and may have memberships consisting largely of financial contributors [...]" (Staggenborg 2011: 6; Hervorh. im Original).

Wenngleich – der Aussage Ruchts (2011: 20) folgend – die grundlegenden Definitionen von sozialen Bewegungen innerhalb der Forschungslandschaft ähnlich sind, ist doch festzustellen, dass aufgrund der dargelegten Bandbreite an Prozessen auch die Forschungen zu sozialen Bewegungen vielfältig sind und ganz unterschiedliche Phänomene fokussieren.

2.2 Zäsuren der Bewegungsforschung

In meiner Studie folgte ich dem Forschungsansatz von Doug McAdam, John D. McCarthy und Mayer N. Zald (1996: 2ff, 20), die eine Synthese der differenten Bewegungstheorien und eine vergleichende Analyse sozialer Bewegungen vorschlagen, um umfassendere Aussagen zum Phänomen treffen zu können. Die Autoren explizieren dabei drei wesentliche Faktoren sozialer Bewegungen, welche gleichzeitig die jeweiligen theoretischen und empirischen Zugänge innerhalb der Forschung umreißen: politische Gelegenheitsstrukturen, Mobilisierungsstrukturen und Rahmungen (ebd.: 7ff). Ich fasse in meiner Analyse die Gelegenheitsstrukturen als *Ebene der historischen und politischen Kontexte* (Makroperspektive), die Mobilisierungsstrukturen als *Ebene der Organisation* (Mesoperspektive) und das Framing als *Ebene der Bedeutungskonstruktion und Inszenierung* (Mikro-Mesoperspektive).

Im Folgenden erläutere ich nach einem kurzen Exkurs in die frühen Bewegungsforschungsansätze zwei Zäsuren innerhalb der Protest- und sozialen Bewegungsforschung. Da sich die für die Forschungsarbeit relevanten theoretischen Ansätze nicht nur aufeinander beziehen, sondern sich mitunter auch voneinander abgrenzen, ist eine Aufarbeitung vonnöten, um den hier zugrundeliegenden Begriffs- und Analyseapparat zu plausibilisieren.

2.2.1 Anfänge der Bewegungsforschung: Das klassische Modell

Das klassische Modell („classical model") bzw. der *Collective Behavior Approach* mit seinen spezifischen Ausprägungen[2] wurde in den 1950er und 1960er Jahren zur Erklärung sozialer Bewegungen oder vielmehr sozialer Konflikte entwickelt. Es stellt die Frage in den Mittelpunkt, warum Individuen an kollektiven Handlungen teilnehmen und weniger, wie sich soziale Bewegungen als ein ganz eigenes soziales Phänomen entwickeln, ausformen und welchen Einfluss sie ggf. nehmen. Wichtige Vertreter des klassischen Models sind beispielsweise Herbert Blumer, Neil J. Smelser und William Kornhauser (vgl. Ruggiero/Montagna 2008: 43f).

Die darunter subsumierten klassischen Theorien gehen davon aus, dass soziale Bewegungen durch soziale Missstände (vgl. Staggenborg 2011: 13), strukturelle Spannungen und Krisen in der Gesellschaft (vgl. McAdam 1982: 7; Mellucci 1989: 7; Tilly 2011: 21) bzw. rasante soziale Transformationsprozesse entstehen (vgl. della Porta/Diani 1999: 4). Die Ansätze befassen sich in einem sehr weiten Sinne mit sogenannten Massen-Phänomenen wie etwa Mobs, Paniken, Aufständen, sozialen Bewegungen und Revolutionen (vgl. Buechler 2007: 47). Diese Art kollektiven Verhaltens stellt im klassischen Model einen „error term" dar, wie sich McAdam ausdrückt, d. h. eine mehr oder weniger auffällige Abweichung zur gesellschaftlichen Normalität (vgl. McAdam 2007: 420). Annahme dieser

---

[2] Ansätze zu „collective behavior" stützten sich auf die Theorientraditionen des Symbolischen Interaktionismus, Strukturfunktionalismus oder Theorien der Relativen Deprivation (Buechler 2000).

Forschungsrichtungen ist, dass die genannten sozialen und kollektiven Handlungen außerhalb der etablierten gesellschaftlichen Strukturen liegen, wenngleich einige auf eine Verbindung von institutionalisierten und nicht-institutionalisierten Aktionen aufmerksam machen (vgl. Staggenborg 2011: 13).

2.2.1.1 Exkurs: Theoretische Vorläufer des klassischen Models

Die Theorien folgen einer Tradition von Ansätzen, die Konflikte bzw. kollektive Dynamiken der Gesellschaft als Ganzes gleichsam holistisch in den Blick nehmen, d. h., sie gehen davon aus, dass diese gesellschaftlich strukturelle Gesamtheit auf das Verhalten der Gesellschaftsmitglieder wirkt. Diese auch als „Strain and Breakdown Theories" (Buechler 2007: 48) oder als „breakdown"-Theorien (Ruggiero/Montagna 2008: 45) bezeichneten Ansätze gehen auf Theorietraditionen von Karl Marx und Friedrich Engels, Émile Durkheim oder Georg Simmel sowie Gustav Le Bon zurück.

Bei Marx, Engels und Durkheim stehen gesellschaftliche Brüche und ein dadurch evoziertes soziales Handeln im Mittelpunkt, welches durch die gesellschaftliche Arbeitsteilung und daraus resultierende soziale Ungleichheiten forciert wird. Für Marx und Engels äußern sich diese Brüche in unvermeidbaren Konflikten, während Durkheim davon ausgeht, dass selbige sich in Zuständen sozialer Anomie ausdrücken. So halten Marx und Engels fest, dass die „Geschichte aller bisherigen Gesellschaft[en]" die „Geschichte von Klassenkämpfen ist" (Marx/Engels [1884] 1961: 23). Die Gegensätze zwischen den Klassen bzw. Ständen führten ihnen zufolge zu einem „ununterbrochenen, bald versteckten, bald offenen Kampf, eine[m] Kampf der jedes Mal mit einer revolutionären Umgestaltung der ganzen Gesellschaft oder mit dem gemeinsamen Untergang der kämpfenden Klassen" (ebd.: 24) ende. Die dialektische Vorstellung, dass alle Gesellschaften „in sich selbst strukturelle Spannungen und Widersprüche" (Hellmann 1998: 10) aufweisen und damit „von sich aus den Keim des Neuen in sich tragen" (ebd.) und die Verortung der Ursachen für soziale Bewegungen bzw. Revolutionen auf der Makroebene, die die Sozialstruktur von Gesellschaften und folglich auch den unmittelbaren Zusammenhang zwischen gesellschaftlichen Krisen und sozialem Wandel fokussiert, hat nicht zuletzt wesentlich zur weiteren Theoriebildung beigetragen (vgl. Hellmann 1998: 11).

Der Tradition des Marxismus verbunden, stützen sich demnach einige der Ansätze des klassischen Modells bei der Erklärung sozialer Bewegungen auf diese objektiven sozialen Grundlagen (vgl. Melucci 1989: 18). Diese Ansätze können aber nicht begründen, wie Akteur_innen beginnen, sich als Gruppe zu identifizieren und gemeinschaftlich in Protesten zu handeln.

> Here collective action appears as actors without action – while the gap between 'objective condition' and the empirically observed collective behaviour proves impossible to explain. Marx's old problem – how to explain how class-in-itself becomes a class-for-itself – remains in the background (Melucci 1989: 18).

Die Krisen und Zusammenbrüche haben für Marx und Engels demnach eine konstituierende Funktion und führen zur gesellschaftlichen Weiterentwicklung.

Auch Émile Durkheim legt seinen Fokus auf die Kräfte, die Gesellschaft konstituieren und Individuen verbinden und damit auf die Frage gesellschaftlicher Solidarität (vgl. Durkheim [1897] 1947: 63), wenngleich er die Marx'sche Vorstellung ablehnt, dass ausschließlich die „Ökonomie die Basis der Sozialstruktur bilde und die gesellschaftliche Spaltung in Klassen unvermeidlich sei" (Joas 2007: 31). Brüche und Krisen in Gesellschaften werden in seinem Denkmodell vielmehr durch einen Wandel sozialer Solidarität aufgrund der zunehmenden Ausdifferenzierungen moderner Gesellschaften evoziert. Vormoderne, archaische Gesellschaften zeichnen sich nach Durkheim ([1897] 1947) durch eine mechanische Solidarität aus (ebd.: 70ff), die auf der Annahme eines kollektiven Bewusstseins aller Individuen in einer Gesellschaft beruht (ebd.: 109) und damit eine starke soziale Integrationswirkung entfaltet. In modernen, komplexen und ausdifferenzierten Gesellschaften wird soziale Solidarität durch funktionale Arbeitsteilung erzielt und die mechanische Solidarität wird von der organischen Solidarität abgelöst:

> Thus, it is an historical law that mechanical solidarity which first stands alone, or nearly so, progressively loses ground, and that organic solidarity becomes, little by little, preponderant (Durkheim [1897] 1947: 174).

Die organische Solidarität, welche auf gegenseitiger Abhängigkeit in einer komplexen Welt beruht, kann aber unzureichend oder gestört sein. In seinen Analysen zu Anomie und Egoismus analysiert Durkheim die Brüchigkeit sozialer gesellschaftlicher Konstellationen, die zu Spannungen und Zusammenbrüchen führen. Durkheim geht in seinen Ausführungen zwar nicht direkt auf kollektives Verhalten ein, zumindest nicht in der Bedeutung wie die Begrifflichkeit später benutzt wurde, jedoch waren seine Ausführungen grundlegend für die *Strain and Breakdown*-Ansätze im 20. Jahrhundert (vgl. Buechler 2007: 48). Sein wichtigster Beitrag zur Erforschung sozialer Bewegungen liegt in seiner Idee, dass soziale Integration bzw. ein Mangel oder Zusammenbruch selbiger ein wesentlicher Faktor kollektiver Handlungen sein kann (vgl. Buechler 2011: 54).

Im Gegensatz zu Durkheim sieht Georg Simmel in der Differenzierung von Gesellschaft und in den daraus resultierenden Konflikten bzw. dem daraus resultierenden „Kampf" auch einen „Gesichtspunkt der soziologischen Positivität" (Simmel 1908: 248). Er geht davon aus, dass „Kampf" schlichtweg eine wesentliche soziale Bedeutung habe, denn er selbst stelle schon eine Vergesellschaftungsform dar:

> Wenn jede Wechselwirkung unter Menschen eine Vergesellschaftung ist, so muß der Kampf, der doch eine der lebhaftesten Wechselwirkungen ist, der in der Beschränkung auf ein einzelnes Element logisch unmöglich ist, durchaus als Vergesellschaftung gelten (Simmel 1908: 247).

Der Kampf – oder Konflikt bzw. Streit – hat demzufolge ähnlich wie bei Marx und Engels auch für Simmel ein sozial kreierendes Moment, denn er stellt eine „Abhülfsbewegung" gegen „auseinanderführenden Dualismus" dar (ebd.). Anders als Marx und Engels, die den Klassenkämpfen den revolutionären Umbau der Gesellschaft zuschreiben, definiert Simmel den Kampf jedoch „selbst schon [als] eine Vergesellschaftungsform" (ebd.). Gesellschaft braucht also „irgend ein [!] quantitatives Verhältnis von Harmonie und Disharmonie, Assoziation und Konkurrenz, Gunst und Mißgunst, um zu einer bestimmten Gestaltung zu kommen" (ebd.: 249). Simmel macht dementsprechend auf Aushandlungsprozesse zwischen Individuen bzw. Gruppen innerhalb von Gesellschaften aufmerksam und verweist damit – ähnlich wie Durkheim mit seinen Ausführungen zum Selbstmord (vgl. Durkheim 1983) – auf eine Ebene des kollektiven und individuellen Handelns.

Neben diesen Positionen stützen sich die klassischen Ansätze zur Erforschung sozialer Bewegungen auch auf theoretische Überlegungen der Sozialpsychologie Gustave Le Bons. Im Fokus seiner Überlegungen steht die Irrationalität des sozialen Handelns (vgl. Geißel/Thillman 2006: 170). Bei Le Bon heißt es:

> Allein durch die Tatsache, Glied einer Masse zu sein, steigt der Mensch also mehrere Stufen von der Leiter der Kultur hinab. Als einzelner war er vielleicht ein gebildetes Individuum, in der Masse ist er ein Triebwesen, also ein Barbar (Le Bon [1911] 1982: 17).

Le Bon stützt sich – angelehnt an psychoanalytische Überlegungen Siegmund Freuds – in seiner Analyse auf die Idee des Unbewussten, welche die „Impulsivität, Reizbarkeit, Unfähigkeit zum logischen Denken, Mangel an Urteil und kritischem Geist" (Le Bon 1922: 18) von Individuen in der Masse befeuere. Er attestiert dem Individuum in der Masse demnach das Schwinden seiner individuellen Verstandeskräfte. In der „Kollektivseele" der Masse „verwischen sich die intellektuellen Fähigkeiten und damit auch die Individualität der Individuen", dabei verschwindet das „Heterogene" im „Homogenen" und es überwiegen nur noch „die unbewußten Qualitäten" (Le Bon 1922: 13).

Die Masse ihrerseits ist für Le Bon ein „Spielball aller äußeren Reize" und damit „Sklavin der empfangenen Anregungen" (ebd., 19f). Le Bon beschäftigen in diesem Zusammenhang vor allem Phänomene der Suggestibilität. Beispiele sind für ihn die Entstehung von Legenden in Massenbewegungen und deren ‚Denken' in Bildern ohne logischen Zusammenhang, denn die Masse „scheide nicht das Subjektive vom Objektiven", was bis zu „Kollektivhalluzinationen" (ebd.: 22f) führe.

In der Logik von Marx, Engels, Simmel und Durkheim stehen insbesondere gesellschaftliche Verhältnisse und der Zusammenhang zwischen Individuum und Gesellschaft im Mittelpunkt. Dies kann zu konflikthaften Situationen führen. Es ist aber zugleich auch ein grundsätzliches Merkmal moderner gesellschaftlicher Entwicklung. Die Marx'sche Idee vom Konflikt zwischen Kapital und Arbeit bzw. Proletariat und Bourgeoisie, Durkheims Vorstellung von krisenhaften gesellschaftlichen Situationen mit nachlassender Solidarität und zunehmender Anomie sowie Simmels Postulat, dass der Kampf selbst eine Vergesellschaftungsform sei, verweisen darauf, dass Konflikte und kollektives Verhalten – im Gegensatz Le Bons Vorstellung – nicht irrational sein müssen. Vielmehr deuten sie auf die Anstrengungen hin, gesellschaftliche Kohäsion herzustellen. Auf die intrinsischen psychologischen Implikationen, welche zu kollektivem Handeln von Individuen in der Masse führen, macht demgegenüber Le Bon aufmerksam. Trotz aller Differenzen hatten diese Theorien einen gemeinsamen Einfluss auf die Anfänge der Bewegungsforschung.

2.2.1.2 Erste Generation: Kollektives Verhalten und Symbolischer Interaktionismus

Es ist im Wesentlichen Robert Park, der als Mitbegründer der Chicagoer Schule durch die Rezeption der europäischen Debatten den Grundstein für die klassischen Ansätze zu *Collective Behavior* im US-amerikanischen Sprachraum gelegt hat (vgl. Buechler 2007: 49; McAdam 2007: 420). Er und Ernest Burgess befassen sich in „Introduction to the Science of Sociology" zudem mit Durkheims Idee von sozialer Kontrolle und kollektivem Verhalten (vgl. Park/Burgess 1921: 33ff), kritisch mit Le Bons Klassifizierung zwischen heterogenen und homogenen Massen (ebd.: 200f) und – wenngleich nur am Rande – mit Marx' (ebd.: 561, 593) Vorstellung des sozialen Konfliktes aufgrund des ökonomischen Wettbewerbs.

In den Ausführungen zu kollektivem Verhalten ist Park außerordentlich von Le Bons massenpsychologischem Ansatz beeinflusst (vgl. McAdam 2007: 420). Ein Schüler Parks – Herbert Blumer – nahm diesen analytischen Faden auf und entwickelte daraus in mehreren Aufsätzen eine differenzierte Systematisierung kollektiven

Verhaltens (ebd.). Blumers Arbeit, welche dem symbolischen Interaktionismus[3] verbunden ist, referiert zunächst ebenfalls die Thesen Le Bons (vgl. Blumer 1969: 78). Die überaus differenzierten Definitionen Blumers füllen eine Leerstelle in der Erforschung kollektiven Verhaltens der Chicagoer Schule (vgl. Ruggiero/Montagna 2008: 43), denn bis dato hatten die meisten Forschungsarbeiten ihre Aufmerksamkeit auf exkludierte, dysfunktionale Gemeinschaften oder deviante Gruppen gerichtet. Blumers theoretisches Fundament ermöglicht es, Marginalisierung und Exklusion als Impulsgeberinnen für kollektives Handeln und sozialen Wandel zu analysieren (ebd.). Seine Arbeit wird im Folgenden näher ausgeführt, da sie den Grundstein für weitere theoretische Anschlüsse legte.

Blumer versteht unter „Collective Behavior", so auch der gleichlautende Titel seines erstmals 1939 erschienenen Artikels in einem damals noch von Park herausgegebenen Sammelband, alle Arten von Gruppenaktivitäten, in welchen Individuen in einer bestimmten Art zusammen agieren (vgl. Blumer 1969: 67). Neben Menschenansammlungen („crowds"), kollektiven Manien und Paniken, Propaganda, Moden, Trends, Reformen und Revolutionen zählt er auch soziale Bewegungen zu dieser Kategorie (ebd.). Als elementare Formen kollektiven Handelns hebt er vier hervor: die expressive Menschenansammlung („expressive crowd"), die agierende Menschenansammlung („acting crowd"), die Masse („mass") und die Öffentlichkeit („public") (ebd.: 78).

Eine agierende Menschenansammlung ist spontan, existiert nur in einem ganz spezifischen zeitlichen Rahmen (ebd.: 80) und richtet ihre Aufmerksamkeit auf ein ganz bestimmtes Ziel (ebd.: 82). Die expressive Menschenansammlung hat demgegenüber kein konkretes Ziel (ebd.), vielmehr sind deren Aktionen „unrestrained physical

---

[3] Im symbolischen Interaktionismus wird von drei wesentlichen Eckpunkten ausgegangen: *Erstens* handeln Menschen in Bezug auf Dinge („things") aufgrund der Bedeutung, die diese für sie haben (Blumer 1986: 2). Die jeweilige Bedeutung wird *zweitens* durch soziale Interaktionen mit anderen Individuen erzeugt. Und *drittens* werden Bedeutungen durch einen interpretativen Prozess des Individuums modifiziert und reproduziert (ebd.). Bedeutungen sind nicht statisch, denn die Bedeutungszuweisung ist ein internalisierter sozialer Prozess der Interaktion (ebd.: 5). Akteur_innen wählen, transformieren, prüfen Bedeutungen in der spezifischen Situation. Die Interpretation ist demnach kein automatisierter, sondern ein formativer Prozess (vgl. Blumer 1986: 5).

movements", wie Freudenfeste, Orgien oder Karnevals (ebd.: 83). Beide Arten der Crowd vereint, dass sie keine Gesellschaft oder kulturelle Gruppe nach Blumers Definition darstellen (ebd.: 80).

Masse bezeichnet für ihn demgegenüber einen kollektiven Handlungsrahmen, in welchem die Mitglieder *erstens* verschiedenen sozialen Klassen, Berufen oder kulturellen Kontexten angehören (ebd.: 86), sich *zweitens* anonym kollektivieren und daher *drittens* kaum miteinander agieren und wenig Erfahrung miteinander austauschen, da sie für gewöhnlich physisch voneinander getrennt sind (ebd.). *Viertens* ist die Masse nur lose organisiert und deshalb nicht in der Lage, abgestimmtes Handeln oder eine Einheit herzustellen, wie es beispielsweise in einer „crowd" möglich ist (ebd.). Blumer stellt explizit heraus, dass ‚die Masse' bar aller Eigenschaften ist, welche Gesellschaftsformen oder Gemeinschaften gemein sind.

> It has no social organization, no body of custom and tradition, no established set of rules or rituals, no organized group of sentiments, no structure of status roles, and no established leadership. It merely consists of an aggregation of individuals who are separate, detached, anonymous, and thus, homogeneous as far as mass behavior is concerned (Blumer 1969: 86f).

Ebenso ist die Öffentlichkeit („public") für Blumer eine nichtsoziale Form. Vielmehr wird die Existenz eines Themas bzw. einer Diskussion und folglich einer kollektiven Meinung als ein Aspekt der Öffentlichkeit deklariert (vgl. Blumer 1969: 89). Auch hier setzt Blumer auf das Merkmal der Spontanität in einer spezifischen Situation und geht im Weiteren davon aus, dass Öffentlichkeit – in seiner spezifischen Lesart – nicht die Eigenschaften einer Gesellschaft bzw. Gemeinschaft besitzt (ebd.). Allerdings kann die „Öffentlichkeit" zu einer „crowd" führen, „[m]ost propaganda tends to do this, anyway" (ebd.: 97). Alle diese elementaren „collective groupings" sind für Blumer Anzeichen für sozialen Wandel (ebd.: 97f). Sie spielen eine wichtige Rolle bei der Etablierung neuen kollektiven Verhaltens und neuer Formen des sozialen Zusammenlebens. Jedoch erst, wenn diese Formen kollektiven Verhaltens einen organisierten Charakter entwickeln, sich zu Bewegungen formieren, dann erst generieren sie einen sozialen Impetus, d. h. gewinnen „structure, a program, a defining culture, traditions, prescribed rules, an in-group attitude, and a we-consciousness" (ebd.: 87).

Von sozialen Bewegungen kann laut Blumer also erst dann gesprochen werden, wenn neue Arten von kollektivem Verhalten entstehen, die sich in einer fixen sozialen Form kristallisieren. Soziale Bewegungen kündigen damit auch das Erscheinen einer neuen Ordnung an. Zunächst sind soziale Bewegungen relativ unorganisiert, erst in der weiteren Entwicklung nehmen sie die Form von Vergesellschaftungen an (vgl. Blumer 1969: 98).

> It acquires organization and form, a body of customs and traditions, established leadership, an enduring division of labor, social rules and social values—in short, a culture, a social organization, and a new scheme of life (Blumer 1969: 99).

Seine Unterteilung in *allgemeine* („general"), *spezifische* („specific") und *expressive* („expressive") Bewegungen bietet einen theoretischen Klassifizierungsrahmen, der durchaus plausibel erscheint, wenngleich die Aufteilung der historischen Bewegungen sich angesichts später folgender Studien nicht aufrechterhalten lässt.

Allgemeine soziale Bewegungen markieren laut Blumer (1969: 100) kulturelle Trendwenden, denn sie vollziehen sich auf der Folie tiefgreifender Wandlungsprozesse im Wertesystem von Menschen. Diese „cultural drifts" (ebd.) stehen für generelle Veränderungen in Bezug darauf, welche Vorstellungen – Rechte und Privilegien eingeschlossen – Individuen von sich haben. Für Blumer sind allgemeine soziale Bewegungen tastende und unkoordinierte Anstrengungen, welche langsam aber stetig stattfinden (ebd.). Als Bewegungen seien sie unorganisiert, ohne etablierte Anführer_innen oder Mitgliedschaft und verfügen über wenig Kontrolle.

Für seine Ausführungen der allgemeinen sozialen Bewegungen stehen die Frauenbewegung, die Arbeiter_innenbewegung, die Jugendbewegung und die Friedensbewegung Pate, wobei die Frauenbewegung ein so allgemeines und vages Ziel wie eben die Emanzipation der Frau zum Ziel hat (vgl. Blumer 1969: 99f). Die Frauenbewegung operiert demnach, wie alle allgemeinen sozialen Bewegungen in der Lesart Blumers, in einem weiten Interessensfeld – wie der häuslichen Sphäre, Heirat, Bildung, Industrie, Politik usw. – welches die neue Idee des Status der Frau in der Gesellschaft repräsentiert (ebd.: 100f). Eine solche allgemeine Bewegung ist für Blumer periodisch und lediglich zerstreut aktiv (ebd.: 101). Literatur bzw. Schrifttum bilden die Basis dieser allgemeinen Bewegungen:

„It is likely to be an expression of protest, with a general depiction of a kind of Utopian existence" (ebd.). Diese Literatur ist wesentlich für die Verbreitung von Ideen, die Möglichkeiten und Hoffnungen suggerieren und dadurch Unzufriedenheit auslösen. Deswegen spielen Ideengeber_innen eine wesentliche Rolle für allgemeine soziale Bewegungen: Nicht als ‚Rädelsführer_innen' mit Kontrolle über die Bewegungen, sondern als Wegbereiter_innen. Blumer sieht sie als „voices in the wilderness", als Anführer_innen ohne solide Anhänger_innenschaft, welche sich auch nicht immer klar über spezifische Ziele äußern (vgl. Blumer 1996: 101). Unklar bleibt in diesem Zusammenhang, warum Blumer gerade diese vier Bewegungen aufführt. Selbst wenn das Ersterscheinungsdatum seiner Publikation von 1939 bedacht wird, bleibt fragwürdig, ob die Frauenbewegung oder die Arbeiter_innenbewegung als schwach organisiert bezeichnet werden können. Auch bleibt im Dunkeln, wie die kulturellen Trendwenden entstehen, die Blumer zufolge allgemeine soziale Bewegungen produzieren.

Diese allgemeinen Bewegungen bieten nach Blumer allerdings die Basis für *spezifische („specific") soziale Bewegungen* (ebd.: 102). Für diese macht er vier Entwicklungsstufen aus: soziale Unzufriedenheit, von der Allgemeinheit ausgehende Erregtheit/Spannung („excitement"), Formalisierung und Institutionalisierung (ebd.: 103). Interessant ist für ihn hierbei, wie eine solche spezifische soziale Bewegung wächst und sich organisiert (ebd.). Für deren Wachsen und Institutionalisieren sieht er die Mechanismen der Agitation, der Entwicklung eines Korpsgeistes („esprit de corps"), der Entwicklung einer Moral, der Formation einer Ideologie und der Entwicklung operativer Taktiken als wesentlich an (ebd.: 203). Interessant ist, dass Teile der historischen Frauen- sowie Arbeiter_innenbewegungen die von ihm benannten Mechanismen, wie z. B. den „esprit de corps", durchaus aufweisen, ohne dass sie jedoch von Blumer selbst als spezifische soziale Bewegungen begriffen worden wären.

Schließlich beschreibt er *expressive Bewegungen* als eine dritte Form sozialer Bewegungen, welche aber im Gegensatz zu den ersten beiden nicht die soziale Ordnung einer Gesellschaft ändern wollen (vgl. Blumer 1953: 214). Zu expressiven Bewegungen zählt er religiöse Vergemeinschaftungen (ebd.) oder Modebewegungen, wobei Mode in diesem Fall nicht nur Kleidung meint (ebd.: 216ff).

Blumers theoretische Darstellungen und die damit verbundenen Definitionen wurden vielfach kritisiert, wobei spezifische Leerstellen seinem nahezu ausschließlich sozialpsychologischen Fokus geschuldet sind (vgl. Crossley 2002: 35). So widmet er sich den Akteur_innen und deren Verhalten sowie spezifischen Verkollektivierungsformen, jedoch gibt er nur wenige Hinweise zu den Strukturen, die gegeben sein müssen, damit soziale Bewegungen entstehen, sich organisieren und bestehen bleiben können (ebd.: 36). Vielmehr erkennt Blumer soziale Bewegungen als Teil eines generellen kollektiven Verhaltens und insbesondere des Verhaltens von Massen an, was nicht zuletzt Theoretiker_innen, die eine explizit politische Perspektive auf soziale Bewegungen forcierten, Anlass zur Kritik gab (vgl. Buechler 2011: 66). Nichtsdestotrotz war Blumer mit seiner Systematisierung durchaus seiner Zeit voraus (vgl. Garner 1997: 16), da er Bewegungen nicht nur als Verhalten irrationaler Akteur_innen fasste. Zudem machte Blumer auf die Wandlungsfähigkeit kollektiven Verhaltens aufmerksam. So kann aus „public" eine „crowd" und aus dieser eine soziale Bewegung werden.

Lewis M. Killian und Ralph M. Turner stützten ihre Annahmen auf das theoretische Fundament Blumers (McAdam 2007: 420), hoben jedoch hervor, dass kollektives Verhalten Normen und Formen sozialer Ordnung durch symbolische Interaktion und Kommunikation hervorbringt (vgl. Buechler 2007: 49; Buechler 2000: 23), und bezogen damit den Wandel von Strukturen in ihre Analyse ein. Für sie besteht ein Zusammenhang, bzw. sogar eine Wechselwirkung, zwischen sozialer Bewegung und Gesellschaft.

> Social movements do not develop out of a vacuum or a state of complete disorganization. The members of social movement are members of society and of one or more groups within society, each with its own organization and norms (Killian 1966: 431).

Bei diesen Interaktions- und Kommunikationsprozessen sozialer Bewegungen machen sie auch Aspekte rationalen Handelns geltend: Individuen handeln auf der Basis von Gefühlen, da Bewegungen für eine längere Zeit bestehen, sei aber hier eine größere Möglichkeit für „calculation and planning" gegeben (Turner/Killian 1997: 120). Wesentlich für die mit dem symbolischen Interaktionismus verbundenen Theorien sei, dass sie kollektives Verhalten in Zusammenhang mit sozialem Wandel sehen, d. h., dass soziale Bewegungen auf zwei Ebenen operieren: Sie sind zugleich wesentlicher Bestandteil einer Gesellschaft und Ausdruck sozialen Wandels (vgl. della Porta/Diani 1999: 5). Fragen des politischen Systems oder sozialhistorische Gegebenheiten werden in diesen Ansätzen allerdings nicht näher betrachtet. Steven M. Buechler geht so weit, zu behaupten, dass die Chicagoer Schule sogar eine Aversion dagegen hatte, kollektives Verhalten als ein politisches Phänomen zu betrachten (vgl. Buechler 2011: 71).

Eine zweite Generation von Collective Behavior-Ansätzen fokussierte gerade auf diese Forschungslücke und befasst sich mit rapidem sozialen Wandel in der Sozialstruktur, Bevölkerungswanderungen, technischem Fortschritt, Massenkommunikation und dem Verschwinden traditioneller kultureller Formen, welche dazu führen, dass Individuen kollektiv handeln (vgl. della Porta/Diani 1999: 5; Raschke 1988: 147).

2.2.1.3 Zweite Generation: Kollektives Verhalten als Ausdruck von Krisen und relativer Deprivation in Massengesellschaften

Neben der symbolisch-interaktionistischen Forschungsperspektive entwickelten sich auch Theorien, welche strukturfunktionalistische Erklärungsmodelle zur Analyse kollektiven Verhaltens und sozialer Bewegungen heranzogen. Durch die Fokussierung von gesellschaftlichen Strukturen rückten soziale Bewegungen als politische Akteurinnen und Interessengruppen expliziter in das Licht der analytischen Aufmerksamkeit. Insbesondere Neil Smelser mit seiner „Theory of Collective Behaviour" (1962) steht für diese Perspektive Pate. Die Arbeit Smelsers markiert eine Rückkehr zu Durkheim'schen Ideen und einen Schulterschluss mit den in den 1950er Jahren neu entstandenen, strukturfunktionalistischen Ansätzen innerhalb der Soziologie (vgl. McAdam 2007: 420).

Smelser stützt seine Annahmen auf das Erklärungsmodell von Talcott Parsons, der soziale Ordnung als ein System sich wechselseitig bedingender Handlungssysteme begreift (vgl. Buechler 2000:

25). Damit macht er auf den Zusammenhang zwischen psychologischer und sozialer Ebene, der in der Analyse beachtet werden müsse, aufmerksam (vgl. Smelser [1968] 2008: 45ff). Zu kollektiven Handlungen bzw. kollektivem Verhalten kommt es demzufolge, wenn das soziale System gestört ist. Prinzipiell sieht Smelser soziale Bewegungen als Effekt eines rapiden sozialen Wandels (della Porta/Diani 1999: 4). Auch Talcott Parsons kommt in „Politics and Social Structure" von 1969 zu ähnlichen Ergebnissen. In seinen Erklärungen zum Aufkommen der nationalsozialistischen Bewegung in Deutschland macht er insbesondere den rapiden Wandel durch Industrialisierung und Urbanisierung sowie einen kulturellen, politischen und religiösen gesellschaftlichen Wertewandel als Ursachen aus (vgl. Parsons 1969: 76).

Kollektives Verhalten entsteht laut Smelser, wenn die bestehenden sozialen Institutionen und Mechanismen sozialer Kontrolle es nicht mehr schaffen, gesellschaftliche Kohäsion zu produzieren. Zugleich repräsentieren soziale Bewegungen für ihn den Versuch, in krisenhaften gesellschaftlichen Verhältnissen Solidarität herzustellen, worüber letztlich eine neue Basis für kollektives Handeln entstehen soll (vgl. della Porta/Diani 1999: 4).

Smelsers Unterscheidung in *normorientierte* (Smelser [1962] 2008: 80f; Smelser [1963] 1997: 107ff) und *wertorientierte Bewegungen* (Smelser [1962] 2008: 83f) fand jedoch weitreichende Beachtung. Normorientierte Bewegungen zielen darauf ab, Normen zu erhalten, zu modifizieren oder generell abzuschaffen (ebd.: 80). Die Akteur_innen versuchen, diese Normen entweder durch ihr Handeln direkt zu beeinflussen oder die betreffenden Autoritäten zu veranlassen, diese zu ändern. Die normorientierten Bewegungen grenzt er von Bewegungen mit einem eher generellen Programm (ebd.: 81) ab. „Feminism" stellt für Smelser ein „general movement" dar, womit er argumentativ Blumers Analyse nahesteht, die sich prinzipiell für die Gleichstellung von Frauen ausspricht (ebd.). Manifestiert habe sich die Frauenbewegung aber in zahlreichen spezifischen normorientierten Bewegungen, welche sich beispielsweise für eine Verbesserung des Bildungssystems, der wirtschaftlichen Lage und der politischen Partizipationsmöglichkeiten einsetzten (ebd.: 81f). Smelser wertet die Frauenbewegung demnach nicht zwangsläufig als eine Bewegung mit begrenzter Reichweite, macht aber darauf aufmerksam, dass generelle soziale Bewegungen aus einem Set an

Bewegungen, Protestgruppen und Strömungen bestehen können. Die durchgesetzten normativen Veränderungen der normorientierten Bewegungen spiegeln sich Smelser zufolge in neuen Gesetzen, neuen Verhaltensweisen/Gewohnheiten, neuen Assoziationen oder Parteiflügeln wider (ebd., 80). Im Gegensatz dazu streben wertorientierte soziale Bewegungen nach Smelser einen umfassenden Wandel an (vgl. Smelser [1962] 2008: 83).

Unter diese fasst er u. a. messianische, utopische, nativistische Bewegungen sowie Sekten, religiöse oder politische Revolutionen und nationalistische Bewegungen (ebd.). Für norm- wie auch wertorientierte Bewegungen macht er sechs Determinanten aus, die es zu untersuchen gelte: strukturelle Zuträglichkeit („structural conduciveness"), strukturelle Spannungen („strain"), generalisierte Vorstellungen („generalized beliefs"), auslösende Faktoren („precipitating factors"), Handlungsmobilisierung („mobilization for action") und die Reaktion der Institutionen, die soziale Kontrolle ausüben („agencies of social control") (Smelser [1962] 2008: 82). Smelsers Ausführungen zur Norm- und Wertorientierung sozialer Bewegungen wurden innerhalb der Bewegungsforschung teilweise bestätigt, insgesamt erfuhr seine Theorie Aufgrund seines strain/breakdown-Theorems jedoch viel Kritik (vgl. Staggenborg 2011: 15).

Andere Forschungsansätze teilten die Vorstellungen Smelsers, dass kollektives Verhalten durch krisenhafte gesellschaftliche Zustände entstehe. Unter dem Eindruck des Zweiten Weltkrieges und des kalten Krieges versuchte William Kornhauser mit seiner Theorie der Massengesellschaft („The Politics of Mass Society") das Aufkommen von Extremismus und die daraus resultierenden Gefahren für demokratische Gesellschaften strukturell zu umreißen (vgl. Buechler 2011: 71; Ruggiero/Montagna 2008: 44). Kornhauser bezieht sich dabei auf die Durkheim'schen Überlegungen zu Egoismus und Anomie. So entstünden Massengesellschaften, wenn sich lokale Netzwerke und Vergemeinschaftungen auflösten und sich stattdessen eine machtvolle Elite und eine enorme Bürokratie etablierten, die nicht zuletzt vereinzelte Individuen zurückließen (vgl. Buechler 2011: 71). Während soziale Vergemeinschaftungen wie religiöse Vereinigungen oder Gemeindeorganisationen geteilte Werte amalgamierten und gesamtgesellschaftliche Stabilität forcierten, komme es durch deren Wegfall zu sozialer Isolation und in der Folge zu kollektivem Massenverhalten (vgl. Staggenborg 2011: 14). Überdies beschreibt Kornhauser ([1959] 2008: 75) politischen Protest als tendenziell undemokratisch, da er institutionalisierte Prozesse der Meinungs- und Willensbildung ablehne.

> […] it abrogates institutional procedures intended to guarantee both majority choice and minority rights, and denies respect for principles of free competition and public discussion as the bases for compromising conflicting interests (Kornhauser [1959] 2008: 75).

Wenn Protest sich zudem radikalisiere, neige er dazu, Gewalt gegen oppositionelle Strömungen anzuwenden (ebd.). Wenngleich Kornhauser auch die Arbeiter_innenbewegung als eine der zentralen sozialen historischen Bewegungen betrachtet, gilt sein Hauptaugenmerk „totalitären" Strömungen (vgl. Ruggiero/Montagna 2008: 44).

Ein weiterer Forschungsansatz, der kollektives Verhalten strukturtheoretisch fokussiert, konzentriert sich auf die Dimensionen relativer Deprivation, die auf die Diskrepanz zwischen Erwartung und „realen Verhältnissen" (Raschke 1988: 148) verweist. So macht Ted Robert Gurr in seiner Arbeit „Why Men Rebel" darauf aufmerksam, dass Werterwartungen sich auf Güter und Verhältnisse beziehen, von denen die Individuen glauben, dass sie ihnen rechtmäßig zustehen (vgl. Gurr 1970: 24). Soziale Verhältnisse, die das Versprechen bergen, dass sich die soziale Situation der Individuen weiter verbessern könnte, vergrößern demnach auch das Konfliktpotenzial (ebd.). Zudem fokussiert sich Gurr vor allem auf politische Gewalt anstelle sozialer Bewegungen (vgl. Marx/Wood 1975: 377).

An strukturfunktionalistischen Collective Behavior-Ansätzen wurde insbesondere die Kritik geübt, dass kollektives Handeln hier ausschließlich als Effekt eines nicht funktionalen sozialen Systems gewertet wird (vgl. della Porta/Diani 1999: 7). Damit wird nicht nur kollektives Handeln als tendenziell irrational ausgewiesen. Aus dem Blick gerät auch, so eine stete Kritik in der späteren Bewegungsforschung, warum und wie zu einer bestimmten Zeit soziale Bewegungen entstehen oder auch nicht (vgl. Byrne 1997: 38). Denn Gesellschaften bringen – so Paul Byrne (ebd.) – soziale Bewegungen hervor, weil Individuen motiviert waren zu protestieren.

Wenngleich nicht alle Theorien, die kollektives Verhalten in den Blick nehmen, davon ausgehen, dass dieses zwangsläufig irrational und gewaltvoll sein müsse, schenken doch die meisten von ihnen sozialen Bewegungen als spezifischen und organisierten gesellschaftlichen Dynamiken mit eigenen Strategien, Organisationsformen, Interpretationsschemata der sozialen Wirklichkeit und damit verbundenen Zielen und Inhalten insgesamt wenig Beachtung. Trotz einer Fortentwicklung der Ansätze zu kollektivem Verhalten verblieben einige problematische Definitionen: *Erstens* entstehe kollektives Verhalten durch einen Zusammenbruch bzw. eine gesellschaftliche Spannung (vgl. Buechler 2007: 49). *Zweitens* sei jenes kollektive Verhalten mit seinen Elementen von Spontanität und Emotionalität scharf abzugrenzen von ‚konventionellem' Verhalten und gelte mithin häufig als hochgradig irrational, gefährlich und exzessiv (ebd.). Nichtsdestotrotz: Diese Ansätze zu kollektiven Verhalten und vor allem deren „taxonomic tradition" (Marx/Wood 1975: 368) lieferten Raster zur empirischen Erforschung von sozialen Bewegungen. Dies mag nicht zuletzt daran liegen, dass die theoretischen Implikationen sich auf die Narrative der großen sozialen Bewegungen stützen. Mit dem Aufkommen neuer sozialer Bewegungen im europäischen und US-amerikanischen Raum wurden diese Theorien, seien sie symbolisch-interaktionistischer oder systemfunktionalistischer Couleur, jedoch zunehmend empirisch infrage gestellt oder theoretisch weiterentwickelt, wie im Folgenden weiter auszuführen sein wird.

2.2.2 Zäsur I: Rationalität und Strukturen

Der in den 1960er Jahren einsetzende Trend, kollektives Verhalten und damit auch soziale Bewegungen „systemfunktionalistisch" (Melucci 1989: 21) zu fassen, setzte sich in den 1970er Jahren, wenn auch in einer anderen Perspektivierung, fort. In der Bewegungsforschungsliteratur spricht man von einem einschneidenden Paradigmenwechsel, der sich in den USA durch die Etablierung des Ressourcenmobilisierungsansatzes sowie des Political Process-Ansatzes abzeichnete (vgl. Hellmann 1998: 12; Kern 2007: 10; Staggenborg 2011: 17). Diese Opposition zum „dominant collective behavior paradigm" (McAdam 2007: 420) und das ‚neue' Interesse an sozialen Bewegungsansätzen speiste sich aus zwei Entwicklungen: Aus einer sozialhistorischen Perspektive ist das Aufkommen neuer sozialer Bewegungen in Europa und den USA zu nennen, denn dieser empirische Forschungsgegenstand war quasi allgegenwärtig. Innerhalb des wissenschaftlichen Diskurses wurden zudem marxistische Ansätze, neue Theorien zu Macht, Eliten und Sozialgeschichte verhandelt (vgl. Chester/Welsh 2011: 7; McAdam 2007: 421).

Eine Kritik am *Classical Model* war, dass es nicht erklären könne, warum bestimmte Gruppen an sozialen Bewegungen partizipieren oder auch nicht (vgl. Byrne 1997: 39). Die frühen Ansätze konzentrierten sich einseitig auf Makroprozesse wie gesellschaftliche Krisensituationen als ausschließlich auslösende Faktoren oder Mikroprozesse wie die Handlungsmodi einzelner Individuen (ebd.: 40). Die sich neu etablierenden Ressourcenmobilisierungsansätze warfen dagegen einen Blick auf Prozesse der Mesoebene – nämlich die der Organisationen (ebd.). Zudem fassten die neuen Studien soziale Bewegungen zunehmend als politische Phänomene (vgl. McAdam 1999: 22) und verlinkten – im Falle des Political-Process Models – soziale Bewegungen mit Entwicklungsprozessen auf der Makroebene, was relationale Perspektiven ermöglichte. Der These der tendenziellen Irrationalität kollektiven Verhaltens, welches *Collective Behavior*-Ansätze implizieren, wurde zugunsten einer Perspektive abgelöst, welche Individuen als rationale Akteur_innen definierte (vgl. Garner 1997: 22; Koopmans 1995: 8).

Es ließ sich auch nicht belegen, dass die Enttäuschung von Erwartungen oder lediglich gesellschaftliche Missstände und Brüche (vgl. Staggenborg 2011: 17; Staggenborg/Klandermans 2002: x) soziale Bewegungen zur Folge haben – ein Theorem, das sowohl in interaktionistischen als auch in systemfunktionalistischen Ansätzen vorherrschend war. Die generalisierende Annahme, dass schlechte Bedingungen oder eine Verschlechterung der Lebensbedingungen Bewegungen und Proteste hervorbringen, wurde nicht länger pauschal angenommen (vgl. Byrne 1997: 40; Raschke 1988: 147). Bis in die 1980er Jahre waren die Forschungsperspektiven der Ressourcenmobilisierung (vgl. Kern 2007: 11) und der politischen Gelegenheitsstrukturen vorherrschend. Die Erforschung sozialer Bewegungen folgte insgesamt einer „*organisations*soziologischen Wendung" (Pettenkofer 2010: 34; Hervorh. im Original). Doch entwickelten sich – durchaus kritisch positioniert zu Ressourcenmobilisierungsansätzen – in der Folge auch symbolisch-interaktionistisch beeinflusste Ansätze, wie die durch Erving Goffman inspirierten Framing-Ansätze oder die innerhalb der Neuen Sozialen Bewegungsforschung verorteten Arbeiten zu kollektiver Identität.

Wesentlich innerhalb der neuen Forschungsdiskurse war die Zentralität der sozialen Bewegung als eigentlichem Forschungsgegenstand. Soziale Bewegungen wurden nicht mehr als Ausdruck einer Verkollektivierungsform sozialen Handelns betrachtet, sondern als eigenständige Form politischen Handelns mit bestimmten Merkmalen, der besondere Aufmerksamkeit zuteilwerden müsse.

2.2.2.1 Ressourcenmobilisierung: Soziale Bewegungen als rationales Handeln

Die Ansätze zur Ressourcenmobilisierung basieren auf der Annahme, dass soziale Phänomene Ergebnisse individueller Entscheidungsprozesse und Handlungen sind (vgl. Nash 2000: 114). Sie orientieren sich an grundsätzlichen Annahmen der rational-choice-Theorie, welche Individuen als rationale Akteur_innen definiert, die ihr Handeln nach der Prämisse des maximalen Gewinns durch minimale Kosten ausrichten (vgl. Buechler 2011: 111). Ressourcenmobilisierungsansätze legen nahe, dass die eigentliche Mobilisierung zu sozialen Bewegungen bestimmte Ressourcen und einen gewissen Grad an Organisation für kollektive Aktionen benötigt (vgl. Staggenborg 2011: 17; Ruggiero/Montagna 2008: 88). Im Gegensatz zu den früheren Ansätzen rücken strukturelle Bedingungen in den Mittelpunkt der Analyse.

> In contrast to traditional social-psychological interpretations, resource mobilization theory emphasizes the importance of structural factors, such as the availability of resources to a collectivity and the position of individuals in social networks, and stresses the rationality of participation in social movements (Klandermans [1984] 2008: 247).

Der Begriff der Ressourcen schließt materielle Werte, beispielsweise Spenden, genauso ein wie immaterielle Werte, z. B. das Engagement von Teilnehmer_innen (vgl. Staggenborg 2011: 17). Ansätze zu Mobilisierungsstrukturen fokussieren kollektive Mittel, durch welche Individuen zu sozialen Bewegungen aktiviert werden (können). Wesentlich für gelingendes strategisches Protesthandeln in sozialen Bewegungen sind aus der Perspektivierung heraus eine gewisse Form der Koordination des Protesthandelns und eben die Verfügbarkeit bestimmter Ressourcen (vgl. Kern 2008: 122). Soziale Bewegungen schöpfen aus *inneren* Ressourcen – wie Führung, Gruppensolidarität oder Organisationsmodi – und der Mobilisierung ihres Umfeldes als *äußere* Ressourcen (vgl. Geißel/Thillmann 2006: 172). Dazu gehören Kontakte zu staatlichen Organisationen und etablierten gesellschaftlichen Institutionen als externe Unterstützungsmöglichkeiten sowie bestimmte Taktiken oder Handlungsweisen der jeweiligen Ordnungsmacht, welche soziale Bewegungen kontrollieren oder ins politische System eingliedern (vgl. McCarthy/Zald [1977] 2008: 105; della Porta/Diani 1999: 7).

Der Fokus des Ressourcenmobilisierungsansatzes liegt auf den Prozessen der Mobilisierung und der formalen Manifestation sozialer Bewegungen (vgl. McAdam/McCarthy/Zald 1996: 3). Den Bewegungsorganisationen kommt in dieser Konzeptualisierung besondere Bedeutung zu (vgl. Pettenkofer 2010: 34), fungieren sie doch als „längerfristige, wenn auch nicht dauerhafte Verdichtung von Interaktion und Entscheidungsfindung" (Hellmann 1998: 22). Durch sie sei es möglich, eine gewisse rationale Handlungsfähigkeit herzustellen (ebd.).

Eine der ersten Arbeiten, die den Ressourcenmobilisierungsansatz inspirierten, wurde von Mancur Olson verfasst (vgl. Buechler 2011: 111). Er bedient sich in seiner Arbeit „The Logic of Collective Action" von 1965 des Sprachgebrauchs sowie der Grundlagen der Ökonomie (vgl. Olson 1998: 3). Seine Arbeit wurde innerhalb der sozialwissenschaftlichen Bewegungsforschung weitreichend rezipiert, weil er mit seinem Ansatz das Bild der Irrationalität kollektiven Verhaltens auflöst (vgl. Edwards 2014: 43; Ruggiero/Montagna 2008: 88).

> The view that groups act to serve their interests presumably is based upon the assumption that the individuals in groups act out of self-interest. If the individuals in a group altruistically disregarded their personal welfare, it would not be very likely that collectively they would seek some selfish common or group objective (Olson 1998: 1).

Er konzentriert sich zunächst empirisch auf ökonomische Interessengruppen und zeichnet seine daran entwickelte Theorie in der Folge an nicht ökonomisch orientierten Interessengruppen und politischen Parteien nach. Seine Ausführungen stützt er auf institutionalisierte Bewegungsorganisationen. Individuen wie auch Organisationen handeln laut Olson rational, um ihre Interessen oder Gewinne – in seiner Lesart Kollektivgüter – mit möglichst wenig Kosten zu erlangen. Als Antrieb sieht er neben ökonomischen Gütern auch die Vermehrung von Prestige, Status, Respekt, Freundschaften bzw. „other social and psychological objectives" (Olson 1998: 60). Er machte als erster auf das Trittbrettfahrer_innenphänomen („free-rider") aufmerksam (ebd.: 76), dem Bewegungsorganisationen durch spezifische Anreize entgegenwirken können. Beispiele für einen solchen Zusatznutzen können Rechtsbeistand, Bildungsangebote, Versicherungen etc. sein. Nicht nur in Arbeiter_innenorganisationen wurden solche Angebote – wie Olson am Beispiel von Versicherungen in den USA argumentiert (ebd.: 72f) – für Mitglieder bereitgestellt. Auch Frauenbewegungsorganisationen etablierten je nach Organisierungsgrad besondere „benefits" für ihre Mitglieder.

Anthony Oberschall übertrug das Paradigma der rationalen Entscheidungstheorie auf seine Überlegungen. In „Conflict and Social Movements" (1973) macht er als Basis seiner Untersuchung den Begriff der Ressourcen ebenfalls besonders stark (vgl. Oberschall 1973: 28). Die materiellen oder immateriellen Ressourcen würden von Gruppen geschaffen, genutzt, transferiert, gesammelt, ausgetauscht oder durchaus auch wieder verloren (ebd.). Damit verweist er, orientiert an den austauschtheoretischen Formulierungen von James Coleman (ebd.: 27), auf die Austauschprozesse zwischen der Gruppe – welche er als soziale Bewegung fasst – und den Teilnehmenden. Den Prozess definiert er als Ressourcenmanagement („resource management") (Oberschall 1973: 28). Mobilisierung wiederum impliziert hier, dass eine sozial unzufriedene Gruppe Ressourcen zusammenführe und zur Verfügung stelle, um ein bestimmtes gemeinsames Ziel zu erreichen (ebd.). Oberschall widerspricht den klassischen Ansätzen dahingehend, dass er empirisch nachweist, dass Atomisierung und soziale Isolation von Individuen nicht zwangsläufig zu Protesthandeln oder Massenbewegungen führt (vgl. Oberschall 1973: 135). Vielmehr erfolgt die Rekrutierung dieser

Gruppe durch bereits aktive und in die Gesellschaft relativ gut integrierte Personen (ebd.). Es muss also eine Form von Vororganisation existieren, welche die Rekrutierung und Mobilisierung weitere Teilnehmer_innen ermöglicht (vgl. Buechler 2011: 112).

William Gamson hat mit seiner Ressourcenmobilisierungsstudie „The Strategy of Social Protest" (1975/1990) ein größer angelegtes Sample von 53 Gruppen in den USA zwischen 1800 und 1945 analysiert und damit zu einer breiten, empirischen Fundierung dieses Ansatzes beigetragen (vgl. Gamson 1990: 19). Auch er geht davon aus, dass Organisationen, welche er als „challenging groups" bezeichnet (ebd.), in sozialen Bewegungen eine wesentliche Rolle spielen. Zudem entwickelt er zwei Perspektiven auf „Erfolg" von sozialen Bewegungen (Gamson 1990: 28): Erstens sei als Erfolg zu werten, wenn eine Gruppe es schaffe, von ihren Opponent_innen als legitime Interessengruppe anerkannt zu werden (ebd.). Eine zweite Dimension des Erfolgs liege vor, wenn eine Gruppe für ihre Anhänger_innenschaft neue Vorteile erwirken könne (vgl. Gamson 1990: 29). Des Weiteren geht Gamson der These des „thinking small" nach, d. h., dass er danach fragt, inwieweit Protestgruppen bzw. „challenging groups", die relativ moderate Ziele anstreben, Erfolg haben. Er bezieht sich hierbei auf Roberta Ashs (1972: 230) Analyse und folgt ihrer Argumentation, dass alle Bewegungen bestimmte Entscheidungen treffen müssen. Sie müssen sich entscheiden zwischen:

- einem Thema oder einem Set an Themen,
- radikalen/fundamentalen Forderungen oder Forderungen, welche die soziale Ordnung nicht in Frage stellen und
- der Beeinflussung von Eliten oder dem Versuch diese abzusetzen.

Seine empirischen Ergebnisse ließen ihn darauf schließen, dass bürokratisierte Protestgruppen schneller reagieren können, denn sie verfügen über einen Stamm an Mitgliedern mit definierten Aufgaben (vgl. Gamson 1980: 108). Für Gamson steht fest, dass die Zentralisierung von Entscheidungsprozessen den Richtungskämpfen innerhalb von Bewegungsorganisationen abhelfen kann, wobei auch stark zentralisierte Gruppen nicht zwangsläufig vor Zersplitterungsprozessen gefeit sind (ebd.). Eine dezentrale und unbürokratische Gruppe, welche interne Richtungskämpfe durchlebe, sei hingegen „doomed to failure" (ebd.), habe aber, falls sie selbige vermeiden könne, immer noch eine Chance auf Erfolg. Dies sei davon abhängig, ob die interne Entscheidungsgewalt zentralisiert sei (ebd.). Wenngleich Gamsons Analyse und Methode erheblicher Kritik ausgesetzt waren, beispielsweise in Bezug auf die Klassifizierung der Gruppen (vgl. Goldstone 1980: 220) und auch in Bezug auf die Frage des Erfolgs (vgl. Jenkins 1983: 544), eröffneten sie einen Blick auf den Zusammenhang zwischen Zielen, Inhalten, Strategien, Organisierungs- und Institutionalisierungsprozessen und den letztendlichen Erfolg.

Innerhalb des Ressourcenmobilisierungsansatzes haben insbesondere John D. McCarthy und Mayer N. Zald auf die innere Heterogenität sozialer Bewegungen bzw. zwischen sozialen Bewegungsorganisationen aufmerksam gemacht. Zeitgleich mit dem Erscheinen von Oberschalls Arbeit veröffentlichten McCarthy und Zald ebenfalls eine Abhandlung zur Ressourcenmobilisierung, welche konstatiert, dass in Gesellschaften mit erhöhtem Wohlstand und damit einer anwachsenden Mittelklasse weniger Unzufriedenheit herrsche und daher auch weniger Bewegungen generiert werden müssten (vgl. Buechler 2011: 113). Empirisch erwies sich diese These allerdings als nicht haltbar. Ihr Ansatz untersucht die Ressourcen, die mobilisiert werden müssen, die Verbindungen zwischen sozialen Bewegungen und anderen Gruppen, die Generierung von Unterstützung sowie den Umgang mit sozialen Bewegungen von Seiten der Ordnungsmacht (vgl. McCarthy/Zald 1977: 1213). Die Differenzierung der beiden Autoren zwischen sozialer Bewegung („social movement") und Gegenbewegung („countermovement"), markiert zudem einen Blick auf die Relationen zwischen Bewegung(en) und gesellschaftlich etablierten Formationen. Während eine soziale Bewegung „a set of opinions and beliefs in a population" repräsentiert, die sozialen Wandel herbeiführen möchte, versuchen Gegenbewegungen diesen Wandel zu verhindern (ebd.: 1217f). Die Fokussierung auf soziale Bewegungsorganisationen („social movement organization") eröffnet auch eine neue analytische Perspektive, die darin besteht, nachzuzeichnen wie ausdifferenzierte bzw. formalisierte Organisationen sich den Zielen einer sozialen Bewegung oder auch Gegenbewegung verschreiben (ebd.: 1218f). Alle sozialen Bewegungsorganisationen, die als Ziel eine breite Zustimmung einer sozialen Bewegung anstreben, bilden laut McCarthy und Zald (1977:

1219) die soziale Bewegungsindustrie („social movements industry"), welche das organisierte Pendant einer Bewegung abbildet (ebd.). Alle Bewegungsindustrien ergeben, völlig unabhängig davon, zu welcher sozialen Bewegung sie gehören, den sozialen Bewegungssektor („social movement sector") (ebd., 1220).

Auch wenn sich die Autoren nicht als strenge Anhänger der rationalen Entscheidungstheorie verstehen (vgl. Buechler 2011: 117), lässt sich feststellen, dass sie in Bezug auf Bewegungsakteur_innen mit der Idee von Rationalität operieren (ebd.). Der Ansatz lehnt sich demzufolge stark an Theorien der politischen Soziologie und Ökonomie an, also an Ansätze, die auf einem sozialpsychologischen Fundament kollektives Verhalten analysieren (vgl. McCarthy/Zald 1977: 1213). Im Gegensatz zu früheren Ansätzen, die soziale Bewegungen als mehr oder weniger geschlossene Systeme behandelten, die einer evolutionären Logik folgend entweder fehlschlagen oder sich institutionalisieren und bürokratisieren, favorisiert der Ressourcenmobilisierungsansatz die Perspektive eines offenen Systems (vgl. Jenkins 1983: 543).

Die Definition von sozialen Bewegungen als rationale Akteurinnen blieb allerdings innerhalb der Bewegungsforschung nicht unhinterfragt (vgl. della Porta/Diani 1999: 9; Pettenkofer 2010: 42; Nash 2000: 115). Zwar fokussieren die Ansätze kollektive Aktionen, verlieren dabei aber den Blick für Bedeutungen und Orientierungen, d. h., der Fokus liegt beim Ressourcenmobilisierungsansatz eher auf dem „wie" als auf dem „warum" (Melucci 1989: 22). Kritiken des Ressourcenmobilisierungsansatzes wurden von europäischen Theoretiker_innen artikuliert, die sich kontextuell in der Theorie zu Neuen Sozialen Bewegungen verorteten (vgl. Koopmans 1995: 8). Anderseits präferierten Forscher_innen des Political Process-Ansatzes bzw. des Ansatzes der Political Opportunity-Structures zwar die auf Rationalität der Akteur_innen beruhenden Prämissen des Ressourcenmobilisierungsansatzes, sahen aber andere Ursachen für kollektives Verhalten (ebd.: 9). Letztere definierten die politische und institutionelle Umwelt der sozialen Bewegungen als einen wesentliche Einflussdeterminante für deren Entstehung und deren spezifische Ausprägung (vgl. della Porta/Diani 1999: 9).

2.2.2.2 Politische Gelegenheitsstrukturen: Bringing the System back in

Der als *Political Process Model* bezeichnete Ansatz fokussiert die institutionellen und politischen Gegebenheiten, in welchen soziale Bewegungen agieren (vgl. della Porta/Diani 1999: 9; Staggenborg 2011: 19). Im US-amerikanischen Forschungsraum waren es vor allem „*political process* theorists" wie Charles Tilly, Doug McAdam und Sidney Tarrow, die die analytische Verbindung zwischen politischen Institutionen und sozialen Bewegungen herstellten (McAdam/McCarthy/Zald 1996: 2; Hervorh. im Original).

Eine Betrachtung sozialer Bewegungen ohne bzw. mit einer nur marginalen Berücksichtigung von Makrostrukturen erschien den Forscher_innen unzureichend. Der Ansatz zu politischen Gelegenheitsstrukturen fokussiert daher die ‚Umweltbedingungen' sozialer Bewegungen als entscheidende Einflussgröße (vgl. Geißel/Thillmann 1999: 174) und erweitert zugleich den Blick auf die Interaktion von Bewegungen und deren Bezugsgruppen (ebd.). Damit bietet der Ansatz strukturtheoretische Erklärungsmöglichkeiten in Bezug auf die Frage, warum soziale Bewegungen entstehen und wie bestimmte Protestverläufe über einen gewissen Zeitraum durch externe Momente beeinflusst werden bzw. wurden. Im US-amerikanischen Sprachraum wurde der Ansatz insbesondere genutzt, um die Etablierung bestimmter sozialer Bewegungen im Zusammenhang mit dem Wandel institutioneller Strukturen oder informeller Machtverhältnisse im nationalen politischen System zu erklären (vgl. McAdam/McCarthy/Zald 1996: 3).

Empirisch gestützt wurden die Analysen durch historische Fallstudien bestimmter sozialer Bewegungen und Protestzyklen (ebd.). Insbesondere innerhalb der Forschung zu den Neuen Sozialen Bewegungen im europäischen Raum trugen komparative Studien zur Perspektivenerweiterung des Ansatzes bei. Dabei orientierten sich Forscher_innen auch an vergleichenden Studien in unterschiedlichen nationalen Kontexten (ebd.).

Wenngleich den Studien verschiedene Forschungsfragen zugrunde liegen (ebd.), ist der gemeinsame Nenner historischer und komparativer Studien der geteilte Fokus auf institutionalisierte Politik und Bewegungsinteraktionen. Die US-amerikanischen Forschungsansätze stützten ihre Untersuchungen auf spezifische Fallanalysen einzelner sozialer Bewegungen oder Protestzyklen, die europäischen Forscher_innen widmeten sich demgegenüber dem Vergleich einer spezifischen Bewegung in verschiedenen nationalen Kontexten (vgl. McAdam/McCarthy/Zald 1996: 3). Beiden Herangehensweisen liegt aber eine gemeinsame These zugrunde, nämlich die, dass soziale Bewegungen von politischen Möglichkeiten oder Beschränkungen beeinflusst und geformt werden (ebd.). Sie erweitern damit den Blick auf die Offen- bzw. Geschlossenheit des jeweiligen politischen Systems, welches für die Mobilisierung von sozialen Bewegungen förderlich bzw. hinderlich ist (vgl. della Porta/Diani 1999: 9). Dies bedeutet, dass bestimmte politische Gelegenheiten die Entwicklung, Ausprägung und Art der sozialen Bewegungen bestimmen (vgl. Koopmans 1995: 13, Opp 2009: 161f). Die Basis der hier zu verortenden Ansätze ist demzufolge eine „rationalistische Erklärungsstrategie" (Pettenkofer 2010: 44).

Die Bezeichnung *Political Opportunity Structures* entwickelte Peter Eisinger (della Porta/Diani 1999: 9; Ruggiero/Montagna 2008: 140). Die Rahmenbedingungen des politischen Systems, also „jene Gepflogenheiten und Routinen, wie sie im öffentlichen Leben üblich sind" (Hellmann 1998: 23), üben Einfluss auf soziale Bewegungen aus. Staaten fungieren demnach als „conflict and alliance systems" (Jenkins/Klandermans 1995: 4), die soziale Bewegungen ermöglichen und formen. Zugleich können soziale Bewegungen aber auch sozialen Wandel herbeiführen (ebd.). Der *Political Opportunity Structures*-Ansatz beschäftigt sich demnach damit, inwieweit bestimmte Gelegenheiten günstig oder ungünstig für Protest sind (vgl. Hellmann 1998: 24; Jenkins/Klandermans 1995: 4). Eisinger schuf das Konzept der politischen Gelegenheiten anhand einer empirischen Untersuchung städtischer Politikpraktiken (vgl. della Porta/Diani 1999: 9; Johnston 2014: 51; McAdam 1996: 23).

> Such research efforts take on theoretical coherence, however, if it is understood in the first instance that the environmental variables are related to one another in the sense that they establish a context within which politics takes place. Furthermore, the possible linkages between this context and the patterns of political behavior be-

come evident if the elements of the context are conceived as components of the particular *structure of political opportunities* of a community (Eisinger 1973: 12; Hervorh. im Original).

Auch führte Eisinger die bereits benannte Unterscheidung zwischen offenen und geschlossenen Strukturen des Regierens ein (vgl. Eisinger 1973: 17ff). Während Eisinger mit seiner Konzeption und Begriffsbildung insbesondere unterschiedliche Ausprägungen von Protesten und Ausschreitungen innerhalb lokaler Zusammenhänge analysieren wollte, rückten schließlich darauf fußende Ansätze nationalstaatliche Kontexte in den Fokus des Interesses (vgl. McAdam 1996: 29). Insbesondere die sozialhistorisch angelegten Arbeiten von Charles Tilly verbinden die Entwicklung sozialer (nationaler) Bewegungen mit der Entwicklung der Nationalstaaten und der Entwicklung der modernen Demokratien (vgl. Tilly 1979: 24). Tilly hebt auch explizit hervor, dass es für die Analyse sozialer Bewegungen wesentlich ist, den historischen Kontext zu berücksichtigen (vgl. Tilly 1978: 231f).

Frances Fox Piven und Richard A. Cloward machen in ihrer 1977 erschienenen empirischen Fallstudie zu den Armenprotestbewegungen in den USA darauf aufmerksam, dass beispielsweise politische Eliten ein wesentlicher Faktor bei der Durchsetzung politischer Ziel sind (vgl. Piven/Cloward 1986: 20f). Zu ähnlichen Ergebnissen kommen auch J. Craig Jenkins und Charles Perrow (1977: 249f) in ihrer Analyse der Farmarbeiter_innenbewegung. Aber nicht nur Eliten sondern auch soziale Bewegungen selbst können Gelegenheitsstrukturen für weitere Bewegungen schaffen.

Diesen Zusammenhang konnte Sara Evans 1978 in ihrer Studie zu den Wurzeln der *Women's Liberation Movement* nachweisen. Diese Fallstudie zeigt den Zusammenhang zwischen den Bürger_innenrechtsbewegungen in den USA der 1960er Jahre und den Politikformen der neuen Frauenbewegungen, die von Aktivistinnen der *New Left* beeinflusst waren (vgl. Evans [1978] 2008: 155). Dieses Zusammenfallen sozialer Bewegungen kann auch für die deutschen Frauenbewegungen im selben Zeitraum ausgemacht werden. Die neue Frauenbewegung in der damaligen BRD war, so konstatiert Gisela Notz (2008: 16), ein Ergebnis der „Geschlechtsblindheit der Studentenbewegung, deren ‚Macher', die männlichen SDS-Mitglieder, die spezifische Ausbeutung der Frauen im privaten Bereich tabuisierten" (ebd.). Ohne den SDS-Kongress und die weitgehende Ignoranz der männlichen Studierenden gegenüber dem „Patriarchalismus in den eigenen Reihen" (Günther 2011: 141) wäre es dann auch nicht zum berühmten Tomatenwurf beim Frankfurter SDS-Kongress 1968 und zur Konsolidierung feministischer Politik innerhalb der 68er-Bewegung gekommen.

In der Perspektivierung der *Political Opportunity Structures* bedeutet dies, dass die Entwicklung sozialer Bewegungen auch neue Kommunikationsräume und somit neue Aushandlungsräume eröffnet (vgl. Ruggiero/Montagna 2008: 141), die in diesem Fall hilfreich für das Erstarken der neuen Frauenbewegung waren. Die spezifischen historisch-politischen Kontexte sowie die gegenseitige Einwirkung verschiedener sozialer Bewegungen können auch für die frühe Frauenbewegung als impulsgebende und modellierende Gelegenheitsstrukturen verstanden werden (Kapitel 4).

Für eine analytische Einbeziehung von politischen Strukturen und historischem Kontext in den Wirkungszusammenhang von sozialen Bewegungen plädiert ebenfalls Doug McAdam in „Political Process and the Development of Black Insurgency" (1982). Den Ansatz zur Ressourcenmobilisierung sieht er insbesondere als eine Reaktion auf die Implikationen der klassischen Ansätze (vgl. McAdam 1999: 22). McAdam ist dabei von marxistischen Zugängen beeinflusst, rekurriert allerdings weniger auf die ‚strain-and-breakdown'-These, als auf die Exklusion und Benachteiligung bestimmter sozialer Gruppen durch gesellschaftliche Eliten (ebd.: 37). Weiterhin macht McAdam deutlich, dass die Bewusstwerdung der sozialen Ungleichheit sowie bestimmte Gelegenheitsstrukturen wesentlich für die Entwicklung sozialer Bewegungen sind (ebd.: 40). Zwar sieht auch McAdam, ähnlich wie die Theorien des klassischen Modells, den Status Quo beispielsweise durch Kriege, Industrialisierung oder demografische Veränderungen innerhalb einer Gesellschaft erschüttert, allerdings lehnt er eine Auffassung von direkter Kausalität, wie sie z. B. von Kornhauser proklamiert wird, ab (ebd.: 41).

> In contrast, the political process model is based on the idea that social processes such as industrialization promote insurgency only indirectly through a restructuring of existing power relations (McAdam 1999: 41).

McAdam macht darauf aufmerksam, dass Proteste demnach nicht in unmittelbarer Folge sozialer Spannungen auftreten, sondern vielmehr einer kumulativen Logik über einen längeren Zeitraum folgen (ebd.). Darüber hinaus müssen gewisse Ressourcen zur Verfügung stehen und politische Gelegenheiten durch kollektives Handeln einer benachteiligten Gesellschaftsgruppe in organisierte Protestkampagnen übersetzt werden (vgl. McAdam 1999: 43ff; Ruggiero/Montagna 2008: 141). Wesentliche Ressourcen für Bewegungsorganisationen sind Mitglieder, etablierte Strukturen für solidarische Anreize, Kommunikationsnetzwerke und Anführende (vgl. McAdam 1999: 44ff).

Neben Charles Tilly und Doug McAdam zählt Sidney Tarrow zu den Theoretiker_innen, die mit dem *Politial Process Modell* assoziiert werden (Buechler 2011: 136; McAdam/McCarthy/Zald 1996: 2). Tarrow fasst politische Gelegenheiten wie folgt:

> By political opportunities, I mean consistent – but not necessarily formal, permanent, or national – dimensions of the political struggle that encourage people to engage in contention politics (Tarrow 2011: 32).

Dies bedeutet, dass Akteur_innen sozialer Bewegungen externe Gegebenheiten nutzen oder an diesen auch scheitern können. Tarrow weist zudem auf schwankende Konstellationen von Gelegenheiten – wie die Stabilität bzw. Instabilität politischer Prozesse beispielsweise durch politische Konflikte zwischen Eliten (vgl. Koopmans 1995: 13) – hin, die Gelegenheiten für soziale Bewegungen eröffnen bzw. Möglichkeiten verschließen. Bedrohungen können demnach genauso relevant und motivierend für Aktionen und Mobilisierung wie politische Gelegenheiten sein (vgl. Staggenborg 2011: 19). Manchmal kann die Unterstützung durch politische Eliten auch hinderlich für kollektive Aktionen sein, weil Akteur_innen mitunter die Notwendigkeit zum Handeln für eine bestimmte Sache nicht erkennen (ebd.). Diese Kumulation von Gelegenheiten bewirkt nach Tarrow letztlich eine zirkuläre Entwicklung der Bewegung(en) (vgl. Tarrow 2011: 199) – einen Prozess, den er als „cycle of contention" (ebd.) oder auch „cycle of protest" (Tarrow 1997: 441) beschreibt. Ein sich steigernder Konflikt innerhalb eines sozialen Systems bewirkt auch ein zunehmendes Aktionspotenzial von mehr zu weniger mobilisierten Gesellschaftsteilen und führt zu neuen Konflikten, worüber wiederum die Entwicklung neuer bzw. transformierter kollektiver Aktionen bei gleichzeitiger Kombination organisierter und unorganisierter Partizipation sowie einer phasenweise intensivierten Interaktion zwischen den Bewegungsakteur_innen und den Machthabenden hervorgebracht wird (vgl. Tarrow 2011: 199). Tarrows und Tillys Analysen ist gemein, dass sie einerseits Protestzyklen fokussieren und anderseits auch die Auseinandersetzung bzw. den ‚Streit' („contention") (Tarrow 1997: 567; Tilly 2008: xv; Tilly 1995: 41ff) als zentrales Phänomen erachten. Hier ist eine theoretische Nähe zu Simmels Überlegungen zu erkennen, die ‚den' Streit bzw. Kampf selbst als Form der Vergesellschaftung fasst.

Das besondere Verdienst des Ressourcenmobilisierungsmodells sowie des *Political Process Models* ist, dass sie die Aufmerksamkeit auf Interaktionen zwischen alten und traditionellen Akteur_innen sowie konventionelle Aktionsformen und institutionalisierte Wege der Interessenartikulation richten (vgl. della Porta/Diani 1999: 10). Damit wird der Verdacht ausgeräumt, soziale Bewegungen wären marginal und anti-institutionell und damit Ausdruck einer Dysfunktionalität des Systems (ebd.). Kritiker_innen sehen allerdings im Fokus auf national verortete politische Systeme eine analytische Engführung (vgl. Melucci 1989: 23). Wenig Aufmerksamkeit erfahren in diesen Ansätzen zudem Bewegungen „of youth, women, homosexuals or minority ethnic groups" (della Porta/Diani 1999: 10). An dieser Kritik setzt die hier vorliegende Forschungsarbeit in zweierlei Hinsicht an. Erstens thematisch mit der Auswahl der historischen Frauenbewegung als Forschungsgegenstand und zweitens analytisch mit einer komparatistischen Vorgehensweise in Bezug auf zwei unterschiedliche nationale Gesellschaften.

Eine scharfe Kritik an beiden Modellen – der Ressourcenmobilisierung und der politischen Gelegenheiten – galt der rationalistischen Einschätzung von sozialen Bewegungen (vgl. Nash 2000: 123). Insbesondere die Rolle der Individuen als ausschließlich rational handelnde Akteur_innen wurde hinterfragt, ignoriert diese Perspektive doch deren soziale Situierung (ebd.).

> Individuals are not detached and solitary, with merely instrumental relationships to others, but always already members of groups and

communities, with feelings, beliefs, ideas, and values about shared, collective identities (Nash 2000: 124).

Ansätze, welche auf den Prämissen der rationalen Entscheidungstheorie fußen, laufen Gefahr, Individuen als „empty resources" zu begreifen (Ferree 1992: 36), die erst von strategisch operierenden Bewegungsorganisationen mobilisiert werden müssten. Letztere erscheinen in diesem Lichte als vorgegebene Institutionen, die ohne „the hearts and minds" ihrer Mitglieder entstehen (ebd.).

Politische Gelegenheiten und gewisse Mobilisierungsstrukturen bieten zwar den Rahmen, der es Akteur_innen ermöglicht, an Protesten teilzunehmen. Nichtsdestotrotz müssen sich zwischen Gelegenheit, Organisierung und Handeln bzw. Aktion gemeinsame Deutungen der eigenen Lage etablieren (vgl. McAdam/McCarthy/Zald 1996: 5). Der Blick auf Ressourcen, Organisation und Mobilisierung sowie Gelegenheiten verliert sozialpsychologische Aspekte sozialen Protests aus den Augen (vgl. Buechler 2011: 141). In diesem Sinne würdigte Klandermans zwar die Erkenntnis der Ansätze, dass weder irrationales Verhalten noch bloßer Leidensdruck oder Ideologien soziale Bewegungen entstehen lassen – wie in frühen sozialpsychologischen Theorien zu Massenverhalten bzw. kollektivem Verhalten nahegelegt – jedoch hält er ebenso fest, dass dies nicht bedeute, „that they do not play a role in the decisions of individuals to participate in a social movement" (Klandermans 1984: 584).

Soziale Bewegungen hängen mithin, das machen die Ansätze, die politische Gelegenheiten fokussieren, deutlich, von politischen Grenzen und strukturellen Gelegenheiten ab. Im Rahmen der vorliegenden Studie zeigt sich dies anhand der politischen und sozialen Kontexte, die für die deutsche und britische Frauenbewegung spezifische Auswirkungen hatten (Kap. 4). So erzeugen beispielsweise die unterschiedlichen gesetzlichen Möglichkeiten zur Organisierung auch differente Praktiken des kollektiven Handelns zu denken ist dabei etwa an die Vereins- und Sozialistengesetze im Deutschen Reich und die weiter fortgeschrittene Demokratisierung und Liberalisierung im Vereinten Königreich.

Auch der Ansatz der Ressourcenmobilisierung ist interessant für die hier vorzunehmende Analyse, da diese Forschungsarbeit vier Bewegungsorganisationen betrachtet, die in ihren Strategien der Generierung von Aufmerksamkeit, Mitgliedern und finanziellen Ressourcen unterschiedliche Wege beschritten. Wenngleich das Modell sich nicht in voller Gänze dafür eignet, die Bewegungen in Bezug auf die Interpretation von Inhalten, Wahrnehmungen und Bedeutungsaushandlungen zu erläutern, bietet es doch eine Erklärungsfolie auf der Ebene der Protestorganisation. Meines Erachtens eignet sich das *Political Process Model* mit seinem auf Kontextualisierung angelegten Analyseraster gerade für Vergleichsstudien. Im Fall der in dieser Arbeit analysierten nationalen Kontexte werde ich insbesondere in Bezug auf die spezifischen nationalen politischen Besonderheiten – wenngleich verkürzt – mit den Begriffen der politischen Gelegenheitsstrukturen arbeiten.

Ausgehend von meiner Forschungsfrage, inwiefern der Umgang mit den Ungleichheitskategorien Klasse und Geschlecht innerhalb der Bewegungen verschiedene Prozesse der Problem-Identifikation, der Mobilisierung, der Organisation usw. implementierte, reichen nur auf Rationalität und Struktur geeichte Analyseraster nicht aus, wenngleich diese Prozesse für die ganz spezifische Ausprägung der jeweiligen Strömung nicht zu unterschätzen sind. Daher werde ich im Folgenden auch die zweite Zäsur innerhalb der Bewegungsforschung nachzeichnen, die vor allem für die Inhalte und Ziele sozialer Bewegungen wesentliche Erklärungsmuster bereitstellt.

2.2.3 Zäsur II: Bedeutungsproduktion und Identität(en)

Die Ansätze zur Ressourcenmobilisierung und zu den politischen Gelegenheitsstrukturen waren nicht die einzigen neuen Paradigmen in den 1970er und 1980er Jahren (vgl. Buechler 2011: 141), wenngleich die genannten Ansätze eine gewisse hegemoniale Stellung genossen (vgl. Kern 2008: 11). Die Modelle erfuhren im selben Zeitraum eine „kultursoziologische Ergänzung" (Pettenkofer 2010: 67); es vollzog sich ein sogenannter „cultural turn" (Ferree/McClurg Mueller 2006: 39; Nash 2000: 123f) mit der Entwicklung der theoretischen Konzepte des „Framings", der „Protestrepertoires" und der „kollektiven Identität" (Pettenkofer 2010: 67). Diese Entwicklung muss auf der Folie einer größeren Wende innerhalb der Soziologie betrachtet werden. Eine „in unterschiedlichen nationalen Kontexten und über verschiedene Fächer hinweg zu beobachtende Suchbewegung" (Schwenk 2011: 59) korrespondierte mit der Wiederentdeckung von „Kultur" als erkenntnisgewinnendem Gegenstand. Diese Entwicklung und die damit einhergehende Fokussierung auf kulturelle Phänomene vollzogen sich dabei auch in der Erforschung sozialer Bewegungen (vgl. Flacks 2003: 146).

Ansätze zur Ressourcenmobilisierung und Gelegenheitsstrukturen sind „meso-level theories" (Buechler 2011: 141), in welchen Annahmen auf der Makroebene mitschwingen (ebd.). Sie vernachlässigen weitgehend interaktive sowie interpersonelle Vorgänge der Individuen (Mikroebene). Interessanterweise griffen Theoretiker_innen der kultursoziologischen Ansätze auf Prämissen der klassischen Modelle und insbesondere des sozialpsychologischen Ansatzes bzw. des symbolischen Interaktionismus zurück, die von Ressourcenmobilisierungsansätzen sowie den *Political Process Modellen* gerade abgelehnt wurden (vgl. McAdam 1994: 36).

> These gaps were an open invitation for new ways of understanding the micro-level dynamics of social movements. Simplistic notions of psychological strain, relative deprivation, or frustration-aggression soon gave way to more complex interpretations of how interpersonal dynamics generated meso-level collective action (Buechler 2011: 142).

Wesentlich ist für bewegungstheoretische, kultursoziologisch orientierte Ansätze die Grundannahme, dass Subjekte sich in gewisser Weise benachteiligt fühlen müssen und die Hoffnung haben, an den gesellschaftlichen Strukturen kollektiv etwas ändern zu können (vgl. McAdam/McCarthy/Zald 1996: 5). Fehlt das eine oder das andere, so ist es eher unwahrscheinlich, dass Individuen protestieren (ebd.). Oder genauer gesagt: Individuen handeln nicht nur aufgrund ihrer Umwelt, sondern vielmehr auf Grundlage der Bedeutung, welche sie ihrer Umwelt zuweisen (vgl. Edwards 2014: 91). Die Produktion von Bedeutungen und spezifischen Ideen von Handlungsmöglichkeiten ermöglicht in diesem Zusammenhang erst das eigentliche Protesthandeln und damit soziale Bewegungen, wobei davon ausgegangen wird, dass Bedeutungen durch einen interpretativen Prozess entstehen. Der Besitz und die Generierung von Ressourcen oder günstigen Gelegenheiten mögen für eine soziale Bewegung zwar Möglichkeiten eröffnen, doch hängt kollektives Handeln letztlich davon ab, wie Aktivist_innen ihre Situation interpretieren (ebd.). Innerhalb der Bewegungsforschung kam es somit zu einer Rückbesinnung auf theoretische Grundlagen des symbolischen Interaktionismus nach Blumer, der sozialen Konstruktion der Wirklichkeit von Berger/Luckmann, der Ethnomethodologie Garfinkels sowie der Goffman'schen Rahmenanalyse (vgl. Buechler 2011: 142). Inwieweit Bedeutungsarbeit („meaning work") in verschiedenen Ausprägungen an Prozessen sozialer Bewegungen beteiligt ist (Noakes, Johnston 2005: 3), wird in den folgenden Konzeptualisierungen in den Mittelpunkt gerückt. Durch Framing-Ansätze sollte diese Forschungslücke geschlossen werden.

2.2.3.1 Framing: Interpersonale und interaktionistische Perspektiven

Der Begriff des *Framings* innerhalb der Bewegungsforschung ist unmittelbar Erving Goffmans Rahmen-Analyse von 1974 entnommen (vgl. Edwards 2014: 93; McAdam/McCarthy/Zald 1996: 5; McAdam/Snow 2010: 317). Goffman zielt darin auf eine „Analyse der sozialen Wirklichkeit" (Goffman 1980: 10), die basale und gesellschaftlich relevante Rahmen herausarbeiten können soll, die für das „Verstehen von Ereignissen zur Verfügung stehen" (ebd.: 18). Präzisiert lässt sich sagen, dass es Goffman um „Selbstdarstellungen, Situationsdefinitionen, um Inszenierungen, Konventionen oder Rituale" sowie um den „Charakter der sozialen Wirklichkeit" und darum, „welche verläßlichen (oder eben unverläßlichen und vorläufig verbleibenden) Zugangsweisen wir dazu besitzen" (Hettlage 1991: 98). Soziale Ordnung bestimmt sich ihm zufolge durch stete, wenngleich fragile Bindungen zwischen Menschen, wobei er soziale Prozesse als „Ereignisreihen der Verbindung und Entflechtung, der Komposition und Dekomposition von Interaktionen, als ‚serielle Strukturen'" versteht (Hettlage 1991: 100). Vor diesem Hintergrund postuliert Goffman, dass Individuen Situationen entlang gewisser „Organisationsprinzipien für Ereignisse – zumindest für soziale – und für unsere persönliche Anteilnahme an ihnen" definieren (Goffman 1980: 19). Diese Definition fasst er als Rahmen bzw. Frames.

Er konzentrierte sich dementsprechend auf interpersonale, direkte und alltägliche Kommunikationsformen und verstand unter *Frames* „Definitionen von Situationen" (Dahinden 2006: 48). Seine Rahmen-Analyse bezeichnet er als „Kurzformel für die entsprechende Analyse der Organisation der Erfahrung" (ebd.). Allerdings beansprucht er damit nicht, über die „Kernfragen der Soziologie zu sprechen" bzw. der „Organisation der Gesellschaft und Sozialstruktur" (Goffman 1980: 22). Vielmehr geht es ihm um die „Struktur der Erfahrung, die die Menschen in jedem Augenblick ihres sozialen Lebens haben" (ebd.).

Das *Framing* – wie es in der Bewegungsforschung verhandelt wird – verweist darauf, dass soziale Bewegungen eine Rolle bei der Etablierung kultureller Bedeutungen spielen. Bewegungsakteur_innen, Anführer_innen und Organisationen ‚framen' Themen in bestimmter Art und Weise, um Ungerechtigkeiten zu identifizieren, Schuld zuzuweisen und Lösungen zu präsentieren, die ihrseits wiederum zu kollektiven Aktionen mobilisieren (vgl. Staggenborg 2011: 20). Der Framing-Ansatz impliziert, dass soziale Bewegungen nicht nur kollektive Bedeutungen tragen, sondern sie auch selbst produzieren.

> Es geht also um die Frage, wie ideologische „Deutungsmuster" die Aktivitäten von sozialen Bewegungen inspirieren und legitimieren und ob die Bewegungsziele und -aktivitäten so „gerahmt" sind, dass sie mit den individuellen, kollektiven und gesellschaftlichen Wertvorstellungen und Einstellungen übereinstimmen (Geißel/Thillmann 1999: 175).

Es stehen also Bedeutungen im Mittelpunkt, welche sich rund um Events, Akteur_innen, Orte und Protesthandlungen entwickeln, immer davon ausgehend, dass diese Bedeutungen verhandelbar sind (vgl. McAdam/Snow 2010: 317). Der Begriff des *Framings* bezieht sich auf die aktive Bedeutungsproduktion bzw. auf die „signifying work" der Anführer_innen und Aktivist_innen der Bewegungen sowie ihrer Gegner_innen (McAdam/Snow 2010: 317; Snow 2007: 384).

Doug McAdam machte – unter Rekurs auf die Annahmen von Piven und Cloward – schon in seiner bereits erwähnten Political Process-Studie zur schwarzen Bürger_innenrechtsbewegung in den

USA darauf aufmerksam, dass es einen Prozess kognitiver Befreiung („cognitive liberation") innerhalb der benachteiligten Gruppe geben muss (McAdam 1982: 50). Er geht davon aus, dass Protest nur entstehen kann, wenn die Individuen kollektiv ihre Situation als ungerecht wahrnehmen und ändern wollen, wenn also auch eine Bewusstseinstransformation einsetzt (ebd.: 51).[4] Auch der Ressourcenmobilisierungstheoretiker William Gamson verwies als einer von wenigen in diesem Spektrum auf sozialpsychologisch relevante Vorgänge innerhalb der Bewegungsorganisationen (ebd.: 144ff). Trotz dieser frühen Erwähnung kognitiver Prozesse haben die meisten Theoretiker_innen des *Political Process Models* strukturellen Faktoren von Organisation und Gelegenheiten den analytischen Vorrang gegeben (vgl. Buechler 2011: 143f).

Einen der einflussreichsten Aufsätze zu Framing verfasste David A. Snow mit seinen Kollegen (McAdam/Snow 2010: 317; Miethe 2009: 137; Nash 2002: 124). Darin geht es um die Entwicklung eines tieferen Verständnisses von Mobilisierungsprozessen, um mit der theoretischen Konzeptualisierung des „frame alignment" – der Rahmenorientierung – eine Verbindung zwischen sozialpsychologischen Ansätzen und denen der Ressourcenmobilisierung herzustellen (Snow/Rochford/Worden/Benford 1986: 464). *Frame alignment* definieren die Autoren als die Verknüpfung zwischen den Individuen und den interpretativen Rahmungen der sozialen Bewegungsorganisationen (ebd.: 467). Für die verschiedenen interaktiven Prozesse, die das Framing beeinflussen, schlagen die Autoren das Konzept der *Micromobilization* vor (ebd.: 464).

Sie identifizieren vier Prozesse, die das *frame alignment* ausmachen: erstens *frame bridging* als Verbindung ideologisch anschlussfähiger, aber getrennter Deutungsrahmen (ebd.: 467); zweitens *frame amplification* als ein Prozess der Präzisierung und Verstärkung eines Rahmens (ebd.: 469); drittens *frame extension* als Ausdehnung der Deutung eines Rahmens bzw. als Betonung bestimmter

---

[4] Auch an dieser Stelle lässt sich McAdams bereits erwähnte Marx'sche Lesart belegen, zeigt sich an dieser Interpretation doch die Parallele zur Vorstellung der „Klasse für sich". Marx beschreibt diesen Prozess wie folgt: „So ist diese Masse bereits eine Klasse gegenüber dem Kapital, aber noch nicht für sich selbst. In dem Kampf, den wir nur in einigen Phasen gekennzeichnet haben, findet sich diese Masse zusammen, konstituiert sie sich als Klasse für sich selbst. Die Interessen, welche sie verteidigt, werden Klasseninteressen." (Marx [1847] 1966: 181).

inhaltlicher Schwerpunkte und Themen, um neue Zielgruppen anzusprechen (ebd.: 472) und viertens *frame transformation* als ein Prozess der Durchsetzung neuer Ideen und einem damit einhergehenden, radikalen Bedeutungswandel bestimmter Themen und Probleme (ebd.: 473). Die Differenzierung dieser vier Prozesse markiert auch den weitreichenden Unterschied zu den ‚alten' Ansätzen sozialpsychologischer Lesart: So gehen Framing-Ansätze nicht davon aus, dass Leid bzw. Leidensdruck aufgrund sozialer Ungleichheitsverhältnisse eine nachhaltige Mobilisierung ermöglichen, vielmehr verweisen die Prozesse darauf, dass Themen erkannt, spezifiziert, ausgedeutet, umgedeutet und vermittelt werden müssen. *Frame Alignment* ist demnach ein kontinuierlicher, teilweise strategisch durch soziale Bewegungsorganisationen forcierter Prozess, um zu mobilisieren oder die Mobilisierung aufrecht zu erhalten.

Framing als Prozess innerhalb sozialer Bewegungen unterstreicht die Bedeutung der Produktion von „collective action frames" (Snow 2007: 384). Diese werden von Protestakteur_innen hervorgebracht und verhandeln unterschiedliche Perspektiven, welche verschiedene Aufgaben für die soziale Bewegung erfüllen. Das „diagnostic framing" dient der eigentlichen Identifizierung und Zuschreibung des Problems, mit dem „prognostic framing" werden Lösungen entwickelt und das „motivational framing" dient der eigentlichen Mobilisierung von Protest (Benford/Snow 2000: 615).

David A. Snow und Robert Benford erweiterten ihr Konzept der „collective action frames" mit der Einführung der „master frames", um Prozesse zu beschreiben, die über die Ebene der Mikromobilisierung hinausgehen. Sie rekurrieren in dem Zusammenhang auf die Arbeiten Stuart Halls und sein Theorem der „politics of signification" (Snow/Benford 1992: 136). Hall geht davon aus, dass das Handeln von Individuen davon abhängt, wie eine Situation definiert ist (Hall 1982: 69). Je weniger eine Situation definiert ist, desto wesentlicher wird die spezifische Bedeutungszuweisung sowohl im politischen als auch im sozialen Sinne. Bei Ereignissen, die unerwartet sind und damit bisherige Erwartungen sprengen und in denen mächtige soziale Interessen beteiligt sind oder konträre Interessen existieren, kommt laut Hall ideologische Macht ins Spiel, nämlich die Macht bestimmte Situationen zu deuten (ebd.). Diese konstruktivistische Perspektivierung verbindet den Framing-Ansatz mit Perspektiven des *Political Process-Modells*, wobei das Konzept der *Master*

Frames weniger auf Strukturen denn auf Bedeutungen verweist. Snow und Benford orientieren sich hierbei an dem zyklischen Modell Tarrows (vgl. Snow/Benford 1992: 139f) und erweitern ihre konstruktivistische Perspektive der Mikromobilisierung mit einer Meso-Makroperspektive, die den Blick darauf wirft, dass soziale Bewegungen als Bedeutungsträgerinnen mit Medien und politischen Akteur_innen verwoben sind (ebd.: 136). *Master Frames* sind erweiterte *Collective Action Frames* mit höherer Reichweite (vgl. Snow 2007: 390), denn sie sind universeller und weniger kontextabhängig (vgl. Nash 2000: 126). Beide Arten von Frames sind Modi der Akzentuierung, Attribuierung und Artikulation (vgl. Snow/Benford 1992: 136). Allerdings beeinflussen *Master Frames* eine Vielzahl an Bewegungsorganisationen innerhalb von Protestzyklen (vgl. Snow 2007: 390). Diese bewegungstheoretische Akzentuierung ermöglicht erstens eine genauere historische Analyse von Protestzyklen (vgl. Nash 2000: 125f) und macht zweitens auf die „kulturelle Hintergrundfolie" aufmerksam, auf welcher differente Deutungen und Interessen abgebildet werden (Kern 2008: 149).

> Master frames are to movement-specific action frames as paradigms are to finely tuned theories (Snow/Benford 1992: 138).

Das Konzept der *Master Frames* soll auch die Aufmerksamkeit auf die Rolle von Ideologien lenken (vgl. Snow/Benford 1992: 141, 151), welche in den rationalistischen Ansätzen vornehmlich ausgeblendet wurden. Soziale Bewegungen, die ihr Anliegen mit einem dominanten *Master Frame* innerhalb der sozialen Bewegungslandschaft verbinden können, haben zudem eine größere Aussicht auf Erfolg (vgl. Diani 1996: 1054).

Die vorliegende Arbeit folgt der Logik der bewegungstheoretischen Rahmen-Analyse in Bezug darauf, dass der Prozess des *Framings* als wesentlich für die hier zu analysierenden Bewegungsströmungen erachtet wird. Insbesondere die soziologische Lesart Benford und Snows der „politics of signifying" von Stuart Hall halte ich für plausibel, da sie darauf verweisen, dass die Aushandlungen der Inhalte oder Ziele innerhalb von sozialen Bewegungen einer prozessualen Logik folgen. Der Begriff *Framing* nimmt darauf Bezug, was soziale Akteur_innen miteinander verbindet, d. h. das *Framing von Issues* oder das *Framing von Mobilisierung*. Der Prozess des

Framings schließt eine kulturelle Variable ein, welche definiert, unter welchen kulturellen Bedingungen soziale Akteur_innen sich an kollektiven Aktionen beteiligen. Damit wird die mechanische Trennung von politischen Opportunitätsstrukturen und kollektiver Mobilisierung, zwischen Kontext und kollektivem Handeln aufgehoben, denn Frames sind ebenso Teil der Umwelt kollektiven Handeln wie kollektives Handeln selbst (vgl. Eder 1994: 44). Die Orientierung an *Frames* ist für die hier zugrundeliegende Fragestellung also durchaus ertragreich, wenngleich ich selbige als relationale Deutungsmuster fasse, die innerhalb der Frauenbewegung sich zwischen der Geschlechter- bzw. Klassenfrage unterschiedlich relational austarieren.

2.2.3.2 Kollektive Identität: Zusammenhalt von Gruppen

Vornehmlich im europäischen Forschungskontext rund um die sogenannten Neuen Sozialen Bewegungen entwickelten sich Ansätze, die kollektive Identität als wesentlichen Faktor sozialer Bewegungen hervorhoben (vgl. Taylor 1996: 435; Taylor/Whittier 1992: 104). Die europäische Forschung zu sozialen Bewegungen stand bis dato in einer marxistischen Tradition und fokussierte insbesondere Klassenkonflikte. Der kritischen Theorie Adornos und Horkheimers ([1969] 1988: 4ff) folgend, räumten die Ansätze zu den Neuen Sozialen Bewegungen der Kultur von Anfang an einen wesentlichen Stellenwert ein. Das eigentlich ‚Neue' sahen Forscher_innen seinerzeit darin, dass die Neuen Sozialen Bewegungen – im Gegensatz zur Arbeiter_innenbewegung – nicht mehr durch Parteien oder Organisationen kanalisiert wurden (vgl. Habermas [1981] 2008: 201).

Weder das *Political Process-Modell* noch der Ressourcenmobilisierungsansatz konnten überzeugend erklären, so die Kritik, wie sich strukturelle Ungleichheit in subjektive Unzufriedenheit bei Subjekten transferiert (vgl. Taylor/Whittier 1992: 104). Vielmehr gelten die Individuen als „pseudo-universal human actor[s]" (Ferree 1992: 41), also als jenseits sozialer Ungleichheitskategorien und historischer Umstände stehende Akteur_innen (ebd.). Ebenso wie Framing-Ansätze sind theoretische Konzepte, die kollektive Identitäten in den Mittelpunkt ihres Interesses stellen, an der Perspektive auf

Individuen als Protestteilnehmer_innen interessiert. Auch sie stehen in der Tradition qualitativer Forschung und basieren auf den Theorien Georg Herbert Meads und Herbert Blumers (vgl. Opp 2009: 204).

Die Bedeutung von Identitäten für und in sozialen Bewegungen wurde erstmals insbesondere von Albert Melucci hervorgehoben (vgl. Edwards 2014: 139; Gamson 1997: 489; Opp 2009: 204). Er widmet sich explizit der Frage, wie Individuen zusammen agieren. Laut Melucci kann kollektives Handeln (*collective action*) weder durch strukturelle Bedingungen noch ausschließlich als ein Ausdruck von Werten und Normen erklärt werden (vgl. Melucci 1989: 25). *Collective Action* ist vielmehr ein Produkt von Orientierungen, die sich innerhalb eines Feldes von Möglichkeiten und Begrenzungen ergeben (ebd.). Auch Mellucci geht von bewussten Bedeutungsproduktionen aus. Akteur_innen innerhalb sozialer Bewegungen definieren sich selbst und ihre Umwelt wie beispielsweise andere Akteur_innen oder zur Verfügung stehende Ressourcen als spezifische Möglichkeiten und Hindernisse für gemeinsames Handeln (vgl. Melucci 1989: 26). Diese Definitionsprozesse verlaufen nicht linear, sondern werden durch Interaktionen, Verhandlungen und Konflikte produziert (ebd.). Im Gegensatz zu den Framing-Ansätzen richtet Melucci seinen Blick auf den eigentlichen Prozess der Bedeutungsproduktion bei gleichzeitiger Anerkennung möglicher Brüche und Heterogenität. Die Individuen tragen zu der Formation eines gemeinsamen „Wir" bei, indem sie drei Orientierungen verhandeln, ordnen und interpretieren (ebd.): nämlich die Ziele ihres gemeinsamen Handelns, ihre Bedeutungen und ihre Umwelt. Solidarität, Konflikte und Transgression bestimmen soziale Bewegungen. Solidarität bedeutet, dass sich Individuen als Teil derselben Gruppe begreifen (Melucci 1989: 27). Die Konflikthaftigkeit sozialer Bewegungen ergibt sich aus der Konkurrenz um bestimmte Ressourcen, und Transgression meint die Überschreitung der Grenzen des sozialen Systems bzw. der sozialen Ordnung (ebd.: 28).

> *Collective identity is an interactive and shared definition produced by several interacting individuals who are concerned with the orientation of their action as well as the field of opportunities and constraints in which their action takes place* (Melucci 1989: 34; kursive Hervorh. im Original).

In der Analyse der Produktion kollektiver Identitäten sieht Melucci die Lösung zur Überwindung der Mikro-Makro-Disparität. Dabei fasst er kollektive Identität in seiner Konzeption nicht statisch, sondern vielmehr als Prozess in drei Dimensionen: Er geht in seiner ersten Dimension von der Produktion sogenannter „cognitive frameworks" (Melucci 1989: 35) in Bezug auf die Ziele, die Bedeutungen und die Umwelt aus. Die zweite Dimension markiert soziale Beziehungen zwischen den Bewegungsakteur_innen, und als dritte Dimension sieht er emotionale Investitionen (ebd.). Im Diskurs um die Neuen Sozialen Bewegungen wurde nicht nur von Melucci das Konzept kollektiver Identitäten – auch als Gegenentwurf zu den alten sozialen Bewegungen – präferiert. Jean L. Cohen nutzt den Ansatz beispielsweise, um die Unterschiede zwischen feministischer, ökologischer, pazifistischer und autonomer Bewegung, also den „New Lefts" (Cohen 1985: 667ff) und der „Old Left" (ebd.) zu explizieren. Ihre These wurde allerdings letztlich verworfen, denn spezifische Konstruktionsleistungen können selbstredend auch für ‚alte' soziale Bewegungen ausgemacht werden (vgl. Taylor/Whittier 1992: 105).

Für Klaus Eder (2011: 54) sind kollektive Identitäten Geburtshelfer für soziale Bewegungen, da durch sie „Repräsentationen von Handlungen" akkumuliert und objektiviert werden. Eine kollektive Identität sichert das „'Weiterleben' einer sozialen Bewegung", auch wenn sie „gerade nicht handelt" (Eder 2011: 53). Soziale Bewegungen können auch (weiter-)existieren, wenn sie gerade inaktiv sind (ebd.). Für Zeiträume der Inaktivität sozialer Bewegungen ist kollektive Identität das Vehikel, welches zu ihrem Fortbestehen beiträgt. Das heißt, dass neben den von Melucci dargestellten Dimensionen, die insbesondere auf die Beziehungsarbeit nach innen und außen sowie die Bedeutungsproduktion abheben, die ‚entzeitlichende' Komponente kollektiver Identitäten sozialer Bewegungen nicht unterschätzt werden darf.

Eder fasst Identitäten nicht als stabil, vielmehr expliziert er den Grundgedanken Meluccis von kollektiver Identität als einer dynamischen Komponente sozialer Bewegungen. Damit entkoppelt er die Auffassung von einer sozialen Bewegung und dem tatsächlichen Handeln. Soziale Bewegungen „existieren in diskontinuierlichen Zeiträumen" und erst „der Name, der einer kollektiven Aktion gegeben wird, macht aus den vielen kollektiven Aktionen eine soziale Bewegung" (Eder 2011: 53). Damit schließt Eder an Goffman an, der Identitäten „im Kontext unterschiedlicher sozialer Zumutungen […] analysiert hat" (Eder 2011: 55).

Dieser „dynamische Identitätsbegriff" beinhaltet die Vorstellung von Grenzziehungen als konstitutivem Prozess und versteht die „Herstellung von Identität" als nicht abschließbaren Prozess (ebd.). Die Produktion von Identitäten – wie Geschlechteridentitäten, nationale Identitäten oder Klassenidentitäten[5] – sei „Ausdruck eines Versuchs, eine „bestimmte Relation von Innen und Außen exklusiv zu setzen, sie als ‚normal' oder ‚ideal' oder ‚alternativlos' zu propagieren und damit praktisches Handeln zu reifizieren" (Eder 2011: 55). Eder räumt Narrationen in Bezug auf soziale Bewegungen einen wichtigen Stellenwert ein, denn kollektive Identitäten sind kontextabhängig und stellen sich in der Verbindung mit zeitlich differenten Ereignissen her (ebd.: 56).

Diese Definition kollektiver Identität als eine dynamische Komponente bzw. als ein temporäres Konstrukt, welches sich stetig „im Fluss" (Eder 2011: 56) befindet, ist insofern hilfreich für die Analyse sozialer Bewegungen, als dass sie auch darauf aufmerksam macht, dass soziale Bewegungen ‚in sich' heterogener und indifferenter sein können, als die großen historischen Narrative beispielsweise ‚der' Frauenbewegung oder ‚der' Arbeiter_innenbewegung es vermuten lassen. Ein Befund der von empirischen Untersuchungen – wie der von Stanley Aronowitz (1992) zur Arbeiter_innenbewegung – gestützt wird.

> The politics of identity takes no universal form (Aronowitz 1992: 23).

William Gamson entwickelte eine Verknüpfung zwischen der Vorstellung kollektiver Identitäten und dem Framing-Ansatz. Er stützt seine kommunikationswissenschaftlich fokussierte Konzeption auf die Theorie von Snow und Benford und deren *collective action frames* (Gamson 1997: 231). Sein Hauptaugenmerk liegt darauf, wie Mediendiskurse soziale Bewegungen beeinflussen, d. h., er bleibt seiner Perspektive der politischen Gelegenheiten treu, erweitert diese aber um die Dimension der Bedeutungsproduktion.[6]

---

[5] Eder bezieht sich in seiner Argumentation alleinig auf „nationale Identität" (Eder 2011: 55).
[6] Diese zunächst nur auf Mediendiskurse – als politische Gelegenheitsstrukturen –

In diesem Zusammenhang identifiziert Gamson drei Frame-Typen: *injustice frames* (Dramatisierung der sozialen Probleme), *agency frames* (Bewegungsinszenierung als wichtige Akteur_innen für eine Sache) und *identity frames* (Gruppenidentifikation) (Gamson 1997: 232ff). Für Identity-Frames sind allerdings nicht die Mediendiskurse relevant, da es sich bei ihnen um Diskurse innerhalb der jeweiligen Bewegung handelt (ebd.: 239). In diesen internen Prozessen geht es nicht nur um die Konstituierung eines „Wir", sondern auch um die Konstruktion der „anderen" (ebd.). Kollektive Identitäten sind also „der Kitt, der soziale Bewegungen zusammenhält" (Haunss 2011: 36). Doch ist die „Inszenierung einer Einheit" (Eder 2011: 54) in vielerlei Hinsicht nicht auch eine Rahmungsleistung der jeweiligen Individuen? Der Frage nach kollektiver Identität innerhalb der hier analysierten Frauenbewegungen wird auf der Folie des Framing-Ansatzes nachgegangen. Hierfür schließe ich mich Sebastian Haunss an, der den Framing-Ansatz für geeignet hält, „diejenigen Collective-Action-Frames" zu identifizieren, die als Master-Frames oder bridging-Frames „unterschiedliche Teile der Bewegung zusammenhalten und damit einen Beitrag zur Herausbildung der kollektiven Identität einer Bewegung leisten" (Haunss 2011: 37). Diese Konstruktion kann so weit gehen, dass sie letztlich auch der Reifizierung eines konkreten Feindbildes dient. Mit der „Benennung" und „Bebilderung" eines Feindes wird nämlich auch, wie Herfried Münkler betont, die Beziehung zu diesen sogenannten „anderen" intensiver (Münkler 1994: 22f).

2.2.4 Bewegungstheoretische Bezugspunkte für die Erforschung der frühen Frauenbewegung

Die Zäsuren im bewegungstheoretischen Diskurs folgen der grundsätzlichen soziologischen Frage nach dem Verhältnis zwischen individuellem Handeln, kollektivem Verhalten und gesellschaftlicher Struktur. Die unterschiedlichen Blickwinkel auf soziale Bewegungen sind aber auch den spezifischen Forschungsinteressen im wissenschaftlichen Feld geschuldet.

---

gemünzte Idee bezieht er später auch auf weitere Strukturen (vgl. Gamson/Meyer 1996: 275ff).

Wurden soziale Bewegungen im *Classical Model* noch allgemein unter kollektivem Verhalten einer sich spezifisch konstituierenden Masse gefasst (Kap. 2.2.1), so etablierten sich mit der strukturfunktionalistischen Perspektive Ansätze, die mit ihrem ressourcenorientierten Blick soziale Bewegungen als eigentlichen Forschungsgegenstand ernst nahmen (Kap. 2.2.2.1). Diese Perspektive ermöglicht einen Blick in die eigentliche Organisierung von Protest(bewegungen) und liefert darüber hinaus konkrete Operationalisierungsinstrumente zur empirischen Erforschung sozialer Bewegungen. Diese mesosoziologische Folie bietet die Möglichkeit, soziale Bewegungen in ihrer Organisations- und Mobilisierungsweise unter einem bestimmten Blickwinkel zu beschreiben. Durch die Erweiterung dieser strukturfunktionalistischen Perspektive mit Ansätzen, die auch politische Gelegenheiten einbeziehen, kann in der Folge das relationale Verhältnis zwischen Meso- und Makroprozessen hergestellt werden (Kap. 2.2.2.2). Mit dem *cultural turn* in der Soziologie vollzog sich auch in der Bewegungsforschung eine Rückbesinnung auf Befunde des *Classical Models* und eine Fokussierung auf Erklärungsansätze, die die Produktion von Bedeutung und daraus resultierende Inszenierungen legen (Kap. 2.2.3). Den ausdifferenzierten *Framing-Ansätzen* ist gemein, dass sie empirisch klassifizierend diesen Rahmen und Rahmungen nachspüren. Als kollektiver Prozess verweist *Framing* auf Aushandlungsprozesse zwischen den Akteur_innen.

Inwieweit beispielsweise die Kategorie Geschlecht – sei es als struktureller Marker sozialer Ungleichheit oder als kollektive Identität – alleinig für das Entstehen und die Entwicklung der Frauenbewegung tragend ist, wird im Laufe der Forschungsarbeit ausgelotet. Bezugnehmend auf die Forschungsfrage, inwieweit sich Klassen- und Geschlechterfragen auf die Frauenbewegung auswirkten, bietet der *Framing-Ansatz* eine anregende Perspektive.

Da der Forschungsfrage nachgegangen wird, ob und wenn ja wie sich diese Rahmungen auf die spezifischen Frauenbewegungsströmungen ausgewirkt haben, ist auch die Perspektive der Ressourcenmobilisierung mit ihrer Fokussierung auf Bewegungsorganisationen für die Analyse relevant. Der Vergleich von jeweils zwei spezifischen Frauenbewegungsströmungen in zwei nationalen Kontexten soll gewährleisten, Gemeinsamkeiten und Differenzen auf der Folie der historischen und politischen Gegebenheiten nachzuspüren.

Die komparatistische Herangehensweise legt in besonderer Weise komplexe Determinanten sozialer Bewegungen offen, welche in Einzelfallstudien „are usually lumped together" (Klandermans 1993: 400). Die besondere Problemstellung in einem Vergleich sozialer Bewegungen in unterschiedlichen nationalen Kontexten wirft zumeist die Frage nach den politischen und sozialen Strukturen auf, welche auf der Basis des Ansatzes zu politischen Gelegenheitsstrukturen beantwortet werden soll.

2.3 Frauenbewegung als Forschungsgegenstand und Forschungsproduzentin

Die Erforschung sozialer Bewegungen wurde in verschiedenen Disziplinen vorangetrieben. Neben der Soziologie – wie zuvor beschrieben – leistete die Geschichtswissenschaft mit der Sammlung von Daten, deren Archivierung und historischen Aufarbeitung einen entscheidenden Beitrag. Innerhalb der Politikwissenschaften wurden und werden soziale Bewegungen vor allem im Zusammenhang mit der Zivilgesellschaftsforschung als nicht-staatliche politische Akteurinnen untersucht. Frauenbewegungen als relevanten Forschungsgegenstand zu etablieren, verstand sich allerdings nicht zwangsläufig von selbst. Es bedurfte vielmehr selbst einer sozialen Bewegung und der Konstituierung eines eigenen Forschungsprogramms, um diese innerhalb des wissenschaftlichen Diskurses sichtbar zu machen. Die Erforschung unterschiedlicher Frauenbewegungen und die mittlerweile in Fülle vorliegenden Fallstudien sind ein Ergebnis und – mehr noch – ein Erfolg der sogenannten „zweiten Welle der Frauenbewegung" (Gerhard 1995: 249). Sie erfuhr durch die Debatten innerhalb der Frauen- und Geschlechterforschung selbst ihre spezifischen Ausprägungen, die im Folgenden beschrieben werden. Die Entwicklung innerhalb des deutschsprachigen Raumes lässt sich an drei Entwicklungslinien nachzeichnen, die ich als *Auftakt*, *Divergenzen* und *Progress* fasse.

2.3.1 Auftakt: Erforschung von Frauenbewegungen als politisches Programm

Die wissenschaftliche Aufarbeitung von Frauenbewegungen ist ein Ergebnis der sogenannten neuen Frauenbewegung, die ihren Anfang mit den 1968ern nahm. Es ist eine „historische Tatsache" (Hagemann-White; Schmidt-Harzbach [1981] 2006: 146), dass gesellschaftliche Unterdrückung bestimmter Gruppen erst in wissenschaftliche Disziplinen Eingang fand, als die Subjekte, die von der Ungleichheit betroffen waren, dies selbst zum Thema machten (ebd.). Dem „Muff unter den Talaren" wollten die Aktivistinnen der neuen Frauenbewegung insbesondere durch die Etablierung autonomer Projekte und feministischer Forschungsfragen begegnen. Frauengeschichte bzw. *Women's History* sollte die Leerstellen in der androzentrischen Geschichtsschreibung füllen (Bock [1977] 2006: 138; Griesebner 2005: 65ff; Opitz 2008: 16). Es galt demnach, zunächst eine offensichtliche Amnesie, wie Karen Offen es nennt, zu bewältigen (vgl. Offen 2000: 3).

> By the early 1970s, a new generation of feminists in Europe thought, in good conscience, that they were beginning from „Year Zero." (Offen 2000: 3)

Die feministische Kritik richtete sich an „männlich dominierte Wissenschaftstraditionen" und stellte darüber hinaus die Institution Universität und deren traditionell patriarchale Strukturen in Frage (vgl. Althoff/Bereswill/Riegraf 2001: 20). Der herrschende Androzentrismus sollte aufgedeckt und der „geschlechtsneutral-männliche" Maßstab (Kahlert 1994: 37) in der Theoriebildung sowie der empirischen Forschung aufgehoben werden. Gisela Bock postuliert in ihrer „feministischen Wissenschaftskritik", dass es um nicht weniger als um eine radikale Änderung der Gesellschaft gehe. Sie macht auf die Bedeutung der Frauenbewegung aufmerksam und sieht in der akademischen Wissenschaft die definitorische Stellschraube (Bock [1977] 2006: 139). Dafür differenziert sie zwei Momente: „Frauenmacht und unsere Identität" (ebd.). Der ‚Bearbeitung' der historischen Leerstellen kommt dabei eine besondere Bedeutung zu:

Unsere Wissenschaft zeigt aber nicht nur die Unterdrückung der Frauen, sondern auch die Dialektik zwischen Unterdrückung und Autonomie, d.h. sie zeigt auch, wo Frauen aktiv, autonom waren, wo und wie sie sich Macht erkämpft haben, ihre Bedürfnisse durchsetzen (Bock [1977] 2006: 139).

Maria Mies (1978) kritisiert das Phantasma einer wertneutralen Wissenschaft (ebd.) und fordert in „Methodische Postulate zur Frauenforschung" u. a. eine im Sinne der Frauenbefreiung stehende „bewusste Parteilichkeit" und Identifizierung mit den „Forschungsobjekten" (Mies [1978] 2006: 141).

So sei es möglich, subjektive Wahrnehmungsverzerrungen auf beiden Seiten zu korrigieren und zu einer umfassenderen und objektiven Erkenntnis der sozialen Realität und Bewusstseinsbildung der am Forschungsprozess Beteiligten beizutragen. Sie propagiert damit eine „Sicht von unten", welche die Herrschaftssituation zwischen „Forschern und Erforschten" abbaut (Mies [1978] 2006: 141). Die „kontemplative, uninvolvierte ‚Zuschauerforschung'", wie sie es nennt, soll ersetzt werden durch die „aktive Teilnahme" an emanzipatorischen Aktionen (ebd.: 142).

Es geht Mies in ihren Postulaten also nicht um die Entwicklung „abstrakter Rezepte", sondern vielmehr darum, dass die Betroffenen ein „eigenes kritisches Potential" entwickeln (ebd.: 143). Die Wahl des Forschungsgegenstandes ist demzufolge nicht beliebig oder den subjektiven Karriereinteressen überlassen, sondern soll abhängig sein von allgemeinen Zielen und den „strategischen und taktischen Erfordernissen der sozialen Bewegung zur Aufhebung von Ausbeutung und Unterdrückung von Frauen" (ebd). Der Forschungsprozess erfüllt demnach nicht zuletzt die Funktion der Bewusstwerdung. Laut Mies ist es für diesen kollektiven Bewusstwerdungsprozess, der durch die problemformulierende Methode animiert wird, wesentlich, dass individuelle sowie kollektive Geschichte gemeinsam aufgearbeitet wird. Die spezifische Aneignung der eigenen Geschichte (als Subjekt) setze aber eben auch voraus, dass die „Entwicklung einer feministischen Gesellschaftstheorie" nur durch die aktive Teilnahme an der Frauenbewegung entstehen könne (Mies [1978] 2006: 144). Die Begriffe „Bewusstwerdung" und „unsere Identität" verweisen auf die Zentralität von Identitätsfragen innerhalb der Frauenforschung und der neuen Frauenbewegung (Breger

2005: 51). In der Folge entwickelten sich differenzfeministische[7] und gynozentrische Ansätze[8], die „spezifische positive Merkmale von Weiblichkeit" herausstellten, um diese zu normieren und „somit eine gesellschaftliche Transformation zu erreichen" (Frey/Dingler 2002: 12).[9]

Durch den Anspruch der Frauenforschung, eine enge Verknüpfung von Wissenschaft und sozialer Bewegung bzw. politischer Praxis herzustellen, wurden auch die alten Frauenbewegungen zu einem wichtigen Bezugspunkt (Günther 2011: 147). Diese Suchbewegung diente dazu, Anknüpfungspunkte in der Geschichte zu finden, „um aus dieser Geschichte für die eigene politische Praxis zu lernen" (Glaser 2005: 13). Die Erforschung der historischen Frauenbewegungen war daher auch ein wichtiges politisches Projekt der neuen Frauenbewegungen in der BRD und der *Women's Liberation Movement* in Großbritannien.

Zahlreiche deskriptive Länder- und Fallstudien entstanden in dieser Phase zu frühen Frauenbewegungen bzw. zur sogenannten ersten Welle. Für diese Studien ist kennzeichnend, dass sie detailreich den historischen Verlauf nachzeichnen und zumeist gleichzeitig Biografien von Akteurinnen offenlegen (vgl. Frevert 1986; Gerhard/Senghaas-Knobloch 1980; Hervé 1979; Menschik 1979; Twellmann-Schepp 1972; Rowbotham 1972, 1980; Schenk 1981). Auch der Unterscheidung zwischen proletarischen und bürgerlichen Bestrebungen wurde in diesen Studien Aufmerksamkeit geschenkt, allerdings orientierten sie sich an der Selbstbeschreibung der jeweiligen Gruppen bzw. sozialen Bewegungsorganisationen, wie beispielsweise Fallstudien zur deutschen proletarischen (vgl. Richebächer 1982) oder bürgerlichen Frauenbewegung (vgl. Greven-A-

---

[7] Hier seien beispielsweise die in der Theorietradition des Poststrukturalismus stehenden Arbeiten von Julia Kristeva, Hélène Cixous und Luce Irigaray als Vertreterinnen genannt (vgl. Galster 2004 47ff).
[8] Wichtige Arbeiten sind z. B. die von Carol Gilligan „In a Different Voice: Psychological Theory and Women's Development" (1982) oder von Nancy Chodorow „The Reproduction of Mothering" (1978).
[9] Auch differenzfeministische Ansätze erkannten durchaus Differenzen *zwischen* Frauen an: Dem ersten Schritt der Erkenntnis, dass nicht alle Frauen gleich sind, sollte aber ein zweiter Bewusstseinsschritt folgen, „der alle Frauen am ursprünglichen Referenzpunkt der sexuellen Differenz eint" (Rauschenbach 20098: 6).

schoff 1981) zeigen. Die Titel der Studien lassen jedoch kaum Zweifel daran, dass die Forscherinnen von einer Frauenbewegung ausgingen, wenngleich sie differente Strömungen vermerken mussten. Diese starke Fokussierung auf das ‚eine' bzw. auf ‚die' Frauenbewegung ist m. E. der spezifischen Forschungssituation geschuldet, denn es galt erst einmal – gemäß der Vorstellung „hidden from history" (Rowbotham 1980) – der generellen Ausblendung entgegenzuwirken und Bezugspunkte für die neue Frauenbewegung zu schaffen.

2.3.2 Divergenzen: Von der Frauen- zur Geschlechterforschung

Die Frauenforschung wie auch die neuen Bewegungen selbst sahen sich allerdings vor die Schwierigkeit gestellt, dass ihre Gleichheitsforderung an das Postulat der „Solidarität unter Frauen" geknüpft war (Maurer 2008: 103). Was für die neue Frauenbewegung zunächst als Motor der Mobilisierung diente, nämlich die Rahmung einer kollektiven Identität bzw. eines Collective-Identity-Frames, wie u. a. Gamson dies ausdrücken würde, unter dem Motto „Wir Frauen", und was für die Frauenforschung wesentlichster Forschungsgegenstand, nämlich die ‚weibliche Identität' war, „stellte sich als ein erkenntnistheoretischer Bumerang dar" (Günther 2011: 149). Die anfänglich mangelnde Reflexion der eigenen Ausgangsbedingungen und der „identitätspolitische Überschuss des feministischen Aufbruchs" (Kontos 2006: 64) führten zu einem Homogenisierungsdruck, der auf Dauer weder in Projekten noch in der Bewegung zumutbar war (ebd.).

> Die Stärke, die die Frauenbewegung anfangs aus ihrer identitätspolitischen Fundierung gezogen hatte, verwandelte sich unter der Hand in ihre Schwäche (Kontos 2006: 65).

Der erkenntnistheoretische Ausgangspunkt der Frauen- und Geschlechterforschung, so konstatiert Hildegard Maria Nickel (2006: 129), war also zunächst „eine ‚vorwissenschaftliche', spontane Definition des Forschungsgegenstandes", denn sie „übersetzte" die benachteiligte Gruppe (Frauen), „relativ umstandslos und ‚naiv' in eine wissenschaftliche Fragestellung" (ebd.) und schrieb damit die

„Sozialordnung der Zweigeschlechtlichkeit wie ein ‚quasi Naturgesetz' fest" (ebd.).

Jedoch muss den neuen Frauenbewegungen und der Frauenforschung in Rechnung gestellt werden, dass „eine entsprechende Begriffspolitik und Deutungspraxis" bewusst entwickelt wurde, „um kollektive [...] Handlungsmöglichkeiten zu entfalten" (Maurer 2008: 103), denn letztlich ermöglichten das Postulat der Parteilichkeit und die reflexive Forschungspraxis unter dem Stichwort ‚Bewusstwerdung' auch die Thematisierung von anderen Ungleichheiten (ebd.).

In den 1980er und 1990er Jahren folgten heftige Debatten um Identitätspolitik: „Eine Welle der Empörung schwappt(e) heran" (Rauschenbach 2009: 6). Die auf Geschlechterdifferenz konzentrierende Sichtweise reproduzierte die gesellschaftliche Geschlechterbinarität und schrieb damit Ungleichheitsmuster fort. Gleichzeitig bewirkte dieser einseitige Fokus eine Blindheit hinsichtlich anderer Ungleichheitsstrukturen (vgl. Günther 2011: 149). Die mit dem Label Differenzfeminismus markierten Ansätze mussten sich also selbst auf die eigenen Schwachpunkte hinsichtlich Ungleichheit reproduzierender Mechanismen überprüfen (ebd.).

Zusätzlichen vollzog sich ein Perspektivenwechsel ab Mitte der 1980er Jahre: Standen anfangs noch die soziale Lage von Frauen und ihre Unterdrückung im Mittelpunkt der „politisch- und sozialengagierten feministischen ‚parteilichen' Forschung" (Nickel 2006: 129), rückten ab dieser Zeit zunehmend Fragen nach Geschlechterverhältnissen und der Konstruktion von Geschlecht in den Fokus und trugen dazu bei, dass sich kultur- bzw. geisteswissenschaftliche Ansätze gegenüber „makrosoziologischen und empirisch-beschreibenden sozialwissenschaftlichen Ansätzen" (Nickel 2006: 129) durchsetzen konnten. Nickel zufolge etablierten sich drei Forschungszugänge in den „geschlechtssensiblen Sozialwissenschaften" (Nickel 2006: 128): erstens die Analyse von Mikroprozessen (*doing gender*), zweitens Analysen, die Geschlecht als Strukturkategorie in den Blick nehmen (*gender system*), und drittens die Perspektivierung der „symbolischen Ebene von Geschlechterunterschieden" (ebd.: 128f). Hier lässt sich demnach auf eine Ausdifferenzierung schließen, die sich – entsprechend den vorherigen Ausführungen – für die Bewegungsforschung in ähnlicher Weise beschreiben lässt (Kap. 2.2).

Im Folgenden werden drei Stränge der Frauen- und Geschlechterforschung diskutiert, nämlich interaktionistische sowie sozialkonstruktivistische, dekonstruktivistische und intersektionale Ansätze – und es wird aufgezeigt, inwieweit diese Einfluss auf die Frauenbewegungsforschung hatten.

2.3.2.1 Interaktionistische und sozialkonstruktivistische Ansätze

Der *cultural turn* erfasste die deutsche später als die anglo-amerikanische Frauenforschung, denn es herrschte, durch die traditionellen identitätspolitischen Ansprüche bedingt, eine große Skepsis gegenüber einer De-Naturalisierung der Geschlechterdifferenz und den alltagsweltlichen Implikationen von ‚doing-gender'[10] und damit gegenüber der Möglichkeit, Geschlecht auch ‚nicht zu tun' bzw. herzustellen (vgl. Opitz 2008: 19; Teubner/Wetterer 2003: 12; Wetterer 2004: 123). Ansätze zur Geschlechterkonstruktion sowie die Kategorie *gender* konnten sich demnach aufgrund einer „Rezeptionssperre" erst relativ spät etablieren (Gildemeister/Wetterer 1992: 203; Wetterer 2004: 125). Besonderen Gegenwind bekam beispielsweise Carol Hagemann-White zu spüren, die bereits in den frühen 1980er Jahren interaktionistische Ansätze für die Geschlechterforschung fruchtbar machte (vgl. Teubner/Wetterer 2003; Wetterer 2004: 123). Wobei die Unterscheidung zwischen *sex* und *gender* in sozialkonstruktivistischen Ansätzen auch nicht unhinterfragt blieb, da sie indirekt unterstellte, dass es letztlich doch eine natürliche Basis für die Zweigeschlechtlichkeit gebe, und diese implizite Annahme den eigentlich zu kritisierenden Biologismus nicht aufhob, sondern nur verlagerte (vgl. Gildemeister/Wetterer 1992: 206ff).

Insbesondere Regine Gildemeister und Angelika Wetterer trieben in der deutschen Frauenforschung diese Debatte voran. Sie sahen die Gefahr, dass eine Nichtbeachtung der sozialen Konstruktionsprozesse in Bezug auf Zweigeschlechtlichkeit in alltäglichen Praxen dazu führe, dass diese auch „in der Frauenforschung repro-

---

[10] Der gleichnamige Aufsatz von Candace West und Don H. Zimmermann von 1987 lieferte den entsprechenden „key term" (Lucke 2003: 4).

duziert werden" (Gildemeister/Wetterer 1992: 2004). Die sozialkonstruktivistischen Ansätze folgen der Logik, dass „bereits durch die Tatsache der Unterscheidung (von zwei Geschlechtern oder aber Klassen, Rassen) Asymmetrie hergestellt wird; die entsprechenden Konstruktionsprozesse werden als wahrnehmungsregulierende Ordnungskonstrukte vornehmlich in Interaktionen verortet" (Gottschall 2000: 292).

Geschlecht wird in diesen Ansätzen als prozesshafte Kategorie begriffen, d. h., dass die Herstellung der Differenz in und durch soziale Praxen entsteht (vgl. Gottschall 2000: 292; Knapp 2007: 76). Mit der Konzeption der Begriffe *gender* als Kategorie für das soziale und *sex* für das biologische Geschlecht unter Rekurs auf Ansätze des symbolischen Interaktionismus und der Ethnomethodologie[11] wird auf die soziale Konstruiertheit von Zweigeschlechtlichkeit hingewiesen (vgl. Treibel 1993: 135ff). Im Mittelpunkt steht „die Herstellung von Geschlecht" bzw. die „Geschlechts*bedeutungen*" (Knapp 2007: 76; Hervorh. im Original). Zum Untersuchungsgegenstand werden die „alltäglichen Zuschreibungs-, Wahrnehmungs- und Darstellungsroutinen" (ebd.).

Der sozialkonstruktivistischen Perspektive geht es in ihrer Kritik erstens um die „Auslegung von Geschlechtsunterschieden im Sinne von Eigenschafts- und Wertdifferenzen" und zweitens um die „Unterscheidung zweier Geschlechtskategorien" (Knapp 2007: 82f). Mit dieser Perspektivierung können nun mehr als nur ein Geschlecht in den Blick genommen, naturalisierende Zuschreibungen thematisiert und fließende Übergänge aufgedeckt werden. Sozialkonstruktivistische Ansätze kommen dekonstruktivistischen Positionen durchaus nahe, dennoch ist die theoretische Basis eine grundsätzlich andere (vgl. Knapp 2007: 83; Meissner 2008: 8).

---

[11] Insbesondere die Arbeit von Erving Goffman „The Presentation of Self in Everyday Life" (1959), Harold Garfinkels „The Arrangement between the Sexes" (1977), Suzanne J. Kessler und Wendy McKenna „Gender. An Ethnomethodical Approach" (1978) hatten einen wesentlichen Einfluss.

2.3.2.2 Dekonstruktivistische Perspektiven

Das 1991 in deutscher Sprache erschienene Buch „Gender Trouble" von Judith Butler hat im deutschen Forschungsdiskurs „viel Wirbel" (Knapp 2007: 83) und „heftige Debatten" (Opitz 2008: 19; Roeding 2002: 26) ausgelöst. Butlers poststrukturalistische Perspektive (Villa 2004: 234) erkennt Sprache und symbolische Ordnung „als privilegierten Ort der Konstitution von Wirklichkeit" an (ebd.: 237). Ihre Kritik an Identitätspolitik macht sie hauptsächlich an den Punkten „Unveränderlichkeit, Ursächlichkeit und ‚Substantialität'", die mit diesem Denken verbunden sind, fest (Röding 2002: 26). Mit ihrer durch Michel Foucault inspirierten „Genealogie der Geschlechter-Ontologie" will Butler zeigen, dass die Binarität der Geschlechterkonstruktion diskursiv hervorgebracht wird (Butler 1991: 60).

> Diese Identitätskonstrukte dienen als epistemischer Ausgangspunkt, aus dem die Theorie hervorgeht und die Politik selbst ausgearbeitet wird, wobei der Feminismus angeblich eine Politik ausarbeitet, die die Interessen und Perspektiven der „Frau(en)" ausdrücken soll (Butler 1991: 190).

Einer ihrer Kritikpunkte ist die Zentralität von Identitätskonstruktionen innerhalb des Feminismus. So plädiert sie dafür, dass die feministische Kritik wahrnehmen sollte, dass die Kategorie „Frau(en)" auch gerade von jenen „Machtstrukturen hervorgebracht und eingeschränkt wird, mittels derer das Ziel der Emanzipation erreicht werden soll" (ebd.: 17). In dieser radikalen Kritik am „illusionäre[n] Moment feministischer Identitätspolitik" (Knapp 2007: 93) sieht etwa Gudrun-Axeli Knapp die besondere Leistung Butlers. Darüber hinaus macht Butler darauf aufmerksam, dass die Fokussierung auf „Frauen" eine Herauslösung aus Zusammenhängen bewirkt und auf einer analytischen wie politischen Ebene darin mündet, dass andere wirkmächtige Konstruktionen wie „Klasse, Rasse, Ethnie oder andere Achsen der Machtbeziehungen" ausgeblendet werden (ebd.: 20).

Butler kritisiert jedoch nicht nur das vermeintlich einheitliche ‚Subjekt Frau', sondern darüber hinaus die *sex-gender-Unterscheidung* an sich. Denn *sex* sei nicht vordiskursiv sondern selbst ein Effekt des „kulturellen Konstruktionsapparates" *gender* (Butler 1991:

24). Der Unterscheidung zwischen *sex* und *gender* liege nicht zuletzt die Vorstellung von Körperlichkeit zugrunde, die „dem Erwerb seiner sexuell bestimmten Bezeichnung vorausgeht" (Butler 1991: 190).

> Dagegen muß jede Theorie des kulturell konstruierten Körpers die Vorstellung von „dem Körper" hinterfragen, der ein Konstrukt fragwürdiger Allgemeinheit ist, solange er als passiv und dem Diskurs vorgängig vorgestellt wird (Butler 1991: 191).

Butler verweist auch auf den Zusammenhang zwischen den diskursiv hergestellten Geschlechteridentitäten und Heterosexualität als Norm (ebd.: 21), die sie als „heterosexuelle Matrix" fasst, und die sie „das Raster der kulturellen Intelligibilität, durch das Körper, Geschlechtsidentitäten und Begehren naturalisiert werden", spezifiziert (Butler 1991: 219). Butlers Kritik an Zweigeschlechtlichkeit hat eine sexualpolitisch relevante Komponente, denn ihr geht es um den „konstitutiven Zusammenhang von Geschlechterdifferenz und Heterosexualität" (Knapp 2007: 87f).

Im Gegensatz zu den sozialkonstruktivistischen Ansätzen soziologischer Prägung, die die Herstellung von Geschlecht als Zuweisungsprozess im Handeln von Individuen verorten, geht es Butler um Machtprozesse und die epistemischen Grundlagen, welche durch Diskurse geschaffen werden, die die jeweiligen Bedeutungen und Zuweisungen hervorbringen. Es geht ihr also um das *warum*, während sie die Frage nach dem *wie* mit ihrer Konzeption der Performativität beantwortet. Geschlechtsidentität kann also als ein *„leiblicher Stil"* (Butler 1991: 205; Hervorh. im Original) begriffen werden, als ein Akt, der sowohl „intentional als auch performativ" im Sinne einer inszenierten, kontingenten Bedeutungskonstruktion ist (ebd.). Das denaturalisierende und bewegende Moment liegt für Butler dabei in der „parodistische[n] Re-Kontextualisierung" (ebd.: 203) (ebd.). Dieser neue „Traum von der Freiheit" (Rauschenbach 2009: 8) ist nicht zuletzt an die modifizierte Definition des Begriffes „queer" – ehemals ein abwertender Begriff – geknüpft.

> Queer wird vom Stigma für sexuell randständige Gruppen zum Programm einer neuen Bewegung, die zwischen Geschlechtern eher zirkuliert als entscheidet, sie vervielfältigt statt identifiziert (Rauschenbach 2009: 8).

Angestoßen durch diese neuen Perspektiven wurde Frauenforschung zunehmend durch Geschlechterforschung abgelöst. Forschungsfragen nach „Sprache, Bildern, Medien und ‚Diskursen'" rückten in den Vordergrund, während ökonomische Verhältnisse und Strukturen in den Hintergrund traten (vgl. Opitz 2008: 17ff). Allerdings fand diese „Kulturrevolution" (Opitz 2008: 19) nicht ohne heftige Debatten statt und bereits ab Mitte der 1990er Jahre wurde auch im deutschsprachigen Kontext zunehmend eingefordert, die „gesellschaftlichen Konstitutionsbedingungen für die soziokulturelle Konstruktion von Geschlecht im Auge zu behalten" (Nickel 2006: 130).[12]

2.3.2.3 Achsen der Ungleichheit und Intersektionalität

Kritik am generalisierenden Slogan „Wir Frauen" wurde auch innerhalb der neuen Frauenbewegung selbst geübt, verdeckte er doch Ungleichheiten zwischen den Aktivistinnen in Bezug auf Klasse, ‚Rasse' und sexuelles Begehren. Als ein Ausgangspunkt für diesen Diskurs wird in der deutschen Forschungsliteratur meist die Gründung des Bostoner Combahee River Collectives im Jahr 1974 und deren Manifest „A Black Feminist Statement" (1977) genannt (vgl. Aulenbacher 2009: 212; Kerner 2009: 38; Lutz/Herrera Vivar/Supik 2010: 11; Walgenbach 2012: 3).

Stärker marxistisch geprägte Ansätze aus dieser Zeit sind bell hooks Arbeit „Ain't I a Woman: Black Women and Feminism" (1981), die Herausgabe „This Bridge called my Back. Writings of Radical Women of Color"[13] von Cherríe Moraga und Gloria Evangelina Anzaldúa sowie Angela Davis' „Women, Race & Class"

---

[12] Inwieweit ökonomische und politische Entwicklungen von den Gender-Theorien bzw. Queer-Theorien vernachlässigt wurden, zeigt sich an der kritischen Frage, inwiefern die „neoliberale Realität" (Rauschenbach 2009: 15), die „Deregulierungsanforderungen" (Soiland 2009: 15f) oder die „gesellschaftlichen Spaltungsprozesse[...] des Neoliberalismus" (Kontos 2008: 67) mit den Konsequenzen wie Flexibilisierung, Individualisierung und Subjektivierung nicht selbst schon die „andere Seite des Machtgeflechts" (Rauschenbach 2009: 9) sind.
[13] Der Band thematisiert neben Fragen nach Klassenverhältnissen, Sexismus und Rassismus auch Homophobie.

(1986)¹⁴. In der BRD waren unter anderem die Arbeiten von Martha Mamozai „Schwarze Frau, Weiße Herrin" (1982), Anja Meulenbelt „Scheidelinien. Über Sexismus, Rassismus und Klassismus" (1988) und „Farbe bekennen. Afro-Deutsche Frauen auf den Spuren ihrer Geschichte" (1986) von Katharina Oguntoye, May Opitz und Dagmar Schultz wegweisend.

Es ist den bundesdeutschen neuen Frauenbewegungen und der Frauenforschung in Rechnung zu stellen, dass die Frage nach Differenzen zwischen Frauen bereits recht früh, d. h. nahezu unmittelbar mit der Entstehung der neuen Frauenbewegung, zur Disposition stand (vgl. Knapp 2008: 34; Rommelspacher 2009: 81; Soiland 2012: 1). Insbesondere innerhalb des „eher linken Politik- und Theoriespektrums" wurden die Differenzfrage und die Verwobenheit zwischen Kapitalismus und Patriarchalismus bereits seit den 1970er Jahren (vgl. Knapp 2008: 34) und nicht zuletzt im Anschluss an die „Lohn-für-Hausarbeits-Debatte" thematisiert. Auf die machtvolle Verschränkung zwischen Klasse und Geschlecht haben Regina Becker-Schmidt mit ihrem Konzept der „doppelten Vergesellschaftung" (Becker-Schmidt 1995: 222; Becker-Schmidt 1989: 220ff)¹⁵ und Ursula Beer mit ihrem Theorem des „doppelten Sekundärpatriarchalismus"¹⁶ hingewiesen (Beer 1984). Im Mittelpunkt ihrer Analysen stehen die Erwerbsarbeitsverhältnisse und die geschlechtsspezifische Arbeitsteilung in der kapitalistisch strukturierten Gesellschaft. Empirische Studien, wie die von Petra Frerichs und Margareta Steinrücke, belegen ebenfalls den engen Wirkungszusammenhang der Ungleichheitskategorien Klasse und Geschlecht (vgl. Frerichs/Steinrücke 2007). Ilse Lenz erweiterte das Konzept Becker-Schmidts zu einem Modell der „dreifachen Vergesellschaftung", indem sie auch auf „nationale Mitgliedschaft" eingeht (Lenz 1995: 35).

Christina Thürmer-Rohr entwickelte zudem bereits in den späteren 1980er Jahren die These der „Mittäterschaft" als Antwort auf

---

¹⁴ Das Buch erschien erstmals 1981.
¹⁵ Frauen sind nach Becker-Schmidt in die Sphären der Erwerbs- und Familienarbeit eingebunden. Diese „doppelte Einbindung" benachteiligt sie prinzipiell (Becker-Schmidt 2004: 64).
¹⁶ Beer beschreibt damit den Zustand der bürgerlich-industriellen Gesellschaft, in dem Frauen einerseits innerhalb der Familie und anderseits im Bereich ihrer Lohnarbeit patriarchal unterdrückt werden (vgl. Beer 2004: 57).

die „Definition aller Frauen als *kollektive Opfer* historischen Geschlechterskandals und struktureller Gewalt" (Thürmer-Rohr 2004: 85; Hervorh. im Original). Damit machte sie darauf aufmerksam, dass Frauen nicht nur unterdrückt werden, sondern selbst „in ein schädigendes System verstrickt" (ebd.: 86) sind, dieses nutzen und dafür „fragwürdige Anerkennung" (ebd.) ernten.

Die Debatte vollzog sich vor dem Hintergrund der Aufarbeitung der Rolle von Frauen im Nationalsozialismus. Durch die Diskussion um Rassismus und Antisemitismus wurde im Weiteren das ‚Mit-‘ in der ‚Mittäterschaft‘ abgeschafft und der Begriff ‚Täterinnenschaft‘ favorisiert (ebd.: 88). Auch Birgit Rommelspacher fokussierte im selben Zeitraum mehrere Ungleichheitskategorien und entwarf den Begriff der „Dominanzkultur". Sie geht davon aus, dass sich gesellschaftliche Verhältnisse nicht nur aus „zwei oder drei Perspektiven" (Rommelspacher 2009: 83) heraus erklären lassen, sondern dass es sich vielmehr um ein mehrdimensionales Dominanzgeflecht handelt, das auf die Strukturen der Gesellschaft wirkt (ebd.).

Durch die Rezeption US-amerikanischer Literatur in den politischen Bewegungen in Deutschland gewann die Debatte rasch an Dynamik (Knapp 2008: 37). Kritik wurde dort von feministischen Women of Color geübt, die in den ‚neuen‘ Frauenbewegungen eine weitreichende Reproduktion von Machtverhältnissen durch „weiße, bürgerliche Frauen liberaler wie radikaler Ausrichtung" (hooks 1990: 77) sahen. Der imaginierten „Vision der Schwesterlichkeit" (ebd.) lag die Idee einer „gemeinsamen Unterdrückung" (ebd.) zugrunde, die allerdings nicht der gesellschaftlichen Realität – in welcher neben Sexismus auch Rassismus, Klassismus und Heterosexismus existieren – entsprach. Angela Davis sah mit der vereinheitlichenden und damit Ungleichheit verdeckenden Praxis feministischer Bewegungen auch die Chance vertan, eine wirklich revolutionäre Frauenbewegung zu begründen (vgl. Davis [1984] 1990: 7).

> We must begin to create a revolutionary, multiracial women's movement that seriously addresses the main issues affecting poor and working-class women (Davis [1984] 1990: 7).

Spezifisch ist auch hier, dass die Thematik sich aus einem bewegungspolitischen Zusammenhang entwickelte, was die bereits genannte These der „historischen Tatsache", dass Unterdrückung erst in wissenschaftliche Kontexte Eingang findet, wenn sie von den

Subjekten selbst artikuliert wird, stützt (Hagemann-White; Schmidt-Harzbach [1981] 2006: 146).

Kimberlé Crenshaw entwickelte in der Folge den Begriff *intersectionality*, um auf diese Aspekte der Mehrfachunterdrückung hinzuweisen. Sie unterstreicht, dass für marginalisierte Gruppen Identitätspolitik ein wichtiger Faktor sei, denn sie sei eine „source of strength, community, and intellectual development" (Crenshaw 1991: 1242). Allerdings ignoriere Identitätspolitik Differenzen innerhalb von Gruppen (*intragroup differences*) (ebd.), was sie am Beispiel schwarzer Communities und der Frauenbewegung plausibilisiert. Am Thema ‚Gewalt gegen Frauen' zeigt sie auf, dass für Gewalt nicht nur das Geschlecht, sondern auch andere Identitätskategorien wie ‚Rasse' und Klasse eine Rolle spielen (ebd.). Ihr Bezugsrahmen ist ein juristischer, da sie ihre Argumentation an Beobachtungen in Gerichten und deren Umgang mit schwarzen Klägerinnen orientiert (vgl. Crenshaw 2010: 35). Nach ihrer Einschätzung haben Women of Color die besondere Schwierigkeit, dass ihre Fälle von Gerichten entweder in Bezug auf Rassismus oder Sexismus gewertet werden. Die Konfliktlinie Rassismus wird in der juristischen Praxis für Schwarze Frauen aber auf der Folie schwarzer Männer gerahmt und die des Sexismus auf der von weißen Frauen der Mittelklasse (vgl. Crenshaw 1991: 1298). Ihr Plädoyer ist daher, Identitätspolitik als Modus zu fassen, in welchem sich Kategorien überkreuzen, und nicht nur über Kategorien an sich zu sprechen (ebd.: 1299).

> Through an awareness of intersectionality, we can better acknowledge and ground the difference among us and negotiate the means by which these differences will find expression in constructing group politics (Crenshaw 1991: 1299).

Die Rezeption von Crenshaws Ansatz im deutschsprachigen Raum, wird u. a. als *social (re-)turn* (vgl. Degele/Winker 2008; 1995, Soiland 2012: 2) gewertet, als eine Rückbesinnung auf „kritische Gesellschaftstheorien", welche nach dem *cultural turn* von kulturwissenschaftlichen Ansätzen abgelöst worden waren (Soiland 2012: 2).

Die Bandbreite an intersektionalen Ansätzen systematisierte Leslie McCall in drei Dimensionen: *Anti-kategoriale Positionen* basieren auf Methoden, die Kategorien dekonstruieren (McCall 2005:

1773). Das Hinterfragen von Kategorien sei insofern wichtig, als dass mit jeder auch „bestimmte Machtpositionen festgeschrieben werden" (Rommelspacher 2009: 88). Die Konstruktionsprinzipien von Ungleichheitskategorien können somit offengelegt werden. Allerdings warnt u. a. Rommelspacher vor einem „linguistischen Idealismus" (ebd.), der verfehlen könnte, welche Machtverhältnisse den Konstruktionsprozessen zugrunde liegen. Ansätze, die existierende Analysekategorien übernehmen, um Ungleichheitsmechanismen in bestimmten sozialen Gruppen abzubilden und sich verändernde Ungleichheitsstrukturen innerhalb multipler und konfligierender Dimensionen zu erklären, definiert McCall als *interkategoriale* Ansätze (McCall 2005: 1773). Insbesondere die im deutschen Forschungsraum unter dem Label „Achsen der Ungleichheit" bzw. „Achsen der Differenz" bekanntgewordenen Ansätze nutzen diese Analysedimension (vgl. Becker-Schmidt 2008; Klinger/Knapp 2007; Knapp 2004). Eine dritte Position intersektionaler Zugänge bewegt sich zwischen den beiden zuvor genannten Ansätzen, wobei im ersten Fall Kategorien abgelehnt und im zweiten diese strategisch zur Aufdeckung sozialer Ungleichheiten genutzt werden (ebd.): Die Stabilität bestimmter Ungleichheitskategorien wird nicht negiert, allerdings behalten sich *intra-kategoriale* Ansätze eine gewisse Skepsis gegenüber kategorialen Aufteilungen und damit gegenüber eindeutigen und unveränderbaren Hierarchisierungen vor (McCall 2005: 1774). An diesem vielzitierten Modell McCalls zeigt sich nicht zuletzt die Vielfalt der empirischen und theoretischen Zugangsweisen zur Intersektionalität.

Für die vorliegende Arbeit ist der praxeologische Zugang, den Gabriele Winker und Nina Degele in Bezug auf Intersektionalität wählen, besonders fruchtbar (vgl. Winker/Degele 2009; Winker/Degele 2008). Sie versuchen, intersektionale Prozesse der Makro-, Meso-[17] und Mikroebene sowie der Ebene der Repräsentation in einem Mehrebenenmodell analytisch zu fassen (Winker/Degele 2009: 18ff). Unter Rekurs auf Anthony Giddens und Pierre Bourdieu gehen sie davon aus, dass sich Herrschaftsverhältnisse in Strukturen manifestieren, gleichzeitig von Individuen aber auch konstituiert werden (ebd.: 68ff). So postuliert Giddens eine

---

[17] Winker und Degele fassen Makro- und Mesoebene als Ebene der Strukturen zusammen (Winker/Degele 2009: 19).

prinzipielle Strukturdualität, d. h., er geht von einem fundamental rekursiven Charakter sozialen Lebens und einer wechselseitigen Abhängigkeit zwischen Struktur (*structure*) und Handeln (*agency*) aus (vgl. Giddens 1979: 69).

> By the duality of structure I mean that the structural properties of social systems are both the medium and the outcome of the practices that constitute those systems (Giddens 1979: 69).

Das verbindende Element zwischen Struktur und Handlung fasst Bourdieu mit seinem Konzept des Habitus. Der Habitus sei das „generative und vereinheitlichende Prinzip, das die intrinsischen und relationalen Merkmale einer Position [im sozialen Raum] in einen einheitlichen Lebensstil rückübersetzt, d. h. in das einheitliche Ensemble der von einem Akteur für sich ausgewählten Personen, Güter und Praktiken" (Bourdieu 1998: 21). Bourdieu verweist zudem auf die Relationalität zwischen Individuum bzw. Handeln und Struktur (vgl. Bourdieu 1987: 261; Bourdieu 1998: 15ff; Wacquant 2013: 34ff). Auf dieser doppelten Folie von Giddens und Bourdieu geht es Degele und Winker darum, Identitätskonstruktionen, gesellschaftliche Strukturen und symbolische Repräsentation zunächst als prozessuale Dimensionen zu fassen, ehe sie weiterführend die zugrundeliegenden Differenzierungskategorien in ihren Wechselwirkungen untersuchen (vgl. Degele/Winker 2008: 198).

Die theoretischen Divergenzen und vielfachen Differenzierungen, die für die Frauenforschung und in der Folge für die Geschlechterforschung maßgeblich waren, müssten – so ließe sich zunächst vermuten – auch für die Erforschung der Frauenbewegungen besondere Implikationen haben, waren diese doch als expliziter Forschungsgegenstand feministischer Theorie und Praxis ein wesentlicher Bezugspunkt. Im Folgenden werde ich daher den Weg nachzeichnen, den die Frauenbewegungsforschung innerhalb der Geschlechterforschung und der Bewegungsforschung genommen hat.

2.3.3 Progress: Frauenbewegungen als Thema der Geschlechter- und der sozialen Bewegungsforschung

Die Frauenbewegungsforschung im deutsch- und anglo-amerikanischen Sprachraum blieb von den Debatten nach dem *cultural turn* zumindest in Bezug auf die ‚alten' Frauenbewegungen merkwürdig unberührt. Die Studien stützten sich weiterhin auf eine deskriptive historische Aufarbeitung (vgl. Gerhard 1990b, 1999; Holton 1996; Lewis 1991; Nave-Herz 1997).

Diese Tendenz schreibt sich auch nach den 1990er Jahren, teilweise bis heute, fort (vgl. Cowman 2007; Hervé 2001; Karl 2011; Mayhall 2003; Notz 2011; Purvis 2007; Schaser 2006). Ein Grund dafür ist, dass die Erforschung der frühen Frauenbewegungen überwiegend der Frauengeschichte bzw. der *Women's History* überlassen blieb, die sich zunächst schwer mit der Einführung der Kategorie Gender anstelle der Kategorie Frau tat. Joan W. Scott schlug bereits 1986 vor, sich dekonstruktiven Analyseansätzen und Theorien zu öffnen und sich von den starren Kategorisierungen wie „Mann" und „Frau" zu lösen (Scott 1986: 1074), was zu einer heftigen Debatte innerhalb der feministischen Geschichtswissenschaft führte. Diese Perspektive fand aber nur vereinzelt eingang in den deutschen Forschungszusammenhang.

Dieser Umstand ist drei Aspekten geschuldet: *Erstens* stand im Mittelpunkt der Frauenforschung, wie bereits beschrieben, die „Spurensicherung" (Griesebner 2005: 89). Es galt demnach, die Geschichte der historischen Frauenbewegungen offenzulegen, nachzuzeichnen und für die politische Praxis furchtbar zu machen. Die Frauengeschichtsschreibung ging in ihren Anfängen daher eher „deskriptiv" denn „problemorientiert" vor (ebd.), wenngleich sich auch hier in der Folge Ansätze durchsetzten konnten, die Praktiken und Diskurse in den Blick nahmen (ebd.: 145).

Zweitens gilt für Frauenbewegungen als besonderem Forschungsgegenstand, dass sich die Geschichte der *Frauen*bewegung ohne die Kategorie ‚Frau' nur schwerlich schreiben lässt. Nicht zuletzt ist den Akteurinnen der alten Bewegungen nicht abzusprechen, dass sie sich spezifischen Identitätspolitiken verpflichteten, was sich bei der Analyse wie selbstverständlich fortschrieb.

Drittens blieb die historische Frauenbewegungsforschung zunächst innerhalb der sozialen Bewegungstheorie relativ unerforscht und wurde lediglich als Randphänomen begriffen. Vereinzelt wird sie in der Bewegungsforschung beispielsweise als Folgeerscheinung allgemeiner Demokratisierungsprozesse (vgl. Raschke 1988: 40), als eine *general movement* mit nur allgemeinen und vagen Zielen

(Blumer 1969: 100) oder als „most radical and widespread petit bourgeois movement" (Garner 1977: 116) beschrieben.

Die ‚neuen' Frauenbewegungen bzw. feministischen Bewegungen erfuhren als sogenannte ‚Neue Soziale Bewegungen'[18] größeres empirisch-analytisches Interesse (vgl. Epstein 2001; Freeman 1973; Kern 2008: 65ff; Miethe 2001; Mueller 1994; Staggenborg/Lecomte 2001; Taylor 1997; Taylor/Whittier 1992). Ansätze aus einer Bewegungsforschungsperspektive auf die alte Frauenbewegung sind demnach rar. In Deutschland hat sich insbesondere Ulla Wischermann um eine analytische Perspektive, die Methoden der sozialen Bewegungsforschung – insbesondere Ansätze der Ressourcenmobilisierung – zur Anwendung bringt (vgl. Wischermann 2003: 12), verdient gemacht. Auch Ute Gerhard bezieht sich in ihren neueren Schriften zur historischen Frauenbewegung verstärkt auf Begrifflichkeiten aus der Bewegungsforschung, welche an das *Political Process Model* angelehnt sind, und operiert beispielsweise mit dem Begriff der Gelegenheitsstrukturen (vgl. Gerhard 2009: 62; Gerhard 2008: 194). Im englischsprachigen Raum ist es vor allem Myra Marx Ferree, die die neuen wie alten Frauenbewegungen auf der Folie neuerer Bewegungstheorien analysiert (vgl. Ferree 2012; Ferree/McClurg Mueller 2006). Vergleichende Studien zu deutschen und britischen frühen Frauenbewegungen, die mit Ansätzen der Bewegungsforschung arbeiten, sind bis dato allerdings noch ausstehend.

In der vorliegenden Arbeit wird demnach der Versuch unternommen, eine vergleichende Studie vorzulegen, die mit theoretischen Prämissen der Bewegungsforschung die frühen britischen und deutschen Frauenbewegungen analysiert und dekonstruktivistische Einsprüche und intersektionale Perspektiven der Geschlechterforschung ernst nimmt, um Differenzen nicht nur zu markieren, sondern ihre Relevanz für das Verständnis und die Analyse dieser Bewegungen und mithin auch für die Bewegungsforschung aufzuzeigen.

---

[18] Wenngleich die wissenschaftlich analytische Konstruktion ‚der' Neuen Sozialen Bewegungen selbst nicht unhinterfragt blieb (vgl. Calhoun 1993: 385ff), hatten doch viele soziale Bewegungen, die sich nach 1968 entwickelten, historische Vorreiterinnen (vgl. Buechler 1997: 304).

2.4 Zusammenfassung

Augenfällig bei der Lektüre der Frauenbewegungsliteratur ist, dass dem Aspekt der Spaltungen innerhalb der ‚Gruppe' von Frauenbewegten aus einer bewegungsanalytischen und empirischen Perspektive nur geringe Aufmerksamkeit zuteilwird, obwohl den Differenzen – wie in der hier vorliegenden Arbeit aufgezeigt werden wird – innerhalb des Bewegungsspektrums hohe Bedeutung von Seiten der damaligen Protestakteur_innen beigemessen wurde. Ähnlich wie bei den neuen Frauenbewegungen der sogenannten ‚zweiten' Welle, gab es innerhalb der frühen Bewegung(en) zahlreiche Divergenzen, die sich, so meine These, im Framing der Themen und der Mobilisierung ebenso wie in Bezug auf die Ungleichheitskategorien Klasse und Geschlecht widerspiegeln.

Beachtung fanden diese Differenzen innerhalb der Frauenbewegungsforschung auf einer rein deskriptiv historisch fundierten Ebene: Sie wurden an den Selbstbeschreibungen der Akteur_innen festgemacht. Im deutschsprachigen Raum fokussierte die historisch-deskriptive Differenzierung auf die *politischen Stoßrichtungen* der Strömungen, was sich in der Kategorisierung ‚sozialistisch'/‚proletarisch' versus ‚bürgerlich' ausdrückt, während innerhalb der Forschung zu den britischen Frauenbewegungen die Differenz auf der *Handlungsebene* markiert wurde. In diesem Zusammenhang konnten sich die Kategorien ‚militant' vs. ‚non-militant'/‚konstitutionell' für die Analyse der Bewegungsformationen durchsetzen. Die Erläuterung und prinzipielle Anerkennung der Differenzen zwischen Frauenbewegungsströmungen trug zwar in beiden Kontexten wesentlich zum Erkenntnisprozess und zur „Spurensicherung" bei, trennte aber u. U. Prozesse ab, die bewegungstheoretisch gedacht zusammengehören.

In der vorliegenden Arbeit wird gezeigt, dass die Klassenfrage nicht nur als eine Besonderheit proletarischer Frauenbewegungen zu begreifen ist, sondern dass sie, ebenso wie die Geschlechterfrage, alle Frauenbewegungsströmungen sowohl auf der inhaltlichen (Kap. 5) als auch auf der Handlungsebene (Kap. 6) beeinflusste. Ebenso wird dargestellt, dass die Geschlechterbilder, wenngleich oftmals unbewusst, innerhalb der Frauenbewegungen stark variierten, und dass sich in Großbritannien wie auch in Deutschland Bilder hegemonialer Männlichkeit (vgl. Connell 2006) sowie ‚hegemonialer Weiblichkeit' manifestierten, die sich an ganz spezifischen, nämlich an ‚bürgerlich' vergeschlechtlichten und vergeschlechtlichenden, Lebenswelten orientierten. Dies wird deutlich, wenn – wie im Folgenden ausgeführt – eine intersektionale Perspektive in Bezug auf die Ungleichheitskategorien *Klasse* und *Geschlecht* unter Zuhilfenahme bewegungstheoretischer Ansätze für die vergleichende Analyse der frühen Frauenbewegungen eingenommen wird.

Auf der Folie von Eders Konzeptualisierung eines „dynamischen" Begriffs von kollektiver Identität von sozialen Bewegungen (Eder 2011: 55) und Butlers Reformulierung von feministischer Bündnispolitik, welche voraussetzt, dass gerade die Anerkennung von Widersprüchlichkeiten als ein Teil des Demokratisierungsprozesses verstanden werden kann (vgl. Butler 1991: 35), geht es mir schließlich darum, Divergenzen und Brüche auszuweisen, die zu den spezifischen Entwicklungen der jeweiligen Frauenbewegungen beitrugen.

3. Methodisches Vorgehen

Für die Erforschung historischer sozialer Bewegungen bieten sich – wie im vorherigen Kapitel dargelegt – verschiedene theoretische und methodische Ausgangspunkte an. Forscher_innen, die soziale Bewegungen in den Blick nehmen, tendieren allerdings dazu, sich auf lediglich eine Perspektive bzw. Analyseebene hinsichtlich ihres Forschungsgegenstandes zu fokussieren. Das heißt, dass sie sich entweder auf politische Gelegenheiten, auf Mobilisierungsstrukturen oder auf Framing-Prozesse konzentrieren (vgl. McAdam/McCarthy/Zald 1996: 7).

Die vorliegende Arbeit folgt, wie im Kapitel 2 bereits dargelegt, dem analytischen Vorschlag von McAdam, McCarthy und Zald (1996: 2ff, 20), die eine Synthese der Bewegungsansätze sowie eine komparative Perspektive vorschlagen. Die Herausforderung besteht für die drei Autoren gerade darin, die verschiedenen Ebenen zu verbinden, um ein besseres Verständnis über die eigentlichen Dynamiken sozialer Bewegungen zu gewinnen (ebd.). In Anlehnung an Bert Klandermans Vorschlag, soziale Bewegungen und deren spezifische Partizipationsmechanismen zu vergleichen, um bessere Aussagen darüber treffen zu können, was soziale Bewegungen ausmacht (vgl. Klandermans 1993: 384ff), habe ich zudem je zwei Frauenbewegungsströmungen aus zwei nationalen Kontexten – nämlich die deutsche und die britische frühe Frauenbewegung – gewählt.

Die vier Bewegungsströmungen werden in dieser Forschungsarbeit auf der Folie der bereits diskutierten drei Ebenen wie folgt analysiert: Zunächst stelle ich in einem *ersten* Arbeitsschritt den historischen Kontext und die politischen Gelegenheiten im jeweiligen Land als Ausgangspunkt der Bewegungen dar (Makroperspektive). *Zweitens* wird das Framing ganz bestimmter Frauenbewegungsthemen in Bezug auf die Kategorien von Klasse und Geschlecht analysiert, d. h., die interpretativen Bedeutungsproduktionen stehen im Mittelpunkt des Interesses (Mikro-Mesoperspektive). Der *dritte* Arbeitsschritt nimmt Organisations- und Mobilisierungsstrukturen im Sinne des Ressourcenmobilisierungsansatzes in den Blick (Mesoperspektive) und überprüft inwieweit die spezifischen Ausdeutungen der Themen Auswirkungen auf die Mobilisierung gehabt haben können.

Die Kategorisierung von Makro-, Meso- und Mikroperspektive dient dabei lediglich als deskriptives Geländer, denn ich folge Bourdieus Vorstellung eines „methodologischen Relationismus" (Wacquant 2013: 34), die davon ausgeht, dass es „*relationale Konfigurationen mit einem spezifischen Gewicht*" (ebd.: 37; Hervorh. im Original) in einem spezifischen Feld gibt. Wobei das spezifische Feld von „*Konflikten und Konkurrenzen*" (ebd.: 38; Hervorh. im Original) durchzogen ist, in dem die Akteur_innen um die „Erlangung des Monopols auf die ihm wirksamste Kapitalsorte […] sowie um Macht rivalisieren, die Hierarchie und die ‚Wechselkurse' der verschiedenen Formen der Autorität im Feld der Macht zu bestimmen" (ebd.).

Die frühe Frauenbewegung könnte – dieser Logik folgend – demnach nicht nur als heterogen in ihren Strömungen und sozialen Bewegungsorganisationen, sondern selbst als ein Kraftfeld gefasst werden, in welchem Individuen und Organisationen relational zueinander in Beziehung stehen. Dass soziale Bewegungen zu einer bestimmten Zeit und in einem bestimmten Raum in einer spezifischen Form miteinander im Verhältnis stehen, war auch eine ganz grundsätzliche Annahme von McCarthy und Zald (1977: 1219). Der hier zugrunde liegende Forschungsansatz, der das Bourdieu'sche Relationalitätspostulat ernst nimmt und die drei Ebenen der politischen Gelegenheiten, der Mobilisierungs- und Organisationsstrukturen sowie der Framing-Prozesse in den Blick nimmt, ist anschlussfähig an den methodischen Vorschlag der intersektionalen Mehrebenenanalyse von Winker/Degele (2009) (Kap. 2.3.2.3). Wenngleich die Autorinnen die Analyse der Wechselwirkungen zwischen den Ebenen der Identitätskonstruktionen, der symbolischen Repräsentationen und der Sozialstrukturen im Feld der sozialen Praxen vorschlagen (vgl. Winker/Degele 2009: 63ff), ist es bei einem Forschungsgegenstand wie einer spezifischen historischen sozialen Bewegung durchaus angemessen, den Synthesevorschlag bezüglich der drei Ebenen der politischen Gelegenheiten, der Framing-Prozesse und der Organisations- sowie Mobilisierungsstrukturen von McAdam, McCarthy und Zald (1996) aus der Bewegungsforschung zu übernehmen, und um die empirisch fundierte intersektionale Perspektive von Winker und Degele zu erweitern. Im Folgenden erläutere ich die Modi der Fallauswahl, die historische Eingrenzung, den Materialzugang sowie die Erhebungs- und Auswertungsmethoden.

3.1 Untersuchungsgegenstand

Vergleichende Studien innerhalb der Bewegungsforschung sind – wie bereits erwähnt – insgesamt eher rar (vgl. Klandermans 1993: 383), denn sie sind ein zeitaufwändiges Unterfangen und erfordern, dass Vergleichsstandards entwickelt werden (ebd.: 384). Der Argumentation des *Political Opportunity Ansatzes* folgend, der besagt, dass sich politische Kontexte auf soziale Bewegungen auswirken (Koopmans 1995: 13, Opp 2009: 161f), war es für den Auswahlprozess naheliegend, zwei unterschiedliche Gesellschaften nach dem Prinzip „most-different-case selection rationale" (Beckwith 2013: 419) bzw. nach der Logik „contrast of contexts" (Skocpol/Somers 1980: 175) auszuwählen.

Mit dem viktorianisch geprägten Großbritannien (Kap. 4.2) und dem wilhelminischen Kaiserreich (Kap. 4.3) fiel meine Auswahl auf zwei europäische Staaten mit differenten politisch-staatlichen Entwicklungen. Für die verspätete Nation des deutschen Kaiserreichs (vgl. Plessner 1992) vollzogen sich die Vereinigung zu einem Flächenstaat sowie die Etablierung einer konstitutionellen Monarchie erst 1871. Großbritannien blickt in dieser Hinsicht auf eine längere Geschichte zurück und hatte zudem bereits 1832 mit dem *Reform Act* und der darin festgelegten neuen Wahlkreiseinteilung und der Erhöhung der Wahlberechtigten den Einflussbereich des Unterhauses erhöht. Die Möglichkeiten zur politischen Partizipation am parlamentarischen Prozess waren also gestiegen.

Die nationalen Frauenbewegungen waren diesen unterschiedlichen, politischen Bedingungen unterworfen. Nichtsdestotrotz formierten sich die Frauenbewegungen in beiden Ländern mit ähnlichem Fokus, jedoch mit spezifischen bewegungsinternen Konfliktlinien und Strategien. Durch diese Spannungen sind die britische und die deutsche frühe Frauenbewegung für die hier zu bearbeitende Forschungsfrage ergiebige Fallbeispiele, um zu klären, wie sich die

Aushandlungsprozesse über die Konfliktlinien Klasse und Geschlecht in der frühen Frauenbewegung auf der Ebene des Framings spezifischer Themen sowie der Protestmobilisierung und Aktionen auswirkten.

3.1.1 Bewegungsorganisationen und Quellen

Angelehnt an den Ansatz zur Ressourcenmobilisierung von McCarthy und Zald (1977) fokussiere ich mich bei der Quellenauswahl vorwiegend auf soziale Bewegungsorganisationen (Kap. 2.2.2.1) und im Besonderen auf deren Bewegungsmedien. Ohne das Rationalitätspostulat des Ressourcenmobilisierungsansatzes überspannen zu wollen, ist die Konzentration auf Bewegungsorganisationen zur Systematisierung des Materials und zur Plausibilisierung der empirischen Befunde hilfreich. Um dem Anspruch der Vergleichbarkeit gerecht zu werden, wurde die Auswahl der Bewegungsorganisationen auf der Grundlage ihrer (ursprünglichen) politischen Verortung, d. h. bürgerlich-liberal bzw. sozialistisch-proletarisch, und ihrer Organisationsform getroffen.

In jedem nationalen Bewegungsfeld wurden daher erstens die zwei bis dato etablierten Frauenbewegungsorganisationen, die sich in Form eines Bundes bzw. Verbandes organisierten und dem bürgerlich-liberalen Umfeld zuzuordnen sind – nämlich die *National Union of Suffrage Societies* (NUWSS) und der *Bund deutscher Frauenvereine* (BdF) – einer Analyse unterzogen. Zweitens wurden mit der *Women's Social and Political Union* (WSPU) und der *proletarischen Frauenbewegung* in Deutschland, welche sich beide innerhalb der sozialistischen/sozial-demokratischen Bewegung organisierten, die zwei von den großen Verbänden unabhängigen Bewegungsorganisationen einbezogen. Die Forschungsarbeit stützt sich hauptsächlich auf die Auswertung der jeweiligen Bewegungszeitschriften der Bewegungsorganisationen und zudem auf die Aufarbeitung umfangreicher Sekundärliteratur, Schriften von Bewegungsakteur_innen sowie autobiografischen Materials. Im Folgenden werden die vier Frauenbewegungsorganisationen und ihre Medien kurz vorgestellt, um einen Überblick über die verglichenen Fälle zu geben.

3.1.1.1 Die Verbände: BdF und NUWSS

Der *Bund deutscher Frauenvereine* (BdF) gründete sich 1894 als Dachverband eines Großteils der Frauen- und Frauenbewegungsorganisation im deutschen Kaiserreich. Angelika Schaser sieht mit der Gründung „die internationale Einbindung und die organisatorische Einigung der [deutschen] Frauenbewegung" als gelungen an (Schaser 2006: 42). Die Arbeiterinnenorganisationen waren allerdings zur Gründung nicht eingeladen worden, was die Spaltung innerhalb der deutschen Frauenbewegungen schon vor der Jahrhundertwende einläutete (Kap. 4.2.2.3). Als mediales Organ des BdF erschien seit 1899 das *Centralblatt*, welches von Marie Stritt herausgegeben wurde und im zweiwöchentlichem Turnus erschien. Anfang des Jahres 1914 benannte der BdF das *Centralblatt* in *Die Frauenfrage* um.

Die *National Union of Women's Suffrage Societies* (NUWSS) gründete sich 1897, um erstens die verschiedenen Frauenbewegungsorganisationen nach Richtungskämpfen in Bezug auf die Sittlichkeitsfrage zu vereinen und zweitens eine neue Frauenstimmrechtsgesetzesvorlage zu unterstützen (Kap. 4.3.1.3). Die Herausgabe der einwöchentlich erscheinenden Zeitschrift *The Common Cause* gelang der NUWSS erst ab 1909 u. a. mit Helena Swanwick als Herausgeberin (vgl. Crawford 2001: 438).

3.1.1.2 Die Unabhängigen: Proletarische Frauenbewegung und WSPU

Eine Gemeinsamkeit der zwei anderen Bewegungsorganisationen ist, dass weder die *proletarische Frauenbewegung* noch die *Women's Social and Political Union* (WSPU) sich den landesweiten Verbänden anschlossen. Erstere war bei der Gründung des BdF von vornherein ausgeschlossen gewesen und letztere als bewusster Gegenpol zu den althergebrachten Frauenorganisationen in Großbritannien gegründet worden.

Die *proletarische Frauenbewegung* ist als ein zunächst dezentral organisiertes Bündnis lokaler sozialistischer bzw. sozialdemokratischer, gewerkschaftlicher und genossenschaftlicher Frauen-

und Arbeiterinnenorganisationen zu verstehen. Als eine kontinuierliche Bewegung kann sie ab 1890 beschrieben werden (vgl. Niggemann 1981: 51). Die von Emma Ihrer ab 1891 herausgegebene und privat finanzierte (ebd.: 59) Zeitschrift *Die Arbeiterin* bildete das erste Organ für die *proletarische Frauenbewegung* (vgl. Braun 1901: 367). Mit der Übernahme der Zeitschrift durch den Stuttgarter Verleger Johann Heinrich Wilhelm Dietz (vgl. Niggemann 1981: 59) im selben Jahr ging die Leitung an Clara Zetkin über und die Publikation wurde in *Die Gleichheit* umbenannt (vgl. Braun 1901: 367). *Die Gleichheit* erschien ebenso wie das deutschsprachige *Centralblatt* im zweiwöchentlichen Rhythmus.

Die WSPU gründete sich 1903 aus dem Umfeld der *Independent Labour Party* (ILP) unter der Federführung von Emmeline Pankhurst, die als Mitglied der Partei besonders für die Rechte der Textilarbeiterinnen eintrat (Kap. 4.3.2). Frederick William Pethik Lawrence, seinerzeit Herausgeber der *Labour Record and Review*, gab ab 1907 mit Emmeline Pethick-Lawrence die Zeitschrift *Votes for Women* der WSPU in einem einwöchentlichen Turnus heraus (vgl. Crawford 2001: 541).

	Kaiserreich		Vereinigtes Königreich	
	Bewegungsorganisation			
Proletarische Frauenbewegung	BdF	WSPU		NUWSS
	Zeitungen, Erscheinungsjahr und Herausgeber_innen bis 1912			
	Gleichheit	Centralblatt	Votes for Women	Common Cause
	1891	1899	1907	1909
	Clara Zetkin	Marie Stritt	Emmeline & Frederik Pethick-Lawrence	H.M Swanwick, Clemetina Black, A. Maude
	Zeitungen und Herausgeberinnen ab 1912			
	Gleichheit	Centralblatt	Suffragette	Common Cause
	Clara Zetkin	Marie Stritt	Christabel Pankhurst	H.M Swanwick,, C. Black, A. Maude
	Zeitungen und Herausgeberinnen ab 1914			
	Die Gleichheit	Frauenfrage	Britannia	Common Cause
	Clara Zetkin	Marie Stritt	C. Pankhurst	H.M Swanwick,, C. Black, A. Maude
	Turnus			
	zweiwöchentlich	zweiwöchentlich	einwöchentlich	einwöchentlich

Tabelle 1: **Bewegungsorganisationen und Medien**

Aufgrund eines internen politischen Richtungsstreit trennte sich die WSPU 1912 von dem langjährig dem Führungsstab angehörenden Herausgeber_innen-Ehepaar Pethick-Lawrence und damit auch von der *Votes for Women*, die weiterhin organisationsunabhängig erschien. Christabel Pankhurst gründete für die WSPU das neue Organisationsblatt *The Suffragette* und fungierte ebenfalls als dessen Herausgeberin.

3.1.2 Untersuchungszeitraum

Für den *ersten* Untersuchungsschritt – die historische Kontextualisierung der politischen Gelegenheiten (Kap. 4) – setze ich bei den Ausgangsbedingungen und den Anfängen der frühen Frauenbewegungen im 19. Jahrhundert an, die eng an die Transformationsprozesse der Demokratisierung und Industrialisierung geknüpft sind, und Einfluss auf die Ausprägung der spezifischen nationalen Bewegungen hatten.

Der Untersuchungszeitraum für den *zweiten* und den *dritten* Analyseschritt – mit Fokus auf die Framing- und Mobilisierungsprozesse (Kap. 5 und Kap. 6) – orientiert sich an historischen Zäsuren um 1908/1909 und 1914 und stützt sich auf die Bewegungszeitschriften. Im Wilhelminischen Kaiserreich wurden 1908 die regionalen und teilweise äußerst regressiven Vereinsgesetze mit der Novellierung eines Reichsvereinsgesetzes endgültig aufgehoben, so dass Frauen sich politisch organisieren und innerhalb der politischen Parteien offiziell engagieren konnten (Kap. 4.2.1.1). In Großbritannien läutete das Jahr 1909 einen Radikalisierungsschub in Bezug auf die Anwendung der Protestmittel und damit Konflikte innerhalb des britischen Frauenbewegungsfeldes ein (vgl. Günther 2009: 111; Günther 2006: 38f). Zudem kam es innerhalb der NUWSS 1909 zu Prozessen der Reorganisation und zu einer Öffnung für neue Strategien des Protests, was auch die Herausgabe der offiziellen Zeitung *The Common Cause* zur Folge hatte.

Mit dem Ausbruch des Ersten Weltkrieges 1914 erklärten sich alle hier zur Analyse herangezogenen Frauenbewegungsorganisationen außer der proletarischen Frauenbewegung in Deutschland ‚patriotisch' und stellten ihr Engagement in den Dienst des jeweiligen ‚Vaterlandes', d. h., sie verlagerten ihr Engagement auf eine nationale Kriegsmobilisierung von Frauen. So benannte die WSPU ihre *Suffragette* mit dem Kriegseintritt Großbritanniens beispielsweise in *Britannia* um (vgl. Günther 2006: 121). *Die Gleichheit* der deutschen proletarischen Frauenbewegung, welche sich als explizit pazifistisch verstand, erschien ab dem Kriegsbeginn nur noch unregelmäßig.

3.1.3 Materialzugang und Sample

Für jede Bewegungszeitschrift wurden je 6 Jahrgänge zwischen 1908/1909 und 1914 bearbeitet. Die Aufbereitung und Kategorisierung der 24 Jahrgänge. Als eine besondere Herausforderung bei der Analyse stellte sich die Qualität des deutschen Archivmaterials dar, welches – anders als die englischsprachigen Zeitschriften – größtenteils bis dato als Negativfilm archiviert war.

Von allen für den Untersuchungszeitraum relevanten Ausgaben wurden die Artikel erfasst und thematisch kategorisiert. Diese erste Analyse kann keinen Anspruch auf Vollständigkeit erheben, da in einzelnen Jahrgängen – wenngleich selten – eine Ausgabe oder einige Seiten fehlten bzw. schlichtweg eine schlechte fotografische Aufnahmequalität die Analyse unmöglich machte. Die Quellen waren zwischen 2010 und 2014 noch nicht digitalisiert und die für den zweiten Analyseschritt der Rahmenanalyse relevanten Texte mussten kopiert bzw. ausgedruckt werden. Das Format der Quellen hätte eine nur begrenzte Unterstützung durch gängige Software zur qualitativen Datenanalyse wie beispielsweise MAXQDA erlaubt, weil das Material in London aus Urheber_innenrechtsgründen teilweise nicht digitalisiert werden kann und die deutschen Quellen zwar digitalisiert werden können, jedoch größtenteils als Negativfilm und in für die Epoche üblicher Fraktur vorlagen, was beispielsweise die Such- und die automatische Kodierfunktion des Programms beeinflusst. Diese Funktionen sind aber für eine leichtere Strukturierung des Materials unerlässlich.

Die Aufnahme und Kategorisierung der Artikel erfolgte deshalb in selbst erstellten Datenbanken, in welche die Texte komplett aufgenommen und angelehnt an qualitativ inhaltsanalytische Verfahren nach Art d. h. Editorial, Leitartikel und Berichte – für die *zweite* Analyseebene kategorisiert wurden. Das Sample verfügt insgesamt über 30.112 Datensätze. Ein Datensatz entspricht einem Artikel bzw. bei Berichten oder Zusammenfassungen einem Unterartikel.

Zeitung	Jg.	Zeitraum	DS	Gesamt
Bund deutscher Frauenvereine (BdF)				
Centralblatt	11	01.04.1909–15.03.1910	436	
	12	01.04.1910–16.03.1911	375	
	13	01.04.1911–16.03.1912	358	
	14	01.04.1912–16.03.1913	406	
Frauenfrage	15	01.04.1913–16.03.1914	420	
	16	01.04.1914–16.12.1914	324	2319
Proletarische Frauenbewegung				
Gleichheit	19	12.10.1908–27.09.1909	544	
	20	11.10.1909–26.09.1910	558	
	21	10.10.1910–25.09.1911	605	
	22	09.10.1911–18.09.1912	568	
	23	01.10.1913–18.09.1914	546	
	24	02.10.1914–21.12.1914	58	2879

Tabelle 2: Erhobene Datensätze (DS) der deutschen Bewegungszeitschriften

Neben der qualitativ inhaltsanalytisch orientierten Strukturierung des Textmaterials wurden die Quellen auch als zeitdiagnostische Dokumente der Bewegungsorganisationen ernst genommen. D. h., Berichte zur Organisationsentwicklung, Protestereignisse bzw. Protestaufrufe, Spenden, Mitgliederzahlen o. ä. habe ich während der Analyse, soweit angegeben, dokumentiert, wenn möglich einer einfachen Häufigkeitsanalyse unterzogen und für den *dritten* Analyseschritt aufbereitet.

Zeitung	Jg.	Zeitraum	DS	Gesamt
National Union of Suffrage Societies (NUWSS)				
Common Cause	I	15.04.1909–07.04.1910	1678	
	II	14.04.1910–06.04.1911	1865	
	III	13.04.1911–04.04.1912	1952	
	IV	11.04.1912–04.04.1913	1938	
	V	11.04.1913–03.04.1914	2425	
	VI	09.04.1914–16.06.1914	567	10.425
Women's Social and Political Union (WSPU)				
Votes for Women	III	01.10.1909–30.09.1910	2364	
	IV	07.10.1910–29.09.1911	2992	
	V	06.10.1911–04.10.1912	2368	
The Suffragette	I	18.10.1912–10.10.1913	3680	
	II	17.10.1913–10.04.1914	2372	
	III	17.04.1914–26.06.1914	713	14.489

Tabelle 3: Erhobene Datensätze (DS) der britischen Bewegungszeitschriften

3.2 Mehrebenenanalyse

Wie eingangs beschrieben synthetisiere ich in dieser Forschungsarbeit die drei bewegungstheoretischen Perspektiven politische Gelegenheiten, Mobilisierungsstrukturen und Framing-Prozesse und analysiere vergleichend die frühen Frauenbewegungen. Die einzelnen Analyseschritte stelle ich im Folgenden nach ihren Erhebungsmethoden aufgeschlüsselt dar.

3.2.1 Historische Kontextualisierung

Zwar ist Geschichte niemals nur eine „Geschichte der Kontinuität" sondern vielmehr der „Brüche und Zufälligkeiten" (Ohnacker 2004: 9), nichtsdestotrotz erscheint es im Besonderen bei einem Vergleich zweier nationaler Bewegungen wesentlich, die jeweilige Entwicklung zumindest in ihren Anfängen innerhalb des spezifischen national-historischen Kontextes in einem *ersten Analyseschritt* (Kap. 4) darzustellen. Im Mittelpunkt des bewegungstheoretisch angelegten *Political Process Models* steht die Interaktion der sozialen Bewegungen mit dem Staat – mit besonderem Fokus auf die politischen Gelegenheiten, die sich in Bezug auf die Mobilisierung und die Zielerreichung ergaben (vgl. Staggenborg 2011: 19). Die Geschlossen- bzw. Offenheit eines politischen Systems, soll laut des Ansatzes der politischen Gelegenheitsstrukturen förderlich bzw. hinderlich für die Mobilisierung von sozialen Bewegungen sein (vgl. della Porta/Diani 1999: 9), was die spezifische Entwicklung und Ausprägung selbiger bestimmt (vgl. Koopmans 1995: 13, Opp 2009: 161f). Diese Perspektive wird in dieser Forschungsarbeit genutzt, um auf spezifische ökonomische wie politische Transformationsprozesse (Kap. 4.1) einzugehen, welche als politische Gelegenheitsstrukturen die jeweiligen nationalen Frauenbewegungen in ihrer Spezifik hervorbrachten. Diese makroperspektivisch orientierte Darstellung historischer und politischer Kontexte ist dabei als ein Ausgangspunkt zu verstehen, der zeigen soll, inwieweit politische Gelegenheiten auf die Entstehung der spezifischen nationalen Bewegungen Einfluss hatten. Für diese historische Kontextualisierung zog ich insbesondere umfangreiche Sekundärstudien, für die damaligen Bewegungsakteur_innen ideengeschichtlich relevante theoretische und politische Schriften früher Vertreter_innen der Frauenemanzipation, autobiografische Quellen sowie zeitgenössische Studien von Bewegungsakteur_innen jener Epoche heran.

Dieser erste Untersuchungsschritt ist aus drei Gründen wesentlich: Erstens kann so eruiert werden, welche Gemeinsamkeiten und Unterschiede zwischen den nationalen Bewegungen bestanden, trotz oder gerade wegen differenter nationaler Kontexte. Zweitens vermag damit überprüft werden, inwieweit bestimmte Entwicklungen und Tendenzen innerhalb der und zwischen den Bewegungsorganisationen auf bereits tradierte Solidarisierungs- oder Konfliktlinien hinweisen. Drittens wurden durch die Aufarbeitung der Bewegungsgeschichte die spezifischen thematischen Schwerpunkte in Bezug auf die Forderungen der Frauenbewegung entwickelt. Im Verlauf dieses ersten Untersuchungsschritts haben sich aus dem autobiografischen Material, den historisch-wissenschaftlichen Schriften und der Sekundärliteratur drei Themenschwerpunkte herauskristallisiert, die im zweiten Analyseschritt als thematische Kategorien zur Systematisierung des Textkorpus der Bewegungszeitschriften dienten.

Das Thema der *politischen Mitbestimmung* umfasst die Forderung der Frauenbewegung nach gleichen staatsbürgerlichen Rechten. Im Besonderen forderten die Bewegungsaktiven das passive und aktive Wahlrecht für politische Gremien in Gemeinden, Institutionen – wie beispielsweise in Universitäten, Parteien, in den Vorständen der Krankenkassen – und für das Parlament. Ein weiterer steter Kampfplatz der Frauenbewegten war das Feld der *Arbeit und Bildung*: sowohl der gleichberechtige Zugang zu Erwerbsarbeit, die Verbesserung der Lage der Frauen im industriellen Sektor und die Situation von Heimarbeiterinnen sowie Dienstbotinnen. Bereits in jener Epoche wurde die Thematik der ungleichen Bezahlung sowie dem nach Geschlechtern segregierten Arbeitsmarkt aufs Tapet gebracht, eine Forderung die bis heute in beiden nationalen Kontexten eine Forderung feministischer Aktivist_innen ist. Daran anschließend spielte der Bereich der Bildung eine wesentliche Rolle. Im Interesse des Zugangs zu Arbeit oder ‚besserer' Arbeit und angemessener Entlohnung war eine Ausbildung von Mädchen und Frauen eine wesentliche Forderungen der Frauenbewegung. Die Frage der Reproduktionsverhältnisse, die Erziehung von Kindern als Recht sowie Pflicht der Frau und die Ehe als gesellschaftliche und rechtlich reglementierte Institution waren Gegenstände steter inhaltlicher Verhandlungen. Auch Fragen der Sexualität und Sittlichkeit markieren einen wichtigen Bezugspunkt für die Forderungen. Ich fasse dieses Spektrum unter der Themenkategorie *Familienpolitik, Sittlichkeit und Soziales*. Wie der Protest um Frauenrechte zu organisieren sei bzw. wie sich die Kampagnen der Frauenbewegungsorganisationen gestalten sollten, war selbst ein wesentlicher Diskussionspunkt innerhalb der Bewegungsorganisationen. Diese drei Themenkategorien dienten der Strukturierung des Textmaterials sowie der Reduktion des Textkorpus.

3.2.2 Interpretation: Framing Prozesse

Im weitaus umfangreichsten *zweiten Untersuchungsschritt* wurden spezifische Framing-Prozesse anhand der ausgewählten 3 Themendimensionen innerhalb der Bewegungszeitschriften der Bewegungsorganisationen analysiert (Kap. 5). Der Ausgangsthese dieser Arbeit folgend, dass die Bewegungsthemen bzw. -forderungen nach den Ungleichheitskategorien Klasse und Geschlecht spezifisch gerahmt wurden und dadurch einen bestimmenden Einfluss auf die Organisierungs- und Mobilisierungsformen der Bewegungen hatten, wurden angelehnt an inhaltsanalytische qualitative Auswertungsverfahren die spezifischen *Frames* bzw. das *Framing* der vier nationalen Bewegungsorganisationen in Bezug auf spezifische Schwerpunktthemen herausgearbeitet. Im Vordergrund steht demnach die „signifying work" der Bewegungsakteur_innen (McAdam/Snow 2010: 317; Snow 2007: 384).

3.2.2.1 Frame-Analysis, Frames und Framing

Goffman, der den Begriff *Rahmung/Framing* entwickelte, charakterisierte selbigen als Definitionsleistung bestimmter „Organisationsprinzipien" für soziale Ereignisse durch Individuen (Goffman 1980: 19). Die Rahmen-Analyse ist für Goffman die „Kurzformel für die entsprechende Analyse der Organisation der Erfahrung" (ebd.). Sie betrachtet demnach einen spezifischen Prozess, den Individuen in ihren Interaktionen vornehmen.

Die Bewegungsforschung übernahm den Begriff und übertrug ihn auf Interpretationsleistungen und Mobilisierungsstrategien von sozialen Bewegungen bzw. Bewegungsakteur_innen. Als wesentliche Elemente von *Frames* werden innerhalb bewegungstheoretischer Framing-Ansätze „Problemdefinitionen, Ursachen, Reaktionen, Lösungen, Regelungen und Werte" (Scheufele 2003: 89) gesehen. *Frames* haben diagnostische, prognostische und/oder motivationale Dimensionen (vgl. Benford/Snow 2000: 615; Entman 1993: 52; Scheufele 2000: 89). Diese spezifischen Bestandteile müssen konsistent sein, damit sich eine „normative Bindungskraft entfaltet" (Scheufele 2003: 89). Dieser Logik folgend, sind *Frames* mehr als ein bloßes Thema, eine Forderung oder Problemdefinitionen einer sozialen Bewegung. Sie verweisen vielmehr auf einen „kognitiven Gehalt" sowie auf eine „interaktive Strategie, die ihren Ausdruck in kommunikativen Formen findet" (Knoblauch 2010: 205).

An die theoretische Konzeption des *frame alignment* (Snow/Rochford/Worden/Benford 1986: 464) anschließend, gehe ich in dieser Forschungsarbeit davon aus, dass der Prozess der Rahmenausrichtung bzw. -orientierung die Protestakteur_innen mit den Bewegungsorganisationen verknüpft (Kap. 2.2.3.1). Die vier Prozesse des *frame alignment*, nämlich *frame bridging* als die Verbindung ideologisch anschlussfähiger, aber getrennter Deutungsrahmen (ebd.: 467), *frame amplification* als ein Prozess der Präzisierung und Verstärkung eines Rahmens (ebd.: 469), *frame extension* als Ausdehnung der Deutung eines Rahmens bzw. die Betonung bestimmter inhaltlicher Schwerpunkte und Themen, um neue Zielgruppen anzusprechen (ebd.: 472) und *frame transformation* als ein Prozess der Durchsetzung neuer Ideen und einem damit einhergehenden radikalen Bedeutungswandel bestimmter Themen (ebd.: 473), verweisen auf stete interpretative Leistungen der Bewegungsakteur_innen. *Framing* bzw. *Frame Alignment* sind demnach als eine *kontinuierliche* Interpretationsarbeit zu verstehen. Anders als reine Zielforderungen, Problemdefinitionen oder Themen, welche in den Bewegungszeitschriften benannt werden, verweist *Framing* nach meiner Lesart auf relationale Prozesse zwischen Bewegungsakteur_innen und Bewegungsorganisation, zwischen Bewegungsorganisation und staatlichen bzw. gesellschaftlichen Akteur_innen, aber auch zwischen Bewegungsorganisationen untereinander. *Frames* sind „begriffliche Gerüste", die eine wichtige Deutungs- und Mobilisierungsarbeit für soziale Bewegungen leisten (Knoblauch 2010: 204). D. h., *Frames* und *Framing-Prozesse* sind an soziale Gruppeninteraktionen und -identifikationen geknüpft bzw. werden durch diese konstituiert (vgl. Snow/Benford 2005: 210). An diese

Überlegung anschließend, stellt sich die Frage einer sinnvollen methodischen Auswertung.

Die Methodik, die Goffman in seiner Rahmenanalyse anwendet, wird in der Forschungsliteratur als durchaus „ungewöhnlich" beschrieben (Dahinden 2006: 49). Goffman selbst schreibt in und über seine Arbeit, dass es „sehr viele gute Gründe dafür" gibt, selbiger „Zweifel entgegenzubringen" (Goffman 1980: 22).

> Auch ich würde das tun, wenn sie eben nicht von mir stammte. Sie ist zu papieren, zu allgemein, zu entfernt von der Feldarbeit, als daß sie wirklich mehr sein könnte als eben noch eine weitere mentalistische Andeutung (Goffman 1980: 22).

Seinem Material, welches sich aus Zeitungen und anderen „fragwürdigen Quelle[n]" (ebd.: 24) wie Karikaturen, Bildergeschichten, Romanen, Filmen und Theateraufführungen zusammensetzt, steht Goffman selbstkritisch gegenüber (ebd.: 24f). Seine Auswertungsmethode ist als interpretativ soziologisch zu beschreiben, folgt aber keinem ‚Plan', denn seine gewählten Text-, Sprach- oder Bildartefakte illustrieren und vergegenständlichen vielmehr seine Definitionen und theoretischen Überlegungen.

Auch innerhalb der Bewegungsforschung sind die Analysemethoden hinsichtlich der *Framingprozesse* wenn nicht ungewöhnlich, so doch zumindest sehr indifferent (vgl. Dahinden 2006: 51). Es erfolgt zumeist keine genaue methodische Erläuterung (vgl. Knoblauch 2005: 204) bzw. werden die Verfahren zur Frame-Identifizierung innerhalb der Bewegungsforschung „selten methodisch" reflektiert (Scheufele 2003: 90). Die meisten Forschungsarbeiten erfassen „idea-elements" als kleinste Deutungseinheit (ebd.: 89). Diese „verkürzte[n] Begründungen" werden dementsprechend einem bestimmten Frame zugeordnet (ebd.: 90). Knoblauch stellt zudem explizit fest, dass Rahmen keine Diskurse darstellen, sondern vielmehr Deutungen „die von Menschen geschaffen werden" (Knoblauch 2005: 204). Allerdings attestieren Bewegungsforscher_innen diskursanalytischen Methoden – insbesondere für Texte oder Reden von Bewegungsakteur_innen – einen gewissen Nutzen für die Rahmenanalyse (vgl. Johnston 1995: 217ff).

Versuche *Frames* und *Framingprozesse* innerhalb der Bewegungsforschung empirisch valide zu erfassen, folgen in der Tat ganz unterschiedlichen theoretischen Ansätzen und empirischen Methoden. Um die Vielfalt zu demonstrieren, seien an dieser Stelle einige Studien exemplarisch genannt: Tibor Kliment orientiert sich beispielsweise in seiner Studie (1994) zu Kernkraftprotesten an *collective action frames* (vgl. Snow 2007: 384) im Sinne des *diagnostic framing* (Problembeschreibung), des *prognostic framing* (Lösungsentwicklung) und des *motivational framing* (Protestmobilisierung) und wählt ein quantitatives inhaltsanalytisches Verfahren zu deren Erfassung (vgl. Kliment 1994: 149f). Explizit qualitativ arbeitet dagegen Ingrid Miethe in ihren Studien zur Frauenfriedensbewegung der DDR (vgl. Miethe 2001; Miethe 1999), in denen sie sich stark am ursprünglichen Goffman'schen Framing-Konzept orientiert. Ihre biografisch-narrativen Interviews von Protestakteur_innen wertet sie auf der Basis hermeneutischer Fallrekonstruktionen aus, um spezifische *collective action frames* zu rekonstruieren (vgl. Miethe 2001: 67). Myra Marx Ferree operiert mit einer intersektionalen diskursanalytischen Perspektive, die Gelegenheitsstrukturen, Diskurse und Rahmungen verbindet (vgl. Ferree 2010: 69ff). Als Rahmenwerke definiert sie institutionalisierte „Netze aus Bedeutungen" und „diskursive *Gelegenheitsstrukturen*" (ebd.: 72; Hervorh. im Original). Im Fokus ihrer Konzeptualisierung steht die Offenlegung historisch politischer Prozesse durch Rahmenanalyse, durch welche die „aktuellen autoritativen Texte produziert, interpretiert und als Ressource für die Mobilisierung" verwendet werden (ebd.: 73). Im Mittelpunkt ihrer Denkbewegung stehen Rechtsdiskurse, die sie als „multiple, historisch produzierte Rahmenwerke für feministische Kämpfe um Macht" fasst (ebd.: 75). In einer Studie zum Framing des Irakkrieges untersuchen Dieter Rucht und Joris Verhulst Medien- und Bewegungsframes (vgl. Rucht/Verhulst 2010: 239ff). Die Autoren erhoben Aussagen von Protestteilnehmer_innen bei Antikriegsdemonstrationen mit standardisierten Fragenbögen (ebd.: 240ff), analysierten Redebeiträge bei Demonstrationen (ebd.: 246ff) und die Rezeption der Proteste in ausgewählten Medien (ebd.: 251). Für letztere Analyse greifen Rucht/Verhulst auf methodische Auswertungsmethoden der quantitativen Inhaltsanalyse zurück.

Wesentlich scheint mir mit Blick auf die theoretisch-methodische Vielfalt, dass für die Untersuchung von *Frames* und *Framingprozessen* festgelegt sein muss, auf welcher Ebene der bzw. die Forschende die Prozesse ansiedelt und wie diese genau definiert werden. So erfassen Kliment und Rucht/Verhulst Frames u. a. auf der Folie medialer Artikulation von Bewegungsorganisationen und ‚Mainstreammedien'. Miethe untersucht Framing politisch Aktiver mit einer Perspektive auf deren biografische Erfahrungen und Ferree fasst Rahmungen als diskursive Prozesse bzw. Diskursprodukte in differenten Gesellschaften.

Ich fasse *Frames* und *Framingprozesse* als kontinuierliche Interpretationsleistungen, welche sich durch bewegungsinterne Aushandlungsprozesse im Laufe der Zeit ändern, modifizieren, transformieren, ausweiten oder mit anderen *Frames* verbinden. Der Ausgangsthese folgend, stand im Mittelpunkt meines Forschungsinteresses insbesondere die Rahmung von Klasse und Geschlecht innerhalb der für die frühen Frauenbewegungen wesentlichen Forderungen. Der Großteil des Textmaterials aller 24 Jahrgänge wurde demnach zunächst thematisch dokumentiert. Für diese Untersuchung wurden methodische Elemente der qualitativen Inhaltsanalyse angewendet, um die Fülle an Material nach thematischen Kategorien zu strukturieren und relevantes Textmaterial für eine an intersektionalen Prämissen orientierte Rahmenanalyse herauszufiltern.

3.2.2.2 Qualitativ inhaltsanalytische Auswertungsverfahren

Die Inhaltsanalyse gilt als „klassische Vorgehensweise zur Analyse von Textmaterial gleich welcher Herkunft" (Flick 2007: 409). Sie eignet sich, um „auf Tendenzen *in den Texten (Dokumenten) selbst*" (Kromrey 2006: 319; Hervorh. im Original) zu schließen und „um Aussagen über die soziale Realität *außerhalb der Texte (Dokumente)* zu gewinnen" (ebd.; Hervorh. im Original). Besonders geeignet ist der Ansatz für die Reduktion und Klassifikation von großen Textmengen (vgl. Flick 2007: 416), die bei dieser Studie zweifelsohne vorlagen.

Recht bald nach der methodischen Etablierung der Inhaltsanalyse in den 1950er Jahren kam es innerhalb der Sozialwissenschaften zu einer Diskussion um die Validität des quantitativen Verfahrens (vgl. Diekmann 1998: 510f) und die Forderung nach qualitativen Perspektiven wurde laut (vgl. Krakauer 1952: 631ff). Eine wesentliche Kritik an der ‚klassischen' Inhaltsanalyse richtete sich auf den blinden Fleck der „Kontextabhängigkeit der Bedeutung von Zeichen und Symbolen" (Diekmann 1998: 510). Siegfried Krakauer kritisierte an den bisherigen Ansätzen, dass sie davon ausgingen, es gäbe ein Kontinuum von Kommunikation, bei welchem sich am einen Ende Mitteilungen befänden, welche von allen gleich verstanden würden, da sie reine Fakten enthielten (z. B. eine einfache Pressemitteilung), und am anderen Ende abstrakte Textformen, die unterschiedliche Interpretationen für Rezipient_innen zuließen (z. B. Gedichte) (vgl. Krakauer 1952: 634). Sicherlich, so merkt der Autor an, solle vermieden werden, „obscure poems" (ebd.) in die Quellen aufzunehmen, jedoch unterstelle die Vorstellung eines Kontinuums, es gäbe Texte, die auf reinen Fakten beruhten und keine differenten Ausdeutungen zuließen. Die Offenlegung latenter Sinngehalte („latent meanings") werde demnach von vornherein ausgeschlossen. Diese seien durch reine Quantifizierungsverfahren nicht erfassbar (ebd.: 634). Krakauer bringt die qualitative Inhaltsanalyse nicht als Gegenpol zur bis dato praktizierten Inhaltsanalyse in Stellung, sondern plädiert vielmehr für eine sinnvolle Erweiterung nach qualitativen Prämissen insbesondere in der Phase der Kodierung (vgl. Krakauer 1952: 642), da seiner Ansicht nach in den meisten Studien sowieso bereits qualitative Elemente angelegt seien:

> As currently practiced, quantitative analysis is more „impressionistic" than its champions are inclined to admit. All of them, incidentally, readily grant the need for qualitative reasoning in the initial stages of category formation (Krakauer 1952: 636).

Dieser Anspruch wurde in der inhaltsanalytischen Forschungspraxis in der Folge umgesetzt, doch bis zur Veröffentlichung des ersten Methodenlehrbuches zur qualitativen Inhaltsanalyse – verfasst von Phillip Mayring – sollte es noch 30 Jahre dauern (vgl. Kuckartz 2012: 35).

Mayrings Ablaufmodelle für qualitative Inhaltsanalysen haben sich im deutschen Sprachraum weitgehend durchgesetzt und kommen in mehreren Disziplinen zur Anwendung. Mayring stellt ihnen insgesamt jedoch in Rechnung, dass das Kriterium für die Auswahl des Verfahrens die „Angemessenheit der Methode für das Material und die Fragestellung" sein sollte (Mayring 2007: 474). Die qualitative Inhaltsanalyse stellt demnach „kein Standardinstrument dar, das immer gleich aussieht", vielmehr muss sie an den „konkreten Gegenstand, das Material" und „die spezifische Fragestellung" angepasst werden (Mayring 2008: 43).

Techniken qualitativer Inhaltsanalysen variieren demnach und sind von der spezifischen Forschungsfrage abhängig. Die drei Techniken, die Mayring vorstellt, sind die zusammenfassende, die explizierende und die strukturierende Inhaltsanalyse (Mayring 2008: 42ff; Mayring 2007: 471ff). Die *zusammenfassende Inhaltsanalyse* dient vor allem der Materialreduktion, so dass für die Forschungsfrage entsprechend wesentliche Textinhalte extrahiert werden, um einen „überschaubaren Corpus" zu schaffen, der ein „Abbild des Grundmaterials" bleibt (Mayring 2008: 58). Diese Form der Analyse stützt sich auf die „Psychologie der Textverarbeitung", d. h. auf Annahmen, wie „Zusammenfassungen im Alltag normalerweise ablaufen" (ebd.: 59). Das Material wird paraphrasiert, bis auf ein bestimmtes Abstraktionsniveau generalisiert und in mehreren Wiederholungsschleifen einer Reduktion unterworfen (Flick 2007: 412). Zusätzlich schlägt Mayring für diese Technik der Inhaltsanalyse induktive Kategorienbildung nach der *Grounded Theory* vor, was weitere Interpretationsschleifen nötig machen kann. Im Gegensatz dazu geht es in der *explizierenden Inhaltsanalyse* darum, unklare Textstellen durch das Heranziehen zusätzlicher Materialen zu analysieren (vgl. Mayring 2008: 58; Mayring 2007: 473). Diese Auswahl des Kontextmaterials muss genau begründet werden, „denn die Auswahl dieses Materials entscheidet über die Güte der Explikation" (Mayring 2008: 77). Grundlegend für diese Technik ist die „lexikalisch-grammatikalische Definition", d. h., die „Bedeutung von Sprache wird laufend auf dem jeweiligen kulturellen Hintergrund in ihrer jeweils aktuellen Ausprägung in Wörterbüchern, Lexika festgehalten" und die „Struktur von Sätzen in Grammatiken festgelegt" (ebd.). Die *strukturierende Inhaltsanalyse* hat das Ziel, bestimmte Strukturen bzw. Aspekte aus dem Material offenzulegen (Mayring 2007: 473). Die Strukturierungsdimensionen müssen von der Forschungsfrage und dem Theoriezugang abgeleitet sein (vgl. Mayring 2008: 82f). Für die Form der Strukturierung schlägt Mayring vier verschiedene

Herangehensweisen vor: die formale, die inhaltliche, die typisierende oder die skalierende (ebd.: 85). In Abbildung 1 ist die Vorgehensweise bei den vier Formen knapp zusammengefasst.

Art der Strukturierung			
formal	**inhaltlich**	typisierend	skalierend
Filtern der inneren Struktur des Textes (nach syntaktischen, thematischen, semantischen oder dialogischen Kriterien)	**Zusammenfassung des Materials nach bestimmten Themen, Inhalten oder Aspekten**	Beschreibung und Extraktion bestimmter Bedeutungsgegenstände (nach extremen, theoretisch interessanten oder häufigen Ausprägungen)	Einschätzung des Materials auf der Grundlage einer Skala (zumeist nach Ordinalskalen)

Tabelle 4: Die vier Formen der „strukturierenden Inhaltsanalyse" nach Mayring (2008: 85ff; eigene Darstellung), hier verwendete Form markiert.

Für das hier gesammelte Material (Tab. 2 und Tab. 3) habe ich die „inhaltliche Strukturierung" (siehe Abb. 1) als eine *Form* der *strukturierenden Inhaltsanalyse* übernommen, um die inhaltlich relevanten Texte zu extrahieren, die für die intersektional orientierte Rahmenanalyse herangezogen werden sollen, da ich das Material nach den Themendimensionen *politische Mitbestimmung, Arbeit* und *Bildung* sowie *Familienpolitik, Sittlichkeit und Soziales* zunächst zu strukturieren suchte. Das von Mayring vorgeschlagene Ablaufmodell für das Verfahren der strukturierenden Inhaltsanalyse wurde entsprechend der Forschungsfrage modifiziert und wird im Folgenden im Detail dargelegt.

3.2.2.3 Ablauf des Auswertungsverfahrens

Mayring sieht, wie bereits erwähnt, die „Festlegung eines konkreten Ablaufmodells der Analyse" als besonders zentral an, räumt allerdings ein, dass die Inhaltsanalyse „keine feststehende Technik" sei (ebd.: 45), denn sie sei von „vielen Festlegungen und Entscheidungen des grundsätzlichen Vorgehens und einzelner Analyseschritte abhängig" (ebd.). Bei der hier vorgenommenen Vorstrukturierung des Textkorpus habe ich mich zunächst an einzelnen Arbeitstechniken des Ablaufmodells *formaler inhaltlicher Strukturierung* nach Mayring (2008: 86) orientiert, das Ablaufmodell jedoch hinsichtlich meiner Forschungsfrage modifiziert (Abbildung 1).

Nach der Auswahl des Materials (siehe Kap. 3.1.1) im 1. Schritt der Inhaltsanalyse, welches sich hauptsächlich auf Medien der Bewegungsorganisationen stützt, d.h. die *Common Cause* (NUWSS), das *Centralblatt* (BdF), die *Votes for Women/ Suffragette* (WSPU) und die *Gleichheit* (für die proletarisch organisierten Frauen) und der Festlegung des Untersuchungszeitraums im 2. Schritt musste eine Entscheidung hinsichtlich der inhaltlichen Hauptthemen getroffen werden (3. Schritt).

Die Ziele und Forderungen der frühen Frauenbewegungen kristallisieren sich an bestimmten Themen wie politischer Teilhabe, geschlechtergerechten Bedingungen im Erwerbsarbeits- und Bildungssystem sowie Familienpolitik, Sittlichkeit und Soziales. Diese lassen sich nach der Analyse der politischen Gelegenheitsstrukturen sowie der Bewegungsgeschichte klar identifizieren (Kap. 4).

Insofern orientierten sich die Bedingungen für die Zuordnung der Hauptkategorien an diesen in der ersten Stufe der Mehrebenenanalyse hervorgehobenen inhaltlichen Kristallisationspunkte:
a) Politische Mitbestimmung
b) Arbeit und Bildung
c) Familienpolitik, Sittlichkeit und Soziales

Neben diesen ‚nach außen' gerichteten Themen, sind für eine Analyse sozialer Bewegungen aber insbesondere Debatten um Protestmethoden, Kampagnen und Organisierungsformen als ‚nach innen' gerichtete Themen relevant. Diese spiegeln sich innerhalb der Hauptthemen als Unterkategorien in Bezug auf Fragen um Mobilisierungsstrategien (Kap. 5) wieder.

Diese Hauptkategorien wurden entsprechend in einem 4. Schritt definiert und Unterkategorien festgelegt (Tab. 5). Alle Jahrgänge der vier Zeitschriften wurden für den vordefinierten Zeitraum komplett im 5. Arbeitsschritt durchlaufen. Dann wurden alle Artikel in die

Datenbanken aufgenommen und kategorisiert, indem die Fundstellen bezeichnet und markante Zitate bereits in dieser Phase in den Datenbanken dokumentiert wurden.

Im folgenden Arbeitsschritt konnte der Materialkorpus auf der Grundlage der codierten 30.752 Datensätzen auf 1.133 Texte reduziert und Ankerbeispiele festgelegt werden (6. Schritt). Im 7. Schritt erfolgte die intersektional orientierte Analyse der Themen nach den Kategorien Klasse und Geschlecht der herausgefilterten Texte und die Aufnahme der relevanten Zitate in eine Citavi-Datenbank. Der 8. Arbeitsschritt diente der Identifikation spezifischer *Frames* und *Framingprozesse*. D. h., an dieser Stelle stand die Frage im Mittelpunkt, inwieweit das entsprechende Thema nach der Dimension Klasse oder Geschlecht gerahmt wurde (Tab. 5).

Der 8. Arbeitsschritt diente der Identifikation spezifischer *Frames* und *Framingprozesse*. D. h., an dieser Stelle stand die Frage im Mittelpunkt, inwieweit das entsprechende Thema nach der Dimension Klasse oder Geschlecht gerahmt wurde (Tab. 6).

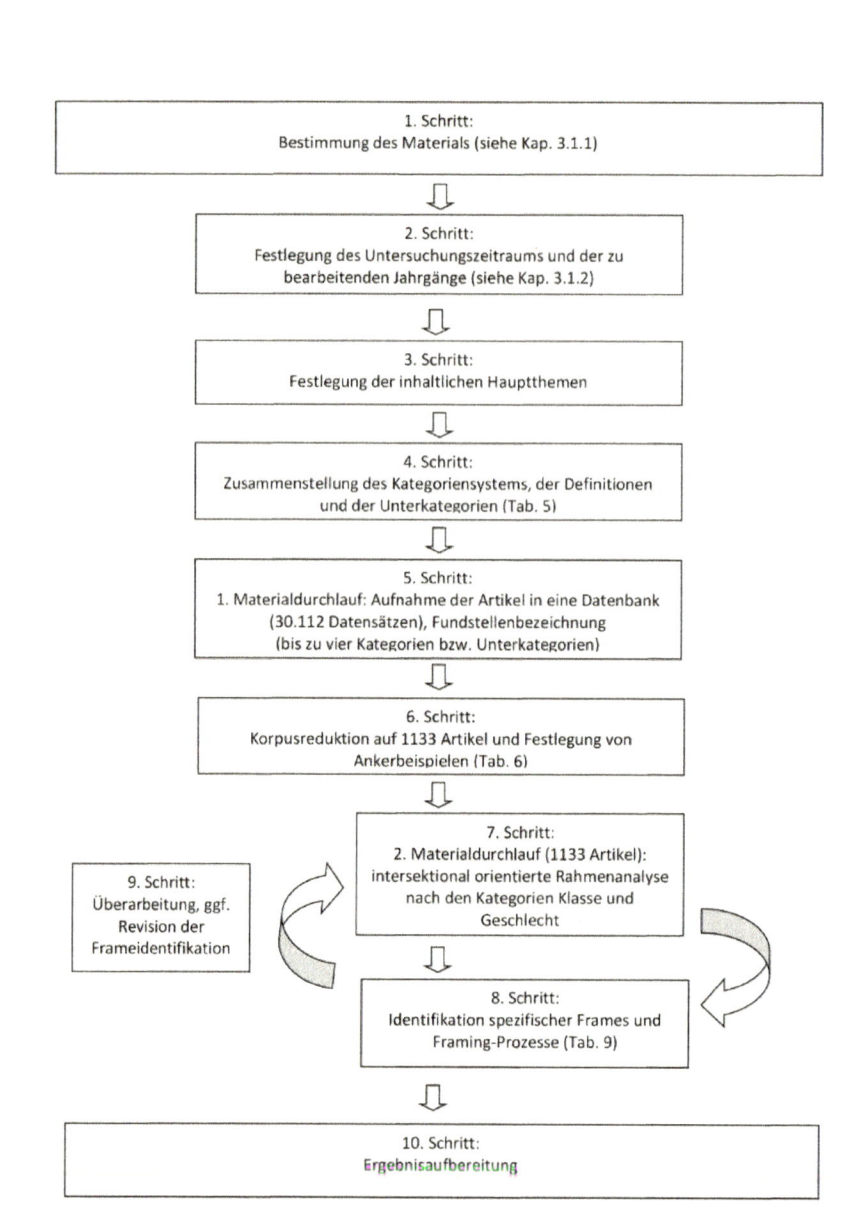

```
┌─────────────────────────────────────────────────┐
│ 1. Schritt:                                     │
│ Bestimmung des Materials (siehe Kap. 3.1.1)     │
└─────────────────────────────────────────────────┘
                        ⇩
      ┌──────────────────────────────────────────────┐
      │ 2. Schritt:                                  │
      │ Festlegung des Untersuchungszeitraums und der zu │
      │ bearbeitenden Jahrgänge (siehe Kap. 3.1.2)   │
      └──────────────────────────────────────────────┘
                        ⇩
      ┌──────────────────────────────────────────────┐
      │ 3. Schritt:                                  │
      │ Festlegung der inhaltlichen Hauptthemen      │
      └──────────────────────────────────────────────┘
                        ⇩
      ┌──────────────────────────────────────────────┐
      │ 4. Schritt:                                  │
      │ Zusammenstellung des Kategoriensystems, der Definitionen │
      │ und der Unterkategorien (Tab. 5)             │
      └──────────────────────────────────────────────┘
                        ⇩
      ┌──────────────────────────────────────────────┐
      │ 5. Schritt:                                  │
      │ 1. Materialdurchlauf: Aufnahme der Artikel in eine Datenbank │
      │ (30.112 Datensätzen), Fundstellenbezeichnung │
      │ (bis zu vier Kategorien bzw. Unterkategorien) │
      └──────────────────────────────────────────────┘
                        ⇩
      ┌──────────────────────────────────────────────┐
      │ 6. Schritt:                                  │
      │ Korpusreduktion auf 1133 Artikel und Festlegung von │
      │ Ankerbeispielen (Tab. 6)                     │
      └──────────────────────────────────────────────┘
                        ⇩
┌──────────────┐   ┌──────────────────────────────────┐
│ 9. Schritt:  │ ⇨ │ 7. Schritt:                      │
│ Überarbeitung,│  │ 2. Materialdurchlauf (1133 Artikel): │
│ ggf.         │   │ intersektional orientierte Rahmenanalyse │
│ Revision der │   │ nach den Kategorien Klasse und   │
│ Frameidentifikation │ Geschlecht                  │
└──────────────┘   └──────────────────────────────────┘
                        ⇩                          ⇦
                   ┌──────────────────────────────────┐
                   │ 8. Schritt:                      │
                   │ Identifikation spezifischer Frames und │
                   │ Framing-Prozesse (Tab. 9)        │
                   └──────────────────────────────────┘
                        ⇩
┌─────────────────────────────────────────────────┐
│ 10. Schritt:                                    │
│ Ergebnisaufbereitung                            │
└─────────────────────────────────────────────────┘
```

Abbildung 1: Ablauf der Auswertung

Kategorie	Definition	Unterkategorien	Ankerbeispiel
Politische Mitbestimmung	Forderung nach Teilhabe im politischen System	Wahlrecht/suffrage, the vote Verfassung/constitution Parlament/parliament politischen Parteien/political Parties	„I will not give the vote to any woman unless I give it to all men, nor will I give it to some women until I can give it to all.' This was Mr. Brailsford description of the attitude of the Adult Suffragist, who, he pointed out, was one of the greatest dangers to the Women Suffrage Movement." (o.V. 25.02.1910, Votes for Women: 334)
Arbeit und Bildung	Themen im Bereich gleichberechtigte Teilhabe am Erwerbsarbeitsleben sowie an Bildung bzw. Ausbildungsmöglichkeiten sowie Arbeitsrechte, Arbeitsschutz und Hausarbeit	Arbeit/labour Arbeitsschutz/worker protection Löhne/wages Hausarbeit/domestic work Bildung/education Universität/university Berufsausbildung/professional training	„Niemand wird zu bestreiten wagen, daß die Hausindustrie die schlimmste Domäne kapitalistischer Ausbeutung bildet. Vom zartesten Kinde bis zum hinfälligen Greis müssen alle Hände der Familie sich regen, um in schier endloser Arbeitszeit den allernotwendigsten Lebensunterhalt zu erschinden. Die Gefahr einer dauernden Gesundheitsschädigung, frühzeitiger Invalidität ist deshalb für die heimindustriellen Arbeiterschichten ganz besonders groß. Trotzdem sind sie nach der Reichsversicherungsordnung nicht der Invaliden und damit auch nicht der Hinterbliebenenversicherung unterstellt. Den Fürsorgebedürftigen bleibt also die ‚Fürsorge' entzogen." (Zetz 17.07.1911, Die Gleichheit: 323f)
Familienpolitik, Sittlichkeit und Soziales	Soziale Dimension: Themen die Sexualität, Ehe und Familie sowie Fragen der Geschlechterrollen in diesen Bereichen berühren, darüber hinaus Gewalt, Armut und Prostitution	Ehe/Marriage Ehegesetze/Marriage Laws Häusliche Gewalt/Domestic Abuse Kindererziehung/Child Raising Sexualität/Sexuality Prostitution/Prostitution	„Sechsunddreißig Männer haben während eines längeren Zeitraumes zwei Schulmädchen geschlechtlich mißbraucht [...]. Alle diese Männer wurden für die ‚Opfer' von zwei kleinen Mädchen, die auf der Straße anredeten; ihnen vorher in Grund und Boden verdorben waren'. [...] Das ist eben die verhängnisvolle männliche Auffassung allen derartigen Delikten gegenüber, daß ein einmalig verführtes Mädchen dadurch ‚vogelfrei' für die gesamte Männerwelt wird." (Pappritz, 16.11.1913, Die Frauenfrage: 221)

Tabelle 5: Hauptthemen, Kategorien & Unterkategorien

Die qualitative Inhaltsanalyse sieht in jedweder Form immer einen Arbeitsschritt der Überarbeitung und ggf. Revision der Kategoriensysteme und Kategoriendefinitionen vor. Das Element der Revisionsschleife übernehme ich ebenfalls, allerdings an anderer Stelle: Sie erfolgt am reduzierten Textkorpus nach der Frameidentifikation, d. h. dem zweiten Materialdurchlauf und der Rahmenanalyse (9. Schritt). Im 10. Arbeitsschritt wurden die Ergebnisse aufbereitet.

Hauptthema „Arbeit und Bildung"	
Framing nach	
Geschlecht	**Klasse**
Höhere Bildung, Studium Zugang zu Hochschulen für Frauen Entwicklung spezieller Ausbildungsstrukturen für ‚Frauenberufe' Ausbildung zur „sozialen Fürsorge"	Verbesserung der Schulbildung Säkularisiertes Schulwesen Aus- und Weiterbildung im Beruf Entlohnung der Ausbildung
Ankerbeispiele	
„Having come to the conclusion that the fancy needlework now taught in elementary schools is of little practical use to the scholars in after life, the Education Committee of the London County Council have prepared a scheme by which girls are to be allowed to make their own clothes and are taught to use the sewing machine, an eminently sensible arrangement!" (o. V., 24.03.1911, Votes for Women: 401)	„Die Schulentlassenen dienen in kleinen Gemeinschaftshäuschen (Barackensystem) ab, und zwar gilt es, die Mädchen ‚aus der Straßen quetschender Enge' hinaus in Luft und Licht aufs Land zu bringen. […] die Großstadtmädchen, die in eine Fabrik oder Ladengeschäft gehen […] verbringen den Tag in schlechter Luft […]" (Gnaut-Kühne, 26.06.1912, Gleichheit: 319)

Tabelle 6: Rahmungen nach Geschlecht bzw. Klasse am Beispiel Bildung

3.2.3 Mobilisierungsstrukturen: Organisierung und Ressourcen

In der dritten Untersuchungsdimension der hier vorliegenden Bewegungsstudie werden Prozesse der Mesoebene in den Blick genommen, d. h. Organisations- und Mobilisierungsstrukturen der vier Bewegungsorganisationen (Kap. 6). Ausgehend von Prämissen des bewegungstheoretischen Ressourcenmobilisierungsansatzes geht es dabei um materielle und immaterielle Ressourcen, die von den Bewegungsorganisationen generiert, genutzt, ausgetauscht oder durchaus auch verloren werden (vgl. Oberschall 1973: 28). Insbesondere geeignet ist diese Perspektivierung, wenn soziale Bewegungsorganisationen als Untersuchungsgegenstand gewählt werden. Das Ressourcenmanagement und die Mobilisierung verweisen darauf, wie die sozialen Gruppen bestimmte Ressourcen zusammenführen und zur Verfügung stellen, um ein bestimmtes gemeinsames Ziel zu erreichen (ebd.). Die Ansätze zu diesen Mobilisierungsstrukturen gehen davon aus, dass bestimmte kollektive Güter Individuen zur Teilnahme an Protesten motivieren können. Diese ‚inneren' Ressourcen können Führungsstil, Gruppensolidarität und Organisationsstrukturen sein (vgl. Geißel/Thillmann 2006: 172). Darüber hinaus stellt sich die Frage, welche Ressourcen mobilisiert werden müssen, um Solidarität und Unterstützung zu generieren, Verbindungen zwischen sozialen Bewegungen und anderen Gruppen herzustellen oder wie sich das Verhältnis zwischen Protestakteur_innen und Ordnungsmacht gestaltet (vgl. McCarthy/Zald 1977: 1213).

In der hier ausgeführten Untersuchung enthielten alle untersuchten Bewegungszeitschriften detaillierte (Jahres-)Berichte zur Organisationsentwicklung. Dazu gehören Reporte aus den Vorständen, beim BdF und der NUWSS Informationen aus den Mitgliedsorganisationen, bei der proletarischen Frauenbewegung und der WSPU Berichte aus den lokalen Untergruppen, aktuelle Kampagnenberichte sowie -aufrufe, Aussagen zur Mitgliederentwicklung, zur Spendenakquise und zur Zeitschriftenzirkulation bzw. den Abonnements. Zudem bargen die Bewegungszeitschriften selbst eine besondere Einnahmequelle für die Bewegungsorganisationen: die kommerzielle Werbung für Konsumgüter. Außer in der *Gleichheit* finden sich in allen Publikationen umfangreiche Werbeanzeigen. Um feststellen zu können, inwiefern ein Zusammenhang zwischen Framing und Mobilisierungsstrategien besteht, wurden alle quantifizierbaren Daten als einfache Häufigkeiten erhoben: Spenden, Werbung, Events bzw. Protestereignisse und lokale Berichterstattung.

3.3 Zusammenfassung

Neben der historischen Aufarbeitung der Situation der Frauenbewegung in den zwei nationalen Kontexten, welche im nächsten Kapitel folgt, und der Datensammlung zu den spezifischen Ressourcen der Bewegungsorganisationen stand im Mittelpunkt der Untersuchung eine an die qualitative strukturierende Inhaltanalyse angelehnte methodische Aufbereitung der Inhalte der Bewegungszeitschriften. Die zehn Arbeitsschritte (Abb. 1) ermöglichen eine nachvollziehbare Kategorisierung und Reduktion des erhobenen Materials sowie eine Feinanalyse der als relevant klassifizierten Artikel.

Der hier gewählte Mehrebenenansatz nimmt Makro-, Meso- und Mikroprozesse unter Bezugnahme spezifischer Ausgangspunkte der differenten sozialen Bewegungstheorien – nämlich politische Gelegenheitsstrukturen, Framing und Ressourcenmobilisierung – in den Blick. Diese Vorgehensweise sowie eine vergleichende Perspektive werden innerhalb der Bewegungsforschung als ertragreich plausibilisiert, da Befunde zu spezifischen sozialen Bewegungen an Aussagekraft gewinnen. Innerhalb der bundesdeutschen Intersektionalitätsforschung existieren ebenfalls Ansätze, welche eine Mehrebenenanalyse favorisieren, um Formen der Ausgrenzung und Diskriminierung in ihren Funktionsweisen in verschiedenen Dimensionen abbilden und beschreiben zu können. Gerade diese intersektionale Lesart ist zwar durchaus herausfordernd, bietet aber auch eine neue Perspektive für die Bewegungsforschung. Zwar wird allgemein davon ausgegangen, dass soziale Bewegungen amorphe Gebilde und in sich heterogen seien (Kap. 2.1). Der Frage inwieweit sich Klassen- und Geschlechterfragen innerhalb von Bewegungen auswirken und selbige nachhaltig beeinflussen, wurde in diesem Zusammenhang aber noch nicht empirisch nachgegangen. Gerade die Frauenbewegung, die im weitesten Sinne als eine Bewegung aufgefasst wird, in der es um Geschlechterverhältnisse geht, bildet eine ideale Blaupause zur Auslotung dieser Relationen.

4. Historischer Kontext und politische Gelegenheiten

Soziale Bewegungen entstehen in spezifischen sozialen und politischen Kontexten. Als „kontinuierliche Agenten sozialen Wandels" (Raschke 1988: 84) kommt ihnen ein besonderer Stellenwert in der Gesellschaft zu, denn sie stellen eine Form kollektiven Handelns dar, die von gesellschaftlichen Verhältnissen beeinflusst wird und auf selbige zurückwirkt. Aufgrund dieser Dynamiken sind sie auch als wesentlicher „Schlüssel" für die „soziologische Analyse" (Eder 1994: 40) zu sehen.

Die bewegungstheoretischen Ansätze des *Political Process Models* legen nahe, dass soziale Bewegungen von sogenannten politische Gelegenheitsstrukturen abhängig sind, die Möglichkeiten eröffnen bzw. verschließen (vgl. Koopmans 1995: 13; McAdam/McCarthy/Zald 1996: 3; Opp 2009: 161f). Diese makrosoziologische Perspektive geht davon aus, dass Mobilisierungs- und Organisationsformen durch bewegungsexterne Kontexte beeinflusst werden und bietet demnach strukturtheoretische Erklärungsmöglichkeiten. Der Blick auf diese politischen Gelegenheitsstrukturen der jeweiligen nationalen Verhältnisse soll in dem folgenden, ersten Untersuchungsschritt den Zusammenhang zwischen dem spezifischen nationalen Kontext und den ausgewählten Frauenbewegungen offenlegen. In diesem Kapitel werden daher die historischen Entwicklungslinien und Rahmenbedingungen für die feministische Akteur_innen Anfang des 20. Jahrhunderts in Großbritannien und Deutschland dargestellt. Wo liegen spezifische Unterschiede? Wie wirkten sich diese aus? Welche Gemeinsamkeiten lassen sich trotz der verschiedenen Gelegenheitsstrukturen erfassen?

4.1 Doppelte Transformation: Demokratisierung und Industrialisierung in Europa

In Großbritannien ebenso wie in Deutschland kann das durch die Frauenbewegung in Bewegung geratene Geschlechterverhältnis als Ausdruck eines doppelten Transformationsprozesses gefasst werden. Diese Begrifflichkeit ist angelehnt an Hildegard Maria Nickels Konzeption der „zweifachen Transformation" (Nickel 1995: 23)[19] und die Ausführungen Hans-Ulrich Wehlers zur „deutschen Doppelrevolution" (Wehler 2008: 587).

Wenngleich sich ‚das Politische' von sozio-ökonomischen Entwicklungen nicht unmittelbar trennen lässt, schlage ich im Folgenden eine analytische Unterscheidung dieser beiden Dimensionen vor, die sich in ihren Auswirkungen selbstredent auf kultureller Ebene in den beiden Staaten widerspiegeln. Ich begreife sie als interdependente Gelegenheitsstrukturen, weil sich auf dieser Folie die sich etablierenden Frauenbewegungen zu Beginn des 20. Jahrhunderts in Bezug auf ihre politischen Ziele und Forderungen genauer fassen lassen.

Ich argumentiere, dass in Europa – und damit in den beiden hier untersuchten Ländern – die Diskussion um die Frauenemanzipation bzw. ‚die Frauenfrage' unter dem Eindruck von zwei zentralen Entwicklungen entstanden ist: zum einen vor dem Hintergrund eines Demokratisierungsprozesses, den ich aufgrund der hier zum Ausdruck gebrachten Kämpfe um Partizipation und Repräsentation in den staatlichen Institutionen als politische Gelegenheitsstruktur begreife; zum anderen vor dem Hintergrund von gesellschaftlichen Transformationsprozessen durch Industrialisierung und Urbanisierung, die ich als sozio-ökomische Gelegenheitsstrukturen fasse. Zunächst zeichne ich für die beiden Länder wesentliche historische Zäsuren im europäischen Kontext nach, um dann auf die spezifischen Entwicklungen in beiden Staaten einzugehen.

---

[19] Sie beschreibt mit dieser begrifflichen Konstruktion die spezifischen Geschlechterverhältnisse nach dem Umbruch in der DDR und den bereits vorher eingesetzten Transformationsprozessen in der BRD (vgl. Nickel 1995: 24).

4.1.1 Politische Transformation: Aufklärung, Revolution, Demokratie

Die politische Transformation, welche von Frauenbewegungsaktivistinnen der ersten Welle als Ausgangspunkt beschrieben wurde, lässt sich in der Epoche der Aufklärung und der französischen Revolution verorten (vgl. Braun 1901: 62f). Beide hatten Auswirkungen auf die gesamte historische Entwicklung Europas und den sich etablierenden Parlamentarismus.

In dieser Epoche und im Zuge der Französischen Revolution 1789 wurde die theologische Legitimation eines ‚gottgegebenen' Staatswesens im europäischen Raum von der Vorstellung eines Gesellschaftsvertrages abgelöst. Denker_innen der Aufklärung diente dieser historische Ausgangspunkt als Blaupause und Vorbild (vgl. Delouche et al. 2013: 289f). Die „Zeitenwende" beseitigte die feudale Gesellschaftsordnung und den Absolutismus des *Ancien Régime* in Frankreich (Gerhard 2009: 9f) und es konnte sich europaweit das „Ideal eines rational konstruierten, von freien Bürgern frei bestimmten Rechtsstaates" (Mann 1960: 377) entfalten. Damit geriet letztendlich auch die patriarchale Ausformung der Geschlechterverhältnisse ins Wanken (vgl. Hausen 2001: 168).

Aktiv angestoßen wurde die Zeitenwende von „rebellischen Massen", ohne die es generell – wie sich Dominique Godineau ausdrückt – auch „keine Rebellion" geben kann (Godineau 2006: 26). Frauen waren ein aktiver Teil des revolutionären Umsturzes und der rebellierenden Masse

> Sie waren die ersten, die sich am 5. Oktober 1789 zusammenschlossen und nach Versailles marschierten; ihnen folgte am Nachmittag die Nationalgarde. Auch Erhebungen im Frühjahr 1795 wurden durch Frauendemonstrationen eingeleitet. Sie läuteten die Sturmglocke, schlugen die Trommeln in den Straßen von Paris, verhöhnten Behörden, rissen Passanten mit sich fort, drangen in Läden und Werkstätten ein, stiegen in den Häusern von Stockwerk zu Stockwerk, um zögernde Schwestern zu zwingen, mit ihnen zum Konvent zu marschieren, wo sie in wachsenden Mengen anlangten und wo schließlich auch bewaffnete Männer zu ihnen stießen. Sie spielten die Rolle der Brandstifterinnen, wie die Autoritäten später schreiben werden (Godineau 2006: 26).

Die Militanz der weiblichen Sansculottes inspirierte auch spätere Frauenrechtlerinnen in ihren Aktionen. Denn sie vermochten es, in die „politische Arena" zu drängen und „ihren Aktivitäten eine nationale Dimension zu geben" (ebd.: 29). Von ihren Gegner_innen als Tricoteuses (Strickerinnen)[20], als „Furien der Guillotine" (Bock 2005: 63) und „unnatural, violent, and bloodthirsty women" (Gullickson 1996: 72) verunglimpft, schlugen sie die Schneise, der es bedurfte, um europaweit Frauen davon zu überzeugen, für ihre Staatsbürger_innenrechte zu kämpfen.

Die Hoffnungen und Wünsche breiter Bevölkerungsgruppen in Europa richteten sich in der Folge an der in der Französischen Revolution artikulierten Vision von *Freiheit, Gleichheit und Brüderlichkeit* aus. Die französische Formulierung der Menschen- und Bürgerrechte von 1789 („Déclaration des droits de ‚homme et du citoyen") war „ein gesellschaftsvertragliches Versprechen ersten Ranges" (Holland-Cunz 2003: 117), welches die Frage nach den Rechten der Frauen in den „Mittelpunkt der *politischen* Verständigung über Gesellschaft" (Sledziewski 2006: 45) rückte.

> Die Revolution hat den Frauen klar gemacht, daß sie keine Kinder sind (Sledziewski 2006: 48).

Mit der Déclaration wurden auch die Französinnen zu Rechtspersonen (ebd.: 49) und in den folgenden Gesetzgebungen wurden ihnen u. a. die Gleichbehandlung bei der Erbteilung, die bürgerliche Volljährigkeit sowie Rechte bei der Schließung und Scheidung des Ehevertrages zugestanden (ebd.). Allerdings blieben die weiteren gesellschaftlichen und politischen Entwicklungen in der Folgezeit hinter diesen emanzipatorischen Visionen zurück, denn die neu erlangten „bürgerlichen Freiheiten", schlossen nicht die staatsbürgerlichen Rechte ein (ebd.: 50). Ein Teil der Versprechen der Revolution blieb also uneingelöst und konnte zu einem fortwirkenden Maßstab kritischer Einsprüche und emanzipatorischer Forderungen werden. Die Déclaration, welche als eine politische Gelegenheit verstanden werden kann, ermöglichte es Feminist_innen[21], sich immer

---

[20] Die Bezeichnung markiert den „Kontrast von häuslicher Geschäftigkeit" (Bock 2005: 63) und den revolutionären Akten bzw. äußerst gewalttätigen Ausschreitungen.
[21] So prägte sich in dieser Epoche auch der Begriff des Feminismus. Er wurde in den 1880er Jahren von französischen Akteurinnen in die Debatte eingebracht, lt.

wieder auf das uneingelöste Versprechen zu beziehen. Frauen erklärten sich zu einem „legitimen Teil des Bündnisses" und verlangten „ihre Aufnahme in die Gemeinschaft der mit unveräußerlichen Rechten ausgestatteten Menschheit" (Holland-Cunz 2003: 119). Charles Fourier schrieb über die Frauenemanzipation 1808:

> *Les progrès sociaux et changements de période s'opèrent en raison du progrès des femmes vers la liberté ; et les décadences d'ordre social s'opèrent en raison du décroissement de la liberté des femmes* (Fourier 1808: 180; Hervorh. im Original).[22]

Die Frauenemanzipation ist nach dieser Lesart also auch immer ein Gradmesser des sozialen Fortschritts und darüber hinaus ein Maßstab der allgemein „menschlichen Emanzipation". Sie symbolisiert, ungeachtet nationaler Unterschiede, genau „jenes Leitmotiv des demokratischen Aufbruchs" (Gerhard 1995: 250), welches auch die Frauenbewegung legitimierte. Wesentlichen Bezugspunkt der sich formierenden Frauenbewegungen stellten die der Aufklärung verpflichteten Vordenker_innen dar, welche als „voices in the wilderness" (Blumer 1969: 101) die Entwicklung der Inhalte der sich später etablierenden Bewegungsorganisationen im Wesentlichen beeinflussten.

Genannt seien hier Olympe de Gouges mit ihrer „Erklärung der Rechte der Frau" (Déclaration des droits de la femme et de la citoyenne) (1791), Theodor Gottlieb von Hippel mit „Über die bürgerliche Verbesserung der Weiber" (1792) und „Über die Ehe" (1793) sowie Mary Wollstonecraft mit „Verteidigung der Rechte der Frau" (A Vindication of the Rights of Women)[23] (1772), die schon früh auf das ungleiche Verhältnis zwischen den Geschlechtern aufmerksam machten. Anschließend an die theoretischen Überlegungen Herbert

---

Ute Gerhard von Hubertine Auclert und in der von ihr herausgegebenen Zeitschrift *La Citoyenne* als Anklage gegen den vorherrschenden ‚Maskulinismus' in Frankreich (vgl. Gerhard 2009: 8) formuliert. Auf dem „Internationalen Kongress für Frauenwerke und Frauenbestrebungen" in Berlin 1869 sprach Eugénie Potonié-Pierre über diese Begrifflichkeit, von dort aus trat der Begriff „seinen Siegeszug um die Welt an" (ebd.: 67).

[22] „Der soziale Fortschritt und Zeitenwandel werden bewirkt aufgrund des Fortschritts der Frauen zur Freiheit; und die Niedergänge der sozialen Ordnung werden bewirkt aufgrund der Abnahme der Freiheit der Frauen." (Fourier 1808: 180; Übers. durch Verf.).

[23] Aufgrund verschiedener Übersetzung variiert der Titel im deutschen Sprachraum.

Blumers lässt sich sagen, dass diese auf Schrifttum basierenden (vgl. Blumer 1969: 100f) und noch weitgehend unorganisierten frühen Bestrebungen zur Frauenbefreiung als allgemeine („general") soziale Bewegung[24] begriffen werden können, denn sie markieren tiefgreifende Wandlungsprozesse der Wertesysteme in der Gesellschaft (Kap. 2.2.1.2). Diese allgemeinen sozialen Bewegungen bereiten den Boden für die spezifischen („specific") sozialen Bewegungen, in die sich auch – anders als bei Blumer – die organisierten Frauenbewegungen Ende des 19. Jahrhunderts einordnen lassen. Wesentlich an dem Gedanken Blumers erscheint aber, dass es vor den ‚eigentlichen', organisierten sozialen Bewegungen – nach Blumers Definition den spezifischen sozialen Bewegungen – eben diese allgemeinen sozialen Bewegungen geben muss, die transformatorische, gesellschaftliche Prozesse widerspiegeln.

Im englischsprachigen Raum orientierten sich Akteur_innen der späteren Frauenrechtsorganisationen beispielsweise an den philosophischen Auseinandersetzungen Mary Wollstonecrafts: Die Begründerin und langjährige Vorsitzende der NUWSS, Millicent Garrett Fawcett, widmete die ersten Seiten ihrer Publikation „Women's Suffrage. A Short History of a Great Movement" (1912) Wollstonecrafts Ideen (Fawcett [1912] 2005: 5f). Sylvia Pankhurst, als eine der Arbeiter_innenbewegung näher stehenden WSPU-Mitstreiterinnen und spätere Begründerin der *East London Federation of Suffragettes* (ELFS), machte in „The Suffragette Movement" ebenfalls auf die Schriften Wollstonecrafts aufmerksam (Pankhurst [1931] 1988: 30).

Die britische Suffragettenbewegung orientierte sich ihrerseits an der Militanz französischer Frauen. So identifizierte sich Emmeline Pankhurst – Anführerin der WSPU – nachweislich mit der Französischen Revolution (vgl. Holton 2000: 29f). Über Emmeline Pankhurst – „the last popular leader" (West [1933] 1982: 261) – schrieb ihre Zeitgenossin und Suffragette Rebecca West:

---

[24] Allgemeine soziale Bewegungen sind für Blumer tastende und unkoordinierte Bestrebungen, die langsam aber stetig stattfinden. Als Bewegungen seien sie unorganisiert, ohne etablierte Anführer_innen, Mitgliedschaft und wenig Kontrolle (vgl. Blumer 1969: 100).

> [...] she [Emmeline Pankhurst] put her body and soul at the service of Liberty, Equality and Fraternity, and earned a triumph for them (West [1933] 1982: 261).

Sylvia Pankhurst als eine der Arbeiter_innenbewegung näher stehende WSPU-Mitstreiterinnen und spätere Begründerin der *East London Federation of Suffragettes* (ELFS) macht in „The Suffragette Movement" ebenfalls auf die Schriften Wollstonecrafts aufmerksam (Pankhurst [1931] 1988: 30).

Auch für die deutsche Frauenbewegung spielten die aufklärerischen Ideen früher Denker_innen eine wichtige Rolle. Bezüge zu den Werken von Theodor Hippel (vgl. Bäumer 1901a: 8ff) und Mary Wollstonecraft (vgl. Bäumer 1901b: 232ff) finden sich in Gertrud Bäumers und Helene Langes Sammelwerk „Handbuch der Frauenbewegung" von 1901. Beide Autorinnen waren selbst politisch aktive Akteurinnen im *Bund deutscher Frauenvereine* (BdF). Lily Braun, eine Vertreterin der deutschen proletarischen Frauenbewegung, wies in ihrer Schrift „Die Frauenfrage, ihre geschichtliche Entwicklung und wirtschaftliche Seite" von 1901 u. a. auch auf die Importanz der Französischen Revolution (Braun 1901: 62ff) und die Schriften de Gouges (ebd.: 70ff), Wollstonecrafts (ebd.: 80f) und Hippels (ebd.: 82ff) hin. Anna Blos machte in ihrer Schrift zur Geschichte der sozialdemokratischen Frauen auf die Bedeutung der „zündenden Worte" de Gouges, die „die Frauen zum Kampfe weckte" aufmerksam (Blos 1933: 8).

Die Wirkkraft früher Schriften ist für die sich institutionalisierende Frauenbewegungen und deren Akteur_innen demnach unbestritten. Im folgenden Kapitel wird daher auf Grundmotive der genannten Vordenker_innen eingegangen, die auf die unterschiedlichen, nationalen Frauenbewegungen Einfluss hatten und ihnen – im Sinne einer Gelegenheitsstruktur – gedankliche Blaupausen für ihre Kämpfe boten.

4.1.1.1 Ideengeschichte: Aufklärerische Vordenker_innen der Frauenbewegungen

Olympe de Gouges legte der Pariser Nationalversammlung ihre „Erklärung der Rechte der Frau" als eine Reaktion auf die unvollständige Deklaration der Menschenrechte von 1789 vor (Frevert 1989: 16), denn das „aufklärerische Ideal der autonomen, selbstbestimmten Persönlichkeit, die ihre Talente und Interessen frei entfalten sollte, galt selbstredend nur für Männer" (ebd.). De Gouges schrieb:

> Frau, erwache! Die Stimme der Vernunft erschallt über unsern Erdball; erkenne deine Rechte! Das gewaltige Reich der Natur ist nicht mehr umlagert von Vorurteilen, Fanatismus, Irrglauben und Lügen. Die Fackel der Wahrheit hat das dunkle Gewölk der Dummheit und Gewalt zerteilt (de Gouges [1791] 1980: 44).

Sie sah in der Natur den Ort der Gleichheit, während das „Unnatürliche", das Erschaffene, also der Staat, der eigentliche Hort der „Tyrannei des Mannes" sei (Holland-Cunz 2003: 25). In ihrer Erklärung forderte sie in 17 Artikeln, dass alle staatlichen Aufgaben und Funktionen in gemeinsamer Verantwortlichkeit der Geschlechter zu vollziehen seien (vgl. de Gouges [1791] 1989: 41ff). Sie machte in Artikel X zudem darauf aufmerksam, dass die Frau das Recht hat, „das Schafott zu besteigen, gleichermaßen muß ihr das Recht zugestanden werden, eine Rednertribüne zu besteigen, sofern sie nicht in Wort und Tat die vom Gesetz garantierte öffentliche Ordnung stört" (ebd.: 42). Der Historiker Trevor Lloyd konstatiert: „Die Revolutionäre nahmen sie ernst und ließen sie [de Gouges] ebenfalls enthaupten" (Lloyd 1970: 10).

Ihre Schriften führten nicht nur dazu, dass die Nationalversammlung mit „Petitionen bestürmt [wurde], die politische und soziale Gleichstellung verlangten" (Braun 1901: 72), sondern es gründeten sich unter deren Eindruck auch die ersten Frauenvereine (ebd.).

> Von diesem Standpunkt aus gebührt Olympe de Gouges der Ruhm, die Frauenbewegung zuerst organisiert und zu einem beachtenswerten Faktor im öffentlichen Leben gemacht zu haben.

Dabei war ihr Auftreten typisch für die Haltung der Frauen und ihrer Vereine überhaupt (Braun 1901: 74).

Auch Hippel, der als einer der ersten im deutschen Sprachraum auf die politische und rechtliche Ungleichbehandlungen der Frauen aufmerksam macht, teilte, wie de Gouges, die Kritik an der Nichteinlösung des Versprechens der Französischen Revolution. Er appellierte an „Vernunft und Humanismus der Männer" und „forderte sie auf, ihre despotische Herrschaft über das weibliche Geschlecht mit den gleichen kritischen Augen zu überprüfen wie die Herrschaft des absolutistischen Fürsten über seine unmündigen Untertanen" (Frevert 1989: 15). Er wies, so führt Frevert weiter aus, sehr bewusst auf die Analogie von ‚"Staat' und ‚Haus'" hin, denn wenn „der auf seine natürlichen Rechte pochende Bürger von staatlicher Bevormundung befreit" werden wolle, müsse er eben auch „seine Frau aus der häuslichen Vormundschaft entlassen und sie als mündige Person anerkennen, die mit demselben Anspruch auf Freiheit und Gerechtigkeit ausgestattet war wie er selber" (ebd.). Hippel sah zudem in der Unterdrückung der (Ehe-)Frau eine Gefahr:

> Je länger man sich nicht entblödet, den Weibern Stimme und Sitz in allem dem was, was Vaterlands- und Staatswürde betrifft [!], so ungerecht zu nehmen ; [!] je ärger wird dies Geschlecht ausschweifen, sobald die Zäume des Zwanges und der Sklaverei zerrissen sind (Hippel 1793: 251).

Er kritisierte die französische Verfassung und proklamierte, dass alle „Franzosen, Männer und Weiber, (…) frei und Bürger sein" sollten (Hippel 1792: 194). Der mangelhaften Gegenwart hielt er eine bessere Zukunft entgegen:

> Lasst uns auf den Zeitpunkt uns freuen, wo der Tag der Erlösung für das schöne Geschlecht anbrechen wird, wenn man Menschen, die zu gleichen Rechten berufen sind, nicht mehr in der Ausübung derselben behindert -- [!] und wenn man das, was so augenscheinlich gleich ist, nicht so willkürlich unterscheidet (Hippel 1792: 15).

Er plädierte dafür, dass Frauen einer „veränderte[n] Erziehung bedürften", denn sie wären bis dato „nur zum Spielzeug der Männer gemodelt" (Braun 1901: 83), aber man „erziehe Bürger für den Staat, ohne Unterschied des Geschlechts" (ebd.). Seiner Zeit voraus forderte er eine „[g]emeinsame Erziehung der Knaben und Mädchen" und die „Zulassung der Frauen zu allen Berufen" (ebd.). Wenngleich Bäumer in ihrem Artikel „Die Geschichte der Frauenbewegung in Deutschland" von 1901 einschränkt, dass „der litterarische [!] Charakter des Buches von der bürgerlichen Verbesserung der Weiber" eben nicht besonders dafür geeignet sei, mit „den Ideen, die es ausspricht, Jünger zu gewinnen" (Bäumer 1901: 12), so attestiert sie Hippel doch eine besondere Weitsicht. Hippel sei aber vielmehr der „lachende Philosoph, kein Prophet" (ebd.), der wenig Einfluss auf die ideengeschichtliche Weiterentwicklung der Frauenemanzipation hatte. Nichtsdestotrotz verdankte die Frauenbewegung Hippel, so Georg Simmel, die Erkenntnis, dass „die jetzigen [Verhältnisse] historisch entstanden sind und daß die persönliche Gerechtigkeit und die soziale Zweckmäßigkeit neue Ideale erschließen" (Simmel [1892] 1985: 80).

Die Britin Mary Wollstonecraft vertrat in ihrem im selben Jahr erschienen Werk ähnliche Standpunkte wie Hippel. Sie setzte sich eingehend mit der Rousseauschen Erziehungskonzeption und seiner Vorstellung des *Émile* als mündigem Citoyen und der *Sophie*, welche er auf die private Sphäre von Ehe und Familie beschränkte, auseinander. Jean-Jacques Rousseau argumentiert, dass der Mensch zwar „frei geboren" sei und doch „überall in Ketten" liege (Rousseau [1772] 1998: 5). Handlungsbedarf sah er allerdings nur in Bezug auf den männlichen Bürger. Die Herrschaft der Männer über die Frauen lasse sich, wie Rousseau in *Émile* behauptet, von den Eigenschaften des jeweiligen Geschlechts ableiten. Frauen haben nach Rousseau keinen ethischen Sinn und können deswegen nicht aus eigener Vernunft heraus handeln (vgl. Caine 1997: 17). In der Vorstellung Rousseaus müssen Frauen „Untergebene eines Mannes oder eines männlichen Urteils sein" (Pateman 2000: 28). Wollstonecraft setzte sich in „A Vindication of the Rights of Women" (1792) kritisch mit dieser Vorstellung der *Sophie*[25] auseinander. Für sie war der gezeichnete Charakter der *Sophie* „unnatürlich" und Rousseaus Auffassung, dass sich keine Frau einen Moment lang unabhängig vom Mann fühlen solle, erschien ihr widersinnig (Wollstonecraft [1792] 1989: 61f).

---

[25] So lautet der Name des Mädchens über dessen Erziehung Rousseau im fünften Kapitel des „Émile" nachdenkt.

> Er [Rousseau] (...) gibt vor, daß Wahrheit und moralische Stärke, die Grundpfeiler aller menschlichen Tugend, bei den Frauen nur mit Vorbehalt ausgeprägt werden dürfen, weil, was den weiblichen Charakter angeht, Gehorsam die große Lehre sei, die ihm mit Nachdruck eingeprägt werden sollte (Wollstonecraft [1792] 1989: 62).

Die Formung des weiblichen Charakters als „schwach und duldsam", legitimierte Rousseau über die körperliche Verfasstheit von Frauen. Da sie über weniger Körperkraft verfügen, müssen sie auch der Vernunft des Mannes unterworfen werden. Wollstonecraft argumentiert im Gegensatz dazu, dass Frauen die „Sklavinnen der Männer", Männer aber dagegen „Sklaven ihrer Lust" und damit in gleicher Weise „unvollkommen" und untugendhaft seien. Die Lust der Männer sei auch ihre Motivation zur Unterdrückung der Frauen (ebd.: 135f). Laut Wollstonecraft resultieren die „Fehler" (Wollstonecraft [1792] 1989: 304) der Frauen aus ihrer Versklavung durch den Mann. Gleiche Erziehung und gleiche Rechte würden daher auch die *Sophie* zur mündigen und verantwortungsbewussten Bürgerin machen (ebd.). Die „natürlichen Unterschiede" zwischen den Geschlechtern, so die abschließende Beurteilung Wollstonecrafts, können durch einen Gesellschaftsvertrag ausgeglichen werden (Holland-Cunz 2003: 24).

Diese frühen Werke waren für aktive Frauenrechtler_innen zum Beginn des 20. Jahrhunderts wichtige geistige Bezugspunkte. Wenngleich, wie Bäumer konstatiert, „Abhandlungen über die ‚Weiber'" (Bäumer 1901: 13) damals in rauen Mengen erschienen, kam ‚die' Frau als „Gegenstand sozialpolitischer oder staatstheoretischer Erwägungen" bzw. „als ein gesellschaftliches Problem" nicht in Betracht (ebd.). So wurden die Werke von Hippel und seine Forderungen als „geistreiche Ausflüsse seiner ‚Laune', Mary Wollstonecraft's, deren Ton eine solche Ausnahme ausschloss, aber als eine für das ‚treffliche' Buch zwar bedauerliche, sonst aber harmlose Excentricität" angesehen (ebd.). Die von den Ideen der Französischen Revolution beeinflussten Vordenker_innen der Frauenbewegungen provozierten aber im Gegenzug auch geistige Gegenbewegungen.

4.1.1.2 Rechtliche Situation von Frauen im 19. Jahrhundert

Die Revolution hatte die „Schuld auf sich geladen", die Frauen zu emanzipieren und „damit das Laster in das Herz der sozialen Ordnung hineingetragen" (Sledziewski 2006: 47). Der Einmarsch des ‚schwachen Geschlechts' in „Räume und Rollen, die ihm vormals versperrt waren, galt als Ausdruck für den Vormarsch aller Schwachen" (ebd.). Die neuen ideengeschichtlichen Deutungen von Teilhabe und Gleichheit machten hegemoniale Erklärungsmuster nötig, um patriarchale Verhältnisse zu stützen. Der wissenschaftliche Diskurs lieferte die entsprechenden Rechtfertigungen mithilfe der Ausarbeitung spezifischer „Geschlechtscharaktere" (Hausen 2001: 171). Diese dienten als Mittel zur Restaurierung des Familienbegriffs und boten neue Orientierungsmuster an (ebd.: 167). Die ‚wissenschaftliche' Definition von Geschlechtercharakteren begann im 18. Jahrhundert. Sie imaginierte „physiologisch korrespondierend" gedachte psychologische „Geschlechtsmerkmale", welche die „Natur" bzw. das „Wesen von Mann und Frau" erklären sollten (ebd.: 162). Dem weiblichen Geschlecht kam dabei die Rolle der emotionalen Versorgerin zu, die in der privaten Sphäre nicht nur ihrer Verantwortung nachkommen, sondern vielmehr dort auch ihr Glück und ihre Erfüllung finden sollte. Diese Vorstellungen schrieben sich in der Gesetzgebung fort, die die Eheschließung sowie die Arbeits- und Familienverhältnisse staatlich regulierte. Dadurch wurde das patriarchale Geschlechterverhältnis strukturell festgeschrieben (vgl. Beer 2004: 57).

Im Gefolge der antifeudalen Bestrebungen wurden Individuen demnach zwar zu Rechtssubjekten, jedoch profitierten davon zunächst nur Männer. Frauen waren auf die „Privatsphäre", nämlich auf „Bett" und „Herd" beschränkt (Kreisky 1995: 85). In juristischer Hinsicht wurden die Frauen über ihr Verhältnis zu anderen Personen, also zum Ehemann oder den Kindern, bestimmt und staatlich „behandelt" (ebd.). Ihnen war eine abgeleitete Rechtsstellung zugewiesen, d. h., die Männer vertraten in der Sphäre des öffentlichen Lebens die gesamte Familie (vgl. Kreisky 1995: 85). Frauen wurde dagegen die private Sphäre zugewiesen, wo sie die Verantwortung für die familiäre Arbeit trugen. Der rechtliche Status der Frauen richtete sich nach ihrem familiären Verhältnis, d. h. nach ihrer Beziehung zu ihren Ehemännern, Vätern oder Brüdern. Die „Unterwerfung der männlichen Subjekte" unter die souveräne staatliche Macht korrespondierte mit der Absicherung der „männlichen Souveränität in der häuslichen Sphäre" (ebd.). Dies galt auch für die Frauen der Arbeiter_innenschaft, wenngleich auch Arbeiter nicht zwangsläufig über ein parlamentarisches Wahlrecht verfügten und daher ebenfalls teilweise von der politischen Öffentlichkeit exkludiert wurden. So herrschte im Wilhelminschen Kaiserreich ein Dreiklassenwahlrecht und im Viktorianischen Großbritannien ein Besitzwahlrecht.

Das Frauenideal der oberen Klassen bewegte sich zwischen Vorstellungen eines aristokratischen Müßiggangs und protestantischer Ethik (vgl. Schenk 1981: 19). Einerseits gab die gehobene Mittelschichtsfrau mehr und mehr ihrer reproduktiven Arbeit an „Dienstbotinnen" ab, anderseits stieg dafür die Verantwortlichkeit gegenüber dem „psychosozialen Befinden" ihrer Familie. Für Schenk erklärt sich aus diesem spezifischen Spannungsfeld auch das „sozialkaritative" Engagement der bürgerlichen Frauen (ebd.). Es kam so zu einer Veränderung der Rolle der Frauen, die sich vor allem durch eine neue Einstellung zu Familie, Partnerschaft und Kindern allgemein (ebd.: 20f) ausdrückte. Sie war geprägt durch die Emotionalisierung und Individualisierung der familiären Verhältnisse.

Die Trennung der privaten von der öffentlichen Sphäre und die Zuordnung der Frauen zu ersterer wurden daher zu einem bevorzugten Gegenstand der Kritik der Frauenbewegung. Die politischen Aktionen der sich entwickelnden Frauenbewegungen zielten u. a. auf die Verschiebung dieser geschlechtsspezifisch gezogenen Grenzen zwischen Privatheit und dem nur Männern zugestandenen Bereich der Öffentlichkeit ab (vgl. Gerhard 1995: 252). Auf dieses Dilemma machte die Nobelpreisträgerin Selma Lagerlöf in ihrer vielbeachten Rede „Heim und Staat" auf dem internationalen Frauenkongress 1911 aufmerksam. Der Staat war für sie ein Gebilde, welches der Mann erschaffen hatte (vgl. Lagerlöf 1913: 17ff). Diese Konstruktion weise aber so viele Mängel auf, dass es unbedingt notwendig sei, die Frauen in die unmittelbaren Aufgaben von Staat und Gesellschaft einzubeziehen (ebd.).

> Ach, wir Frauen sind keine vollkommenen Wesen! Ihr Männer seid nicht vollkommener als wir sind. Wie können wir das, was groß und gut ist, erreichen, wenn wir uns nicht gegenseitig helfen? Wir glauben nicht, daß das Werk auf einmal zu erfüllen sei, aber wir glauben, daß es Torheit sein würde, unsere Hilfe zurückzuweisen (Lagerlöf 1913:19).

Das staatliche Gewaltmonopol institutionalisierte das Zusammenspiel von „häuslichem Frieden" und „innerstaatlichem ‚sozialen Frieden'" auf Kosten der Frauen (Kreisky 1995: 85). Das „Modell des freien Marktes und der frei konkurrierenden isolierten Wirtschaftssubjekte" machte es zudem notwendig, selbiges mit „Hilfe eines gewissen Potenzials an Empfindsamkeit" zusammenzuhalten (Rowbotham 1980: 65). Der „bürgerliche Mann" riskierte „allein einer Hobbesschen Welt ausgeliefert zu sein, die sich in ihrer eigenen Rationalität erschöpfte" (ebd.). Den Bedarf an Gefühl konnten „Männer der viktorianischen Bourgeoisie bei ihren in Reifröcke gezwängten Frauen decken" (Rowbotham 1980: 65). Die Trennung von häuslicher Sphäre und öffentlich-politischem Raum symbolisierte den entscheidenden Schritt zur „Entfamilialisierung der Politik" sowie zur „entpolitisierten" Familie (Kreisky 1995: 85). Der öffentliche Bereich, gedacht als Sphäre der politischen Teilhabe und der Meinungsäußerung, war mit dem Staatswesen verknüpft (vgl. Fraser 1994: 188). Beatrix Geisel (1997: 32) macht für diesen spezifischen Zeitraum weiterführend zwei „Enklaven ungleichen Rechts" aus, welche dem Modell der feudalen Privilegierung entsprachen. Einerseits wurden die Interessen des „männlichen bürgerlichen Rechts" abgesichert. Diese betrafen die rechtliche Stellung von Ehefrauen und unehelichen Kindern, „denen Selbstbestimmung und Erbberechtigung versagt wurde[n]" (Geisel 1997: 32). Die andere Enklave bildete die „gesellschaftliche Position der Angehörigen des vierten Standes, denen die Freiheit zu kollektiver Interessenvertretung vorenthalten blieb" (ebd.). Laut Geisel existierte eine „zweigeteilte patriarchale Welt", die der öffentlichen Sphäre, die den Frauen aber nicht zugänglich war, und der „spezifisch[e] bürgerliche Patriarchalismus" (Gerhard 1991: 14f), der in der privaten Sphäre vorherrsche (vgl. Geisel 1997: 32).

Die demokratischen Umwälzungen und der konkrete Ausschluss ermöglichten es Frauen aber auch, sich ihrer antagonistischen Situation bewusst zu werden, ihre Argumentationsgrundlagen zu erweitern und ebenfalls Bürger_innenrechte einzufordern.

> As feminists mobilized to demand citizenship in the wake of democratic revolutions of the eighteenth century, they pointed to the political capacities of queens and of ordinary women such as Joan of Arc to legitimize their claims that political rights ought not to be denied them because of their sex (Scott 1996: 1).

Die mit der politischen Transformation einhergehende Vorstellung mündiger Bürger wurde von Frauenbewegten der ersten Stunde demzufolge konsequent zu Ende gedacht und für Frauen erweitert. Sie wurde zur gedanklichen Grundlage für die Forderung nach politischen Rechten für Frauen. In diesem Sinne bestand ein wesentlicher Schritt zur Emanzipation der Frauen darin, die Öffentlichkeit, die politische Arena zu betreten.

4.1.2 Sozio-ökonomische Transformation

Durch die zunehmende Industrialisierung und Urbanisierung Ende des 18. und mit Beginn des 19. Jahrhunderts entwickelten sich neue Arrangements von Arbeitsteilung und Familienleben. In der Industrialisierung „avancierte der – an sich viel ältere – Kapitalismus", wie Jürgen Kocka ausführt, „zum allgemeinen Prinzip des wirtschaftlichen Lebens" (Kocka 2000: 480). Zwar sind Verstädterung und Industrialisierung nicht unbedingt in einen kausalen Zusammenhang zu bringen, allerdings „wäre die im 19. Jahrhundert massiv einsetzende Industrialisierung nicht ohne Verstädterung denkbar gewesen – und umgekehrt die Verstädterung nicht ohne Industrialisierung" (Häußermann/Siebel 2004:19). Zudem spielt die Entwicklung von Städten auch eine Rolle bei der spezifischen Ausbildung von öffentlicher und privater Sphäre (vgl. Bahrdt 1998: 83) Bahrdt beschreibt für diese Zeit die Tendenz für „das gesamte, also auch das alltägliche Leben" in Städten sich „zu polarisieren, d. h. entweder im sozialen Aggregatzustand der Öffentlichkeit oder in dem der Privatheit stattzufinden" (ebd.). Diese Entwicklung ging Hand in Hand mit der Ausprägung des Geschlechterverhältnisses.

4.1.2.1 Trennung von Arbeit und Familie

Im durch eine landwirtschaftliche Produktionsweise geprägten, vorindustriellen Europa war bis dato die Familie die entscheidende „Produktionseinheit" (Schenk 1981: 12). Diese primärpatriarchalische Organisationsweise gründete sich auf der Verfügungsgewalt eines Familienoberhauptes über Grund und Boden sowie über die „Familie" (Beer 2004: 56). Zum Hausstand bzw. zur Familie gehörte auch die „nicht-verwandte Arbeitskraft" (ebd.), d. h. Gesinde, Dienstbot_innen, Wanderarbeiter_innen.

Mit der Industrialisierung und der damit sich ausweitenden außerhäuslichen Erwerbsarbeit sowie der sich etablierenden bürgerlichen Klasse „verlor die Familie ihre Bedeutung als Arbeitseinheit" (Schenk 1981: 14). Die Frauenbewegungsakteurin Gertrud Bäumer sah mit der „Entwicklung der Industrie, der Ausbildung der Geldwirtschaft, der Veränderung in den Wohn- und Verkehrsverhältnissen" auch die „Ansprüche an die Frau als Erhalterin und Verwalterin des vom Manne erworbenen Gutes" schwinden (Bäumer 1901: 39). Durch die „Ausbildung der Industrie" verringerte sich demnach „die Notwendigkeit, eine Fülle von Produkten, Bekleidungsgeständen, Nahrungsmitteln etc. etc. im Hause herzustellen" und ebenso die „Notwendigkeit, Vorräte davon aufzuspeichern und zu erhalten, mit den sich daraus ergebenen Anforderungen an die Ausdehnung der Wohnung und die Zusammensetzung des häuslichen Betriebs, während zugleich die Herstellung anderer häuslicher Bedarfsartikel vereinfacht und erleichtert wird" (ebd.). Die Entwicklung der Produktivkräfte veränderte also die Rollen der Geschlechter, denn die Produktions- sowie Reproduktionssphäre verlagerten sich. Im „Kapital" schreibt Karl Marx (1975: 513f), dass die große Industrie mit der ökonomischen Grundlage des alten Familienwesens und der ihr entsprechenden Familienarbeit auch die alten Familienverhältnisse selbst auflöst.

> Während in allen früheren Jahrhunderten Arbeit eng in andere Lebensvollzüge eingebettet gewesen war, wurde Arbeit im Sinn von Erwerbsarbeit nun als Sphäre für sich konstituiert: durch die Emanzipation des wirtschaftlichen Handelns aus feudalen, ständischen und moralisch-politischen Schranken wie vor allem durch die neue, industrialisierungstypische Trennung von Erwerbsarbeitsplatz und Haushalt/Familie (Kocka 2000: 480).

Der Kapitalismus erschütterte demzufolge die alten Formen sozialer Beziehungen, sowohl im Bereich der Arbeit als auch zwischen Mann und Frau innerhalb der Familie (vgl. Rowbotham 1980: 76). Die Industrialisierung und die damit einhergehende Auflösung der Landwirtschaft führten dazu, dass mehr Frauen ab 1850 in neue Arbeitsbereiche außerhalb der häuslichen Sphäre übergingen (vgl. Honegger/Heintz 1981: 20ff). Mit der Industrialisierung und der Anpassung an die kapitalistische Wirtschaftsform setzten sich die „Freizügigkeit in der Wahl des Arbeitsplatzes, des Wohnsitzes und der Eheschließung" durch, die die proletarische Frau „der unmittelbaren Verfügungsgewalt eines Ehemannes aussetzten und sie außerdem in die mittelbare Verfügungsgewalt eines Arbeitgebers brachten" (Beer 2004: 57).

> Familialer und beruflicher Sekundärpatriachalismus sorgten auf diese Weise seit Entstehung des Kapitalismus und der bürgerlichen Gesellschaft erneut dafür, dass Frauen eine gesellschaftliche Randstellung zugewiesen wurde und dass dieser Mechanismus flächendeckend zur Wirkung kam (Beer 2004: 58).

Für Bäumer (1901: 40) führte diese Entwicklung auch zu einer allgemeinen Entwertung der häuslichen Arbeit. Zudem verloren unverheiratete, weibliche Familienzugehörige ohne diese Betätigungsfelder ihre Existenzgrundlage, da sie nun als zusätzliche Esser_innen nicht einmal mehr den Haushalt mit ihrer Arbeitskraft unterstützen konnten. Dies sei u. a. die Ursache des massenhaften Drängens von Frauen in die Erwerbsarbeitswelt gewesen (ebd.). Dabei muss aber von einem fließenden Übergang und keinem harten Bruch ausgegangen werden, denn nachweislich gingen insbesondere alleinstehende Frauen bereits im vorindustriellen Europa Lohnarbeiten nach (vgl. Scott 2006: 455).

4.1.2.2 Klassenspezifische Verformungen der Geschlechterverhältnisse

Für die Arbeiter_innenklasse sahen die Folgen dieser Entwicklung anders aus als für das Bürgertum (vgl. Rowbotham 1980: 76). In der Frauenbewegungsforschung werden die frühen Emanzipationsbestrebungen zumeist mit den bereits beschriebenen zwei Vorstellungen assoziiert: die fehlende Teilhabe der Frauen an der politischen Öffentlichkeit und der Ausschluss von Frauen von der gesellschaftlichen Arbeit. Diese Vorstellungen fußen auf der Annahme, „daß Frauen von bestimmten Bereichen ausgeschlossen waren, bevor sie überhaupt einbezogen werden konnten" (Greven-Aschoff 1981: 22).

> Diese Behauptung beruht auf Voraussetzungen, die richtig und falsch zugleich sind (Greven-Aschoff 1981: 22).

Frauen der bürgerlichen Mittel- und Oberschicht wurden von Erwerbsarbeit abgehalten (Beer 2004: 58), denn für sie war die Rolle als Hausfrau vorgesehen. Die Arbeiterinnen wiederum mussten zuarbeiten, um den Lebensunterhalt ihrer Familien zu sichern. Die Zuweisung zu einer bestimmten Genus-Gruppe versperrte Frauen demnach zwar den Zugang zu bestimmten Institutionen, denn europäische Gesellschaften waren im 19. und 20. Jahrhundert zumeist so organisiert, dass „deren politische und staatliche Institutionen Ausschließungsregeln für das weibliche Geschlecht enthielten" (ebd.). Es wäre jedoch gänzlich falsch, so Greven-Aschoff (1981: 22), davon zu sprechen, dass Frauen vom Bereich der „gesellschaftlichen Arbeit" gänzlich ausgeschlossen gewesen wären. Das „Haus, aus dem die Proletarierin gewaltsam vertrieben ist", hält die bürgerliche Frau „gewaltsam zurück" (Simmel [1896]: 137).

Auch Joan Scott kritisierte diese Sichtweise in der feministischen Geschichtswissenschaft: Die „‚Geschichte' der Trennung von Haus und Arbeit" und die „Interpretation der Geschichte der Frauenarbeit", welche „ihrerseits diejenige medizinische, wissenschaftliche, politische und moralische Auffassung" prägte, die „als ‚Ideologie der Häuslichkeit' oder ‚Doktrin der getrennten Sphären' bezeichnet worden ist" (Scott 2006: 453), sei demnach nur die halbe Wahrheit. Besonders erwähnenswert ist in diesem Zusammenhang, dass den deutschen Aktivistinnen der ersten Stunde diese besondere Diskrepanz durchaus bewusst war:

> Unter den Proletariern muß Jeder arbeiten, der nicht verhungern will (Otto [1866] 2012: 19).

Das Leben wurde für die Frauen der bürgerlichen Schicht im Verlauf der Industrialisierung in wirtschaftlicher Hinsicht zwar besser, ging aber mit einer Zunahme der ökonomischen Abhängigkeit einher. Die Ehefrauen des Bürgertums dienten eher Repräsentationszwecken, als dass sie gleichberechtigte Partnerinnen waren (vgl. Rowbotham 1980: 65f). Die Trennung des produktiven Bereiches vom reproduktiven Bereich wurde zudem ein Merkmal der bürgerlichen Familienvorstellung.

> Das Bürgertum hatte für sich bereits eine Regelung gefunden: Zuständig ist die Frau. Sie leitete den Haushalt, beaufsichtigte das Personal eines solchen Haushaltes, das je nach Vermögenslage weibliche und männliche Dienstboten bis hin zum Hauslehrer oder der Gesellschafterin umfassen konnte (Beer 2004: 57).

Nichtsdestotrotz stellte das bürgerliche Erwerbsarbeits- und Familienmodell eine wirkmächtige Auffassung dar, die auch in die Vorstellungswelt der Arbeiter_innenschaft, beispielsweise durch Ferdinand Lassalle, als Idealvorstellung eindrang. Auch hier fand sich die Vorstellung der getrennten Sphären mit der Beschränkung der Frauen auf die häusliche wieder (vgl. Thönnessen 1969: 14). Lion (1926: 25) bemerkt dazu sarkastisch: „Man bedient sich Marx-Engelsscher Elendsschilderungen und erklärt dabei die Lage der Frau mit Proud'honistischen Banalitäten, empfunden im Temperament des deutschen Spießbürgers. Die Frau ist verschieden vom Mann: physisch, sie ist runder in den Formen, außerdem wiegt ihr Gemüt vor'" (Lion 1926: 25). Angesichts eines konkurrenzorientierten Arbeitsmarktes hatten Männer zudem auf lange Sicht ein unmittelbares Interesse am Ausschluss von Frauen (vgl. Rowbotham 1980: 81). Für Frauen der Arbeiter_innenklasse kam das Phänomen hinzu, dass sich die ökonomische Stellung der Geschlechter durchaus auch umkehrte. So war es nicht ungewöhnlich, dass Männer der Arbeiterklasse häusliche Tätigkeiten verrichteten, während Frauen ihrer zusätzlich noch schlechter entlohnten, produktiven Arbeit in der Fabrik, in Großbritannien insbesondere in der Textilindustrie, nachgingen (Engels 1845: 175ff).

> In vielen Fällen wird die Familie durch das Arbeiten der Frau nicht ganz aufgelöst, sondern auf den Kopf gestellt. Die Frau ernährt die Familie, der Mann sitzt zu Hause, verwahrt die Kinder, kehrt die Stuben und kocht (Engels 1845: 179).

Die Erwerbsarbeit der Arbeiterinnen war in der politischen Praxis der Arbeiter_innenbewegung ein stetes Thema und hart umkämpft. Die Organisation der erwerbstätigen Frauen in den Gewerkschaften gestaltete sich demnach eher schwierig, vor allem da die Frauenarbeit sich als „Lohndruck und gefährliche Konkurrenz für die männliche Erwerbsarbeit" darstellte (Joos 1912: 12).

Die Entwicklung von einer primärpatriarchalen zu einer sekundärpatriarchalen Struktur, wie Ursula Beer (2004: 56ff) es beschreibt, legt erstens die historischen Entwicklungen der Geschlechterverhältnisse und die damit verbundene Machtasymmetrie zwischen Männern und Frauen offen. Und zweitens treten vor diesem Hintergrund die spezifischen Differenzen in der Lebensrealität von bürgerlicher und proletarischer Lebens- und Arbeitsform zu Tage, die für Frauen unterschiedlicher Klassen differente Auswirkungen hatten. Urbanisierung und Industrialisierung setzten im Vereinigten Königreich früher als im Wilhelminischen Kaiserreich ein. In beiden Ländern hatten diese strukturbildenden Prozesse jedoch weitreichenden Einfluss auf die soziale Bewegungslandschaft. Im Folgenden wird der politische und historische Kontext für die deutsche Frauenbewegung nachgezeichnet.

4.2 Deutsche Verhältnisse: Zwischen Repression und Aktion

In Deutschland bildete sich die Frauenbewegung aufgrund der räumlichen Fragmentierung, der regionalen Partikularinteressen sowie einer später einsetzenden Industrialisierung langsamer heraus als in Großbritannien (vgl. Mitscherlich 1904: 7f). So stiegen in den 1840er Jahren die Wachstumsraten rasant an. Durch die Agrar- und Gewerbekrise von 1845 bis 1847, die Revolution von 1848 und die

„Nachkriegsdepression", die bis 1850 andauerte, „kann man mit Gewißheit den Durchbruch der Industriellen Revolution in Deutschland erst auf den Beginn der 1850er Jahre datieren" (Wehler 1988: 24).

Festzuhalten ist jedoch, dass die Revolutionen von 1848, die europaweit von „liberalen Besitz- und Bildungsbürger[n]" angeführt wurden, die sich für die „Ideale der Französischen Revolution" begeisterten (Delouche 2013: 313), soziale Bewegungen geschürt hatten. Diese Erhebungen konnten sich jedoch mit ihren Zielen zumeist nur marginal durchsetzen und wurden „brutal unterdrückt" (ebd.). So stand „die Politik der deutschen Staaten" ab 1849 ganz im „Zeichen der Restauration" (Wehler 2008a: 197). Die Regierungen im Deutschen Bund waren peinlichst darauf bedacht, die Bestrebungen und Auswirkungen der Revolution „ungeschehen zu machen" (ebd.). Ein „abschreckendes Klima der Repression und Konformitätserzwingung" und die Übersetzung der Restaurationsziele in „ein System praktischer Politik" (ebd.) sorgten in der Folge dafür, dass die bürgerlichen Emanzipationsbestrebungen eingedämmt wurden bzw. in einem konservativen Scheinkonstitutionalismus, wie sich Wehler ausdrückt, aufgingen (ebd.: 197ff). Der Logik politischer Gelegenheitsstrukturen folgend (Kap. 2.2.2.2), ist das System einer Regierung jedoch nicht einfach in der Logik ‚mehr oder weniger' repressiv zu beschreiben (vgl. Tilly 1978: 106). Denn Regierungen, die unterdrücken, ermöglichen gleichzeitig Protest (ebd.).

4.2.1 Politische Teilhabe durch Bildung und Erwerb als bürgerliches Ideal

Die Erlangung der unmittelbaren Staatsbürger_innenrechte wurde in den bürgerlichen Bewegungskontexten in Deutschland quer zur Teilhabe an Bildung und Erwerbsarbeit gedacht. Die Bildung von Frauen sowie das Recht auf Erwerb standen somit für diese Akteur_innen in unmittelbarem Zusammenhang mit der Teilhabe an Belangen des Staates. Die politische Partizipation „blieb zunächst ein Fernziel" (Notz 2011: 44). Zeitgenoss_innen und Aktivist_innen reflektierten diesen Zustand und waren sich durchaus bewusst, dass andere nationale Bewegungen solchen Zielen – wie z. B. dem

Stimmrecht – nachdrücklich Ausdruck verliehen (vgl. Bäumer 1901: 148f; Ichenhaeuser 1889: 86f).

> Wenn trotzdem die Frauenfrage in Deutschland im Beginne hauptsächlich zu einer Erwerbs- und Bildungsfrage gemacht wurde, so lag es eben in den Verhältnissen des Landes, in dem blinden Conservatismus, der alles Neue hasste, der jeden Culturfortschritt, besonders wenn er die Frau betrifft, verabscheute und dem jede Verbesserung nur stückweise abgerungen werden konnte (Ichenhaeuser 1898: 87).

Der Grund für die Fokussierung auf Bildung und Erwerb lag darin, dass sich erst 1871 mit dem Gründung des deutschen Kaiserreichs eine parlamentarische Monarchie und damit umfassende Formen demokratischer Mitbestimmung institutionalisierten. Davor bot sich für Frauenbewegungsaktive schlichtweg noch keine geeignete politische Gelegenheit („political opportunity") auf einer nationalstaatlichen Ebene zu agieren. Da die industrielle Revolution zu Beginn der 1850er Jahre in vollem Gange war (vgl. Wehler 2008: 613), trafen die Forderungen von Frauen nach Teilhabe an der Erwerbsarbeit und Bildung auf eine weitaus günstigere Gelegenheitsstruktur zur Protestmobilisierung.

Frauenbewegte der ersten Stunde kritisierten dementsprechend die mangelnde Integration bzw. die Unterdrückung der Frauen im Bereich von Bildung und Erwerbsarbeit, wie im Folgenden beschrieben werden wird.

4.2.1.1. Aufbruch und Organisierung trotz Restauration

In den *Vaterlandsblättern* stellten sich die Redakteure 1844 die Frage: „Haben die Frauen ein Recht zur Teilnahme an den Interessen des Staates?" Eine Antwort, unterzeichnet mit „ein sächsisches Mädchen", beantwortete dies mit folgenden Worten: „Die Teilnahme der Frauen an den Interessen des Staates ist nicht allein ein Recht, sie ist eine Pflicht der Frauen" (Bäumer 1901: 34). Das „sächsische Mädchen", Louise Otto, wird als Vorreiterin im Etablierungsprozess der Frauenbewegung gesehen. Beeinflusst vom Vormärz und der Märzrevolution 1848 kritisierte sie die Fadenscheinigkeit der liberal-demokratischen Bewegung: „Wo sie das Volk meinen zählen sie die Frauen nicht mit" (Otto 1849, zit. nach Gerhard 1990a: 59). Floueninteressen standen nicht im Mittelpunkt der Revolutionsbestrebungen von 1848, gleichwohl viele Frauen für die Ziele der politischen Revolution eintraten und aktiv am Protestgeschehen teilnahmen: Sie stellten Munition her, versorgten Verwundete, organisierten die Lebensmittelversorgung bei den Kämpfen, bauten Barrikaden, agitierten und scheuten auch vor den bewaffneten Kämpfen in den deutschen Städten nicht zurück (vgl. Conrad/Michalik 1999: 311). In diesem Sinne schrieb Otto denn auch in freisinnigen Zeitschriften wie Ernst Keils *Leuchtturm* und der demokratischen *Typographia*[26] mit dem Ziel, die „grosse demokratische Zeitforderung ‚Organisation der Arbeit' auch für Frauen zu erfüllen" (Bäumer 1901: 36). Die von Otto etablierte *Frauen-Zeitung*[27] war nicht nur das „Sprachrohr einer ersten Frauenbewegung" (Gerhard 2009: 34), sie entwickelte sich auch zu einem „Medium der Mobilisierung und einem Organ der Floueninteressen" (ebd.: 37). Louise Otto forderte als eine der ersten öffentlich das „Recht auf Erwerbsarbeit" (Dertinger 1988: 47). Die *Frauen-Zeitung* wurde in den Jahren 1848 bis 1850 veröffentlicht, allerdings nach und nach in jedem Land des deutschen Reichs verboten. In Sachsen verabschiedete die Landesregierung ein Gesetz, welches in Paragraf 13, welcher es Frauen verbot, Zeitschriften herauszugeben. Dieser Paragraf wurde gemeinhin als *Lex Otto* bezeichnet.

Nach dem Motto „Assoziationen für alle" (Gerhard 1990b: 65) gründeten sich bereits in jener Zeit zahlreiche demokratische Frauenvereine, Frauenbildungsvereine und Arbeiterinnenvereine (vgl.Conrad/Michalik 1999: 313). Die gegründeten Organisationen hatten jedoch nur eine kurze „Blütezeit", denn die reaktionären Presse- und Vereinsgesetze ab 1850 machten es Frauen in den deutschen Staaten in der Folge schwer, sich politisch zu betätigen (ebd.: 313f). Bis zu ihrer endgültigen Aufhebung 1908 verboten sie Frauen die Mitgliedschaft in Vereinen sowie die Teilnahme an Versammlungen.[28]

---

[26] Die *Typographia* wurde 1848 in die *Arbeiterzeitung* umbenannt (vgl. Bäumer 1901: 36).

[27] Es ist nicht zuletzt Louise Otto-Peters und ihrer *Frauen-Zeitung* zu verdanken, dass heute nachvollziehbar ist, welche Vereinigungen von Frauen Mitte des 19. Jahrhunderts bestanden.

[28] Es existierten derzeit: „Preußisches Vereinsgesetz vom 11.03.1850, § 8;

Dieser spezifische Ausschluss von Frauen war laut Greven-Aschoff (1981: 27) nicht nur ein Auswuchs der Reaktionszeit, sondern auch „Ausdruck der dichotomisch aufgefaßten gesellschaftlichen Rollenverteilung zwischen den Geschlechtern" (ebd.). Doch trotz aller Widrigkeiten gründeten Louise Otto und Auguste Schmidt gemeinsam mit anderen Aktiven der 1848-Revolution wie Henriette Goldschmidt und Lina Morgenstern (vgl. Schenk 1981: 26) im Jahr 1865 den *Allgemeinen deutschen Frauenverein* (AdF). Die Gründung des Vereins ging maßgeblich auf den *Leipziger Frauenbildungsverein* zurück, der u. a. von Otto sowie Auguste Schmidt gegründet worden war. Schmidt sah die „Frauenfrage" immer in doppelter Bedeutung, nämlich in einer ideellen sowie praktischen Dimension, dies legte sie in ihrem Vortrag „Leben ist Streben" dar (Bäumer 1901: 48f).

In der deutschen Frauenbewegungsforschung gilt die Gründung des AdF als die Geburtsstunde der deutschen, organisierten Frauenbewegung (vgl. Gerhard 1990b: 76; Hervé 2001: 17; Schenk 1981: 22; Wapler 2006: 33). Frauen aller Klassen konnten Vereinsmitglieder werden. Männer waren von einer aktiven Mitgliedschaft ausgeschlossen[29], ein Novum für die damalige Vereinskultur (vgl. Wapler 2006: 33).

Margrit Twellmann-Schepp (1972: 34) merkt allerdings an, dass dem Beziehungsfeld zwischen AdF und dem *Vereinstag deutscher Arbeitervereine* (VdAV) in der Frauenforschung wenig Aufmerksamkeit geschenkt wurde. Leider setzt sich diese Inkonsistenz in der späteren Frauenbewegungsforschung fort. So war Louise Otto als Aktivistin in der 48er Revolution in der sich organisierenden Arbeiter_innenbewegung durchaus bekannt und mobilisierend für die Arbeiterinnen aktiv (vgl. Lion 1926: 14).[30]

Bayrisches Vereinsgesetz vom 26.02.1851, § 15; Sächsisches Vereinsgesetz vom 22.11.1850, § 22; Braunschweig, Gesetz vom 04.07.1855, § 4 [...]" (Greven-Aschoff 1981: 202).

[29] Männer konnten allerdings Ehrenmitglieder werden (vgl. Schenk 1981: 26).

[30] Sie organisierte beispielsweise in Meißen eine „Arbeiterversammlung" und wendete sich an die Arbeiterkommission unter dem Ministerium Oberländer, um darauf aufmerksam zu machen, dass auch die Belange der „armen Arbeiterinnen" (Lion 1926: 14) in die Organisation einzubeziehen seien (ebd.).

Gerade für die Themenbereiche Erwerbsarbeit und Bildung lässt sich zudem eine interessante Parallele zwischen Frauen- und Arbeiter_innenbewegung feststellen (vgl. Twellmann-Schepp 1972: 35). Erst durch die Assoziationsbestrebungen in der Arbeiter_innenschaft wurde beispielsweise Fanny Lewald angeregt, 1863 mit ihren *Osterbriefen* Einfluss auf die Debatten im *Deutschen Handwerker und Arbeiterverein* zu nehmen (ebd.). Für die „arbeitenden ‚Töchter der Armen'" forderte sie „Lehre und Fortbildung, Speisehäuser und Herbergen, Kranken- und Altersversorgungskassen, Vereine zur Unterhaltung für die Sonntage, die von gesitteten Personen geleitet und überwacht werden" (Lewald 1863, zit. nach Twellmann-Schepp 1972: 35). Dabei wurde den sogenannten „gebildeten Frauen" eine besondere organisatorische Stellung eingeräumt, denn sie sollten in den Familien, in den Familienassoziationen und den Vereinen eine leitende Position einnehmen (ebd.). Die spezifische Klassenrhetorik liegt in dieser Auseinandersetzung offen zu Tage, denn Fanny Lewald wollte die „zukünftigen Gattinnen der Arbeiter und Handwerker erziehen und fördern" (Twellmann-Schepp 1972: 36). Dazu ermahnte sie die Männer dieser Klassen, „ihre Töchter und Bräute" dazu zu bringen, sich den „gebildeten Frauen" anzuschließen und zu beraten, „was zugunsten der Frauen getan werden könne" (ebd.).

Es ging den Frauenbewegten der ersten Stunde eben vorrangig darum, mehr und bessere Bildung, Berufstätigkeit und aktive Teilhabe am öffentlichen Leben zu erringen (vgl. Schenk 1981: 24f). Sie waren geleitet von politischem „Romantizismus" und „sozialem Idealismus" (ebd.: 25).

> Nicht die ‚Gelehrtheit' der Frauen wird angestrebt, sondern ihre Persönlichkeitsbildung im Sinne einer moralischen und charakterlichen ‚Höherentwicklung'. Diese Art der Bildung und ein soziales Engagement sollen die sozialen Klassengegensätze und das von Luise Otto und gleichgesinnten Frauen stark empfundene soziale Elend vermindern helfen (Schenk 1981: 25).

Wie die meisten bürgerlichen Frauen der frühen Frauenbewegung verbanden die Aktiven des AdF ihre Forderung nach Bildung und einem Recht auf Erwerb mit dem Engagement in der Sozialfürsorge für Frauen der ‚unteren' Klassen, auch um das eine mit dem anderen begründen zu können (vgl. Frevert 1986: 114). Die Verbesserung der Lage der Arbeiterfrauen und der Arbeiterinnen sahen sie als Beitrag zur Verbreitung „bürgerlich-sittlicher Verhaltensformen" (ebd.) und für diese Tätigkeiten erwarteten sie die Gleichberechtigung in Bezug auf Bildung und Mitbestimmung. Diese „Doppelstrategie", wie Frevert (1986: 114) sie nennt, spielte zwar eine wichtige Rolle, in der Leitungsebene des AdF wurde die Arbeiterinnenfrage jedoch letztendlich kaum verhandelt (ebd.).

Diese besondere Betonung der „gebildeten" bzw. bürgerlichen Frau spiegelt sich auch in den Ausführungen Bäumers (1901: 45) wider: Sie stellte für die deutsche Entwicklung fest, dass ebenso wie in England versucht wurde, Frauen weitere Erwerbsquellen zu eröffnen. So hatte man beispielsweise in Sachsen und Baden bereits begonnen, Frauen im Post- und Telegraphendienst einzustellen, wenngleich die sächsischen weiblichen Angestellten nach der Übernahme des sächsischen Telegraphenwesens durch die preußische Regierung wieder entlassen wurden (vgl. Bäumer 1901: 45). Insbesondere im Erziehungswesen[31] fanden Frauen zudem neue Betätigungsfelder. Auch andere neue Einrichtungen zur Ausbildung von Frauen, wie z. B. die Leipziger *Lehranstalt für erwachsene Töchter zur Ausbildung für das praktische Leben im kaufmännischen und gewerblichen Geschäftsbetriebe*, wurden gegründet (ebd.).

Der Grund für diese Rührigkeit auf dem Gebiet der Ausbildung zum Erwerb kann damit begründet werden, dass unverheirateten und damit unversorgten Frauen ein Lebensunterhalt verschafft werden sollte. Darin spiegeln sich die spezifischen Forderungen eines Rechts auf Bildung und Erwerb wider. Diese Forderungen betrafen vor allem Frauen der bürgerlichen Klasse, denen soziale Notlagen drohten, sobald sie keinen männlichen Versorger hatten. Die „Brotfrage" war „das große Thema der Zeit" (Gerhard 2009: 55).

Die „Denkschrift über die Eröffnung neuer und die Verbesserung der bisherigen Erwerbsquellen für das weibliche Geschlecht" aus dem Jahr 1865 von Adolph Lette[32], der den *Centralverein in*

---

[31] Das erste Seminar für „Kleinkindlehrerinnen" gründete 1836 Theodor Fliedner. Ähnliche Bestrebungen verfolgten die Armen Schulschwestern 1843 in München und richteten einen Ausbildungszweig für Nonnen ein (Jacobi 2006: 274). Friedrich Fröbels „Entwurf eines Planes zur Begründung eines Kindergartens […]" folgten Kurse über Kindergartenpädagogik, in welchen er pestalozzianische Pädagogik „im Hinblick auf ein neu zu schaffendes demokratisches Schulwesen lehrte (Jacobi 2006: 274f).
[32] Adolph Lette war seinerseits nationalliberaler Abgeordneter in Preußen und

Preussen für das Wohl der arbeitenden Klassen leitete, drückte dahingehend explizite Forderungen aus. Sein Ziel war es, der „Erwerbsnot des weiblichen Geschlechts abzuhelfen" (Bäumer 1901: 45) sowie „die Frauen in diejenigen praktischen Erwerbszweige einzuführen, die ihrer Natur und Befähigung entsprechen" (ebd.: 46). Es ging dem Verein vorrangig darum, Frauen für bestimmte Berufsfelder zu qualifizieren und dafür geeignete Bildungseinrichtungen zu schaffen. Die Denkschrift manifestierte eine geschlechtsspezifische Segregation des Erwerbsarbeitsfeldes bei gleichzeitig explizitem Ausschluss der ledigen Arbeiterinnenschaft:

> Für die Klasse der unverheirateten Arbeiterinnen in den Fabriken, für die bei den gewöhnlichen landwirtschaftlichen Verrichtungen beschäftigten Frauen, wie für die weiblichen Dienstboten und Gesinde bedarf es anderer Einrichtungen (Lette 1865: 4).

Lette machte darauf aufmerksam, dass mit der „Erweiterung des Arbeitsfeldes der Frauen" ihnen auch gewisse „öffentliche Funktionen übertragen werden", was die „volle Achtung der Frauen Seitens [!] der Männer" (Lette 1865: 9) voraussetze. Der auf die Denkschrift 1866 gegründete *Verein zur Förderung der Erwerbstätigkeit des weiblichen Geschlechts,* bzw. ‚Lette-Verein', förderte dann auch nur explizit die Ausbildung bürgerlicher Frauen (vgl. Wapler 2006: 33). Frauen, welche im Landbau, in Fabriken und im Dienstbot_innenwesen beschäftigt waren, waren von einer Teilnahme ausgeschlossen (vgl. Niggemann 1981: 51). Zwar erfuhr die Etablierung der Lehranstalt massive Gegenwehr aus Arbeiterkreisen, er war aber dennoch äußerst erfolgreich, was Bäumer damit begründete, dass es ein Einsehen dafür gab „[s]oziale Schäden nicht durch Wohltätigkeit zu heilen, sondern allein durch die unbehinderte Verwendung jeder Arbeitskraft, durch Befreiung jeder nicht unsittlichen Thätigkeit von allen Fesseln und Schranken" (Bäumer 1901: 47).

Die Gründung des Lette-Vereins wird in einem Großteil der historischen Frauenbewegungsforschung als ein wichtiger Dreh- und Angelpunkt genannt (vgl. Bäumer 1901: 44ff; Gerhard 2009: 55; Gerhard 1990b: 83ff; Nave-Herz 1997: 20; Schenk 1981: 27; Sichtermann 2009: 68), wenngleich der Verein zunächst ausschließlich

---

Präsident des *Centralvereins für das Wahlrecht* (vgl. Gerhard 2009: 55).

von Männern geleitet wurde und diese auch festlegten, „worin das Wohl der Frauen bestand" (Gerhard 2009: 55). Auch war schon mit der Denkschrift Lettes die Einstellung des Vereins zur Frauenemanzipation festgeschrieben:

> Was wir **nicht** wollen und niemals, auch nicht in noch so fernen Jahrhunderten wünschen und bezwecken, ist die politische Emancipation und Gleichberechtigung der Frauen (Lette 1865: 10; Hervorh. im Original).

Der AdF schloss sich aus diesem Grund nicht dem unter Federführung des Lette-Vereins gegründeten *Verband deutscher Frauenbildungs- und Erwerbsvereine* an, denn „*ein grundsätzlich nur von Frauen geleiteter Verein* (kann) *sich nicht einem zum größtem Theil aus Männern bestehenden Vorstand unterwerfen*" (Otto, zit. nach Gerhard 1990b: 86; Hervorh. im Original). Die zwei großen Verbände kooperierten aber im Laufe der Zeit häufiger (vgl. Schenk 1981: 27). Wenngleich die emanzipativen Ziele des Lette-Vereins durch diese direkte Absage an die Frauenemanzipation äußerst fragwürdig erscheinen, so attestiert doch Bäumer dem Verein eine wichtige Funktion in der Etablierung der ersten Frauenbewegung. Sie deutet die Politik des Vereins als „ausserordentlich vorsichtige und umsichtige Inscenierung" (Bäumer 1901: 47).

Als umstrittene Verfechterin von gleichberechtigter Bildung jener Zeit ist Hedwig Dohm zu nennen, die in ihren Schriften zwischen 1872 und 1876 (vgl. Twellmann-Schepp 1972: 62) nicht nur die gleiche Ausbildung für beide Geschlechter von der Schule bis zur Universität forderte, sondern auch gleichberechtigte Berufsmöglichkeiten und die Gleichstellung im privaten und öffentlichen Recht (vgl. Nave-Herz 1997: 21). Die im Zuge der bürgerlichen Emanzipation reformierten Bildungseinrichtungen wie Akademien und Universitäten, formierten sich explizit als Orte von Männern für Männer eines bestimmten Standes bzw. bestimmter Klassen. So konstatierte Wilhelm Humboldt in seiner bis heute viel rezipierten Schrift zu den deutschen Universitäten, dass das Verhältnis der wissenschaftlichen Anstalten „zum Staat" dadurch geprägt sei, dass letzterer dafür zu sorgen habe, dass „Reichtum (Stärke und Mannigfaltigkeit) an geistiger Kraft durch die Wahl der zu versammelnden Männer" zu garantiere sei (Humboldt [1809/10] 2010: 98). Dies ist ein Beweis dafür, dass neben dem Staat (Kap. 4.1.1.1) als größter

Einheit auch Bildungseinrichtungen insgesamt und völlig selbstverständlich als ‚männlich' institutionalisiert wurden. Dem Vorwurf, dass Frauen nie daran gehindert worden seien, am universitären Studium teilzunehmen, dass sie aber qua Natur dazu nicht geeignet seien (vgl. Dohm [1874] 1997: 10), hält Dohm entgegen, dass von „jeher Vorurteil und Gewohnheit, Gesetz und faktische Verhältnisse die Frauen am Studieren gehindert haben" (ebd.: 9).

> Man ließ und läßt die armen Frauen schlafen. Sie unterrichten hieße: sie wecken (Dohm [1874] 1997: 23).

Das Frauenstudium wurde 1872 innerhalb des AdF zurückhaltend diskutiert und erste Petitionen eingereicht. Alle blieben unbeantwortet (vgl. Schenk 1981: 29). Hedwig Dohm wurde insgesamt vor allem mit „Hohn und Spott" (Twellmann-Schepp 1972: 62) begegnet. Wenngleich die Forderungen innerhalb der Frauenbewegung unumstritten blieben, wurde ihr „Schärfe und rücksichtslose Entschiedenheit" (ebd.) vorgeworfen. Der Umgang mit dem Frauenstudium kann als moderat und eher realpolitisch eingeschätzt werden, denn diese Frage wurde nicht unter dem Postulat „Recht auf Bildung" diskutiert, sondern orientierte sich vielmehr an Umsetzungsmöglichkeiten[33] (Schenk 1981: 29).

Analysiert man diese Jahre mit Blick auf die fehlenden Gelegenheitsstrukturen, ist anzumerken, dass hier die Reaktionsjahre nach der 1848er Revolution ihre Spuren hinterlassen haben.

> Der Druck, der bis gegen Ende der 80er Jahre infolge der politischen Konstellation auf allen freien sozialreformerischen Bestrebungen ruhte, die Schwäche des Liberalismus seit Ende der siebziger Jahre, das Misstrauen, dem unter der Herrschaft des Sozialistengesetzes bestimmte Gegenströmungen in der gewaltigen Flut des politischen Lebens ausgesetzt waren – all das übte seine Wirkung auf die Entwicklung der Frauenbewegung aus (Bäumer 1901: 76).

---

[33] Es wurde beispielsweise dafür plädiert, Frauen zum Medizinstudium zuzulassen, damit Frauen sich nicht von männlichen Ärzten behandeln lassen müssten. Auch wurde eine Notwendigkeit gesehen, Juristinnen auszubilden, damit diese spezifischen Belangen von Frauen nachkommen könnten (vgl. Schenk 1981: 29).

Erstens hatte das Bürger_innentum bei seinen Bestrebungen um politische Teilhabe eine „schockartig nachwirkende Niederlage erlitten" (Wehler 1988: 30), was sich demzufolge auch auf bürgerliche Frauenbewegungsaktive auswirkte. Aufgrund der restaurativen Politik, der Zurücknahme vieler 1848er-Reformen und der restriktiven Vereins- und Pressegesetzgebung waren der Ausbildung der bürgerlichen Öffentlichkeit im deutschen Sprachraum gewisse Grenzen gesetzt. Hinzu kamen *zweitens* die nach den Attentaten auf Wilhelm I. von Otto von Bismarck 1878 durchgesetzten Sozialistengesetze. Dass die Bestrebungen von Frauenbewegten Assoziationen zu gründen, zeitlich mit der Wiederbelebung der Arbeiter_innenbewegung korrespondierte, ist vor dem Hintergrund der nach und nach reformierten Vereins- und Pressegesetze sowie der Sozialistengesetze nachzuvollziehen.

4.2.1.2 Etablierung, Institutionalisierung und Differenzierung

Mit der Reichsgründung 1871 und der Etablierung einer parlamentarischen Monarchie boten sich für die Frauenbewegung neue Möglichkeiten der Mobilisierung sowie der Organisation auf nationalstaatlicher Ebene.

In den 1880ern wurden die Fäden um die Frauen- und Mädchenbildung wieder aufgenommen. Drei wesentliche Forderungen standen auf dem Tapet: eine Reform der höheren Mädchenschule, Zugang zum Universitätsstudium und zu akademischen Berufen sowie die Reformierung der Lehrerinnenausbildung und mehr Beteiligung der Lehrerinnen an der Mädchenbildung (vgl. Schenk 1981: 28). Helene Lange, Minna Cauer, Henriette Schrader, Frau Staatssyndicus Eberty, Marie Loeper-Houssell verfassten 1887 eine Petition, welche als „gelbe Broschüre" bekannt wurde und die die Ausbildung von Lehrerinnen und deren Einstellung in die öffentlichen Mädchenschulen forderte (Gerhard 1990b: 140; Schaser 2006: 29). In der ‚Gelben Broschüre' wurden diese Forderungen gesammelt und zusammen mit einer Petition dem preußischen Kultusministerium und dem Abgeordnetenhaus vorgelegt. Die Schrift rief durch ihre Kritik große Unruhe hervor und schreckte insbesondere Schulbehörden auf (vgl. Schenk 1981: 28). Dieser Öffentlichkeitserfolg ermutigte und mobilisierte die Frauenbewegung. Das Petitionswesen als Protestmittel konnte sich innerhalb der Frauenbewegung zunehmend etablieren. So „überschüttete" der Frauenverein „alle zuständigen Stellen" mit Petitionen. Er erreichte damit immerhin „so viel Aufmerksamkeit, daß das Frauenstudium 1891 erstmals im Reichstag verhandelt" wurde (ebd.: 29). Das Frauenstudium fand bei den Abgeordneten zumindest schon zwei Befürworter, einer von ihnen war August Bebel.

In den 1890er Jahren ergaben sich zudem weitere „neue politische Gelegenheitsstrukturen" (Gerhard 2009: 62): Durch die Entlassung Bismarcks und die Aufhebung der Sozialistengesetze gewann die gesamte Bewegungen wieder an Schwung und Organisationsfähigkeit (ebd.). Neben den Frauenberufs- und Bildungsvereinen etablierten sich wohlfahrtsorientierte und sozialreformerische Frauenvereine sowie „allgemeine" Frauenvereine[34] nach dem Vorbild des AdF. Mit den zahlreichen Neugründungen und der thematischen Ausdifferenzierung unter den Organisationen entwickelten sich auch differente Strömungen. So wurde der Beginn der radikalen bürgerlichen Bewegung durch die Gründung der *Frauenwohl*-Vereine[35] eingeleitet. Diese standen in der Tradition der *Gesellschaft für ethische Kultur*, „einem säkularisierten Christentum mit starker Nähe zum radikalen Liberalismus" (Wurms 2001: 59), Wohlfahrtsvereinen, sozialreformerischer Arbeit und Frauenrechtsvereinigungen (ebd.).

Die Frauenbewegungsorganisationen – insgesamt 34 – schlossen sich 1894 zum *Bund der deutschen Frauenvereine* (BdF)[36] zu-

---

[34] Die Aufteilung folgt der Typisierung von Greven-Aschoff (1981: 72ff), wobei die Autorin auch den Lette-Verein den ‚allgemeinen' Frauenvereinen zuordnet, was vor dem Hintergrund der spezifischen Zielstellung des Lette-Vereins nach meinem Dafürhalten nicht plausibel ist.

[35] Der erste Verein *Frauenwohl* wurde 1888 in Berlin von Mina Cauer gegründet. Lida Gustava Heymann gründete einen in Hamburg, welcher ein Frauenzentrum mit Sozial- und Rechtsberatungsstelle etablierte und außerdem Mittagstische und einen Hort organisierte, „in dem die Kinder geschlechtsunspezifisch erzogen wurden" (Wurms 2001: 59).

[36] Angeregt wurde die Bundidee von Hanna Bieber Böhm, Auguste Förster und Anna Simson, die bei der Chicagoer Weltausstellung den *National Council of*

sammen (vgl. Zahn-Harnack 1928: 19). Im BdF waren die gemeinnützigen und sozialkaritativen Vereine in der Überzahl (vgl. Schenk 1981: 22). Als erste Vorsitzende fungierte bis 1899 Auguste Schmidt vom AdF. Ihre Nachfolgerin war Marie Stritt, die zwischen dem radikalen und gemäßigten Block der Frauenbewegung gekonnt vermittelte. Durch ihr Engagement gelang es auch, fortschrittlichere Positionen im BdF durchzusetzen (vgl. Wurms 2001: 47). Die radikalen Frauen verloren ab 1908 an Einfluss (vgl. Schenk 1981: 23), denn die Gemäßigten setzen sich im BdF durch und bestimmten die politische Agenda. Dieser Zusammenschluss der verschiedenen Organisationen beförderte auch die Flügelbildung und die spezifisch dominanten Debatten bis Anfang des 20. Jahrhunderts.

Die Gründung des BdF war jedoch von Anfang an mit einem „Konstruktionsfehler" versehen (Gerhard 2009: 65): Die Arbeiterinnenvereinigungen wurden zur „Gretchenfrage" (Wurms 2001: 48), denn die sozialistischen, sozialdemokratischen bzw. gewerkschaftlichen Frauenorganisationen wurden zum Beitritt in den BdF nicht eingeladen. Die Aufhebung der Sozialistengesetze lag zwar schon vier Jahre zurück, doch die Frauenvereine der Arbeiter_innenbewegung sahen sich vor besondere Restriktionen durch die in den Ländern vorherrschende Vereinsgesetzgebung gestellt, da sie als politisch galten. Zwar, so schreibt Bäumer, hatte der Bund auch Arbeitsgebiete, die „nach den der Polizeipraxis zugrunde liegenden Anschauungen politische waren", jedoch genoss er eine polizeiliche Duldung (Bäumer 1901: 132). Diese hätte mit einer offiziellen Einladung der sozialdemokratischen (oder lediglich dazu gezählten) Frauenvereine riskiert werden können (ebd.).

Eine zweite Begründung für die „Nichteinladung" war, dass andere Vereine dem Bund nicht beigetreten wären, was unbedingt vermieden werden sollte (ebd.: 133). Und schließlich gingen die Initiatorinnen davon aus, dass die sozialistischen, sozialdemokratischen oder gewerkschaftlichen Vereine der Einladung ohnehin nicht gefolgt wären (ebd.). Dies führte gleich bei der Gründung des Bundes zu starken Spannungen zwischen dem gemäßigten und dem radikalen Flügel im BdF[37]. Bäumer (1901: 133) sah in der Opposition der

---

Women kennenlernten und die Idee nach Deutschland zurücktrugen (vgl. Bäumer 1901: 131).
[37] In der Frauenbewegungsforschung wird zumeist eine analytische Trennung

radikalen Akteurinnen erstens einen „Protest gegen die Grundlage des Bundes überhaupt" und zweitens, so ihre Unterstellung, „ging man von der irrigen Voraussetzung aus, dass der Ausschluss der sozialistischen Vereine einem Klassenegoismus der bürgerlichen Frauen Rechnung tragen solle" (ebd.). Mina Cauer, Lina Morgenstern, Lily von Gizycki[38] und Frau Gebauer[39] verfassten dazu eine öffentliche Stellungnahme, in der sie die Aufnahmepolitik des Bundes kritisierten (ebd.).

Der gemäßigte Flügel im BdF, der sich um Helene Lange gruppierte, sah sein Engagement im Wesentlichen in der Sozialarbeit, der organisierten Mütterlichkeit, der Verbesserung der Mädchenbildung und der Veränderung der Rechtsstellung von Ehefrauen (vgl. Schenk 1981: 22; Wurms 2001: 49). Die gemäßigten Frauenbewegten folgten in ihrer Politik einer „idealistischen Geschichtsauffassung" (Wurms 2001: 48). Demnach würde die Entwicklung innerhalb der Gesellschaft evolutionär erfolgen und eine höhere Individualisierung ließe sich über Erziehung und Bildung forcieren (ebd.).

> Liberale und christlich-soziale Überzeugungen ließen diese Frauen das Recht auf Persönlichkeitsentwicklung, auf Freiheit und Verantwortung des Individuums ebenso vertreten wie die Forderung an die Besitzenden, ihren Reichtum für mehr Gerechtigkeit einzusetzen. Sie akzeptierten die Struktur der bürgerlichen Gesellschaft. Ihre Antwort auf die Klassenkonflikte war die des politischen Liberalismus der Kaiserzeit: Interessenausgleich durch Sozialpolitik und Sozialreform, wobei sie in der praktisch-politischen Arbeit wesentlich weiter gingen als ihre liberalen Parteifreunde (Wurms 2001: 48f).

---

zwischen einem radikalen und einem gemäßigten Flügel der bürgerlichen Frauenbewegung unternommen (vgl. Gerhard 2009: 72; Gerhard 1990: 216; Greven-Aschoff 1981: 90ff; Nave-Herz 1997: 33; Schaser 2006: 46; Schenk 1981: 22; Wapler 2006: 34). Greven-Aschoff bezeichnet die programmatische Trennung darüber hinaus als linke und rechte Flügelbildung. Wurms (2001: 46) unterscheidet drei Strömungen in der bürgerlichen Frauenbewegung bis zur Jahrhundertwende: linker (Radikale), mittlerer (Gemäßigte) und rechter Flügel (Konservative).

[38] Lily von Gizycki ist als Lily Braun bekannt und wechselte später zur Sozialdemokratie über.

[39] Der Vorname ist unbekannt.

Die „vorsichtige Politik der Mädchen- und Frauenbildung" (Wapler 2006: 34) entsprang der idealistisch-romantischen Vorstellung einer „Geistigen Mütterlichkeit" (Jacobi 1990: 212), die von Henriette Schrader-Breymann und Henriette Goldschmidt auf den Theorien Friedrich Fröbels aufbauend konzeptualisiert wurde (vgl. Schaser 2006: 28). Durch die Entkoppelung der Mütterlichkeit von biologischer Mutterschaft wurde Weiblichkeit mit Mütterlichkeit gleichgesetzt. Die „,naturgegebene' Gebährfähigkeit" (ebd.: 29) befähige demnach schon allein zu einer geistigen Mütterlichkeit (ebd.). Agnes von Zahn-Harnack erläuterte in ihrer Schrift „Die Frauenbewegung. Geschichte, Probleme, Ziele" von 1923 beispielsweise, dass „die Frauenbewegung in der Mutterschaft den höchsten Beruf der Frau sieht" (Zahn-Harnack 1923: 76). Die Form der Mutterschaft müsse aber keine „physische Mutterschaft" sein, sondern könne sich auch in einer „seelischen Mütterlichkeit" ausdrücken (ebd.: 77), die sich vor allem in der Kinderfürsorge artikuliere (ebd.: 78).

Diese Fokussierung der gemäßigten Frauenbewegten auf ‚mütterliche Politik' diente der Aufwertung und bildungspolitischen Institutionalisierung von Familienarbeit und Gesundheitspflege (vgl. Frevert 1986: 126f). Wäre dann noch das Stimmrecht gestattet, so die Ansicht vieler Aktiven in jener Zeit, könne die Frauenfrage auch in ihren „klassenspezifischen Varianten gelöst bzw. gemildert" sowie die „notwendige Reform der Gesamtgesellschaft durch Intervention ‚mütterliche Politik' auf den Weg gebracht" werden (Frevert 1986: 127).

Berufe im Erziehungs- und Schulwesen bildeten demnach das „Einfallstor der Frauenemanzipation im 19. Jahrhundert" (Stoehr 2000: 70), zumindest für die bürgerlich gemäßigte Frauenbewegung. Diese Position, welche insbesondere von Helene Lange, Gertrud Bäumer, Alice Salomon und Marianne Weber formuliert wurde, war laut Frevert (1986: 127) für einen Großteil der bürgerlichen Frauenverbände programmatisch. Die damit verbundenen, bildungspolitischen Forderungen sind auf der Folie der damals ‚wissenschaftlich fundierten' Vorstellung der spezifischen Geschlechtercharaktere zu erfassen und hängen mit der deutsch-bürgerlichen Bildungstradition zusammen. Gerhard (2009: 70) argumentiert, dass beispielsweise die „deutsche Universität für Männer der bürgerlichen Schichten in einer nach wie vor ständisch und autoritär strukturierten Gesellschaft *die* entscheidende Schleuse für sozialen Aufstieg und damit zugleich Rekrutierungsfeld für Staatsbeamte war" (Gerhard 2009: 70; Hervorh. im Original).[40]

Eine andere Interpretation wäre, dass die Universitäten keine Schleuse des sozialen Aufstiegs, sondern durch die Etablierung von universitären Abschlüssen und die restriktive Aufnahmepolitik vielmehr ein Mittel zur Exklusion und zur Verhinderung sozialen Aufstiegs bestimmter gesellschaftlicher Gruppen waren. Jüdische Bürgerliche, Männer der Arbeiter_innenklasse und Frauen generell hatten keinen Zutritt. Bürgerliche Frauen sahen sich demzufolge von diesen Aufstiegschancen und dem Erwerbsarbeitsfeld in der Staatsbürokratie und dem Bildungswesen ausgeschlossen.

4.2.1.3 Sexuelle und politische Emanzipation: Radikale Forderungen

Der radikale Flügel um Minna Cauer, Hedwig Dohm und Anita Augspurg hatte im BdF anfangs noch eine wichtige Bedeutung, die er aber ab 1910 gänzlich verlor. Laut Wurms (2001: 58) waren die radikalen Feministinnen zwischen Linksliberalismus und Sozialdemokratie zu verorten. Die Zeitgenossin Agnes von Zahn-Harnack wies dem radikalen Flügel eine wichtige korrektive Funktion zu:

> Man ging jeweils den nächsten Schritt und überließ es immer einer verhältnismäßigen kleinen Gruppe, als Wächterin auf der Zinne Ausschau zu halten nach fernen Zielen. Hierbei darf nicht verkannt werden, daß die Wächter auf der Zinne – auch wenn sie auf ihre Ziele gelegentlich nicht ohne Lärm hinwiesen – doch die deutsche Frauenbewegung davor bewahrten, über dem

---

[10] Die Entwicklung der „german mandarins", also einer „social and political elite" (Ringer 1990: 5), welche den gesellschaftlichen Aufstieg über mehr Bildungsqualifikationen erreicht und nicht durch adlige Geburtsrechte oder ökonomisches Kapital, ist ein historisches Spezifikum in der deutschen Entwicklung des Bürger_innentums. Es entwickelte sich aus „non-nobles" demnach eine „noneconomic middleclass" (ebd.: 15f), welche in den Staatsdienst und in die Universitäten drängte. „The new elite showed an inclination from the start to separate itself from the status of peasants and craftsmen and to seek a special position within the traditional estate system" (ebd.: 16).

augenblicklich erreichbaren kleinen Gewinn das Ganz zu vergessen (Zahn-Harnack 1928: 273).

Themen für den radikalen Flügel waren im Besonderen die Sittlichkeitsfrage und Sexualmoral, die gesellschaftliche Stellung lediger Mütter sowie das Frauenstimmrecht (vgl. Schenk 1981: 22). Hier lassen sich thematische Parallelen zum Vereinigten Königreich erkennen, denn auch dort gab es einen spezifischen thematischen Nexus zwischen der Sittlichkeitsfrage und der Stimmrechtsforderung (Kap. 4.3.1.4).

Das Thema Prostitution erhitzte im 19. Jahrhundert europaweit die Gemüter, denn sie fand „kräftige Befürworter in einer Gesellschaft, die sie gleichzeitig verdammte" (Saurer 2014: 155). Auch Simmel schrieb dazu, dass die „sittliche Empörung, die die ‚gute Gesellschaft' der Prostitution gegenüber zeigt" wohl „in mehr als einer Hinsicht Veranlassung zum Kopfschütteln" gibt (Simmel [1892] 1985: 60).

> Die Prostituierten gelten als Abschaum der Gesellschaft, aber die staatlich geduldeten Bordelle leben von der Kundschaft zum Teil wohlangesehener Männer, deren sozialer Status durch den Verkehr mit den Prostituierten keinerlei Einbuße erleidet (Bordellbesuche gehören beispielsweise zum festen Ritual zahlreicher Studentenverbindungen) (Schenk 1981: 33).

Auch galt Prostitution unter den Befürwortenden als notwendige Institution, denn der sexuelle Drang von Männern läge in deren Natur und müsse befriedigt werden (vgl. Saurer 2014: 155). Sie wurde also als ein notwendiges Übel angesehen, „denn sie verhindere Vergewaltigungen und Ehebruch" (ebd.). Georg Simmel kritisierte zwar Prostitution und den gesellschaftlichen Umgang damit, aber auch er argumentierte, dass „die Vernachlässigung eines derartig starken Triebes" nicht „ungestraft" vollzogen werden könne (Simmel [1892] 1985: 64). Diesem ‚Fakt' müsse Rechnung getragen werden und aufgrund der sich ausbreitenden Geschlechtskrankheiten war es in dieser Logik nur folgerichtig, dass es der „Körper der Prostituierten" war, der „kontrolliert werden musste" (Saurer 2014: 155). Im deutschen Strafgesetzbuch, welches auf dem Preußischen Landrecht von 1794 und dem Preußischen Strafgesetzbuch von 1851 aufbaute, bedeutete das beispielsweise, dass Frauen, die Sexarbeit nachgingen und sich „unter der Aufsicht der Polizei" befanden und den jeweiligen Auflagen zu „unterwerfen" begannen, als „offizielle Prostituierte privilegiert und konzessioniert" wurden (Zahn-Harnack 1928: 107f). Dazu kamen die noch aus dem französischen Recht stammende Zwangsreglementierung und die polizeiliche Praxis der „Überwachung und Untersuchung", um „unerlaubte Prostitution" zu unterbinden. Die „konzessionierte Prostitution" sollte „hygienisch saniert" werden (Zahn-Harnack 1928: 108f). Die teilweise konträre Gesetzgebung führte dazu, dass die Sittenpolizei im Prinzip jederzeit ‚verdächtige' Frauen zu einer Zwangsuntersuchung zwingen konnte (vgl. Klausmann 1997: 193).

Gertrud Guillaume-Schack[41] gründete nach englischem Vorbild 1880 den *Deutschen Kulturbund*, der sich der Bekämpfung der Prostitution widmete (vgl. Bäumer 1901: 77; Braun 1901: 353). Angeregt durch die Mobilisierungsstrategien der Kampagne um Josphine Bulter, entwickelte der Bund vor allem eine „lebhafte [...] propagandistische Thätigkeit" (Bäumer 1901: 77). Guillaume-Schack wurde zwei Jahre später gemeinsam mit Frau Lesser-Kiesling anlässlich eines Vortrages zu Sittlichkeit wegen „groben Unfugs" angeklagt (Bäumer 1901: 77; Guillaume-Schack 1882: 25)[42]. Die sich gerade etablierende Sittlichkeitsbewegung stand aber vor allem unter dem Verdacht, sich sozialistisch zu engagieren (ebd.: 78f). In der Tat bestanden Kontakte zu Arbeiterinnenorganisationen (vgl. Schenk 1981: 32) und mit dem Eintritt Guillaume-Schacks in die sozialistische Partei zur Zeit der schärfsten Repressionen gegen selbige war auch das Schicksal der noch jungen Sittlichkeitsbewegung besiegelt und die Arbeit wurde später „von andrer [!] Seite ganz von neuem" wieder begonnen (Bäumer 1901: 79).

Was Bäumer in ihren Ausführungen verschweigt: Der Faden wurde von zwei Seiten aufgenommen. Die eine Seite forcierte eine

---

[41] Ihre öffentlichen Vorträge wurden polizeilich aufgelöst und schließlich auch verboten. Im Jahr 1886 legte ihr *Kulturbund* seine Arbeit nieder und Guillaume-Schack wurde ausgewiesen. In Großbritannien führte sie ihr Engagement, jedoch wenig akzeptiert von den dortigen Aktivist_innen, fort. Friedrich Engels bezeichnete ihre Arbeit in einem Brief an Bebel als „reine Bourgeoisspielerei" und nennt sie eine Anarchistin (Gerhard 1990: 61).

[42] In dem als Buch veröffentlichtem Vortrag „Über unsere sittlichen Verhältnisse und die Bestrebungen und Arbeiten des Britisch-Continentalen und Allg. Bundes" von 1882 findet sich im Anhang das Berichtsprotokoll.

konservative Vorstellung von strenger Enthaltsamkeit und Tugend, die andere Seite plädierte für einen offenen und aufklärenden Umgang mit Sexualität. Erstere wurde vor allem von Hanna Bieber-Böhm vorangetrieben, denn sie strebte mit ihrem Verein „Jugendschutz" vor allem die „Bewahrung und Rettung der Jugend" an (Zahn-Harnack 1923: 115). Ihr Standpunkt war äußerst radikal: Sie forderte eine absolute Bestrafung von „Unzucht bei Mann und Frau" (ebd.) sowie eine „Anzeigepflicht für Geschlechtskranke" und deren Unterbringung in isolierten Anstalten (ebd.). Bieber-Böhm ist zugutezuhalten, dass sie in der Frauenbewegung ein Bewusstsein für das Thema schuf (vgl. Gerhard 1990a: 126). Die konservativen Ansichten kollidierten mit den eher abolitionistisch geprägten Ansichten[43] vom radikalen Flügel der Frauenbewegung und führten letztendlich auch zum Bruch. Minna Cauer, die inspiriert von Josephine Butler vom Londoner Kongress der *Internationalen Abolitionistischen Föderation* (IAF) zurückkam (ebd.), gelang es dann auch, Bieber-Böhm aus dem Vorstand des Berliner Vereins *Frauenwohl* zu drängen (vgl. Schenk 1981: 34).[44]

Im Jahr 1898 entwarf die Reichsregierung neue Pläne zur schärferen Kontrolle von Prostituierten, die mit anderen sogenannten Verletzungen der Sittlichkeit in das Reichsstrafgesetzbuch eingehen sollten („Lex Heinze"). Dies bot der Bewegung eine neue Gelegenheit zur Konsolidierung. Neuen Schwung gewann die Bewegung daraufhin mit der Gründung eines deutschen Ablegers der *Internationalen Abolitionistischen Föderation* (IAF). Dieser wurde nach vielen „Vorarbeiten" ab 1899 schließlich 1903 unter dem Vorsitz Katharina Schevens gegründet (Zahn-Harnack 1923: 116). Die Föderation entwickelte sich später auch zum Kern des radikalen Flügels der deutschen Frauenbewegung (vgl. Schenk 1981: 33). Der radikale Flügel war es schließlich, der „in den neunziger Jahren die Diskussion der Skandale in der Öffentlichkeit" erzwang (Gerhard 1990a: 125). Die Radikalen lehnten den reglementierten Bordellbetrieb so-

---

[43] Der Begriff Abolitionismus wurde 1875 von Josefine Butler bewusst der US-amerikanischen Sklavenbefreiungsbewegung entlehnt (vgl. Schaser 2006: 73).
[44] Die Hochburgen der neuen Strömung befanden sich in Hamburg und Berlin. Lida Gustava Heymann machte sich und ihrem Hamburger Zweig durch spektakuläre Aktionen einen Namen (vgl. Schenk 1981: 34).

wie die Bestrafung von Prostituierten konsequent und vor dem Hintergrund der männlichen Doppelmoral ab. Im Sinne der Abolitionist_innen sollten sich daher die Männer an der Tugendhaftigkeit der Frau orientieren (vgl. Schenk 1981: 35). Die moralischen und sittlichen Standards, die an bürgerliche Frauen dieser Zeit angelegt wurden, sollten demnach auch für die bürgerlichen Männer gelten. Revolutionär waren aber auch die Protestpraktiken des radikalen Flügels:

> Neben Massenprotestesten, einer Klage gegen den Hamburger Senat wegen der gesetzwidrigen Haltung von Bordellen, neben Kritik und Präsenz auf den Tribünen bei Verhandlungen des Reichstages in dieser Sache, machten sie sich selbst ein Bild durch ‚teilenehmende Beobachtung' (Gerhard 1990a: 127).

Als Marie Stritt 1898 den Vorsitz im BdF übernahm, konnten zumindest einige abolitionistische Standpunkte innerhalb der Organisation thematisiert und durchgesetzt werden.[45]

---

[45] Unterstützerinnen der „Neuen Ethik" waren Minna Cauer, Anita Augspurg und Lida Gustava Heymann. Als Gegnerinnen im BDF werden Helene Lange, Gertrud Bäumer (vgl. Schenk 1981: 36) und auch Paula Müller-Otfried und Marianne Weber genannt (vgl. Schaser 2006: 74).

Abbildung 2 (Seite 156): Frau Stritt, Miss Carmichael, and Miss MacMillan; Library of Congress, Prints & Photographs Division [LC-B2-1234]

Ab 1905 fand die radikalere Konzeption einer Neuen Ethik und Sexualreform Verbreitung, d. h., innerhalb der Frauenbewegung konnten sich nach der Jahrhundertwende auch liberalere Einstellungen zum Thema Sexualität manifestieren (vgl. Gerhard 1990a: 132; Schenk 1981: 35). Die Verfechter_innen der Neuen Ethik gingen davon aus, dass Frauen genauso sexuelle Bedürfnisse haben wie Männer und gingen damit noch einen Schritt weiter als die Abolitionist_innen (ebd.). Eine führende Vertreterin dieser Ansichten war Helene Stöcker.[46] Grundintention des von ihr gegründeten *Bund für Mutterschutz und Sexualreform* (BfMS)[47] war die „Rehabilitierung von Sexualität" (ebd.).

Es ging dem Bund um die Anerkennung nichtehelicher Partnerschaften, die Gleichstellung außerehelicher Kinder, die staatliche Einführung einer Mutterschaftsversicherung (vgl. Gerhardt 1990: 269) sowie die Erleichterung von Ehescheidungen (vgl. Schenk 1981: 35).

Stöcker gehörte zu den Ehekritiker_innen jener Epoche und war Verfechterin der freien Liebe. Das Problem sei demnach nicht Sexualität sondern der gesellschaftliche Moralismus, der sich mit der Institution der Ehe verband und auch teilweise in Gesetze gegossen wurde. Die „Zwangsehe" als Gegenmodell zur „freien Liebe" stellte eine Notwendigkeit dar, um überhaupt Sexualität ausüben zu können (Saurer 2014: 139). Stöcker ging vielmehr davon aus, dass Sexualität aus Liebe nicht unmoralisch sein könne, dass aber eine Ehe ohne Liebe genauso unmoralisch sei wie Promiskuität (vgl. Schenk 1981: 35). Es ging Anhänger_innen dieses Konzeptes freier Liebe nicht um die Abschaffung der Institution Ehe an sich, sondern darum, Prostitution zu bekämpfen und die soziale Ächtung sexualer Beziehungen „vor der Ehe, die auf ernsthafter Zuneigung beruhten",

---

[46] Stöcker gehörte der abolitionistischen Strömung an, hatte aber aufgrund ihrer eigenen Erfahrungen diesen neuen Ansatz entdeckt (vgl. Schenk 1981: 35).
[47] Dem Verein gehörten prominente Vertreter wie August Bebel, Sigmund Freud, Max Weber, Ernst Haeckel, Werner Sombart und Frank Wedekind an (vgl. Schaser 2006: 73).

abzuschaffen (Sauer 2014: 139). Deswegen engagierte sich der BfMS für ledige Mütter, trieb die Aufklärung über Verhütungsmittel voran und setzte sich für die Abschaffung § 218 und § 219 und damit für eine Legalisierung von Abtreibungen ein (vgl. Saurer 2014: 139; Schenk 1981: 35).

Die entscheidende Auseinandersetzung zwischen Verfechterinnen abolitionistischen Gedankenguts und denen, die den alten Vorstellungen von Sittlichkeit anhingen, wurde letztendlich im Konflikt um den § 218 ausgefochten. Der BdF richtete eine Rechtskommission zur Vorbereitung von Reformvorschlägen des Strafgesetzbuches ein, die der Reichsregierung vorgelegt werden sollten. Innerhalb der Kommission konnten sich insbesondere die Positionen der Neuen Ethik und der radikalen Aktiven durchsetzen, was nicht zuletzt an der Kommissionsbesetzung mit Marie Stritt und Camilla Jellinek lag (vgl. Gerhard 1990a: 131). Der Generalversammlung des BdF wurde 1908 ein Antrag[48] auf Abschaffung des § 218 vorgelegt. Die Vorschläge der Kommission wurden allerdings mit einer knappen Mehrheit abgelehnt. Die Mehrheit im BdF plädierte für eine Beibehaltung des Paragrafen, setzte sich aber für eine Verringerung des Strafmaßes ein (vgl. Schaser 2006: 75).

Mit dem Rücktritt Marie Stritts, die Mitglied des *Bundes für Mutterschutz* war und stets zwischen Radikalen und Gemäßigten vermittelte, vom Vorsitz des BdF und der neuen Vorsitzenden Gertrud Bäumer setzte sich wieder der gemäßigte Kurs in Bezug auf die Fragen der Sittlichkeit durch. Dem Antrag auf Aufnahme des BfMS in den BdF wurde 1910 zudem abgelehnt (ebd.).[49]

Das Frauenstimmrecht wurde innerhalb der bürgerlichen Frauenbewegung zunächst äußerst vorsichtig behandelt und auch hier unterlagen die radikalen Positionen denen der gemäßigten Strömung im BdF. Das Frauenstimmrecht galt als „Fernziel" und wurde „als

---

[48] Argumente für die Abschaffung waren die Verminderung der Zahl unehelicher Kinder, dass sich die Zahl der Abtreibungen durch die Abschaffung des Paragrafen nicht tatsächlich erhöhen würde, dass eine medizinische Versorgung besser sei als der Tod und dass die Frau ein Recht auf ihren eigenen Körper habe (vgl. Schenk 1981: 36).

[49] Interessanterweise distanzierte sich die Frauenbewegung nach 1910 auch in ihrer Geschichtsschreibung von der Neuen Ethik und stellte die Strömung als Randerscheinung dar, tatsächlich spielte sie jedoch eine wesentliche Rolle und wurde von der Mehrheit des radikalen Flügels getragen (vgl. Schenk 1981: 37).

‚Krönung' betrachtet" (Twellmann-Schepp 1972: 233). Ganz anders als in den USA oder Großbritannien stand diese Forderung hintenan, wenngleich über die dortigen Frauenstimmrechtsbewegungen rege berichtet wurde (ebd.: 223f). Die Politik der kleinen Schritte folgte einer Resolution des BdF im Jahr 1902, in welcher gewünscht wurde, dass das „Verständnis für den Gedanken des Frauenstimmrechts nach Kräften" zu fördern sei (Schaser 2006: 51).

Im selben Jahr gründete sich der überwiegend von radikalen Kräften getragene *Deutsche Verband für Frauenstimmrecht*[50]. Durch selbigen wurde das Frauenstimmrecht dann auch 1907 zum „Zankapfel" (Wurms 2001: 61), als der Verband ein allgemeines Wahlrecht „als verpflichtendes Prinzip" (Gerhard 1990a: 136) forderte, und nicht nur ein Stimmrecht, welches auf dem bestehenden Dreiklassenwahlrecht basierte. Da die SPD die einzige Partei war, die die Forderung nach einem allgemeinen Erwachsenenwahlrecht unterstützte, brachte sich der Verband in den Verdacht, sich sozialdemokratisch zu positionieren. Dies führte nicht nur zu Konflikten mit dem BdF, sondern auch zu Differenzen im Verband selbst, was zu Abspaltungen führte (ebd.).

Daran lässt sich ablesen, dass die Arbeiterinnenfrage nach wie vor ein stark umkämpftes Feld zwischen den radikalen und gemäßigten Aktiven war und nach 1900 wieder an Bedeutung gewann. Die Politik für die Verbesserung der Lage der Arbeiterinnen richtete sich insbesondere auf die Felder Arbeits- und Mutterschutz, Entlastung von Doppelarbeit und Schaffung von staatlichen Kindergärten (vgl. Wurms 2001: 50). Ebenso wurde die Lage arbeitender Frauen untersucht und die Ergebnisse zu diesem Thema veröffentlicht (ebd.). Die Aktiven des Hamburger Vereins *Frauenwohl* unterstützten den Hamburger Hafenarbeiterstreik und den Streik der Konfektionsarbeiterinnen (vgl. Wurms 2001: 50). Die dem radikalen Flügel zuzuordnenden Vereine schlossen sich 1899 im *Verband fortschrittlicher Frauenvereine* unter Minna Cauer und Anita Augspurg zusammen. Der Verband forderte in seiner Satzung die volle Gleichberechtigung und die „Ablehnung aller Versuche, die Frauen des Bürgertums von ihren proletarischen Schwestern zu trennen" (Wurms 2001: 59). Zusammenfassend kann festgestellt werden,

---

[50] Darunter befanden sich Anita Augspurg, Lida Gustava Heymann, Minna Cauer und Helene Stöcker (vgl. Schenk 1981: 39).

dass ein großer Teil des politischen Programms des BdF zwischen den Jahren 1896 und 1910 von den radikalen Akteurinnen geprägt wurde (vgl. Wurms 2001: 58), so z. B. die Aktionen gegen die Ehe- und Familiengesetzgebung im BGB, die Einrichtungen von Rechtsschutzstellen, die Untersuchungen der Lage der Arbeiterinnen, die Forderungen nach dem Frauenstimmrecht und die Koedukation (ebd.). Die Gemäßigten unterstützten diese Maßnahmen. Bestrebungen, die von den Gemäßigten abgelehnt wurden, waren die Forderung nach einem demokratischen Erwachsenenwahlrecht, gleiche Erziehung für Jungen und Mädchen, die Vereinbarkeit von Mutterschaft und Beruf, freie Liebe und sexuelle Selbstbestimmung sowie Straffreiheit bei Abtreibung (vgl. Wurms 2001: 58).

Der Bund konnte trotz der Flügelbildung organisatorische Erfolge aufweisen, denn 1901 gehörten ihm 137 Zweigvereine und 70.000 Mitglieder an (vgl. Bäumer 1901: 147), und seit dem 01. April 1899 verfügte der Verein über ein eigenes Organisationsorgan: das *Centralblatt des Bundes deutscher Frauenvereine*, welches von Marie Stritt herausgegeben wurde.[51] Letztendlich setzten sich die Gemäßigten aber in der Ämterbesetzung sowie der Programmatik ab 1910 durch.

4.2.1.4 Politik der kleinen Schritte: Bürgerliche Frauen zwischen Benachteiligung und Privilegierung

Auf der Folie politischer Gelegenheitsstrukturen kann die Zurückhaltung des gemäßigten Flügels, der sich im Laufe der Zeit in der Programmatik des BdF durchzusetzen wusste, mit den Verhältnissen der Anfangsjahre in Verbindung gebracht werden. Gertrud Bäumer (1901: 148f) sah in den Vereinsgesetzen und dem Verbot der Koalitionsfreiheit sowie die „allgemein herrschenden Vorurteile gegen irgendwelche politische Bethätigung [!] der Frau" (Bäumer 1901: 148) die eigentlichen Schwierigkeiten „für die politische Befreiung der Frau einzutreten" (ebd.). Die Zurückhaltung sei demnach vielfach eher eine „taktische" als eine „prinzipielle" gewesen (ebd.).

---

[51] Stritt übernahm die Herausgabe der Zeitung nach dem Tod von Annette Schwerin und behält diese Funktion auch nach ihrem Rücktritt inne.

Diese Taktik hinterließ in Form von Agitation und Aktion ihre Spuren. Greven-Aschoff (1981: 125) merkt an, dass die bürgerliche Frauenbewegung vor einem Neutralitätsdilemma gestanden habe.

> Fast der gesamte wilhelminische Liberalismus war außerstande, die politische Frauenemanzipation in seine konkreten Zielvorstellungen und Reformansätze zu integrieren. Die Konsequenz für die organisierten Frauen war, daß sie ihre Besonderheit und Eigenständigkeit beharrlich verteidigen mußten (Greven-Aschoff 1981: 125).

Linksliberale und „nationalsoziale" (ebd.: 132) Parteien, welche sich einerseits durchaus für Frauenbildung und die Beseitigung der vereinsrechtlichen Restriktionen engagierten, nahmen anderseits das Frauenstimmrecht eben nicht in ihre Programme auf (ebd.). Das bedeutet, dass die Parteien und politischen Vereine des bürgerlichen Spektrums, sich eine Mitarbeit der Frauen in ihren Organisationen vorstellen konnten, eine prinzipielle Forderung politisch gleicher Rechte auf der Folie der damals gängigen Vorstellung über die ‚Natur der Geschlechter' aber scheiterte. Die bürgerliche Frauenbewegung musste sich dementsprechend parteiunabhängig konstituieren und nach außen inszenieren. Der Richtungsstreit, der sich am „Zankapfel" des Frauenstimmrechts zwischen radikalen und gemäßigten Frauenbewegungsaktiven vollzog, wurde dementsprechend auch auf dieser Folie interpretiert: Die Radikalen standen unter dem Verdacht sich für eine Partei – in dem Fall für die SPD – einzusetzen.

Wie bereits beschrieben, war eine Strategie der Frauenbewegung durch Sozialfürsorge und Gemeinwohlorientierung dem Vorurteil entgegenzutreten, dass (bürgerliche) Frauen an politischen und sozialen Belangen nicht interessiert seien. Diese Orientierung an Sozialfürsorge und „sozialreformerische[n] Projekte[n]" lag „quer" zu den Richtungskämpfen zwischen Gemäßigten und Radikalen in der bürgerlichen Frauenbewegung (Schröder 2001b: 14). Das Engagement in der Wohlfahrt sollte das Verantwortungsbewusstsein der Frauen unter Beweis stellen und von der ihnen stets abgesprochenen Reife zeugen. Helene Lange proklamierte, dass es wesentlich sei, „in die Arbeit der Gemeinden, in die Schulverwaltungen, die Universitäten, die verschiedenen Berufszweige" einzudringen und zu zeigen, „*das kann* die Frau" (Lange 1896: 552; Hervorh. im Original).

> Es gilt, der Dame entgegenzutreten, die durch das parfümirte [!] Taschentuch den „Armeleutegeruch" fernhalten möchte; es gilt das Laster in seinen Schlupfwinkeln aufzusuchen, die Kindlein zu uns kommen zu lassen, den Verwaisten und Verlassenen Pflegerinnen zu sein und unerschrocken die Wahrheit zu sagen über alles, was da faul ist auf sozialem Gebiet, mag uns noch so oft das allmählich doch etwas in Misskredit geratende „Unweiblich" entgegengeschleudert werden. Der Weg ist weit; aber er ist kein Umweg. Denn wir nehmen viel mit unterwegs, all das Rüstzeug, das wir für eine spätere Zeit brauchen. Und überdies: wir haben keine Wahl (Lange 1896: 552).

Die Fokussierung auf Anerkennung, genauer auf Anerkennung durch die bürgerlichen Männer, und die Hoffnung darauf, dass sobald „die Erkenntnis der Bedeutung für das Gemeinwohl in den Kreisen der Männer genügend Wurzel gefasst hat" (ebd.), forcierte eine Imagination der hilfebedürftigen Frau der Arbeiter_innenklasse. Zeitgenossin Lilly Braun konstatierte, dass das „Verhalten der bürgerlichen Frauenbewegung gegenüber der Arbeiterinnenfrage ein unklares und zwiespältiges" (Braun 1901: 374f) gewesen sei. Die Wahrnehmung der „Frauen des vierten Standes" (Bäumer 1901: 108), also u. a. der Arbeiterinnen und Arbeiterfrauen sowie Dienstbotinnen, als Objekte der Fürsorge verkomplizierte eine politische Solidarität auf Augenhöhe mit der sich etablierenden proletarischen Frauenbewegung. Erstens waren die Frauen der bürgerlichen radikalen wie gemäßigten Frauenbewegung gemessen an ihrem gesellschaftlichen und ökonomischen Status privilegierter und anderseits traten sie als Hausherrin bzw. Haushaltsvorstand den Dienstbotinnen als Arbeitgeberinnen entgegen. Auf diesen Aspekt machte Ichenhaeuser bereits aufmerksam, denn die „Dienstbotenkalamität" sei ein „bei Hausfrauen seit Urgedenken beliebtes Thema, die Dienstbotenfrage weniger" (Ichenhaeuser 1900: 3).

> Die erstere berührt ihr subjektives Empfinden, tritt also in ihren zahlreichen Unannehmlichkeiten täglich an sie heran, die andere dagegen mußte erst einen altruistischen Boden finden, um auf ihr gedeihen zu können (Ichenhaeuser 1900: 3)

Eine konsequente Auseinandersetzung mit den Forderungen der aufkeimenden und sich nach dem Fall der Sozialistengesetze rasant entwickelnden proletarischen Frauenbewegung hätte bedeutet, die wenngleich eingeschränkten bürgerlichen Privilegien und spezifisch bürgerliche Ausbeutungsverhältnisse gegenüber dem „vierten Stand" (ebd.) zu hinterfragen. Die Zwiespältigkeit, die Lily Braun der bürgerlichen Bewegung attestiert, resultierte also aus der Zwiespältigkeit die Lage für Menschen andere Klassen zwar verbessern zu wollen, dies aber lediglich auf einer sozialen und nicht zwangsläufig politischen Ebene anzugehen.

Diese spezifische Ambivalenz bot aber auch eine Chance: Die Geschlossenheit des politischen Systems, die sich vornehmlich durch den Ausschluss von Frauen mit Hilfe der Vereinsgesetze und der Unterdrückung der Arbeiter_innenbewegung durch die Sozialistengesetze ausdrückte, bewirkte eine Politik der kleinen Schritte der sich etablierenden Frauenbewegung in Bezug auf die Geschlechter- sowie der Klassenfrage. Dies bot letztendlich die Möglichkeit, dass sich aus dem sozialistisch-sozialdemokratischen Milieu eine eigenständige Frauenbewegungsströmung etablieren konnte.

4.2.2 Proletarische Forderungen zwischen Repression und Separation

In der ersten Hälfte des 19. Jahrhunderts gab es erste Aktivitäten zur Organisierung von Arbeiterinnen in den Unterstützungskassen, in den Arbeiterbildungsvereinen und in den Streikkoalitionen (vgl. Hervé 2001: 22). Bei der Gründung der *Allgemeinen Deutschen Arbeiterverbrüderung* (ADA) 1848 wurde in der Satzung festgelegt, dass in jedem Bezirkskomitee auch eine Frauenabteilung eingerichtet werden solle (ebd.). Nicht nur die Vereinsgesetzgebung war ein prinzipielles Problem bei der Organisierung der Frauen aus dem Arbeiter_innenspektrum, auch innerhalb der sozialistischen/sozialdemokratischen und gewerkschaftlichen Organisationen waren sie mit Ausschlüssen konfrontiert (vgl. Joos 1912: 8).

Anders als die bürgerliche Frauenbewegung, die sich den politischen Parteien gegenüber als neutral definierte, war die Entwicklung der proletarischen Frauenbewegung an die erstarkende und sich organisierende Arbeiter_innenbewegung geknüpft. Nichtsdestotrotz liegen ihre Anfänge in der Etablierungsphase der Frauenbewegung nach der 1848er Revolution. Die Anfangsphase der proletarischen

Frauenbewegung pendelte demnach zwischen der bürgerlichen Frauenbewegung und der überwiegend von Männern geführten Arbeiter_innenorganisationen hin und her. Im Folgenden wird kursorisch der Klassenkampf innerhalb der Frauenbewegung und der Geschlechterkampf in der Arbeiter_innenbewegung beleuchtet.

4.2.2.1 Erste Schritte der Organisierung

Bereits 1869, also vier Jahre nach der Gründung des AdF, wurde der *Verein zur Fortbildung und geistigen Anregung der Proletarierfrauen*[52] (vgl. Joos 1912: 7) von Louise Otto-Peters (vgl. Niggemann 1981: 52), die von Ernst Bloch als „rote Demokratin" bezeichnet wurde (Bloch 1962: 51), aus der Taufe gehoben. Die Verbindung zwischen den verschiedenen Realitäten d. h. der Bürgerin und der „handarbeitenden Schwester" (Schenk 1981: 48), sollte durch die Losung „Nur Einigkeit macht stark, nur Bildung macht frei"[53] an die bildungspolitische Tradition der Aufklärung anschließen (Lion 1926: 20). Bildung galt auch hier als Schlüssel zur Berufstätigkeit sowie zur gleichberechtigten politischen und gesellschaftlichen Teilhabe und sollte der Überbrückung sozialer Unterschiede zwischen den Frauen der verschiedenen Klassen dienen. Dieser Idee schloss sich auch August Bebel mit der Gründung des *Leipziger Arbeiterbildungsvereins* an (vgl. Gerhard 1990b: 78). Erste Organisierungsbestrebungen auf diesem Gebiet wurden durch politische und ökonomische Entwicklungen in den deutschen Ländern jäh unterbrochen.[54] Mit der Großen Depression 1876 und den damit einher-

---

[52] Dem Verein gehörte zeitweise auch Ottilie Baader an. Er wurde ab 1871 bis zu seiner Auflösung von Lina Morgenstern geleitet (vgl. Niggemann 1981: 52).
[53] Diese Forderung bezog sich keineswegs auf Erwerbsmöglichkeiten von „nur" bürgerlichen Frauen, sondern vielmehr auf eine Debatte innerhalb der Arbeiterinnenkreise; Otto-Peters hatte sich schon seit Mitte des 19. Jahrhunderts für die Rechte der Frauen und insbesondere für die Verbesserung der Lage der Arbeiterinnen eingesetzt (vgl. Bäumer 1901: 36).
[54] Die beiden Sozialdemokratinnen Berta Hahn und Pauline Staegemann gründeten 1873 den *Berliner Arbeiterfrauen- und Mädchenverein*, der 1877 aufgrund der preußischen Vereinsgesetzgebung wieder aufgelöst wurde. Der Frauenhilfsverein für Handarbeiterinnen wurde 1887 aufgelöst (vgl. Lion 1926: 19).

gehenden sozialen Problemen wie Überproduktion, Landflucht, Rationalisierungsmaßnahmen und Teuerung, welche Streikbewegungen und Proteste auslösten (vgl. Hervé 2001: 22), verschärfte sich die soziale und politische Situation. Mit dem „Gesetz gegen gemeingefährliche Bestrebungen der Sozialdemokratie" von 1878 bis 1890 wurde die Organisation der Arbeiter_innenschaft zudem verboten, die rigide Vereinsgesetzgebung, welche Frauen kein Koalitionsrecht gewährte, tat in der Folge ihr Übriges.

Gertrud Guillaume-Schack gründete 1885 den *Verein zur Wahrung der Interessen der Arbeiterinnen*, in welchem auch Marie Hofmann, Pauline Staegemann und Emma Ihrer aktiv waren. Innerhalb der Organisation richtete man verschiedene Kommissionen für die spezifischen Berufszweige ein, die sich mit der Lage der Erwerbstätigen in den verschiedenen Berufszweigen auseinandersetzen und diese Ergebnisse einer breiteren Öffentlichkeit zur Verfügung stellten (vgl. Joos 1912: 13). Der Verein machte durch rührige Agitationstätigkeit auf sich aufmerksam. Es wurden zweiwöchentliche Veranstaltungen abgehalten, Kommissionen eingerichtet und statistisches Material zu einzelnen Berufskreisen gesammelt (vgl. Lion 1926: 19). Schon bei dieser ersten Organisierung machte sich Unmut bei prominenten Aktivisten der Arbeiter_innenbewegung breit. So monierte Friedrich Engels, dass der Verein der Partei drei Prozesse „auf den Hals lud" (Dertinger 1981: 59). Die Leistungen dieser ersten Organisation sind jedoch nicht zu unterschätzen: Es gelang dem Verein beispielsweise, mit einigen Unternehmen Lohnverträge zu vereinbaren, „Beschlüsse über amtliche Erhebungen der Lage in der Konfektions- und Wäscheindustrie vom Reichstag" zu erwirken und Bestimmungen in der Gewerbeordnung zu ändern (Lion 1926: 19).

Kurz nach der Auflösung des Vereins gründete sich auch eine erste gewerbliche Organisation: Der *Verein der Mantelnäherinnen*, welcher Rechtsschutz, ärztliche Hilfe und Arbeitsnachweis bot (vgl. Joos 1912: 13). Mit dem Puttkamer Streikerlass im selben Jahr wurden jedoch auch diese Vereine wieder aufgelöst und in Berlin trat die Bewegung für einige Zeit wieder in den „Hintergrund" (ebd.). Dem preußischen Innenminister Puttkam ging es vor allem darum, Streiks, Streikposten und Arbeitskämpfe zu stigmatisieren, denn hinter jedem Streik „lauere" die „Hydra der Revolution'" (Tönnies [1922] 2002: 569). Diesem „polizeliche[n] Materialismus" lag die Vorstellung zugrunde, die Arbeiter_innenbewegung werde von

„einzelnen Wühlern und Hetzern erzeugt, ergo haben wir in den Gefängnissen und den Bajonetten ein ausreichendes Mittel, um der unliebsamen, ‚vorübergehenden Erscheinung' Herr zu werden" (Luxemburg 1906: 7). Das Engagement aktiver Frauen war gekennzeichnet von Gefängnis, Verfolgung und Auflösung der gerade geschaffenen Organisationen sowie von Verboten der Gewerkschaftsarbeit (vgl. Dertinger 1981: 52).

Die 1884 zur Umgehung des Sozialistengesetzes gegründete *Central-Kranken- und Begräbniskasse für Frauen und Mädchen*[55] bot jedoch immerhin noch die Möglichkeit für Austausch und regelmäßige Treffen (vgl. Ihrer 1898: 19; Joos 1912: 13). Auch erzwangen sich die Berliner Aktiven durch ihr zähes und in hoher Anzahl immer wiederkehrendes Erscheinen bei politischen Veranstaltungen ihr Recht auf Teilnahme an diesen Zusammenkünften (vgl. Joos 1912: 13). Das Sozialistengesetz, so die damals in der Sozialdemokratie aktive Anna Blos, wurde zwar geschaffen, „um eine der größten sozialen Umwälzungen, die die Welt erlebt hat, zu vernichten", letztendlich trug selbiges aber dazu bei, „die Bewegung zu stärken" (Blos 1930: 20).

> Und die Frauen, die all die verheerenden Wirkungen am eigenen Leib erfuhren, wurden Mitwisserinnen, Mitkämpferinnen. [...] Das Verbotene reizt, und so besuchten lerneifrige Frauen die Männerversammlungen in Männerkleidung oder erzwangen sich als geschlossene Masse Eintritt. Für die Proletarierin galt nun nicht mehr das Reich, das man ihr aufzwingen wollte in Kirche, Küche, Kinderstube (Blos 1930: 20).

Ein Mobilisierungseffekt, den auch Emma Ihrer betont, denn selbst wenn sich die Frauen vorher kaum für politische Fragen interessiert hätten, so waren sie mit der Auflösung ihrer allgemeinen Vereine geradezu darauf „hingewiesen, sich an der allgemeinen Arbeiterbewegung zu betheiligen" (Ihrer 1898: 20).

Im Jahre 1886 starteten die Aktiven der Bewegung einen Versuch, für die zahlreichen Organisationen und das große Engagement der Arbeiterinnen ein gemeinschaftliches „Programm für die Arbei-

---

[55] Der Verein – dessen Sitz sich in Offenbach befand (vgl. Joos 1912: 13) und der eine Außenstelle in Berlin betrieb (vgl. Blos 1933: 19) – hatte insgesamt 120 Verwaltungsstellen und insgesamt 20.000 Mitglieder (vgl. Ihrer 1898: 19).

terinnenbewegung" zu entwickeln (Hervé 2001: 33). Diese Bestrebungen konnten aufgrund der Verschärfung der Sozialistengesetze nicht umgesetzt werden. Die restriktiven Bedingungen behinderten zwar die Organisierung unter den Arbeiterinnen, dennoch existierten bis zum Fall des Sozialistengesetzes 19 gewerkschaftliche Organisationen für Arbeiterinnen (vgl. Hervé 2001: 33).

Anna Blos beschreibt, dass gerade die restriktive Gesetzgebung der ausschlaggebende Grund dafür war, dass die „Teilnahme am öffentlichen Leben in den Arbeiterinnenkreisen lebhafter geworden, das Verständnis für den Wert der Organisation" gestiegen war (Blos 1930: 18). Politisches Engagement gestaltete sich für alle Frauen als sehr schwierig. In der Logik des Ansatzes der politischen Gelegenheitsstrukturen muss aber analytisch festgehalten werden, dass sich das politische System für Arbeiterinnen geschlossener darstellte als für den größten Teil der politisch aktiven bürgerlichen Frauen.

4.2.2.2 Geschlechterkampf in der Arbeiter_innenbewegung

In der Arbeiter_innenbewegung selbst war die Frauenemanzipation ein großer Streitpunkt, der sich als Verteilungskampf äußerte, aber auch den Schutz vor schlechten Arbeitsbedingungen für Frauen vor Augen hatte. August Bebel ([1879] 1959: 39) führte in „Die Frau und der Sozialismus"[56] an, dass das „weibliche Geschlecht in doppelter Beziehung" (ebd.) leide, nämlich „unter der sozialen und gesellschaftlichen Abhängigkeit von der Männerwelt". Weiterhin sei die „ökonomische Abhängigkeit, in der sich Frauen im allgemeinen" für die proletarischen Frauen noch einmal besonders geartet und „gleich der proletarischen Männerwelt" (ebd.).

Auch Friedrich Engels Werk „Der Ursprung der Familie, des Privateigentums und des Staats" von 1884 befasst sich mit der gesellschaftlichen Stellung der Frau und begründete diese ebenfalls mit dem Ausschluss der Frauen von der Erwerbsarbeit:

---

[56] Die erste Auflage erschien 1878 unter dem Titel „Die Frau in Vergangenheit, Gegenwart und Zukunft" und wurde bereits im Zeitraum zwischen 1878 und 1909 50 Mal aufgelegt und in diverse Sprachen übersetzt (Thönnessen 1969: 37).

> Hier zeigt sich schon, daß die Befreiung der Frau, ihre Gleichstellung mit dem Manne, eine Unmöglichkeit ist und bleibt, solange die Frau von der gesellschaftlichen produktiven Arbeit ausgeschlossen und auf die häusliche Privatarbeit beschränkt bleibt (Engels [1884] 1961: 289).

Wenngleich auf einer theoretischen Ebene, also im Sinne einer „materialistischen Geschichtsauffassung", „den Marxisten die Frauenarbeit als ein absolut notwendiges Ergebnis der Entwicklungstendenzen" erscheint und im „Interesse des Fortschritt[s]" prinzipiell begrüßt wurde (Neumann 1921: 2), gab es doch gerade auf der bewegungsorganisatorischen Ebene erhebliche Schwierigkeiten mit dem Thema. Zwar gründeten sich recht früh Arbeiterinnenvereine und Gewerksgenossenschaften (vgl. Hervé 2001: 22), jedoch war die Erwerbsarbeit äußerst umstritten innerhalb der sozialistischen Bewegung. Der von Ferdinand Lassalle 1863 gegründete *Allgemeine Deutsche Arbeiterverein* (ADAV) unterstütze eine Politik des „proletarischen Antifeminismus" (Thönnessen 1969: 14). Die Lassalleaner sprachen sich nicht nur gegen die schlechten Bedingungen der Erwerbsarbeit für Frauen aus, sondern folgten der bürgerlichen Logik der Geschlechtercharakterisierung und wollten Frauen auf die häusliche Sphäre beschränkt sehen. Die Argumentation erfolgte auf Grundlage nationalökonomischer Argumente (vgl. Lion 1926: 25). Davon zeugt nicht zuletzt Lassalles „ehernes Lohngesetz" (Schenk 1981: 48), welches davon ausgeht, dass in einer „Volksgemeinschaft" ein konstanter Lohnfonds existiert: „je größer die Zahl der Arbeiter, desto geringer werde der Lohn eines jeden einzelnen" (ebd.). Ein Verbot der Frauenarbeit würde somit die Löhne der männlichen Arbeitnehmer steigern (ebd.). Aus diesen Annahmen speiste sich dann auch der „latent vorhandene Antifeminismus" (Dertinger 1981: 17).

Clara Zetkin, eine der wohl bekanntesten Aktivistinnen der proletarischen Frauenbewegung in Deutschland, sah in der Abschaffung oder Einschränkung der Frauenarbeit einen gesellschaftlichen Zustand entstehen, der Frauen in einer andauernden Abhängigkeit halten, zu „Knechtung und Aechtung" führen und Prostitution „in- und außerhalb der Ehe" hervorbringen würde (Zetkin 1889: 13). Auch Louise Otto kritisierte diese Logik der Sozialdemokraten scharf:

> Wir erwähnten schon einmal vorübergehend, wie unter den Fabrikarbeitern theilweise die Angst herrsche vor der Concurrenz der Frauen, wie es schon 1848 an manchen Orten geschehen, daß die Arbeiter die Frauen aus den Fabriken vertrieben. Neuerer Zeit hegt man da und dort ähnliche Gedanken, ja es ist – von den Lassalleanern – der Grundsatz aufgestellt worden: „die Lage der Frau kann nur verbessert werden durch die Lage des Mannes". Dies ist der aller Gesittung und Humanität Hohn sprechende Grundsatz, den unsere ganze Anschauung und diese Schrift bekämpft. Gerade die Partei, die von „Staatshilfe" sich so viel verspricht, die das allgemeine Stimmrecht fordert, schließt von allen ihren Bestrebungen die Frauen aus – dadurch beweist sie, daß sie ihr Reich der Freiheit d.h. „die Herrschaft des vierten Standes" gründen will auf die Sclaverei [!] der Frauen – denn wer nicht frei für sich erwerben darf, ist Sklave (Otto [1899] 2012: 98).

Zetkin und Otto weisen zudem darauf hin, dass die Erwerbstätigkeit der Frau auch die Männer entlaste (vgl. Otto [1899] 2012: 98; Zetkin 1889: 13).

In der Anfangszeit der Arbeiter_innenbewegung empfahl der ADAV, Abwehrstreiks gegen die „weibliche Konkurrenz" zu organisieren (Schenk 1981: 48). Die *Internationale Arbeiterassoziation* ihrerseits sah dagegen von Anfang an die Gründung von Frauensektionen vor, trotzdem kam es beim ersten Kongress der *Ersten Internationale* 1866 zu einer heftigen Diskussion zum Thema Frauenarbeit. Das Verbot der Frauenarbeit, welches vom ADAV gefordert wurde, wurde durch die Formel „Schutz der Arbeiterinnen" (Hervé 2001: 22) ersetzt. Auch beim „Allgemeinen deutschen sozialdemokratischen Arbeiterkongress" 1869, dem Gründungskongress der *Sozialdemokratischen Arbeiterpartei* (SAP) in Eisenach, forderten Lassalle-Anhänger die Abschaffung der Frauenarbeit. Dieser Antrag wurde knapp mit dem Argument abgelehnt, dass es Frauen möglich erweise in die „Prostitution treiben könnte" (Schenk 1981: 48), wenn sie keiner Erwerbstätigkeit nachgehen könnten. Das Wahlrecht der Frauen blieb zunächst ebenso umstritten.

August Bebel und die sächsischen Arbeitervereine, welche insbesondere Frauen der Textilindustrie einbezogen, stellten mit ihren fortschrittlichen Gedanken und Ideen zur Frauenarbeit zunächst eine

Minderheit dar. In der in Leipzig gegründeten *Internationalen Gewerksgenossenschaft der Manufaktur-, Fabrik und Handarbeiter* beiderlei Geschlechts setzten sich neben August Bebel auch Wilhelm Liebknecht und Julius Mottler für die gleichberechtigte Mitgliedschaft von Arbeiterinnen ein (vgl. Hervé 2001: 23) – keineswegs selbstverständlich für jene Zeit. Ein großer Teil der Genossen war der Ansicht, dass die Verbesserung der Lage der Frau nur durch eine Verbesserung der Lage des Mannes erreicht werden könne (vgl. Otto [1866] 2012: 98).

Beim Vereinigungskongress des ADAV und der Sozialdemokratischen Partei zur SAP in Gotha 1875 wurden das Parteiprogramm und die Aufnahme des Frauenwahlrechts in selbiges diskutiert. Der Antrag wurde allerdings trotz der vehementen Fürsprache – u. a. von Seiten Bebels, der für ein allgemeines Wahlrecht für beiderlei Geschlechter eintrat – abgelehnt. Gründe, die dafür angegeben wurden, waren die schlechte politische Bildung der Frauen und die Annahme, dass sie mit dem Wahlrecht nichts anzufangen wüssten (vgl. Joos 1912: 10). Diese Argumentation, dass Frauen noch nicht ‚reif' für das Wahlrecht seien, war in bürgerlichen sowie proletarischen Kreisen zu finden. Die bürgerlichen Frauen ihrerseits wiederum hielten die Frauen des „vierten Standes" für politisch ungebildet:

> Und da die Frauen des vierten Standes naturgemäss noch an politischem Verständnis hinter den Männern zurückstehen, da das Solidaritätsgefühl bei ihnen noch weniger entwickelt ist, so muss die Zurückhaltung der Führerinnen der bürgerlichen Frauenbewegung gegenüber noch rigoroser sein, als die der Sozialdemokratie gegenüber den bürgerlichen Parteien überhaupt (Bäumer 1901: 115).

Die Einschätzung Bäumers zur mangelhaften Organisationsfähigkeit der Arbeiterinnen wurde auch von den Gewerkschaften geteilt (vgl. Neumann 1921: 8). Die „Gewerkschaftsvertreter" sahen neben dem geringen „Solidaritätsgefühl" der Arbeiterinnen auch weitere Gründe als ausschlaggebend: So würden die Frauen zumeist ungelernten Arbeiten nachgehen und daher ihren „Beruf nicht als Lebensberuf" (ebd.) ansehen. Auch häufige Berufswechsel, eine Abneigung der Frauen gegenüber den Beitragszahlungen sowie die

Doppelbelastung hätten zu der geringen Organisationsfähigkeit in den Anfangsjahren beigetragen (ebd.).

Zwar wurden durch die Sozialistengesetze und die damit verbundene Verfolgung sozialdemokratischer und sozialistischer Aktiver die meisten Arbeiter_innenvereinigungen aufgelöst, die Gesetze hatten aber auf der anderen Seite eine konsolidierende Wirkung auf die Bewegung und eine ‚erweckende' für die Arbeiterinnen und Arbeiterfrauen. Insofern sind diese m. E. ebenfalls als Gelegenheitsstruktur zu begreifen. Die „reinliche Scheidung" zwischen bürgerlicher und proletarischer Frauenbewegung, wie es Zetkin (18.04.1894, Gleichheit: 63) später nennen wird, nimmt hier bereits ihren Anfang, denn die Verfolgung unter den Sozialistengesetzen lässt über die Geschlechtergrenzen hinweg die Klasse an sich zu einer Klasse für sich werden. Lion (1926: 31) beispielsweise attestiert dieser historischen Periode, dass sie für die „geistige Entwicklung der Proletarierinnen von ausschlaggebender Bedeutung" (ebd.) gewesen sei.

> Die Arbeiterfrauen, Ehefrauen und Töchter sozialdemokratischer Männer, „von selbst dazugehörig", erlebten nun am eigenen Leib und an dem ihrer Kinder, was es heißt, Sozialdemokrat zu sein – nicht für die kurze Dauer eines Streiks, sondern für Jahre. Durchhalten d. h.: Hausdurchsuchungen über sich ergehen lassen, Arbeitslosigkeit der Männer, Verhaftungen und Ausweisungen, heißt alle Folterungen des „weißen Schreckens" erdulden (Lion 1926: 32).

Frauen trugen durch ihre geheime politische Arbeit zum Fortbestand der sozialistischen/sozialdemokratischen Bewegung in Deutschland bei. Sie schmuggelten geheime Schriften, standen bei verbotenen Veranstaltungen „oft im Wald" Wache, verteilten Flugblätter, sicherten die Kommunikation zwischen den voneinander abgeschnittenen Aktivisten (Neumann 1924: 21).

> Sie mußten es ertragen, daß ihre Lebensgefährten, die Väter ihrer Kinder, oft über Nacht ihr Heim verlassen, in die Verbannung gehen mußten. Sie trugen größte Not, Hohn, Spott, Verfolgung heldenmütig (Neumann 1924: 21).

Nach dem Fall dieser restriktiven Gesetzgebung 1890 bot sich die Möglichkeit einer Reorganisierung der Arbeiter_innenbewegung. Danach sollte jede_r als zur Partei gehörig betrachtet werden,

„der sich zu den Grundsätzen des Parteiprogramms" bekannte „und die Partei nach Kräften" unterstützte (Joos 1912: 11). Diese Entscheidung schloss demnach alle Geschlechter ein. Um den Frauen die Teilnahme am politischen Leben der Partei zu ermöglichen und die rigiden Vereinsgesetze zu umgehen, wurde im Statut festgelegt, dass in besonderen Frauenversammlungen Delegierte für den Parteitag ausgewählt werden sollten (ebd.: 12).

Die Organisation der erwerbstätigen Frauen in den Gewerkschaften gestaltete sich zunächst eher schwierig, vor allem da, wie bereits erwähnt, die Frauenarbeit als „Lohndruck und gefährliche Konkurrenz für die männliche Erwerbsarbeit" (ebd.) gewertet wurde. Außerdem sollte der Arbeitsmarkt „nicht erweitert werden durch Berufe, die außerhalb der weiblichen Sphären liegen" (Lion 1926: 26). Die Gewerkschaften und sozialdemokratischen Verbände hatten zudem die Vereinsgesetze im Blick und fürchteten mit der Aufnahme von Frauen weitere polizeiliche Übergriffe oder die Auflösung ihrer Organisationen (vgl. Neumann 1921: 8). Mit der Reorganisierung der Gewerkschaften 1891 in Halberstadt und der Vereinigung in Zentralverbänden gewann die Frage der Organisierung der weiblichen Erwerbstätigen jedoch an Relevanz (vgl. Joos 1912: 12).

Eine wichtige Rolle bei der Mobilisierung der Arbeiterinnen und Arbeiterfrauen spielte ab 1891 *Die Gleichheit*, die aus der Zeitschrift *Die Arbeiterin*[57] hervorging und beim Stuttgarter Dietz-Verlag erschien.

> „Die Gleichheit" tritt für die volle gesellschaftliche Befreiung der Frau ein, wie sie einzig und allein in einer im Sinne des Sozialismus umgestalteten Gesellschaft möglich ist, wo mit der ökonomischen Abhängigkeit eines Menschen von einem andern Menschen die Grundursache jeder sozialen Knechtung und Ächtung fällt. Sie geht von der Überzeugung aus, daß der letzte Grund der Jahrtausende alten niedrigen gesellschaftlichen Stellung des weiblichen Geschlechts nicht in der jeweiligen „von Männern gemachten" Gesetzgebung, sondern in den durch wirtschaftliche Zustände bedingten Eigentumsverhältnissen zu suchen ist (Die Redaktion und der Verlag, Gleichheit, 18.12.1891: 1).

---

[57] *Die Arbeiterin* erscheint in Hamburg seit Anfang 1891 und der Aufruf im ersten Heft wird von „Zetkin (Paris), Frau Marx-Aveling (London), Frau Kautsch, Frau Guillaume-Schack" unterzeichnet (Joos 1912: 14).

Mit der Etablierung der Zeitschrift setzt auch eine rege Versammlungsagitation im gesamten Reichsgebiet ein, welcher zumeist auch Vereinsgründungen folgten: Frauen- und Mädchenvereine, Frauen- und Mädchenbildungsvereine, Arbeiterinnenvereine (vgl. Joos 1912: 15). Um die Organisierung und Integrierung der proletarischen Frauenbewegung voranzubringen, wurde 1890 im „Haller Organisationsstatut der Partei" (Joos 1912: 16) aufgrund der vereinsgesetzlichen und versammlungsrechtlichen Restriktionen ein Sonderrecht festgelegt, das besondere Frauenversammlungen und die Entsendung vollberechtigter Delegierter vorsah, um so den Frauen politische Teilhabe zu gewährleisten. Auf dem Parteitag 1892 beantragte Ottilie Baader[58] die Streichung dieses Passus, da die Frauen „keine Vorrechte" sondern „gleiche Rechte" wollen würden (ebd.: 17). Diese politische Strategie der Anerkennung ohne Sonderrechte bewährte sich allerdings nicht in der Realität, und zwei Jahre später wurde die Sonderregelung wieder eingeführt. Zetkin machte sich für die Wiedereinführung stark und wurde dabei von Ignaz Auer unterstützt:

> Die Partei müsse der Frauenbewegung Gelegenheit geben, auf den Parteitagen vertreten zu sein, ohne dabei von der Gnade der Männer abhängig zu sein (Joos 1912: 17).

Auf Antrag einer Berliner Versammlung von Frauen und Mädchen wurde zudem auf demselben Parteitag beschlossen, das Wort „Vertrauensmann" durch „Vertrauensperson" zu ersetzen (ebd.). Zudem wurde beantragt, dass die Partei eine rege Agitation organisiere, um die Arbeiterinnen in die gewerkschaftliche und die politischen Organisationen einzubeziehen. Ferner, und dies ist als politisch und organisatorisch sehr weitsichtig zu interpretieren, sollte gerade Wahlagitation dazu benutzt werden, um auf die Rechtlosigkeit der Frauen aufmerksam zu machen (ebd.).

Der Parteitag 1892 wurde dafür genutzt, die Organisierungsstrategie der proletarischen Frauenbewegung festzulegen (ebd.). Hier wurden Arbeitsschwerpunkte zur Organisierung beschlossen, die unter anderem vorsahen, sofern es die Vereinsgesetzgebung im jeweiligen Land zuließ, Frauen in die Parteien und Gewerkschaften

---

[58] Ottilie Baader fungierte später als Zentralvertrauensperson der sozialistischen Frauen Deutschlands (vgl. Joos 1912: 17).

aufzunehmen. Die bereits vorhandenen Organisationen wurden angewiesen, Daten über Arbeits- und Lebensverhältnisse der proletarischen Berufsarbeiterinnen zu sammeln und diese Informationen auf Versammlungen mit Unterstützung der *Gleichheit* zu verbreiten (vgl. Joos 1912: 19). Die Gewerkschaften wurden „gebeten, bei der Agitation unter Arbeiterinnen weibliche Agitatoren zu verwenden, wie überhaupt weibliche Mitglieder zu Verwaltungsposten heranzuziehen" (ebd.: 20). Die Strategie der Organisation der Arbeiterinnen in den Gewerkschaften wurde auch in den folgenden Parteitagen diskutiert und angenommen (ebd.: 21), und die Gewerkschaften brachen 1891 endgültig „mit ihrer Abneigung gegen die Organisierung weiblicher Arbeitskräfte" (ebd.: 27). Besonderen Erfolg hatte die Organisierung in Streikzeiten (ebd.: 28).

Abbildung 3: Streikende Arbeiterinnen aus Crimmitschau, 1904;
AddF – Archiv der deutschen Frauenbewegung

Die Öffnung der Arbeiter_innenbewegung für Frauen konnte so erreicht werden. 1893 hatte der Reichstag eine Militärvorlage abgelehnt und wurde daraufhin aufgelöst. Die Kampagne zu den Neuwahlen lief in vollem Umfang an und die Frauen nutzten die Gelegenheit, um sich bei der Mobilisierung intensiv einzubringen. Hier bestand die „Gelegenheit", wo „die junge Frauenbewegung" sich ihre „Sporen verdienen konnte" (Joos 1912: 18). Allerdings begann von behördlicher Seite eine „wahre Razzia unter den neu entstanden Arbeiterinnenvereinen" (Blos 1930: 26). Insbesondere diese und die Agitationskommissionen schienen verdächtigt und wurden 1895 aufgelöst (ebd.: 26f). Diese erneuten Repressionen gegen Frauen, diese „neue Verfolgung" (ebd.: 27), bewirkte aber auch eine neue Mobilisierungswelle. Genossinnen wurden wegen Beleidigung oder Aufforderung zu Gewaltanwendung verhaftet und auch verurteilt (ebd.). Auch reagierten die Ordnungsmächte mit Vereins- und Versammlungsauflösungen.

Hier bewirkten die Geschlossenheit des Systems und die restriktive Unterdrückung der Organisierung der Arbeiterinnen schließlich eine Konsolidierung der Bewegung. Das Bekenntnis der tragenden Organisationen der Arbeiter_innenbewegung zu den Arbeiterinnen und Arbeiterfrauen brachte einen Mobilisierungsschub hervor. Emma Ihrer hielt dementsprechend 1893 fest, dass die anfänglich unsichere und gespannte „Beziehung zur Arbeiterbewegung und der sozialistischen Partei" sich „indes völlig geklärt" habe (Ihrer 1893: 6).

Bis 1900 gab es in Deutschland nur wenige weibliche Vertrauenspersonen, die regional die Agitation bzw. die Mobilisierung leiteten (vgl. Neumann 1921: 14). Ab 1900 fanden in der Regel alle zwei Jahre Frauenkonferenzen statt. Hier wurden neben Organisationsformen auch Themen wie der Arbeiterinnenschutz, die Wirtschaftskrise, der Zolltarif, Kinder- und Heimarbeit oder das Wahlrecht diskutiert (vgl. Joos 1912: 33ff). Besondere Erwähnung müssen auch die Frauenbildungsvereine finden, die bei der Frauenkonferenz 1900 stark befürwortet worden sind, sie bildeten einen wichtigen Mittelpunkt für die Frauen und „meistens einen Ersatz für die politische Organisation" (Neumann 1921: 17). Die Organisierung der proletarischen Frauenbewegung und deren zunehmendes Engagement in Partei und Gewerkschaften ist bereits Ende 1903 zu verzeichnen: Es gab mittlerweile 78 Vertrauenspersonen, die Zirkulation der *Gleichheit* hatte sich von 4.000 auf 9.500 erhöht (Joos 1912: 36). Zur Frauenkonferenz in Bremen 1904 war die Anzahl der delegierten Frauen von 20 auf 33 angestiegen und zum ersten Mal war der Parteivorstand anwesend (ebd.). Wesentliches Ziel in dieser Phase war es, auch Frauen zu organisieren, die nicht in Lohn und Brot standen, d. h. nicht nur die „gewerblich tätigen Frauen". Frauen sollten auch als „Mutter, Hausfrau und Bürgerin gepackt werden": Über das Thema Kinderschutz wollte man die Mütter ansprechen, über den „Zollwucher" sowie die damit einhergehende Teuerung von Lebensmitteln die Hausfrau und mit der „reaktionären Vereinsgesetzgebung", gegen die protestiert wurde, sollte die Bürgerin mobilisiert werden (Joos 1912: 37). In Bezug auf Bildung forderte die proletarische Frauenbewegung zudem die Beendigung des religiösen Einflusses im Schulwesen sowie die Ersetzung der „Armeleuteschulen" durch Einheitsschulen (ebd.).

Mit den Frauenkonferenzen und der Durchsetzung der Wahrnehmung von Frauen in der Arbeiter_innenbewegung lässt sich insgesamt eine positive Bilanz zum Organisierungsgrad der Frauen ziehen (Tab. 7).

Zur Frauenkonferenz in Mannheim 1906 erweiterte sich das Themenspektrum um die Agitation unter den Landarbeiterinnen, die Situation der Dienstbotinnen sowie das Frauenstimmrecht (vgl. Joos 1912: 39). Mit der erneuten Reichstagsauflösung sammelte auch die proletarische Frauenbewegung ihre Kräfte für den Wahlkampf und die Unterstützung ihrer Partei, die als einzige bis 1910 das Stimmrecht für Frauen forderte. Die Aktiven sammelten für den Wahlfonds und halfen bei der Wahlarbeit (ebd.).

Jahr	1903	1904	1905	1906	1908
Parteiorganisation	k. A.	k. A.	4.000	6.000	k. A.
Frauenbildungsvereine	k. A.	k. A.	3.000	9.000	k. A.[59]
Abonnentinnen Gleichheit	9500	12.000	23.000	46.000	85.000
Gewerkschaften	40.666	k. A.	48.666	74.000	138.443

Tabelle 7: Organisierungsgrad der Frauen
(nach Joos 1912: 38ff; eigene Darstellung)

---

[59] Im Jahr 1907 existierten 94 politische Bildungsvereine, in welchen 10.302 Frauen organisiert waren (vgl. Neumann 1924: 17).

Abschließend kann festgehalten werden, dass die aufkeimende Bewegung der Arbeiter und ihrer Organisationen ab den 1848ern Jahren ein zwiespältiges Verhältnis zur Frauenfrage hatte. Am Beispiel der gewerkschaftlichen Organisierung und der anfangs starken Position Lassalles im ADAV lässt sich zeigen, dass es Strömungen gab, die sich entweder vehement gegen Frauenerwerbsarbeit, insbesondere in der Fabrikarbeit, aussprachen oder eben nur Erwerbsarbeit in bestimmten Berufsfeldern zustimmten. Begründet wurde diese Ablehnung mit der befürchteten Lohnkonkurrenz.

Die zweite Position beruht auf der Vorstellung, dass die Frau der „weiblichen Sphäre" angehöre und entsprechend auch dort einer Lohnarbeit nachgehen solle, d. h. „statt Fabrikarbeit Erwerbsarbeit im Haus" (Lion 1926: 26). Die Vorstellung spezifischer Geschlechtercharaktere und die damit verbundenen Zuweisungen von Frauen auf die reproduktive Sphäre, eigentlich eine „,Erfindung' der bürgerlichen Gesellschaften seit Ende des 18. Jahrhunderts" (Treibel 1994: 77), war demnach auch in Teilen der Bewegung der Arbeiter verbreitet.

Frauen der Arbeiter_innenklasse kämpften daher an zwei Fronten: Sie forderten die Anerkennung innerhalb der Arbeiter_innenbewegung sowie in der Erwerbsarbeitssphäre und grenzten sich zudem von der bürgerlichen Frauenbewegung ausdrücklich ab, die Arbeiterinnen und Arbeiterfrauen zumeist als Objekte der sozialen Fürsorge anstatt als politische Akteurinnen wahrnahm.

4.2.2.3 Klassenkampf in der Frauenbewegung

„Die Frauen dürfen so wenig auf die Hilfe der Männer warten, wie die Arbeiter auf die Hilfe der Bourgeoisie warteten", schrieb Bebel ([1879] 1959: 203) bereits in „Die Frau und der Sozialismus". Wichtige Akteurinnen und gleichzeitige Chronistinnen der proletarischen Frauenbewegung wie Emma Ihrer (1893: 3f) und Clara Zetkin merkten durchaus an, dass die ersten Organisierungsversuche unter Arbeiter_innen durch Frauen der bürgerlichen Klassen unternommen worden waren.

Unbestritten, daß die bürgerliche Frauenbewegung in der Frühzeit ihrer Entwicklung den Boden gelockert hat, auf dem auch die proletarische Frauenbewegung säte (Zetkin [1928] 1984: 43).

Wenngleich auch beide hervorhoben, dass das Verhältnis stets ein von Ungleichheit geprägtes war. Ihrer betont, dass die bürgerlichen Organisationen nur die „Befreiung der Frauen und Töchter der besitzenden Klasse im Auge" hatten (Ihrer 1893: 4). Zetkin hält fest, dass die proletarische Frauenbewegung der bürgerlichen Frauenbewegung „weder organisatorisch noch ideologisch in der Rolle des Kindes" gegenüberstand, „das sich der Mutter undankbar entfremdet hat" (Zetkin [1928] 1984: 43). Trotzdem ist anzumerken, dass viele Frauen, die sich später in sozialdemokratischen, sozialistischen bzw. gewerkschaftlichen Kontexten engagierten, in den ersten bürgerlichen Frauenbewegungsorganisationen aktiv waren oder zumindest mit ihnen in Berührung gekommen waren.[60]

Nach der polizeilichen Auflösung des *Vereins zur Vertretung der Interessen der Arbeiterinnen* 1886 entfernte sich die proletarische jedoch immer mehr von der bürgerlichen Frauenbewegung. Sie versuchte aktiv „die bürgerlichen Elemente abzustoßen und ihren Einfluß auszumerzen" (Neumann 1921: 10). Begründet wurde die Abkehr mit dem allzu geringen Verständnis für die Bedürfnisse und die Lage der Arbeiterinnen. Dazu gehört auch, dass sie aus Sicht der proletarischen Frauenbewegung wenig für die Interessen der Arbeiterinnen eintraten und dass die Bildungsbestrebungen, die ein Hauptziel der bürgerlichen Mobilisierung darstellten, für die Arbeiterinnen geringen Nutzen hatten (vgl. Neumann 1921: 10). Auch waren die Einstellung innerhalb der bürgerlichen Frauenbewegung zum Arbeiterinnenschutz sowie die „Taktik in dem Kampfe um die Erfüllung ihrer Bestrebungen" zu konträr zu den Bestrebungen und Interessen der Arbeiterinnen (ebd.).

Das Verhältnis zwischen bürgerlicher und proletarischer Frauenbewegung war spätestens mit der Gründung des BdF 1894 und dem bereits beschriebenen „Konstruktionsfehler" (Gerhard 2009:

---

[60] Auch Clara Zetkin knüpfte 1872 Kontakte zum Allgemeinen Deutschen Frauenverein (ADF) (vgl. Gerhard 2008: 185). Mit der ADF-Vorsitzenden Auguste Schmidt verband sie, dass sie ihr Lehrinnenseminar besuchte und von dieser sowie von Louise Otto zu Diskutiernachmittagen eingeladen wurde (vgl. Gerhard 1990: 188).

65) besiegelt. Ihrer fasste die Haltung der bürgerlichen Aktiven gegenüber Arbeiterinnen wie folgt zusammen:

> Und wo waren während der geschilderten Kämpfe und Vorgänge jene bürgerlichen Damen […]? [W]arum haben die Frauenrechtlerinnen nicht protestiert gegen jede Auflösung der Arbeiterinnen-Vereine, da man ihre Vereine doch nie antastete! Haben sich die Damen je empört, daß man die Arbeiterinnen-Versammlungen wie staatsgefährliche Zusammenrottungen polizeilich überwachen läßt, während die Frauenrechtlerinnen unbehelligt in städtischen Schulen und Gymnasien oder gar wie der internationale Frauen-Kongreß im Berliner Rathause tagen dürfen? (Ihrer 1898: 27f)

Bäumer schrieb, dass gegen die Aufnahme sozialdemokratischer Frauen- und Arbeiterinnenvereine zunächst „formale Gründe" sprachen (Bäumer 1901: 132). Die gängige Praxis der Polizei legte nahe, dass die Duldung gegenüber der bürgerlichen Frauenbewegung „riskiert" worden wäre, wenn der BdF „des Vereinsgesetzes wegen nicht formell, so doch thatsächlich auf sozialistischer Grundlage beruhende Arbeiterinnenvereine aufgenommen hätte" (ebd.: 132f).

Die Vorsicht der bürgerlichen Frauenbewegung mag demnach vor dem Hintergrund der eigenen Organisierungsstrategie zu rechtfertigen sein, doch die Nichteinladung zum Beitritt in den BdF und damit eine in institutionalisierte Form gegossene Entsolidarisierung fundierte letztendlich die endgültige Spaltung in zwei Bewegungen. Dies vermochten auch die radikalen Frauenbewegten nicht mehr zu entschärfen, wenngleich sie dies versuchten.

Eine „verpasste Gelegenheit" des Dialogs zwischen bürgerlicher und proletarischer Frauenbewegung stellte der *Internationale Kongress für Frauenwerke und Frauenbestrebungen* 1896 dar (vgl. Gerhard 2009: 67). Dieser wurde nicht unter der Schirmherrschaft des BdF organisiert, wohl aber von prominenten Vertreterinnen bürgerlicher radikaler Frauenvereine.[61] Schwerpunkte waren die Mädchenerziehung, Ausbildung zum Beruf, Studium, Frauenarbeit, Wohlfahrt oder auch Sittlichkeitsthemen und schließlich die „hochpolitische Frage, auf welchen Arbeitsgebieten für ‚die gesamte Frauenwelt' eine klassenübergreifende Kooperation möglich wäre"

---

[61] Die Initiatorinnen waren Lina Morgenstern, Minna Cauer und Hedwig Dohm.

(ebd.). Bewusst hatten die Initiatorinnen Akteurinnen der sozialdemokratischen Bewegung und der konservativen *Vaterländischen Vereine* eingeladen (ebd.). Die Einladung war abgelehnt worden, Zetkin und Braun hatten sich dennoch an den Diskussionen beteiligt, um – wie sich Simmel ausdrückte – „die Wertlosigkeit der bürgerlichen Frauenbewegung für die Interessen der Arbeiterinnen zu betonen" (Simmel [1896] 1985: 133). Die Teilnehmerinnen aus dem Ausland konnten den „verbissenen Streit" nicht nachvollziehen, da sie in ihren Kooperationen mit den Arbeiterinnen Erfolge verzeichnen konnten (Gerhard 2009: 67). Das „Dogma der Neutralität" (Greven-Aschoff 1981: 125) in der deutschen bürgerlichen Frauenbewegung und das klare politische Bekenntnis der proletarischen Akteurinnen zu Sozialdemokratie[62] spielten in diesem Zusammenhang eine wesentliche Rolle für die mangelnde Solidarisierung beider Strömungen in Form von gemeinsamen Aktionen und Mobilisierungsstrategien.

Die Klassenfrage beeinflusste aber nicht nur das Verhältnis zwischen den Bewegungen, sondern löste auch Konflikte innerhalb der Arbeiterinnenbewegung selbst aus. Denn auch Frauen aus dem sozialistischen/sozialdemokratischen Spektrum erkannten vereinzelt die Leistungen wie beispielsweise den „Idealismus und die Fülle frischer Tatkraft" und das „zunehmende Verständnis für soziale Fragen" der bürgerlichen Frauenbewegung durchaus an (Neumann 1924: 12). Henriette Fürth, Gertrud David, Wally Zepler und andere kritisierten „die ‚chauvinistische Einseitigkeit' und den ‚Terrorismus der Führerinnen'" (ebd.). Lily Braun[63] war ebenfalls eine von ihnen: Sie trat 1869 der Sozialdemokratie bei, war vorher im radikalen Flügel der Frauenbewegung aktiv und die Redakteurin der *Frauenbewegung*. Wenngleich Clara Zetkin und sie, wie Joos sich ausdrückt (1912: 21), „kaum einige Monate vorher in bitterer und persönlich zugespitzter Fehde in Sachen der Beurteilung bürgerlicher

---

[62] Zetkin machte im Jahr 1896 beim Gothaer Parteitag die „ablehnende Haltung gegenüber den bürgerlichen Frauen" öffentlich (Neumann 1924: 11).
[63] Zum Zeitpunkt des Eintritts hieß sie noch Lily von Gizycki bis sie den Sozialdemokraten Heinrich Braun 1869 heiratete. Braun widmete sich der Dienstbotinnenbewegung. Diese wurde von den Genossinnen zunächst abgelehnt, da die Dienstbotinnen noch „nicht reif" für die sozialistische Bewegung seien. Mit ihrem zunehmenden Erstarken wurde die Dienstbotinnenbewegung dann schließlich doch „als Pflicht erklärt" (Joos 1912: 26).

Frauenbewegung gelegen" hatten, wurde sie in der Redaktion der *Gleichheit* „herzlich willkommen" geheißen, wobei es Zetkin „offenbar nicht wohl dabei war" (ebd.). Nur exemplarisch sei erwähnt, dass Braun bei der ersten Frauenkonferenz der Proletarierinnen versuchte, eine Aussprache über die „Stellung der proletarischen zur bürgerlichen Frauenbewegung zu provozieren" (Joos 1912: 33). Der Eklat führte soweit, dass Braun von der Redaktion der *Gleichheit* ausgeschlossen wurde.

Kontroversen in Bezug auf die Beziehungen zwischen bürgerlicher und proletarischer Frauenbewegung gab es auch zwischen Zetkin und Henriette Fürth sowie Johanna Löwenherz: Fürth setzte sich bereits bei besagtem Gothaer Parteitag für eine zumindest punktuelle Zusammenarbeit mit bürgerlichen Frauen – z. B. beim Arbeiterinnenschutz und Fabrikinspektionen – ein (vgl. Gerhard 1990b: 196). Fürth kritisierte die stete Unterordnung der Frauenfrage unter die Klassenfrage (ebd.). Zetkin ging es in erster Linie darum, gerade Arbeiterinnenfrauen zu rekrutieren und von der „Frauenrechtlerei" (Notz 2008: 12), die in ihren Augen nur die Interessen der besitzenden Klasse im Blick hatte und deren Aktivistinnen selbst zu den „oberen Zehntausend" (ebd.) gehörten, abzuhalten. Auch galt es, die sozialistische, selbstverständlich von Männern dominierte, Bewegung vom Sinn und Zweck der Gleichberechtigung zu überzeugen. Kooperationen mit bürgerlichen Aktiven hätten u. U. eine gewisse Skepsis unter den Genossen hervorgerufen.

4.2.2.4 Klassensolidarität von oben

Die bürgerliche Frauenbewegung war in den Jahren nach der Jahrhundertwende nicht minder aktiv, erweiterte ihr Programmspektrum und hielt u. a. eine Konferenz zur Förderung der Arbeiterinneninteressen im Jahr 1907 ab (vgl. Joos 1912: 41). Dieser Vorstoß in den Themenbereich der proletarischen Frauenbewegung sowie der Organisierungsversuch von Arbeiterinnen durch bürgerliche Frauenvereine waren für die proletarische Frauenbewegung mehr als alarmierend und wurden zum Anlass genommen, noch einmal eindringlich an die männlichen Genossen zu appellieren:

„Die bürgerliche Frauenbewegung, die wahrlich nicht den Zweck verfolgt, bei den Proletarierinnen das Klassengefühl zu wecken, gewinnt an Boden. Sie hat nicht, wie wir, mit polizeilichen Schikanen zu kämpfen. Im Gegenteil …. Die bürgerlichen Frauen haben reichlich Zeit und Mittel, sich der Bewegung widmen zu können … Wir dürfen die Proletarierinnen nicht von bürgerlichen Parteien und auch nicht von der bürgerlichen Frauenbewegung gefangennehmen lassen. Das aber könnte geschehen, wenn wir nicht mit allen Kräften die proletarische Frauenbewegung förderten" (K.D., zit. nach Joos 1912: 41f).

Ein weiterer Unterschied zwischen bürgerlicher und proletarischer Frauenbewegung liegt in der Form der Mobilisierung. So stellt Wurms fest (2001: 48), dass eben „Arbeiten, Organisieren, Aufklärung, Information, Selbsthilfe und Petitionen" die Mittel der bürgerlichen Frauenbewegungsaktiven waren, sie mochten „Agitation, Streiks, Demonstrationen, die spektakulären Aktionen der Suffragetten oder der Sozialistinnen" bewundern und „vereinzelt auch für notwendig" halten, doch „*ihre* Formen waren es nicht" (ebd.; Hervorh. im Original).

Ähnlich wie später die Suffragetten (Kap. 4.3.2.4) störten Arbeiterinnen nämlich durchaus auch Veranstaltungen. So schildert Ihrer, wie Arbeiterinnen eine Veranstaltung der christlich-sozialen Bewegung um Adolf Stöcker störten (vgl. Ihrer 1898: 14). Die „Antisemiten um Stöcker" (ebd.) versuchten gezielt mit nationalkonservativen Ideen und antisemitischem Gedankengut in der Arbeiter_innenschaft Anhänger_innen zu rekrutieren (vgl. Wehler 2008a: 921f). So wurden den Arbeiterinnen zur „Einrichtung von Arbeitsstuben für arbeitslose Frauen und Mädchen" große Summen versprochen, wovon sich die Arbeiterinnenschaft aber nicht beeindrucken ließ (Ihrer 1898: 14). Nach heftigen Auseinandersetzungen bei der entsprechenden Veranstaltung und nachdem die „arbeiterinnenfreundliche Maske" (ebd.: 15) gefallen war, wurden die Arbeiterinnen vor dem Versammlungssaal mit Steinen beworfen (ebd.).

Während der preußischen Landtagswahlen machten die proletarischen Aktiven beispielsweise mit dem Slogan „Wir können nicht wählen, so wollen wir wühlen!"[64] mobil (Joos 1912: 43). Die Akti-

---

[64] Nach einem Aufruf, der als Beilage in der *Gleichheit* ausgegeben wurde (vgl.

ven riefen Hausfrauen und Käuferinnen zur rücksichtslosen Anwendung des geschäftlichen Boykotts als „Druckmittel und Waffe im Wahlkampf" auf (Joos 1912: 43).

> „Mancher Wähler bekam es zunächst mit der Angst und dann mit der Einsicht, wenn ihm die Frauen truppenweise auf den Pelz rückten. In den Arbeitervierteln ist dank der Ankündigung des eventuellen späteren Boykotts mancher – wenn auch vielfach erst auf wiederholtes Zureden – im Wahllokal erschienen, um einem sozialdemokratischen Wahlmann seine Stimme zu geben. Bei der Abgeordnetenwahl hat sich hie und da noch ein ängstlich gemachter Wahlmann zu unseren Gunsten umstimmen lassen, andere Wahlmänner sind aus Furcht lieber der Wahl ferngeblieben und haben so wenigstens indirekt zu unserem Vorteile gehandelt" (S., zit. Joos 1912: 44).

Die Kampagne war erfolgreich. Zum ersten Mal zogen sechs Sozialdemokraten in den preußischen Landtag ein. Auf der Frauenkonferenz 1908 in Nürnberg wurde die Strategie des Boykotts als sehr erfolgreich interpretiert und angedacht, sie insbesondere den Hausfrauen nahezubringen (ebd.). Mit der neuen Reichsgesetzgebung 1908 wurden die Organisationsprinzipien neu verhandelt und die Organisierung der Arbeiterinnen weiter vorangetrieben. Auf der Nürnberger Frauenkonferenz wurde festgelegt, dass eine Strategie zur sozialistischen Jugenderziehung in der Familie und der Jugendorganisation etabliert werden müsse (vgl. Joos 1912: 48).

4.2.3 Getrennt marschieren, gemeinsam schlagen?

Der Organisierungsgrad unter den Arbeiterinnen, Arbeiterfrauen und Dienstbotinnen konnte letztendlich durch den Rückhalt und mit, wenngleich hart erkämpfter, Unterstützung der Partei und der Gewerkschaften gesteigert werden. Die „reinliche Scheidung" ist nicht nur auf Zetkin zurückzuführen, wie es in der Frauenbewegungsforschung teilweise dargestellt wird (vgl. Bock 2005: 167;

Joos 1912: 43).

Gerhardt 1990: 180; Sichtermann 2009: 77) oder dem von ihr durchaus bewusst konstruierten „bourgois feminism"[65] (Boxer 2007), sondern liegt ebenso im Gründungsprozess des BdF und der Zurückhaltung bürgerlicher Frauenbewegungsorganisationen zur Zeit der Sozialistengesetze und der restriktiven polizeilichen Auslegung der Vereinsgesetze begründet. Die Geschlossenheit des Systems schuf die spezifische Gelegenheitsstruktur, die es ermöglichte, dass die Solidarisierungsprozesse sowie Identifikationen mit Beginn des 20. Jahrhunderts bei dem proletarischen Teil der Frauenbewegung zugunsten der Kategorie Klasse ausfielen.

Die Repressionen aufgrund der rigiden Gesetzgebung schweißte die sozialistischen/sozial-demokratischen Aktivist_innen zusammen und die Notwendigkeit der Organisation der proletarischen Frauen wurde mit der Reorganisierung der Arbeiter_innenbewegung nach dem Fall des Sozialistengesetzes auch anerkannt und unterstützt. Die radikale bürgerliche Frauenbewegung suchte Berührungspunkte, doch spätestens mit dem Erstarken des gemäßigten Flügels im BdF waren die Fronten zumindest organisatorisch geklärt.

Neben den Differenzen in den gewählten Taktiken und dem Aktionsrepertoire (Kap. 4.2.2.4) machten insbesondere die Themen Arbeit und Bildung eine Trennung der Bewegung zunächst unvermeidbar. Den Anfängen der Frauenbewegung in Deutschland lag ein Emanzipationsgedanke zugrunde, welcher die freie Persönlichkeitsentwicklung des weiblichen Geschlechts vorsah und selbiges auf der Grundlage des sich damals etablierenden Gedankens des „philosophischen Individualismus" und der „Forderung der Menschenrechte" erwartete (Neumann 1924: 9). Den Grundstein legten Ideen wie die von Olympe de Gouges (vgl. Braun 1901: 72ff) oder Theodor Gottlieb Hippel (vgl. Bäumer 1901: 8ff). Die ökonomische Transformation hatte demgegenüber aber für Frauen verschiedener Klassen ganz unterschiedliche Auswirkungen.

> Die Arbeiterin strebt nach Aufhebung der übermäßigen Arbeitslast, die bürgerliche Frau dagegen kämpft um neue Erwerbsmöglichkeiten, um das Recht auf Arbeit; sie kämpft zugleich getrieben

---

[65] Boxer dekonstruiert die Begrifflichkeit Zetkins. „Today it appears that Zetkin's position rested less on any clear socioeconomic distinction among women than on ideology, political strategies, and perhaps personal rivalries" (Boxer 2007: 136).

von Erwerbsnot und seelischer Not um ihre Persönlichkeitsbefreiung durch die Berufsarbeit (Neumann 1924: 9).

Wenngleich die proletarische Frauenbewegung für die Erwerbstätigkeit der Frau stand, prangerte sie die schlechten Arbeitsbedingungen und Ausbeutungsverhältnisse an, welche sich durch die Industrialisierung mit dem kapitalistischen Wirtschaftssystem durchgesetzt hatten. Zetkin kritisierte die aus ihrer Perspektive naive Vorstellung der „bürgerlichen Frauenrechtlerinnen", die doch nur ein „getrübtes Bild" der Fabrikarbeit hatten (Zetkin [1928] 1984: 38).

Auch Bebel attestierte den Akteurinnen der bürgerlichen Frauenbewegung, dass sie von ihrer „bevorzugteren Stellung" beeinflusst seien und deswegen in der proletarischen Frauenbewegung „gefährliche und nicht zu billigende Bestrebungen" sehen würden (Bebel [1879] 1959: 39). Der Klassenkonflikt wurde also auch in der Frauenbewegung ausgefochten. Doch immerhin, so konstatierte Bebel, „haben die feindlichen Schwestern weit mehr als die im Klassenkampf gespaltene Männerwelt eine Reihe von Berührungspunkten, in der sie, getrennt marschierend, aber vereint schlagen, den Kampf führen können" (Bebel [1879] 1959: 40).

Einer dieser Berührungspunkte war beispielsweise das Frauenstimmrecht, zu welchem sich die Sozialdemokratie recht früh in Form eines allgemeinen Erwachsenstimmrechts bekannte. Teile der bürgerlichen Frauenbewegung, insbesondere Teile des radikalen Flügels, schlossen sich dieser Forderung an. Im Gegensatz zur britischen Bewegung (Kap. 4.3.2) wurde mit dem Thema Stimmrecht jedoch vor der Jahrhundertwende zaghafter umgegangen, was in der restaurativen und repressiven Politik nach 1848 in den deutschen Staaten und später im Kaiserreich begründet lag. Erst mit der Aufhebung der Vereinsgesetze kam es ab 1909 diesbezüglich zu einem Mobilisierungsschub (vgl. Wischermann 2003: 83). Von „vereint schlagend" kann erst mit der Einrichtung des *Nationalen Frauendienst* 1914 gesprochen werden, bei welchem sich einige Arbeiterinnenorganisationen mit Organisationen des BdF auf lokaler Ebene zusammenschlossen. Insgesamt wurde die „reinliche Scheidung" bis zum Ersten Weltkrieg gezielt aufrechterhalten.

In der britischen Frauenbewegung existierte demgegenüber ein „übertriebene[s] Individualitätsstreben, das die Gleichwertigkeit der Geschlechter mit Gleichheit" verwechselte (Neumann 1924: 9). Hier hatten liberales Gedankengut sowie bürgerlich politische Organisationsformen eine längere Tradition und somit einen anderen Einfluss auf die Mobilisierungsformen der Frauenbewegungen. Zeitgenossinnen und Aktivistinnen reflektierten diesen Zustand und waren sich durchaus bewusst, dass andere nationale Bewegungen ihren Zielen – z. B. dem des Stimmrecht – stärker Ausdruck verliehen (vgl. Bäumer 1901: 148f; Ichenhaeuser 1889: 86f).

Das „Individualitätsstreben", wie sich Neumann ausdrückt, ging in den anderen europäischen Frauenbewegungen teilweise aber auch soweit, dass es in die „Ablehnung jeglichen Arbeiterinnenschutzes ausartete" (Neumann 1924: 9). Interessanterweise ist dies in Deutschland in dieser Intensität bei der bürgerlichen Frauenbewegung nicht aufgetreten. Stattdessen traten hier die proletarischen Frauen in „einen viel schärferen Gegensatz" zu den bürgerlichen als „zum Beispiel in England, wo die proletarische Frauenbewegung anfangs stark unter dem Einfluß der bürgerlichen Frauen stand" (ebd.). Inwieweit sich in der britischen Frauenbewegung dementsprechend andere Konfliktlinien bildeten, welche Gelegenheitsstrukturen dort eine Rolle spielten und welchen Einfluss das auf die Entwicklung der Bewegung hatte, wird im Folgenden historisch nachzuzeichnen sein.

4.3 Britische Verhältnisse: Zwischen Konstitutionalismus und Militanz

Das viktorianisch geprägte Großbritannien hielt Frauen „gebieterisch am heimischen Herd" (Beauvoir 2000: 172). Königin Viktoria selbst äußerte die Ansicht, dass Frauen ausgepeitscht werden sollten, die das Wahlrecht forderten (vgl. Lloyd 1970: 5). Doch trotz der rigiden Geschlechterordnung engagierten sich Frauen aktiv und nahmen am öffentlichen Leben teil (vgl. Hannam 1995: 218).

Mit Wollstonecrafts „Vindication of the Rights of Women" (1792) war die Idee der Gleichberechtigung in eine Form gegossen. Diese Publikationen lieferte einen wichtigen Bezugspunkt für die Aktivist_innen (Kap. 4.1.1.1). So schreibt die über 50 Jahre in der Frauenbewegung aktive Millicent Garrett Fawcett:

The Torch which was lighted by Mary Wollstonecraft was never afterwards extinguished [...] (Fawcett 1912: 6).

Wollstonecraft gilt als „geistige Mutter" (Schröder 2001a: 45) der feministischen Bewegung bzw. des „modern feminism" (Caine 1997: 24). Insbesondere das Stimmrecht gewann recht früh als strategisches Ziel eine besondere und wichtige Bedeutung innerhalb der britischen Frauenbewegung (vgl. Eustance/Ugolini 2000: 3). Die Gründe, warum die Wahlrechtsbewegung so eine bedeutende Rolle gerade auch im Vergleich zu Frauenbewegungen in anderen europäischen Ländern spielte und andere Aktivitäten und Kampagnen förmlich verdeckte, sind in den unterschiedlichen politischen Traditionen und Entwicklungen der europäischen Staaten zu sehen (ebd.). Anders als auf dem Kontinent wurde im „Mutterland der industriellen Revolution" durch eine überlegte Reformpolitik das Bürgertum „sukzessive politisch emanzipiert" (Karl 2011: 61). So blicken die Briten seit der *Glorious Revolution* 1688 auf eine lange Tradition des Parlamentarismus zurück. Diese war zwar gebrochen von restaurativen Phasen, doch im Fahrwasser der französischen Revolution erstarkten in Großbritannien radikal-liberale und sozialistisch orientierte Bewegungen. Diese Entwicklungen hatten auch die Vorstellungen von Demokratie bzw. demokratischer Mitbestimmung und Staatsbürger_innenschaft der Frauenbewegungsaktiven nachhaltig beeinflusst (vgl. Eustance/Ugolini 2000: 3). Das britische politische System war Mitte des 19. Jahrhunderts offener gestaltet, was es erlaubte, andere Bezugspunkte stärker hervorzuheben, als dies in den deutschen Ländern (Kap. 4.2) möglich war.

Ein Aspekt, den deutsche Bewegungsaktivist_innen reflektierten und mit ihrer eigenen Bewegungsgeschichte in Beziehung setzten:

> Daß er [der Kampf um das Frauenstimmrecht; Anmerk. der Verfasserin] in England mit besonderer Heftigkeit und besonderem Geschick geführt wird, liegt in der Natur der Sache: kein Land besitzt eine solche jahrhundertelange parlamentarische Schulung, einen so ununterbrochenen Aufstieg seiner Allgemeinheit zu immer größerer Freiheit. Darum wird auch der Sieg des Frauenstimmrechts in England der Anfang seines Triumphes in aller Welt sein. Und darum ist es für uns alle von Wert, zu sehen, daß dieser Sieg nur eine Erneuerung uralter Rechte bedeutet, der aber heute statt

der Bevorrechtung weniger, die einer früheren Entwicklung gemäß war, die Teilnahme aller Volksgenossen bringen wird (Schleker in Marlow, 01.04.1909, Centralblatt: 4ff).

4.3.1 Politische Teilhabe durch individuelle Freiheitsrechte

Im frühen 19. Jahrhundert bot insbesondere die Philanthropie den britischen Frauen der Mittelschicht ein akzeptables Podium für öffentliche Arbeit (vgl. Barnett 1884: 108ff; Caine 1997: 55; Hannam 1995: 218). Daneben engagierten sich Frauen auch in abolitionistischen Zirkeln und Vereinen. Diese äußerten sich anfangs zwar selten zu feministischen Fragen, förderten allerdings in der folgenden Zeit die Herausbildung von feministischen Strukturen.

[T]heir experiences as anti-slavery organisers provided them with the skills, self-confidence, connections, sense of collective identity, and commitment to public activism which were essential to the development of organised feminism (Midgley 1995: 155).

Es gibt einige Hinweise, dass Frauen, die sich gegen Sklaverei engagierten, damit begannen, ihre abolitionistische Position mit dem Gedanken der Frauenbefreiung zu verbinden (vgl. Holton 1995: 278). Mit dem Erstarken der Gewerkschaftsbewegung[66] (*Trade Unions*) zur Jahrhundertwende und der damit einhergehenden Reorganisation der Arbeiter_innenschaft, fanden auch Frauen ein politisches Betätigungsfeld (vgl. Rowbotham 1980: 45). Frauen engagierten sich in den chartistischen Wahlrechtsreformunionen, der *Anti-*

---

[66] Die Gewerkschaften dienten vor allem dazu, dass Arbeiter_innen die Kontrolle über ihre Arbeitsprodukte sichern konnten (vgl. Rowbotham 1980: 46).

*Corn Law League*⁶⁷ (vgl. Hannam 1995: 218), den *Short-time Committees*⁶⁸, gegen die *Poor Laws*⁶⁹ sowie in der owenistischen und chartistischen Bewegung (vgl. Alexander 1991: 179). Die Entwicklung der Frauenbewegung ist wie in Deutschland eng an frühe sozialistische und sozialreformerische Emanzipationsbestrebungen gebunden, die im Folgenden dargelegt werden. Insbesondere mit dem Aufkommen utopischer sozialistischer Ideen gewannen Forderungen der Frauenemanzipation an Bedeutung (vgl. Caine 1997: 53).

4.3.1.1 Trade Unionism und Owenism: Einflussnahme durch direkte Aktionen

Den Kämpfen der Arbeiter_innenschaft, welche besonders zu Beginn des 19. Jahrhunderts ausgefochten wurden, und dem aufkommenden *Trade Unionism* sollte auch in Großbritannien mit „Gagging Acts", beispielsweise mit dem *Combination Act* (1800) und dem damit einhergehenden Gewerkschaftsverbot von 1817 bis 1824, beigekommen werden (Cole 1952: 49). Trotzdem kam es zu großen Streiks, Demonstrationen und Versammlungen. Eine dieser großen Versammlungen fand im August 1819 in Manchester statt.

---

⁶⁷ Napoleon hatte eine Kontinentalsperre verhängt, was positive Auswirkungen auf den heimischen Markt hatte. Dieser lukrative Zustand sollte auch nach den Napoleonischen Kriegen erhalten bleiben, weshalb das Parlament 1815 die *Corn Laws* erließ, die einen Getreidezoll für importierte Ware festsetzten. Die Preisentwicklung hatte verheerende Folgen für die Bevölkerung. Radikale Liberale wie Richard Cobden und John Bright setzten sich vehement gegen dieses Gesetz ein.
⁶⁸ Diese Komitees wurden eingerichtet, um Erwerbsarbeitsverkürzungen durchzusetzen (vgl. Alexander 1991: 179).
⁶⁹ 1834 wurde ein neues Armengesetz erlassen, nach dem bedürftige Familien nicht mehr finanziell oder mit Lebensmitteln zu unterstützen seien, sondern in Armenhäuser versorgt werden müssten. Die strikten Regelungen in den Häusern sollten abschreckend wirken, beispielsweise wurde eine einheitliche Arbeitsuniform getragen, eine strikte Geschlechtertrennung vorgenommen und die Kinder von den Familien separiert. Die Verwaltungen versprachen sich von der abschreckenden Wirkung, dass die Armenkassen weniger stark belastet würden (vgl. Engels 1952 [1845]: 344ff).

Diese weitgehend friedliche Demonstration mit ca. 80.000 Teilnehmer_innen wurde durch Yeomanry[70] aufgehalten und niedergeritten, so dass viele Menschen verletzt und elf, darunter auch Frauen und Kinder, getötet wurden (ebd.). Das als *Massacre of Peterloo* bezeichnete Ereignis löste einen landesweiten Aufschrei aus und markierte den weiterführenden Kampf radikal-liberaler und sozialistischer Kräfte, zeigte aber auch dessen Grenzen. So stellte Millicent Garrett Fawcett lakonisch fest:

> In the many descriptions of the event, no word of reprobation has come to my notice of the women who were taking part in the meeting: they were neither "hyenas" nor "witches," but patriotic women helping their husbands and brothers to obtain political liberty; in a word, they were working for men and not for themselves, and these made an immense difference in the judgement meted to them (Fawcett 1912: 8).

Die sich zwischen 1818 und 1819 gegründeten *Female Reform Societies* (vgl. Rowbotham 1980: 45f) beteiligten sich nachweislich nach den Ausschreitungen an Versammlungen der Radikalen und erklärten sich solidarisch (ebd.: 48). Frauen organisierten sich auch in lokalen Streiks.

Ähnlich wie in Deutschland (Kap. 4.2.2.2) war die Organisation von Frauen in der Zeit der Gewerkschaftsreorganisiation nach 1824 schwierig, da sie durch die Doppelbelastung weniger Zeit für Engagement hatten und sich nur wenig als „Lohnempfängerinnen" identifizierten (Rowbotham 1980: 45). Aber auch innerhalb der Gewerkschaften kam es zu Konflikten: So beschuldigten männliche Mitglieder die weiblichen, diese würden sich nicht an die Regeln halten und bezeichneten diese als Streikbrecherinnen. Das heißt Frauen wurden aus den Organisationen auch wieder verbannt und mussten dementsprechend ihre eigenen Organisationen gründen (ebd.: 46). In den 1830ern organisierten sich allerdings Frauen auch anderweitig in *Friendly Societies*, welche auf dem Credo gegenseitiger Unterstützung basierten und eher als soziale Zusammenkünfte fungierten (vgl. Rowbotham 1980: 47). Da die Aktivistinnen sich am sozialen Leben beteiligten, Ausflüge organisierten und auch Pubs besuchten,

---

[70] Yeomanry bezeichnet die berittene britische Reservearmee.

stießen sie auf die „Abscheu der Beobachter aus der Oberklasse" (ebd.).

Mit dem Erstarken des *Trade Unionism* erlebte auch die owenistische Bewegung[71] mit ihren genossenschaftlichen Organisationsprinzipien einen Mobilisierungsschub. In dieser Bewegung – die sich auch an Ideen von Charles Fourier orientierte – wurde schon sehr früh auf die Unterdrückung der Frau aufmerksam gemacht (vgl. Hannam 1995: 219). Aktivistinnen der Bewegung hielten öffentliche Reden, engagierten sich in ihren Gemeinden und entwickelten Ideen und Argumente zur Frauenemanzipation in diesem Sinne, dennoch errangen sie weniger Aufmerksamkeit als ihre männlichen Kameraden, die sich ebenfalls für das Ziel der Frauenbefreiung einsetzten (vgl. Caine 1997: 56). Beeinflusst von den owenistischen Ideen diskutierten beispielsweise William Thompson und Anna Doyle Wheeler 1825 die Frauenfrage auf der Grundlage des Artikels „On Government" (1924) von James Mill[72], welcher in der Beilage der *Encyclopaedia Britannica* 1924 erschienen war (vgl. Debout-Oleszkiewicz 2003: 184). Die von Mill präferierte Position, dass die Frauen politisch durch ihre Väter bzw. Ehemänner vertreten würden, lehnten Thompson und Wheeler dezidiert ab. Jedoch erlangte nur Thompson einen großen Bekanntheitsgrad und veröffentlichte eine Schrift mit dem Titel „Appeal of One-half of the Human Race, Women, Against the Pretensions of the Other Half, Men, to Retain Them in Political, and Thence in Civil and Domestic Slavery". Wheeler ihrerseits selbst philosophisch bewandert und u. a. mit Owen und Fourier befreundet (vgl. Debout-Oleszkiewicz 2003: 184), wurde nur einer breiten Öffentlichkeit bekannt, weil Thompson sie in seiner Publikation erwähnte (vgl. Caine 1997: 56).

Arbeiterinnen schlossen sich ihrerseits den *Trade Unions* an, die die politische und organisatorische Basis der Arbeiter_innenbewe-

---

[71] Der als Frühsozialist zu bezeichnende Industrielle Robert Owen setzte sich für die Verbesserung der Lebensbedingungen von Arbeiter_innen ein. Sein Engagement speiste sich aus aufklärerischen und radikaldemokratischen Ideen. Ähnlich wie Charles Fourier lehnte Owen große Organisationsformen ab und befürwortete föderative Netzwerke autonomer, genossenschaftlicher Kommunen (vgl. Schäffner 1997: 22f).

[72] James Mill beschäftigte sich eingehend mit den Schriften Jeremy Benthams und dem Utilitarismus.

gung in dieser Zeit bildeten. Innerhalb der Gewerkschaftsorganisationen selbst wurde die Organisierung der Frauen aber nicht sonderlich gefördert (vgl. Rowbotham 1980: 47). Zudem herrschte in der Arbeiter_innenbewegung bzw. den Organisationen, die sich zur Verbesserung der Lage der Arbeiter_innen einsetzten, ähnliche Vorstellungen in Bezug auf Frauenarbeit in den Fabriken wie sie in Deutschland von den Lassalleanern (Kap. 4.2.2.2) vertreten wurden. Robert Owen setzte beispielsweise bereits 1819 nach 5-jährigem Engagement ein „Gesetz zur Beschränkung der Weiber- und Kinderarbeit" durch. Dies präsentierte er beim Einigungskongress der *Trade Unions* (Engels [1891] 1961: 117).

Festzuhalten sei, dass Frauen politisch sehr aktiv waren, aber in den Organisationen nur eine untergeordnete Rolle spielten (vgl. Thompson 1981: 175). Sie engagierten sich aber oft spontan, wie beispielsweise dokumentierte Aktionen gegen überhöhte Lebensmittelpreise und die Aufbürdung des neuen *Poor Law* zeigen. Arbeiterfrauen und Arbeiterinnen waren demzufolge Anfang des 19. Jahrhunderts bei öffentlichen Protesten, insbesondere bei Arbeitskämpfen und Brotunruhen, weit mehr sichtbar als Frauen des Bürger_innentums. Ihnen war es möglich, ihre politisch-öffentlichen Aktivitäten mit dem Hinweis darauf zu rechtfertigen, dass sie ihre Familien vor Hunger und Not schützen müssten (vgl. Hannam 1995: 219). Wenn beispielsweise Gemeinden gegen Gesetze, Arbeitslosigkeit, Hungersnöte oder die „Aushöhlung von Gewohnheitsrechten" protestierten, nahmen Frauen aktiv an Aufruhr, Versammlungen und Demonstrationen teil (Alexander 1991: 180). Entsprechend gründeten sie auf lokaler Ebene auch Komitees, allerdings immer als separate Gruppe (ebd.).

Diese Tradition der separaten Organisationen setzte sich mit dem Erstarken der Gewerkschaften ab 1870 fort. Emma Paterson gründete 1874 nach US-amerikanischen Vorbild die Frauengewerkschaften *Women's Protective and Provident League* sowie die *National Union of Working Women* (vgl. Rowbotham 1980: 83). Die League konnte Arbeiterinnen bei Streiks unterstützen und Lohnerhöhungen erreichen und es konnten weitere Frauengewerkschaften gegründet werden. Auf diesem Gebiete konnten die Britinnen demzufolge größere Erfolge verzeichnen, allerdings waren sie eben auch nicht durch Vereins- oder Sozialistengesetze beschränkt. Direkte und spontane Aktionsformen in der industriellen Sphäre waren zwischen 1888 und 1892 an der Tagesordnung (vgl. Rowbotham 1980: 84). Arbeiterinnen kämpften während der Streiks erbittert für die Verbesserung ihrer Lage (ebd.: 84f). Demonstrationen und Aufmärsche wurden organisiert und von führenden Gewerkschaften und Sozialisten unterstützt (ebd.: 86). Insgesamt war die Organisierung der Frauen in den Gewerkschaften auf lange Sicht äußerst erfolgreich (Tab. 8).

Jahr	1886	1892	1913
Gewerkschaften	36.900	142.000	433.000

Tabelle 8: Organisierungsgrad der Frauen in Gewerkschaften (nach Garrard 2002: 238; eigene Darstellung)

Die Aktionen trugen auch dazu bei, dass Frauen der oberen Schicht auf die Streitbarkeit der Arbeiterinnen und Arbeiterfrauen aufmerksam wurden und diese nicht als passives Objekt der Sozialfürsorge wahrnahmen, was auch zu einer Radikalisierung von Mittelschichtsfrauen beitrug (vgl. Rowbotham 1980: 86).

4.3.1.2 Chartistische Bewegung: Verbesserung der sozialen Lage durch Stimmrecht

Neben der sich etablierenden Arbeiter_innenbewegung erlebte auch die britische Wahlrechtsbewegung nach der französischen Julirevolution 1830 einen bedeutenden Aufschwung. Unter diesem Eindruck verbündeten sich das bürgerliche und proletarische Spektrum in Großbritannien und gemeinsam bewirkten sie 1832 den Beschluss des *Great Reform Act*, der einem Teil des besitzenden städtischen Bürgertums die parlamentarische Mitbestimmung ermöglichte (vgl. Schäffner 1996: 22f). Frauen waren in die enthusiastischen Kämpfe um den *Great Reform Act* involviert (vgl. Eustance/Ugolini 2000: 3). Ein Großteil der Arbeiterschaft sowie der Frauen blieb jedoch nach diesem Besitzwahlrecht weiterhin ausgeschlossen. Nach dieser allgemein für die Arbeiter_innen enttäuschenden Entwicklung formierte sich die chartistische Bewegung, die sich für eine umfassende Wahlrechtsreform einsetzte. Sie ging insbesondere aus der 1831 gegründeten *National Union of the Working Classes and Others* und der später 1836 von William Lovett und weiteren Radikalen formierten *London Working Men's Association* hervor (vgl. Schäffner 1996: 22). Die Forderungen der Aktivist_innen wurden in der *People's Charter*[73] – daher der Name Chartist_innen – zusammengefasst, und es konstituierte sich eine unabhängige „Chartistenpartei", die von Engels als erste Arbeiterpartei „unserer Zeit" bezeichnet wurde (Engels [1891] 1961: 100).

Die Chartist_innen sahen in der angestrebten Wahlrechtsreform vor allem den Anstoß für grundlegende sozialreformerische Veränderungen (vgl. Schäffner 1996: 22). An den oftmals gewaltvollen Aufständen 1839 waren Frauen beteiligt (vgl. Thompson 1981: 176).

> Frauen spielten also im allgemeinen Tumult chartistischer Politik ihre Rolle. Sie beteiligten sich an Protesten und Aktionen gegen die Polizei, die etablierte Kirche, gegen Ausbeutung durch Unternehmer und die Übergriffe des Staates (Thompson 1981: 177).

Der Protest der Chartist_innen, von Pugh (1999: 59) als „bitter and sometimes violent" beschrieben, erreichte 1838 mit der Brotteuerung und der Depression in Großbritannien seinen Höhepunkt (ebd.). Es gründeten sich landesweit chartistische *Female Political Unions* (FPU) (vgl. Crawford 2006: 225; Rowbotham 1980: 49). Elizabeth Crawford wertete die Organisationen lediglich als „helpmeet" der chartistischen Bewegung, die weniger politische Rechte für sich selbst forderten (vgl. Crawford 2006: 225). Dies mag vor dem Hintergrund stimmen, dass die Frauen hier organisiert und gemeinsam für bestimmte Klasseninteressen kämpften, nichtsdestotrotz warf ihr Engagement aber die Frage nach der politischen Betätigung von Frauen generell auf (vgl. Rowbotham 1980: 49). Neben

---

[73] Der Text der Charta variierte in den verschiedenen Phasen der Bewegung. In der Petition der *London Workingmen's Association* von 1837, welche Pate für die Forderungen der Charta steht, war neben gleicher Repräsentation der Distrikte, jährlich gewählten Parlamenten, der Abschaffung des Besitzwahlrechts, geheimer Wahl sowie der Vergütung von Parlamentsmitgliedern auch das allgemeine Erwachsenenwahlrecht ab 21 Jahren gefordert (vgl. Slosson 1916: 260).

den FPU gründeten sich ebenfalls *Female Chartist Associations* (FCA) in den Textilindustriegebieten (vgl. Schwarzkopf 2001: 119).

Die Einstellungen zur Frauenbefreiung innerhalb der chartistischen Bewegung sind als ambivalent zu beschreiben (vgl. Thompson 1981: 177). Als erste landesweite Arbeiter_innen-Massenbewegung ging es den Chartist_innen zunächst einmal darum, die negativen Auswirkungen der ökonomischen Transformation zu bekämpfen. Der allgemeinen „Verschlechterung des Lebens" (Rowbotham 1980: 49), die durch Industrialisierung und Urbanisierung hervorgerufen wurde, sollte mit Maßnahmen der Sozialfürsorge und Sozialreformen entgegengewirkt werden. Die Chartist_innen wollten mit der Erweiterung des Wahlrechts ihre Repräsentation sichern, mit welcher sie auf der parlamentarischen Ebene ihre Ziele verwirklichen hätten können. Es existierten in der Bewegung auch eifrige Verfechter des Frauenstimmrechts[74] (vgl. Holton 1995: 278; West 1920: 11), dennoch sei es den führenden Persönlichkeiten, wie beispielsweise William Lovett und seinen Mitstreitern in der *London Working Men's Association*, nie eingefallen, „Frauen zu ihren politischen Beratungen heranzuziehen" (Thompson 1981: 178).

Die Forderung des Frauenstimmrechts wurde relativ früh programmatisch aufgegeben, da befürchtet wurde, diese Forderung ginge zu weit und gefährde die Durchsetzung des allgemeinen Wahlrechts für Männer (vgl. West 1920: 79). Begründet wurde die Aufgabe des Frauenstimmrechts auch damit, dass mit der Einführung des Stimmrechts für Arbeiter erwartet werden könne, „daß dann die Ausdehnung politischer Rechte auch auf die Frauen auf der Grundlage natürlicher Gerechtigkeit folgen werde" (Thompson 1981: 179). Die führenden Chartisten schätzten es zwar, dass die Frauen die Bewegung unterstützten, doch das Ziel der Bewegung war es auch, die traditionelle Arbeitsteilung und die häuslichen Machtverhältnisse innerhalb der Familie wiederherzustellen, welche durch die Industrialisierung erschüttert worden waren (vgl. Hannam 1995: 219). Dementsprechend wurde der Verlust der vorindustriellen Familienform beklagt (vgl. Rowbotham 1980: 49) und Lohnforderungen der Männer an die Vorstellung des Alleinernährermodells gekoppelt (vgl. Hannam 1995: 219; Saurer 2014: 89).

---

[74] Reginald John Richardson beispielsweise verfasste während seiner Haftzeit die Schrift „The Rights of Women".

Nachweislich protestierte die FPU in Newcastle upon Tyne gegen die Marginalisierung innerhalb der chartistischen Bewegung und veröffentlichte 1839 einen Aufruf, der auch darauf aufmerksam machte, dass sich die Aktivistinnen gegen die Sklaverei eingesetzt hatten und den Despotismus gegen Frauen ebenso wenig akzeptieren würden:

> Is it not true that the interests of our fathers, husbands, and brothers, ought to be ours? If they are oppressed and impoverished, do we not resent the infliction of those wrongs upon them? [...] Acting from those feelings when told of the oppression exercised upon the enslaved negroes in our colonies, we raised our voices in denunciation of their tyrants, and never rested until the dealers in human blood were compelled to abandon their hell-born traffic; but we have learned by bitter experience that slavery is not confined to colour or clime, and that even in England cruel oppression reigns – and we are compelled by our love of God and hatred of wrong to join our countrywomen in their demand for liberty and justice (o. V. 1839; zit. nach Thompson 1971: 128).

Die chartistische Vorstellung in Bezug auf die Differenzen zwischen den Geschlechtern trug allerdings zum Ausschluss der Frauen von den offiziellen politischen Aktivitäten innerhalb der chartistischen Organisationen bei (vgl. Hannam 1995: 219). Dennoch ist die Wirkung dieser „remarkable mass movement" (Tilly 2009: 46) auf die Frauenbewegung nicht zu unterschätzen. Die Formen der Organisation und Mobilisierung schufen eben auch ein „Klima, das es Frauen ermöglichte, ihr Recht auf politische Aktivität zu nutzen" (Rowbotham 1980: 50). Während die Arbeiterinnen und Arbeiterfrauen zunächst bis zu den nächsten großen Streikwellen aus der Öffentlichkeit verschwanden, kam es bei den Frauen der Mittelklasse zu einem gegenläufigen Prozess bezüglich ihrer politischen Partizipation (vgl. Hannam 1995: 219).

4.3.1.3 Bürgerliche Philanthropie: Liberale Ideale als Motor für soziales und politisches Engagement

Bürgerliche Frauen stellten ab 1850 explizite Forderungen gegen die Ideologie der getrennten Sphären und gegen die viktorianische Doppelmoral (vgl. Hannam 1995: 219). Die Frauen der oberen Schichten waren im Gegensatz zu den Arbeiterinnen von der Sphäre der Erwerbsarbeit abgeschnitten und wirtschaftlich von ihren Ehemännern abhängig. In den 1850er und 1860er Jahren etablierte sich dann die frühe Frauenbewegung in Großbritannien mit lokalen Bewegungsorganisationen, Medien und verschiedenen großen Kampagnen mit dem Ziel der Frauenemanzipation (vgl. Caine 1997: 88, Smith 2007: 8). Unter diesen Vorzeichen hatte sich 1858 eine der „bedeutendsten Publikationen" (Käppeli 2006: 544) gegründet: das *English Woman's Journal*[75]. Das Journal beschäftigte sich nicht nur mit der Frauenfrage, sondern war auch eine wichtige Plattform, die Gleichgesinnte zusammenbrachte (vgl. Hannam 1995: 220). Die Redaktion war eng mit der sogenannten *Langham Place Group* verbunden, die sich für die Erweiterung der Frauenarbeit einsetzte, dementsprechend Frauenseminare anbot und auch eine Bibliothek und einen Ladies' Club sowie einen Dining Room in denselben Räumlichkeiten wie das Journal betrieb (vgl. Caine 1993: 69).

In dieser Anfangsphase ging es in den feministischen Kampagnen vor allem um den gleichberechtigten Zugang zur Hochschule und die bürgerliche Erwerbsarbeitssphäre (vgl. Hannam 1995: 220). Andere Kampagnen beabsichtigten die ökonomische und rechtliche Situation verheirateter Frauen[76] zu verbessern oder griffen das Thema der viktorianischen Doppelmoral hinsichtlich der Erlassung des *Contagious Diseases Acts* auf. Die Mehrheit der Frauen sah ihre Aufgabe darin, anderen zu helfen (vgl. Hannam 1995: 220; Rowbotham 1980: 67). Waren Vorreiterinnen feministischer Ideen wie

---

[75] Die Zeitschrift wird in manchen Schriften auch als *Englishwoman's Journal* ausgewiesen (Bäumer 1901: 245; Käppeli 2006: 544).

[76] Eine Kampagne wurde beispielsweise 1855 von Barbara Leigh Smith und Bessie Rayner Parkes organisiert. Die Petition der beiden forderte eine Änderung der bestehenden Ehegesetze, nach denen alles an Eigentum und Erwerbsarbeitslohn an den Ehemann übergeht, was letztendlich auch ein großes Problem bei Ehescheidungen darstellte (vgl. Bäumer 1901: 244).

Wollstonecraft oder auch Harriet Martineau noch isoliert mit ihren Forderungen, ging die Etablierung der Frauenbewegung mit einem allgemeinen Erstarken der öffentlichen und philanthropischen Rolle von Frauen einher (vgl. Caine 1997: 89).

Im Anschluss an die Analysen Philippa Levines sagt Barbara Caine über die Frauenbewegung bzw. den „mid-Victorian feminism" aus, dass sie bzw. er durch „woman-centeredness" ausgezeichnet gewesen wäre (Caine 1997: 89). Dies erklärt auch die spezifische und ziemlich restriktive Vorstellung, für wen welche Rechte erstritten werden sollten: Die Bewegung war in ihren Wurzeln eine „middle-class movement", deren Ideen sich aus dem Wirtschaftsliberalismus und den politischen Vorstellungen der Mittelklasse – deren Weiblichkeitsvorstellungen eingeschlossen – speisten (ebd.).

> Although there was some disagreement amongst feminists over the extent and nature of the differences between men and women, all accepted the idea that women were innately more chaste, compassionate, virtuous and dutiful than men, and used this image of women as a means of arguing that women needed and were entitled to a larger public role (Caine 1997: 89).

Frauen, so die Argumentation, mit ihren Fähigkeiten und Werten seien absolut unabdingbar und würden dringend in öffentlichen Organisationen sowie im Staat gebraucht (ebd.). Vielen bürgerlichen Frauen gelang es über gemeinnützige Arbeit einen Zugang zur öffentlichen Sphäre zu erreichen (vgl. Garrard 2002: 218). Frauen der gehobenen Klassen nahmen durchaus die schwierige soziale Lage der Arbeiterinnen wahr und rahmten diese mithilfe der Kategorie „womanhood" (Caine 1997: 90). Alle Probleme würden dementsprechend gelöst werden, wenn die Bildungsbarrieren abgebaut, gleichberechtigte Berufsausübungsmöglichkeiten geschaffen und der volle Status als mündige erwachsene Staatsperson anerkannt werden würde (ebd.).

> Their assumption that all women shared the same qualities and problems gave them little insight into their own privileged position, or into the ways in which the class structure, which they took for granted in itself, constituted part of the oppression of working-class women (Caine 1997: 90).

Nichtsdestotrotz ist das Engagement der bürgerlichen Frauen auch im Kontext der gesamten politischen Verhältnisse dieser Phase zu betrachten. Das britische System war für Bürger_innen und ihr politisches Engagement insgesamt weniger geschlossen. Die Mittelklasse spielte in Großbritannien gemeinhin eine ganz andere Rolle als in den deutschen Ländern, in welchen durch die repressive Restaurationspolitik nach der 1848er Revolution eine politische Betätigung allgemein schwerer möglich war. In Großbritannien trug das Bürger_innentum demgegenüber zum Erhalt der sozialen und politischen Stabilität bei (vgl. Pugh 1999: 72). Um Reformen zu erreichen, kooperierte das Bürger_innentum mit der Arbeiter_innenklasse (vgl. Garrard 2002: 151), zu Zeiten des Chartismus schlugen sich Bürger_innen teilweise aber auch auf die Seite der Aristokratie, um Recht und Ordnung wiederherzustellen (vgl. Pugh 1999: 72). Die ausgleichende Wirkung dieser Klasse sei demnach nicht zu unterschätzen. Nichtsdestotrotz: Auch wenn die Mittelklasse zunehmend in das politische System integriert worden war, kooperierten große Teile des Bürger_innentums mit der radikalen Arbeiter_innenschaft bis ins Jahr 1914 hinein (ebd.). Diese Tradition spiegelte sich auch in der Folge bei den zahlreichen Kampagnen der Frauenbewegung wider.

4.3.1.4 Kampf gegen die viktorianische Doppelmoral: Sittlichkeit und soziale Fürsorge

Gemäß der liberal-ökonomischen Ideen jener Epoche gingen bürgerliche Frauen davon aus, dass sich Armut und Reichtum nach wirtschaftlichen Gesetzmäßigkeiten entwickelten (vgl. Rowbotham 1980: 67). Die Schriften prominenter feministischer Ökonominnen wie Harriet Martineau und Millicent Garrett Fawcett[77], die sich auch

---

[77] Fawcett entwickelte ihre ökonomischen Grundannahmen auf der Basis der Theorie von Adam Smith, welcher Freihandel und uneingeschränkten Wettbewerb förderte. In einer ihrer Publikationen beschreibt Fawcett die Neukonstituierung einer schiffbrüchigen Bootsgesellschaft. Auf der Insel etabliert sich in der Folge ein System der Arbeitsteilung, in dem jede_r nach Befähigung an Produktion und öffentlichem Tausch teilnimmt. In der Folge entwickelt sich auch ein modernes Finanzwesen (vgl. Fawcett 1874: 14ff). Die Parallelen zur britischen wirtschaftlichen Entwicklung mit ihrer spezifischen Seefahrts- und Kolonialgeschichte ist unverkennbar. Auch könnte der Name des Hauptprotagonisten „Captain Adam", welcher mit seinem Schiff von Insel zu Insel

dezidiert für Frauenrechte einsetzten, belegen diese Orientierung (vgl. Fawcett 1874; vgl. Martineau 1834). Trotz dieser ökonomischen Logik wollten Aktivistinnen dennoch Fürsorgearbeit leisten, welche sie auf der Grundlage einer wissenschaftlichen Auseinandersetzung zu begründen suchten (vgl. Rowbotham 1980: 67).

Eine wichtige Rolle spielte dabei die *National Association for the Promoting of Social Science,* welche viele Fragen der Frauenbewegung als erste behandelte (vgl. Bäumer 1901: 251; Caine 1997: 91; Caine 1993: 242; Rowbotham 1980: 67). Dies war der Ort, an welchem Untersuchungen zur Frauenarbeit durchgeführt wurden und sich für die Ausdehnung der Berufsbilder im sozialen Bereich eingesetzt wurde (vgl. Caine 1993: 242; Rowbotham 1980: 67f). Soziale Arbeit wurde nicht mehr nur aus einer religiösen Pflicht heraus getätigt, sondern als eine wissenschaftliche Aufgabe aufgefasst (vgl. Rowbotham 1980: 68). Zudem wurden die Mittelklassefrauen, die in der Philanthropie aktiv waren, auf die Armut der Arbeiterinnen sowie deren Verwundbarkeit bezüglich sexueller Ausbeutung aufmerksam (vgl. Caine 1993: 242).

Das Thema soziale Fürsorge überlappte sich mit dem der Prostitution. Aktivistinnen sahen sich nämlich vor die spezifische praktische Schwierigkeit gestellt, dass „Männer ihrer eigenen Klasse" die Nutznießer der Sexarbeit waren, während sie „die sozialen Folgen von Prostitution zu kurieren versuchten" (Rowbotham 1980: 71). Ähnlich wie in der deutschen Frauenbewegung (Kap. 4.2.1.3) kam mit der Debatte um Geschlechtskrankheiten auch ein neues Bewusstsein gegenüber der Ehe als Institution und der Liebe an sich sowie des ungleichen moralischen Standards, der auch dazu führte, dass Ehefrauen und deren Kinder durch die Gatten und Väter gesundheitlich gefährdet würden, zum Tragen (vgl. Caine 1997: 137).

Anders als auf dem Kontinent war Prostitution in Großbritannien nicht verboten und eine Registrierung nicht verpflichtend (vgl. Saurer 2014: 156). Mit der Ausbreitung der Geschlechtskrankheiten wurde Sexarbeit aber auch hier zur Staatsache erklärt. Die Zwangsuntersuchungen für Prostituierte wurden zuerst in einigen Kolonien ab 1857 eingeführt. 1864 wurde dann im Rahmen des ersten von drei *Contagious Disease Acts*[78] die sanitäre Inspektion von Prostituierten

---

reist und Freihandel propagiert, als eine Hommage an Adam Smith gelesen werden.
[78] Die nächsten zwei folgten 1866 und 1869.

in speziellen „military depots" in Südengland und Irland beschlossen (Walkowitz 1980: 1). Eingeführt wurden die Gesetze, um die Ausbreitung von Geschlechtskrankheiten innerhalb des Militärs in Garnisonsstädten und Häfen zu verhindern. Die Prostituierte konnte von einem in Zivil gekleideten Polizisten ‚entlarvt' und verhaftet werden, dann wurde sie zwangsuntersucht und im Krankheitsfall – Syphilis oder Gonorrhoe – bis zu 9 Monaten in einem speziellen Hospital zwangsinterniert (vgl. Holton 1995: 282; Rowbotham 1980: 72; Walkowitz 1980: 1f).

Judith R. Walkowitz (1980: 3) sieht neben der Geschlechterunterdrückung in den Gesetzen auch eine Form der Klassendiskriminierung: So zeigt sich an dem Diskurs auch ein Wille zur staatlichen Intervention in das Leben der „unrespectable poor" (ebd.). Die unteren Klassen versorgten die viktorianische Mittelklasse mit billigen Arbeitskräften und erfüllten illegale Begierden, wurden aber auch als eine soziale Unterwelt wahrgenommen, die spezifische Ängste in den gehobenen Schichten hervorrief (ebd.).

> She [the prostitute] was the conduit of infection to respectable society. She was nonetheless an object of class guilt as well as fear, a powerful symbol of sexual and economic exploitation under industrial capitalism (Walkowitz 1980: 4).

Die *Contagious Disease Act*s spiegeln daher auch die Vorstellungen einer bürgerlichen Gesellschaft von der „social underclass" als eine potenzielle Gefahr wider (ebd.).[79] Den Verwaltungen in den Städten und Kommunen kamen die Gesetze insoweit entgegen, als dass sie nun ein wirksames Instrumentarium zur Hand hatten, um allgemeine Unordnung und arme Menschen zu disziplinieren (ebd.). Da als die eigentlichen Verursacherinnen der sich ausbreitenden Geschlechtskrankheiten lediglich die Prostituierten gesehen wurden, konstruierten die Gesetze eine neue soziale Gruppe von Frauen, die gezwungen wurden, sich zu registrieren. Dies zerstörte in der Folge

---

[79] Die Gesetze flankierten dabei die bewusste Konstruktion der Vorstellung von einer professionellen Armee alleinstehender Männer ohne Familienbande oder lokale Identitäten (vgl. Walkowitz 1980: 4). Die Einrichtung kontrollierter Prostitutionsstätten sollte dies einerseits stützen und anderseits homosexuelle Kontakte unter Soldaten unterbinden (Sir John Simon, "Eleventh Report of the Medical Officer of the Privy Council" P.P., 1868–69 (4127), XXXII; Lancet 2 (1869), 410, 411, zit. nach Walkowitz 1980: 4).

ihre sozialen Netzwerke (ebd.) und marginalisierte sie in der Öffentlichkeit.

Eine äußerst erfolgreiche Gegenkampagne entwickelte sich ab 1869 im Zusammenhang mit der dritten Gesetzesvorlage.

> This campaign, directed against police regulation of prostitution, soon involved a national movement with a substantial membership, working through large-scale public meetings and demonstrations, direct political intervention in by-elections, and by producing effective propaganda (Caine 1997: 91).

Nachweislich kam es zu Überschneidungen von abolitionistischem Engagement und feministischer Mobilisierung (vgl. Garrard 2002: 238; Holton 1995: 278; Thompson 1971: 128). Das Engagement der Frauen in der Anti-Sklavereibewegung legte damit einen wichtigen argumentativen Grundstein für die britische Frauenbewegung. Sie arbeitete die Parallele zwischen dem „Sklaven als Eigentum und der Frau als Eigentum klar heraus" (Rowbotham 1980: 66). Neben direkten Bezugspunkten zur abolitionistischen Bewegung entwickelte die Kampagne auch eine kraftvolle religiöse Rhetorik, die ihre ganz praktischen rechtlichen Forderungen an moralische Bedingungen knüpfte und so den „sexual double standard" angriff (Caine 1997: 91; Walkowitz 1980: 3).

Eine der populärsten Aktivistinnen, die sich engagiert gegen die *Contagious Diseases Acts* einsetzte, war Josephine Butler. Ihre *Ladies National Association* (LNA) gründete sich, weil die ersten Organisationen, die sich gegen diese reglementierende Gesetzgebung richteten, Frauen anfangs ausschlossen (vgl. Walkowitz 1980: 2). Butlers LNA entwarf ein *Ladies' Manifest* und kritisierte scharf die Klassen- und Geschlechterdiskriminierung. Butler erhielt enorme Unterstützung aus der Arbeiter_innenklasse, waren es doch gerade Frauen aus den weniger gut begüterten Klassen, die sich in das Prostitutionsgewerbe begaben.

Die Kritik, dass Frauen kraft dieser Gesetze wie „Instrumente zum Vergnügen des Mannes" behandelt würden und zu dessen „Wohlbefinden" und Gesundheit überwacht werden müssten (Lloyd 1970: 27), stand dabei ebenso im Mittelpunkt, wie die besagte bürgerlich-viktorianische Doppelmoral. Rowbotham bemerkte dazu lakonisch, dass „die Behaglichkeit, mit der Männer der Mittelklasse die Prostitution der Arbeiterfrauen betrachteten", in krassem Gegensatz „zu ihrer Sorge um die Jungfräulichkeit der eigenen Töchter" stand (Rowbotham 1980: 72). Die *Working Men's National League* mit 50.000 Mitgliedern und der *Trades Union Council* unterstützten die Forderung nach der Annullierung der *Contagious Diseases Acts* (ebd.). Mit dem Thema der Reglementierung ging die sich etablierende Frauenbewegung also Bündnisse über Klassengrenzen hinweg ein.

> The feminist alliance with workingmen demonstrated an ability to overcome some class limitations and a willingness to defy the conventions of reform politics. This alliance highlighted the struggle against middle-class men, who held power as a class and gender prerogative. In marked contrasts to most interclass reform movements, the feminist repeal effort tended to accentuate rather than obscure class differences (Walkowitz 1980: 146).

Die Abschaffung der *Contagious Diseases Acts* war demzufolge die Forderung einer groß angelegten Protestbewegung, die sich überdies prinzipiell für den sexuellen Schutz junger Mädchen und Frauen einsetzte, denn in den 1870ern lag die Ehemündigkeit noch bei zwölf Jahren und Kinderprostitution war weit verbreitet. Auch entwickelte sich der prostitutionsbezogene Menschenhandel rasant und wurde in dieser Zeit als „white slave trade" bezeichnet (Caine 1993: 193; Saurer 2014: 160). Als „white slaves" wurden diejenigen Frauen und Mädchen bezeichnet, die „[were] forced unwillingly to live an immoral life" (Sims 1910: 14). 1885 schrieb der Journalist William T. Stead eine Serie über die Auswirkung des „weißen Sklavenhandels" (Rowbotham 1980: 73). Ein Bewusstsein für die Wichtigkeit von Frauensolidarität als wesentliches Mobilisierungselement für die Bewegung konnte während dieser Kampagne entwickelt werden. Denn, so beschrieb es Butler selbst, „[s]ytematized prostitution" würde nie überwunden werden, wenn diese nicht selbst von Frauen bekämpft würde (Caine 1997: 109).

Die Bewegung entwickelte sich zu einer erfolgreichen „pressure group" (Lloyd 1970: 27), die die Abschaffung des Gesetzes 1886 durchsetzen konnte. Der LNA gelang es unter der Federführung von Butler, eine landesweit agierende Bewegung zu schaffen, so dass zwischen 1869 und 1871 über 57 Abteilungen entstanden (vgl. Caine 1997: 122). Diesen Erfolg konnte die Frauenbewegung zur selben Zeit mit dem Thema des Frauenstimmrechts nicht erreichen (ebd.).

Doch die sozialen Probleme, die mit Sexarbeit und dem Mädchen- und Frauenhandel verbunden waren, blieben bestehen. Durch die Untersuchungen der Bedingungen und der Situation der „Arbeitermädchen" fühlten sich bürgerliche Frauen darin bestärkt, für Geschlechtsgenossinnen anderer Klassen einzusetzen (Rowbotham 1980: 75). In der Folge wanden sich politisch aktive Bürgerliche der fabianistischen Bewegung zu, engagierten sich in der *Independent Labour Party* oder der *Marxist Democratic Social Democratic Federation* (ebd.).

Auch an dieser Entwicklung zeigen sich die steten Berührungspunkte zwischen bürgerlichen Aktivistinnen und Arbeiter_innenorganisationen oder sozialistisch orientierten Organisationen, die weitaus selbstverständlicher waren als im deutschen Kaiserreich. In derselben Zeit, in der sich „cross-class solidarity" zwischen den Frauen erfolgreich entwickelte, kam es allerdings zu Spaltungen zwischen den bürgerlichen Führungspersönlichkeiten der Frauenbewegung (Holton 1996: 36). Die sehr konkreten Debatten und Kampagnen um die *Contagious Diseases Acts* flankierten nämlich Bestrebungen zur Änderung der entmündigenden Ehegesetze und des Stimmrechts. Dieses Nebeneinander verschiedener Kampagnen und Ziele beförderte auch Konflikte und Brüche innerhalb der Frauenbewegung rund um die Frage der besseren Mobilisierungsstrategie. Die britische Frauenbewegung blickte auf eine lange und durchaus erfolgreich mobilisierte Stimmrechtsbewegung zurück, die nicht zuletzt durch Chartist_innen und liberale bürgerliche Stimmrechtsbewegungen befeuert worden war. Sie soll im nächsten Abschnitt beschrieben werden.

4.3.2 Der Kampf um Staatsbürgerinnenrechte

Wenngleich die Frauenstimmrechtsfrage in letzter Konsequenz nach der Jahrhundertwende als eine dominante Forderung ins Licht der politischen Öffentlichkeit trat, waren es das familiäre Zusammenleben und das Geschlechterverhältnis im Allgemeinen, die für die radikalen Suffragist_innen[80] zur Disposition standen (Holton 1996: 29). Um diese zu verändern, bedurfte es im Umkehrschluss der Staatsbürgerinnenrechte. Millicent Garrett Fawcett brachte dies 1886 in einem Betrag in dem Periodical *The Nineteenth Century* wie folgt zum Ausdruck:

> Women's Suffrage will not come, when it does come, as an isolated phenomenon, it will come as a necessary corollary of the other changes which have been gradually and steadily modifying during this century the social history of our country. It will be a political change, not of a very great or extensive character in itself, based upon social, educational, and economic changes which have already taken place. It will have the effect of adjusting the political machinery of the country to the altered social conditions of its inhabitants. The revolution has been quietly taking place for at least two generations; the political change will not be a revolution, but a public recognition by the State that the lot of women in England is no longer what it was at the beginning of the century (Fawcett, zit. nach Rover 1967: 2).

John Garrard betont, dass die bürgerlichen Frauen durch ihre philanthropischen Bestrebungen einen wichtigen Beitrag zur Demokratisierung in Großbritannien leisteten. Sie beteiligten sich engagiert und öffentlich an Kampagnen gegen die Sklaverei, für eine Gefängnisreform und in der Mäßigkeitsbewegung (vgl. Garrard 2003: 238). Die so gewachsenen Strukturen weiteten sich aus, besaßen einen größeren Erfahrungshorizont und wurden zunehmend feministischer und „more unashamedly partisan" (ebd.).

Die bewegte Geschichte rund um den *Reform Act* und die damit verbundenen öffentlichen Debatten um politische Teilhabe für größere Bevölkerungsteile, welche nicht zuletzt durch chartistische, radikalliberale und sozialistische Kräfte befeuert wurden, bot auch eine besondere Gelegenheitsstruktur für Frauen. Darüber hinaus waren die Aktivistinnen bereits über vielfältige andere Kampagnen gut vernetzt und verfügten mit ihren zahlreichen Bewegungsorganisationen in Form von Gesellschaften, Vereinen und Unions über eine organisatorisch gefestigte Grundstruktur, die sie jederzeit aktivieren ließ.

---

[80] Als Suffragist_innen bzw. suffragistische Bewegung wird allgemein die Frauenstimmrechtsbewegung bezeichnet.

4.3.2.1 Allgemeine Demokratisierung: Die Reform Acts als Gelegenheitsstruktur für die Frauenbewegung

Bis 1832 besaßen zumindest einige besitzende Frauen theoretisch das Stimmrecht, angelehnt an die Voraussetzungen, welche auch die Männer erfüllen mussten: Frauen konnten wählen, wenn sie adlig waren, also Grundbesitzerinnen, Lehnsträgerinnen, Pairs, Äbtissinnen oder als städtische bzw. ländliche Steuerzahlerinnen (vgl. Schirmacher 1976 [1913]: 90). In die Debatte zur *Reform Bill* 1832, die das Wahlrecht auf vermögende bürgerliche Männer ausweiten sollte, brachte Henry Hunt eine Petition ein. Diese forderte für unverheiratete Frauen, welche die Besitz- bzw. Einkommensvorgaben erfüllen, das Wahlrecht (vgl. Smith 2007: 7). Das Parlament lehnte dies ab. Stattdessen stimmte es für einen *Reform Act*, welcher das Stimmrecht explizit nur für Männer vorsah, indem im *Reform Act* das Wort „man" mit „male person" ersetzt wurde (Fawcett [1912] 2005: 9). Das Wort „man" konnotierte, so geht es aus den autobiografischen Quellen von Aktivist_innen hervor (vgl. Fawcett [1912] 2005: 9; Pankhurst [1933] 1988: 39; Pankhurst 1913: 7), anscheinend mehr Ermessensspielraum.

> Es ist heute schwer vorstellbar, wie es möglich war, Frauen durch eine für heutige Begriffe ebenso plumpe wie dreiste Bestimmung vom politischen Leben gänzlich auszuschließen. Ein zeitgenössischer Text belegt, daß es nicht einmal die ausgesprochene Absicht der Politiker gewesen sei, die Frauen vom Wahlrecht auszuschließen, weil es ihnen gar nicht in den Sinn kam, daß Frauen überhaupt ein Anrecht auf politische Willensäußerung besaßen (Hanschke 1990: 14).

Silke Hanschke sei hier zumindest entgegenzuhalten, dass es sich um eine geringe Anzahl von Frauen handelte, die auf der alten Grundlage hätten wählen können. Der *Lord Brougham's Act* von 1850 besagte demgegenüber, dass das Maskulinum in Gesetzestexten auch Frauen einbezieht, außer sie werden explizit ausgeschlossen (vgl. Fawcett [1912] 2005: 9). Ein Aspekt, der später für Rechtskämpfe durch Stimmrechtsaktivist_innen genutzt werden würde. Im zweiten *Reform Act* (1862), der das Wahlrecht auf Kleinbürger und Arbeiter in Städten ausweitete (vgl. Garrard 2002: xii), führte das

Parlament das Wort „man" wieder ein. Für den juristischen Sprachgebrauch signalisierte das, dass das Stimmrecht nun auch für Frauen zu den jeweiligen Konditionen gelte (vgl. Fawcett [1912] 2005: 9). Der dritte Reform Act 1884, der Teile der Landbevölkerung in das Stimmrecht einbezog, brachte trotz großem Engagement von Seiten der Frauenbewegung und politischer Unterstützung einzelner sozialistischer und liberaler Parlamentarier noch nicht den Sieg. Die Konstituierung und strategische Ausrichtung der Bewegung wird in den folgenden Kapiteln nachgezeichnet.

4.3.2.2 „Overweight the Ship": Schwerpunktsetzung Stimmrecht

Als eine der ersten forderte die Sozialreformerin und Abolitionistin Ann Knight und die von ihr 1851 gegründete *Sheffield Female Political Association* das Wahlrecht (vgl. Crawford 2001: 630). Knight veröffentlichte auch eines der ersten Flugblätter zum Thema Frauenstimmrecht:

> NEVER [!] will the nations of the earth be well governed, until both sexes, as well as all parties, are fairly represented, and have an influence, a voice, and a hand in the enactment and administration of the laws. [...] (Knight 1847 [?]; zit. nach Blackburn 1902: 19).

Dieses Engagement stieß zunächst auf wenig Unterstützung. Zu einer nationalen Forderung wurde das Frauenstimmrecht erst in den 1860er Jahren. 1865 gründete sich die *Kensington Society*[81], welche die Frage des Frauenstimmrechts öffentlich debattierte. Der Think Tank wirkte als Katalysator für die sich etablierende Frauenstimmrechtsbewegung (vgl. Crawford 2001: 22). Emily Davies, eine wichtige Akteurin der Society, glaubte, dass es für eine Frauenstimmrechtskampagne noch viel zu früh sei, da diese Forderung Radikale – „jumping like kangaroos" – in die Bewegung locken würde (Holton 1995: 280). Dies bewahrheitete sich insofern nicht, als dass die

---

[81] Als Präsidentin fungierte Charlotte Manning, die in Kensington lebte, weswegen sich der Name etablierte. Das Organisationskomitee leiteten Isa Craig und Emily Davies (vgl. Crawford 2001: 321).

Frauenbewegung mit dem Thema des Stimmrechts die nächsten 40 Jahre eher gemäßigte-konstitutionelle politische Wege beschritt. Bezieht man die Aussage jedoch auf die militante Suffragettenbewegung nach der Jahrhundertwende, so kann Davies eine gewisse Weitsicht attestiert werden.

John Stuart Mill[82], der einer von vielen wichtigen Bündnispartnern für die Bewegung und Verfechter der Frauenemanzipation war, wurde 1865 für die Liberalen ins *House of Commons* gewählt. 1866 überreichte ein kleines Komitee von Frauenbewegungsaktivist_innen John Stuart Mill und indirekt Henry Fawcett[83] eine landesweite Petition (vgl. Fawcett [1912] 2005: 19). Die Petition war von 1.499 Frauen unterzeichnet worden und forderte, dass das Wahlrecht beiden Geschlechtern zustehen müsse (vgl. Rover 1967: 5). Unter den Unterzeichner_innen befanden sich viele bekannte Frauenbewegungsaktivist_innen wie Florence Nightingale, Harriet Martineau und Josephine Butler (vgl. Blackburn 1902: 54; Fawcett [1912] 2005: 19) sowie führende Engagierte in der sozialen Arbeit, der Mädchenbildungs- und der Mäßigkeitsbewegung (vgl. Blackburn 1902: 54f). Emily Davies und Elizabeth Garrett brachten die Petition

---

[82] Mill hatte gemeinsam mit Harriet Taylor Mill und Helen Taylor 1869 die Abhandlung „The Subjection of Women" verfasst. Wie die meisten politischen Theoretiker_innen dieser Zeit – etwa Wollstonecraft – waren auch Mill, Mill und Taylor davon überzeugt, dass „die unangenehmen, oberflächlichen, egozentrischen, unsittlichen Züge, die Frauen zeigen, in ihrer gesellschaftlichen Lage und nicht in ihren natürlichen Anlagen begründet sind" (vgl. Holland-Cunz 2003: 36). In der utilitaristischen Perspektive, die sie einnahmen, schien es nur logisch, dass das größtmögliche Glück für die größtmögliche Anzahl von Menschen natürlich auch für Frauen gelten müsse. Ähnlich wie viele ideengeschichtliche Vorläufer_innen kritisierten die Autor_innen in ihrer „kompromisslosen Schrift" (ebd.: 38) den Anachronismus, der für sie darin bestand, zwar die Geburtsvorrechte abzuschaffen, doch Frauen von Geburt an aufgrund ihres Geschlechts bürgerliche Rechte zu verweigern. Damit werde zudem negiert, dass man die „Natur der Geschlechter" nur kennen könne, solange die Umstände so blieben, wie sie sind. Die Autor_innen plädieren aus einer liberal-ökonomistischen Perspektive, für eine freie Konkurrenz auf dem Arbeitsmarkt (ebd.: 39). Auf dieser Ebene sei es erst möglich, die jeweiligen Neigungen und Fähigkeiten der beiden Geschlechter zu entwickeln. Sie forderten gleiche Ehegesetze, die Abschaffung der Haussklaverei und die Zulassung der Ehescheidung, allerdings hielten sie am Konzept der Hausfrau fest (ebd.).

[83] Henry Fawcett fungierte eher als Gatekeeper, da er die Deputation der Frauen zufällig in der Westminster Hall traf und zu Mill begleitete (Fawcett [1912] 2005: 20).

zum House of Commons. Um weniger aufzufallen, versteckten sie die umfängliche Unterschriftenrolle bei einer Verkäuferin unter einem Äpfelverkaufsstand in der Vorhalle, was zu einem gewissen Amüsement bei Mill führte (vgl. Blackburn 1902: 55):

> „Ah, this I can brandish with effect." (Mill, zit. nach Blackburn 1902: 55; Fawcett [1912] 2005: 19)

Die Petition wurde präsentiert und erreichte eine große Medienaufmerksamkeit. Prinzipiell markiert das Ereignis den Beginn einer kontinuierlichen Kampagne für das Frauenstimmrecht, die so lange andauerte, bis das Ziel erreicht war (vgl. Rover 1967: 5). So etablierte sich in London die *National Society for Women's Suffrage*. Kurze Zeit später entstanden auch große Wahlrechtsgesellschaften in Manchester und Edinburgh (vgl. Pugh 2002: 11).

Während der Debatte um die Ausweitung des Stimmrechts für erwachsene Männer in der zweiten *Reform Bill* 1867 brachte Mill denn auch einen gewitzten Ergänzungsantrag ein. Er beantragte „man" mit „person" zu ersetzen (Crawford 2001: 410; Smith 2007: 8), was allerdings abgelehnt wurde.[84] Die juristischen Widersprüchlichkeiten bezüglich des Wortes „man" wurden in der Folge für einen engagierten Rechtsstreit genutzt, dessen Ziel es war, Frauen in das Maskulinum der Gesetzestexte einzubeziehen (vgl. Hanschke 1990: 15; Pankhurst [1931] 1988: 38f). Die Wahlrechtsgesellschaften in Nordengland und Schottland organisierten eine große Kampagne zur Unterstützung des Anliegens (vgl. Fawcett [1912] 2005: 10), das dennoch keinen Erfolg hatte, denn das „Patriarchat blieb über alle Angriffe erhaben" (Rowbotham 1980: 69). Durch diese Kampagne gelang es aber, viele steuerzahlende Frauen – in Manchester allein 5.346 – für die Forderung zu mobilisieren und daraufhin in die Wahllisten einzutragen (vgl. Fawcett [1912] 2005: 10). Vielen Frauen wurde dieses Recht verweigert und bei den darauffolgenden Klagen entschied das *Court of Common Pleas* gegen sie. Vom Wahlrecht blieben sie ausgeschlossen. Nur wenn es um die Besteuerung ging, schloss „man" die Frauen ein (ebd.).

Ein weiterer Versuch, das Stimmrecht für die Frauen doch noch zu erlangen, wurde durch die *Women's Disabilities' Removal Bill* gezeigt. Die von Richard Pankhurst vorbereitete Gesetzesvorlage

---

[84] Der Antrag wurde mit 73 zu 196 Stimmen abgelehnt (vgl. Crawford 2001: 410).

wurde von Jacob Bright 1870 eingebracht und bestand die erste Lesung mit 124 zu 91 Stimmen (Pankhurst [1931] 1988: 46f). Der als *Private Member Bill*[85] eingebrachte Antrag wurde abgelehnt (vgl. Holton 1995: 280). Der Premierminister William Ewart Gladstone soll persönlich für die Ablehnung der Vorlage gesorgt haben. Er beschrieb die Teilhabe von Frauen an den Parlamentswahlen als „a practical evil of an intolerable character" (Pankhurst [1931] 1988: 47).

Kurze Zeit später kam es auch zu Konflikten in der Bewegung (vgl. Smith 2007: 11). Der Zankapfel war die Kampagne der LNA gegen die *Contagious Diseases Acts*. Verbände im Norden unterstützten die Kampagne zur Forderung ihrer Abschaffung, während die im Süden sich distanzierten (vgl. Holton 1996: 37). John Stuart Mill (Holton 1995: 282), Millicent Garrett Fawcett[86] (Kent 1987: 195; Rover 1967: 2) – die spätere Vorsitzende der *National Union of Women's Suffrage Societies* (NUWSS) – und auch Lydia Becker (Pugh 2002: 8) hielten es für klüger, die Wahlrechtskampagne von der Kampagne gegen die Reglementierung zu trennen. Mill konstatierte 1871, dass er das Zusammenfallen der Kampagnen für „simply suicidal" hält (Mill 1871: 1854). Die Befürworterinnen der Kampagne gegen die Reglementierung – allen voran die *Manchester National Society for Women's Suffrage* (MNSWS) – beharrten allerdings auf ihrem Standpunkt (vgl. Holton 1995: 282).

Eine mögliche Erklärung für die Bedenken Mills und Fawcetts bzw. der Bewegung im Süden Englands könnte gewesen sein, dass mit der Einführung des Frauenstimmrechts auch das Thema der Prostitution bzw. deren Reglementierung parlamentarisch ‚erledigt' wäre. Mill war der Meinung, dass in der Kampagne gegen die Reglementierung vergessen würde, dass der Großteil der Öffentlichkeit erst einmal generell überzeugt werden müsste, den Frauen überhaupt Rechte zuzugestehen (vgl. Mill 1871: 1854). Ein weiterer Dissens in

---

[85] Das Parlament legte bestimmte Tage fest, um Gesetzesanträge einzelner Abgeordneter zu diskutieren. Die Zeit für die *Private Members Bills* war sehr beschränkt. Nur die ersten 12 bis 14 Antragsteller hatten realistisch gesehen die Chance, ihre Bill zur Verhandlung zu bringen. Davon berieten die Parlamentarier meist 3 bis 4 *Private Members Bills*, alle anderen auf der Tagesordnung waren für diese Session verloren.

[86] Fawcett war auch die Biografin von Butlers Lebenswerk und bewunderte den Kampf Butlers sehr (vgl. Rover 1967: 2).

den 1870ern war zudem, wie mit verheirateten Frauen umgegangen werden solle (vgl. Caine 1997: 121). Die parlamentarische Strategie war meist, dass das Stimmrecht zu denselben Konditionen gefordert wurde, wie es für die Männer galt bzw. in den *Reform Bills* vorgesehen war. Mit der Ehe traten Frauen ihren Besitz an ihre Gatten ab, was bedeutete, dass sie die Anforderungen für das Stimmrecht rechtlich nicht erfüllten. Die Debatte wurde nur oberflächlich geführt (ebd.), berührt aber die Ausrichtung der Forderung und damit der richtigen Mobilisierungsstrategie. An diesen Konflikten lässt sich zeigen, dass die Spaltungen und Brüche in den Bewegungen mit einer zunehmenden Ausdifferenzierung der Zielstellungen und strategischen Taktiken einhergingen.

Richtungsweisend wurde das Thema des Frauenstimmrechts in der Frauenbewegung wieder in dem Moment, als die Liberale Partei 1880 die Regierung stellte. Die Akteur_innen der Frauenbewegung sahen mit einer liberalen Regierung auch eine größere Chance in der Durchsetzung des Frauenstimmrechts.[87] Mit der Erwartung auf eine erneute *Reform Bill* ging eine große Aufbruchsstimmung einher. An diesem Beispiel zeigt sich sehr gut der Zusammenhang zwischen Gelegenheitsstruktur und Framing. Fawcett äußerte sich zu der Zeit wie folgt:

> [...] a new Liberal Government would be in power, and would certainly deal with the question of representation–that then would be the great opportunity, the psychological moment, for the enfranchisement of women. [...] With these hopes we approached the election of 1880 (Fawcett 1912: 24f).

Die Parlamentswahlen 1880 mussten dementsprechend von Bewegungsaktivist_innen als eine Gelegenheit antizipiert werden, die eine großangelegte Mobilisierung begünstigte. Die Gelegenheitsstruktur bewirkte auch, dass sich die Frauenbewegung unter dem Schirm des Frauenstimmrechts sammelte. In der allgemeinen Aufbruchsstimmung kam es zu einer ganzen Reihe großer Frauendemonstrationen in Manchester[88] (ebd.: 25).

---

[87] An der Geschichte des Kampfes um das Stimmrecht nach der Jahrhundertwende kann man ablesen, dass diese Rechnung letztendlich aber nicht aufging und die kommende liberale Regierung keineswegs das Frauenstimmrecht einführte.
[88] Priscilla Bright McLaren und Alice Scatcherd betrieben eine äußerst öffentlichkeitswirksame Kampagne in und um Manchester. Sie wollten im

Die *Reform Bill* wurde 1884 im Parlament verhandelt. Der Zusatzantrag zum Frauenantrag fiel aus strategischen Gründen sehr schmal aus und hätte lediglich 100.000 Frauen, die meisten von ihnen „well-to-do property owners", das Wahlrecht zugestanden (Smith 2007: 13). Der Zusatzantrag erfuhr Unterstützung von konservativer Seite, da davon auszugehen war, dass die künftige Wählerinnengruppe auch konservativ wähle. Dies hätte die Wahlverhältnisse insofern verschoben, als dass die Landarbeiter, die bei dieser Reform Bill einbezogen werden sollten, zumeist als Liberale galten (ebd.). Mit der öffentlichen Ablehnung des Zusatzantrags durch Gladstone (vgl. Fawcett [1912] 2005: 27f), dessen Beispiel viele der liberalen *Members of Parliament* (MP) folgten, hatte der Antrag keine Chance mehr (vgl. Smith 2007: 13). Die Idee, dass das Besitzwahlrecht bzw. „household suffrage" undemokratisch sei, war bis dato noch nicht erfunden, wie Fawcett ironisch zu dem Sachverhalt schrieb (Fawcett [1912] 2005: 28).

> The Prime Minister's line was that the Government had introduced into the Bill "as much as it could safely carry." The unfortunate nautical metaphor was repeated again and again: "Women's suffrage would overweight the ship." (Fawcett [1912] 2005: 28).

Die Frustration über diese Niederlage führte dazu, dass sich neue Organisationen gründeten, die auch weitergehende Forderungen stellten. Die *Women's Franchise League* (WFL) gründete sich 1889 aus ehemaligen Mitgliedern der *Manchester National Society for Women's Suffrage* (vgl. Caine 1997: 122). Die Aktivist_innen der WFL kritisierten die „versöhnlerische Haltung" (Rowbotham 1980: 69) der Bewegung und setzten sich insbesondere auch für die Rechte verheirateter Frauen ein (vgl. Caine 1997: 122; Pugh 2002: 12). Die Gründung der WFL wird in der Forschung zumeist mit einer allgemeinen Radikalisierung in der britischen Frauenbewegung in Verbindung gebracht (vgl. Hanschke 1991: 15; Pugh 2001: 52; Rowbotham 1980: 69; Smith 2007: 15). Eine weitere Splittergruppe – die *Women's Emancipation Union* – gründete sich 1892 und forderte politische Mitbestimmung (vgl. Pugh 2002: 12). Auf der Folie von Gelegenheitsstrukturen lässt sich sagen, dass die Haltung der

---

Besonderen Unterstützung aus der Arbeiter_innenschaft mobilisieren (vgl. Holton 1995: 283).

Liberalen im Parlament, einschließlich des Antifeminismus Gladstones, auch dazu führte, dass hegemoniale Praktiken und Strategien zur Erreichung der Ziele hinterfragt und neue Formen der Organisation und Interessenartikulation erprobt wurden.

Der Kampf für mehr Rechte für verheiratete Frauen und das Frauenstimmrecht konnte 1894 überraschend erfolgreich geführt werden. Dank des *Local Government Acts* konnten Ehefrauen bei den regionalen Wahlen für kommunale Ämter wie z. B. Poor Law Guardians, Parish oder District Councillors wählen (vgl. Pankhurst [1931] 1988: 116). Der strittige Punkt innerhalb der Bewegung, ob strategisch das Wahlrecht auch für verheiratete Frauen eingefordert werden sollte, war damit zunächst obsolet. Der Weg für eine Zusammenarbeit war wieder geebnet und es bot sich die Möglichkeit für eine größer angelegte Kampagne:

> The way was now clear for suffragists to work together for a measure which all societies could now agree upon – equal rights in the parliamentary franchise for women, both single and married (Holton 1995: 285).

Frauenbewegte aller Couleur sammelten Unterschriften für eine Petition, der unterkühlte Kontakt zwischen den Wahlrechtsorganisationen begann sich wieder zu erwärmen. Die Programmatik bewirkte demnach eine Wiedervereinigung der Wahlrechtsbewegung nach der eingetretenen Fraktionierung (vgl. Holton 1995: 285) und mündete unter der Führung von Millicent Fawcett 1897 in der Gründung der *National Union of Women Suffrage Societies* (NUWSS), als deren Präsidentin sie dann auch fungierte (vgl. Pugh 2002: 12).

Mit der Gründung des Bundes konsolidierte sich die britische Frauenbewegung und forcierte den Kampf um das Frauenstimmrecht. Die Debatten – auch die Fokussierung auf die Frauenstimmrechtsbewegung innerhalb der Frauenbewegungsforschung – legen nahe, dass das Frauenstimmrecht zu einem wirkmächtigen Symbol der Frauenbefreiung avancierte.

4.3.2.3 Konstituierung eines breiten Bündnisses: Heterogenität in Taktiken und Politik(en)

Im Jahr der NUWSS-Gründung 1897 bewilligte das *House of Commons* eine Frauenstimmrechtsbill (vgl. Holton 1995: 285; Smith 2007: 19). Zwar wurde diese *Private Member Bill* letztlich abgelehnt, doch galt ihr kurzzeitiger parlamentarischer Erfolg als ein hoffnungsvolles Zeichen für die Bewegung (vgl. Holton 1995: 285). Die Strategie der parlamentarischen Einflussnahme durch gezielte Lobbypolitik (vgl. Lloyd 1970: 45) war von Anfang an und blieb bis kurz nach der Jahrhundertwende die präferierte Taktik der NUWSS. Im Zentrum der Agitation lag immer das Ereignis der jährlich präsentierten „parliamentary bill" (Crawford 2001: 436). Diese Gelegenheitsstruktur der parlamentarischen Einflussmöglichkeit wurde demnach gezielt und zyklisch zur Mobilisierung genutzt.

Die NUWSS begriff sich von Anfang an als konstitutionell agierende Organisation (vgl. Holton 1995: 289). Für die Strategien und Taktiken bedeutete dies, dass das politische System nach den bestehenden Regeln demokratisch reformiert werden sollte. Um das Wahlrecht zu erlangen, setzten die Aktivist_innen dementsprechend parteiübergreifend auf die Unterstützung einzelner *Members of Parliament* (MP). In dem damaligen parlamentarischen System galt es als durchaus sicher, dass eine politische Forderung – auch wenn diese lediglich als *Private Member Bill* eingebracht wurde – zum Gesetz werden konnte, sofern sie vom Kabinett unterstützt wurde (vgl. Lloyd 1970: 46). Wenn letzeres allerdings andere Interessen verfolgte, konnten auch einzelne Abgeordnete nichts erreichen (ebd.). Insgesamt behandelten die MPs die NUWSS-Mitglieder „höflich" (Lloyd 1970: 45). Ein Zeichen dafür, dass es die meisten Parlamentarier mit den Gesetzesanträgen zum Frauenstimmrecht und der Frauenbewegung dann aber doch nicht sehr ernst meinten, war die „talk out"-Praktik (Cowman 2010: 56, 76; Lloyd 1970: 45; Reaburn 1973: 17; Schirmacher [1913] 1988: 24). Die Anträge zum Frauenstimmrecht kamen in den Sitzungen erst sehr spät zur Diskussion, weil Anti-Suffragisten „whittled away the time available for debate" (Rosen 1974: 37). Besonders auffällig benahm sich beispielsweise der liberale Abgeordnete Henry Labouchère. Er hatte zwar für den Frauenstimmrechtszusatzantrag John Stuart Mills gestimmt (vgl. Lloyd 1970: 45), in den folgenden Jahren machte er sich allerdings „ein Vergnügen daraus, Wahlrechtsinitiativen zu blockieren" (ebd.), indem er bei den Debatten zu vorherigen Tagesordnungspunkten lange Reden hielt (vgl. Lloyd 1970: 45; Wingerden 1999: 69) oder die Diskussion ums Frauenstimmrecht allgemein dominierte (vgl. Rosen 1974: 37f). Dieser Praxis bedienten sich auch andere MPs: „Dies geschah 1890 zugunsten einer Bill über Rosinen und Korinthen; 1893 zugunsten einer Bill über Besteuerung von Maschinen; 1897 zugunsten einer Bill über Ungeziefer; 1905 zugunsten einer Bill über Straßenbeleuchtung" (Schirmacher [1912] 1976: 24). Die Taktik der NUWSS war also innerhalb des Parlaments nicht erfolgreich, was teilweise als Grund für die Entstehung der WSPU gewertet wird (vgl. Karl 2009: 176; Rover 1967: 28; Schirmacher [1912] 1976: 26). Wenn Erfolg jedoch in einem breiteren Rahmen gefasst wird, d. h. auch Mobilisierung, Organisationserweiterung und Etablierung neuer Bündnisse einbezogen werden, ergibt sich ein ganz anderes Bild.

Die NUWSS war in ihren Anfängen stark dezentralisiert organisiert und ermöglichte ihren Mitgliedsorganisationen große Spielräume. Diese entschieden beispielsweise selbst, auf welche Art und Weise sie ihre regionalen Kampagnen gestalteten (vgl. Hume 1982: 6). Es gab einige Regeln, die für die Mitgliedsorganisationen verbindlich waren: Sie mussten parteiunabhängig sein und ihr Hauptaugenmerk sollte auf der Erreichung des Frauenstimmrechts liegen (vgl. Hume 1982: 6; Smith 2007: 19). Insgesamt war das Programm der Union aber breiter als das ihrer Vorgängerinnen, die Mitgliederzahl erweiterte sich rapide und es existierte ein Wille zur Erprobung und Erneuerung der Protesttaktiken (vgl. Evans 1979: 68).

Ähnlich wie der BdF (Kap. 4.2.1.2) wurde die NUWSS durch ein Executive Committee geleitet, welches sich aus Repräsentant_innen der Mitgliedsorganisationen zusammensetzte (vgl. Hume 1982: 7). Dabei wirkte das Committee von 1897 bis 1903 als Vermittler zwischen dem Parlament und den Mitgliedsgesellschaften (vgl. Crawford 2001: 437; Hume 1982: 15f). Die *Central and East of England Society for Women's Suffrage* organisierte ein „local associate scheme", welches dazu dienen sollte, jeden Wahlkreis zu mobilisieren (Hume 1982: 16; Wingerden 1999: 68f). Binnen zweier

Jahre gelang es, in acht Wahlkreisen lokale Assoziationen aufzubauen und 1.828 neue Unterstützer_innen zu gewinnen (vgl. Hume 1982: 16). Andere NUWSS-Mitgliedsorganisationen übernahmen diese Strategie nach diesem Erfolg (ebd.: 17).

In der Gegend um Manchester verfolgte die *North of England Society for Women's Suffrage* (NESWS) als NUWSS-Mitgliedsorganisation eine andere Taktik: In dem durch chartistische, gewerkschaftliche sowie radikalliberale Kämpfe geprägten Gebiet bestand die Möglichkeit, bereits politisierte Arbeiter_innen zu mobilisieren und in die Proteste einzubeziehen. Unter der Federführung von Eva Gore-Booth und Esther Roper ging es der Organisation darum, ihr „middle class image" abzubauen (vgl. Hume 1982: 17). In der Gegend existierte ein ausgebautes Netzwerk von Gewerkschaftsorganisationen, die generationsübergreifend Arbeiterinnen und Arbeiterfrauen, insbesondere aus der Textilbranche, vereinigte (vgl. Holton 1995: 286). Die NESWS sah in der Mobilisierung der Arbeiterinnenschaft die Chance, aus dem Anliegen des Stimmrechts eine klassenübergreifende Massenbewegung zu kreieren (vgl. Hume 1982: 17; Liddington/Norris 1978: 26). Gemeinsam mit der *Women's Cooperative Guild* (vgl. Holton 1995: 286, Hume 1982: 18), den *Arbeiter_innenkirchen* und der *Independent Labour Society* (vgl. Hume 1982: 18) wurden Treffen und Versammlungen für Arbeiterinnen organisiert, um diese von der Notwendigkeit des Stimmrechts zu überzeugen. Dieses Vorgehen wurde später von der *Central Society of Women's Suffrage* übernommen (vgl. Crawford 2001: 101; Hume 1982: 18). Das Thema des Frauenstimmrechts wurde dementsprechend von „enthusiastic and experienced working class women" (Liddington/Norris 1978: 26) an- und übernommen. Da Arbeiter_innen und Arbeiter_innenorganisationen für die Sache des Stimmrechts gewonnen werden sollten, veränderte sich auch das Aktionsrepertoire der NUWSS-Organisationen im Süden: Salontreffen und sorgfältig geplante Meetings wurden von Veranstaltungen unter freiem Himmel abgelöst, Reden wurden im Freien und oft an Fabriktoren gehalten (vgl. Holton 1995: 286; Rosen 1974: 25f).

> [...] their methods were those they had learned elsewhere: factory gate meetings, pushing suffrage motions through union branches, organizing through trades councils (Liddington/Norris 1978: 26).

Während zwischen 1897 und 1903 die Union ihren Mitgliedsorganisationen sehr viel Spielraum bezüglich ihrer Kampagnen überließ, gewann zwischen 1903 und 1906 die NUWSS an Einfluss und trieb unionsübergreifende Kampagnen voran (vgl. Hume 1982: 23). Nach der Jahrhundertwende schlug die NUWSS mit der Initiierung der *National Convention in Defence of the Civic Rights of Women* 1903 eine aggressivere Gangart ein bzw. erreichte eine neue „aggressive stage" (Hume 1982: 22; Smith 2007: 21). Angeregt wurde diese große Veranstaltung[89] mit 200 Delegierten verschiedenster und auch NUWSS-externer Frauenbewegungsorganisationen wie beispielsweise der *Women's Liberal Federation* oder der *Women's Temperance Association* von W. T. Stead und Elizabeth Wolstenholme-Elmy (vgl. Crawford 2001: 436; Hume 1982: 22). Die Delegierten forderten die NUWSS auf, in jedem Wahlkreis ein Wahlkomitee aufzustellen, alle aufgestellten Kandidaten zum Wahlrecht zu befragen und die lokalen Parteivorstände davon zu überzeugen, nur Parlamentskandidaten aufzustellen, die das Frauenstimmrecht unterstützen (vgl. Hume 1982: 22f; Smith 2007: 21). An der Lobbypolitik sollte also festgehalten, der Aktionsradius allerdings regionalisiert und die zur Wahl stehenden Kandidaten im Voraus dafür in die Pflicht genommen werden, sich für das Frauenstimmrecht einzusetzen. Auf der Ebene der Gelegenheitsstrukturen lässt sich ebenfalls vermerken, dass zwischen 1904 und 1906 diverse Debatten bezüglich des Stimmrechts im *House of Commons* stattfanden (vgl. Hume 1982: 23). Die NUWSS hatte zweifelsohne dazu beigetragen, dass das Thema wieder auf der parlamentarischen Agenda stand. Aber auch ein Wandel des politischen Klimas spielte eine Rolle (ebd.: 24). Es stand eine neue General Election an, und alle Parteien streckten die Fühler nach Themen aus, „as a means of ,testing the political wind' and gauging the response of the electors to a particular issue" (ebd.: 24).

Mit der neuen liberalen Regierung im Jahr 1906 stiegen abermals die Erwartungen innerhalb der Organisation, das Ziel des Stimmrechts für Frauen bald zu erreichen. Ins Parlament waren insgesamt 400 Parlamentarier gewählt worden, die sich laut Millicent Garrett Fawcett, dem Frauenstimmrecht verpflichtet hatten (vgl.

---

[89] Die Convention fand am 16. und 17. Oktober 1903 in London statt (vgl. Hume 1982: 22).

Fawcett 1912: 69). Premierminister Henry Campbell-Bannerman machte einer Deputation der NUWSS und weiterer Verbände allerdings keine Zusage bezüglich des Stimmrechts (ebd.).

Herausgefordert durch die parlamentarischen Entwicklungen, die unterkühlte Reaktion Campbell-Bannermans (vgl. Hume 1982: 26) sowie die neue Aufmerksamkeit für das Frauenstimmrecht in der Öffentlichkeit aufgrund der Aktionen neuer militanter Organisationen wie der WSPU (Kap. 4.3.2.4) beschritt auch die NUWSS neue Wege und organisierte eine Reihe Prozessionen (vgl. Smith 2007: 23). Im Februar 1907 fand eine der größten Veranstaltungen der NUWSS und ihrer Mitgliedsorganisationen statt, welche unter dem Namen „Mud March" bekannt wurde (Cowman 2010: 59; Pankhurst [1931] 1988: 252; Smith 2007: 23; Tickner 1987: 74). Die Organisation und Durchführung des ‚Schlammmarsches' stellte eine Zäsur für den Verband dar:

> The Mud March had a considerable impact because of the novelty of the spectacle, but even more so because of the impropriety of respectable women marching in the streets. Participating required a degree of courage beyond that needed for subsequent processions; the marchers risked their reputation, their employment, and ridicule from the crowds (Smith 2007: 23).

Auch wenn die NUWSS als eine Organisation der Mittelschicht gilt (vgl. Hume 1982: 20), trug der Bund schon in den ersten zehn Jahren dafür Sorge, Frauen aller Klassen am Frauenwahlrechtskampf zu beteiligen (vgl. Hume 1982: 20; Liddington/Norris 1978: 26). Andere Studien weisen darauf hin, dass die Aktivitäten konservativer Aktivist_innen (vgl. Smith 2007: 24) bzw. der Einfluss liberaler Frauen (vgl. Cowman 2010: 58) nicht zu unterschätzen seien. Diese recht unterschiedlichen Befunde lassen darauf schließen, dass die NUWSS ihrem Anspruch der Parteilosigkeit nachgekommen ist und dass feministische Aktivist_innen jeglicher politischer Couleur mit ihren Organisationen tatsächlich eine Heimat in der NUWSS fanden. Auch bereicherten einzelne Gesellschaften – wie am Beispiel der NESWS aufgezeigt – durch neue Mobilisierungsmethoden das Aktionsrepertoire der Frauenbewegung insgesamt. Der Erfolg lässt sich demnach an der Ressourcenmobilisierung sehr gut nachweisen: Gehörten der Union zu Beginn noch 16 Mitgliedsorganisationen an, so waren es 1909 schon 70 und 1913 bereits 400 (Evans 1979: 68).

Abbildung 4: Millicent Garrett Fawcett speaks at Hyde Park, after 'pilgrimage', 1913; Illustrated London News Ltd/Mary Evans.

Viewed in a European perspective, the British feminist movement was by the 1900s not only large and vigorous but also radical and successful. By 1910 its suffrage movement had become one of the biggest in the world (Evans 1979: 68).

Da die NUWSS generell an der Durchsetzung des Frauenstimmrechts interessiert war, sah sie jede neue Organisation, die sich gründete, um die Frauenemanzipation voranzutreiben, als willkommen an, was sich in zahlreichen Verlautbarungen in den Anfangsjahren der militanten Organisationen zeigt. Historisch ist es der NUWSS gelungen, die durch eine liberale Regierung entstandene ‚Gelegenheit' für eine auf das Parlament orientierte Kampagne als politische

Chance richtig zu interpretieren. Auch hier zeigt sich ganz allgemein, wie wesentlich es ist, dass die Bewegungsakteur_innen *selbst* Gelegenheiten und Möglichkeiten antizipieren bzw. als solche wahrnehmen und entsprechend reagieren.

Mit der Gründung der NUWSS ging auch eine Fokussierung der britischen Frauenbewegung auf das Stimmrecht als symbolisches Kampfziel einher. Zwar erreichte sie bis in die 1910er Jahre eben nicht, dass das Stimmrecht parlamentarisch durchgesetzt wurde, aber sie bot als Netzwerk und als Bezugsrahmen die spezifischen Gelegenheitsstrukturen zur Etablierung neuer und militanter Bewegungsorganisationen.

4.3.2.4 Generation „Suffragettes": Vom sozialistischen Aktivismus zum militanten Feminismus

Insbesondere im Norden Englands, in der von der Textilindustrie geprägten Gegend um Manchester, hatte sich durch die *North of England Society for Women's Suffrage* (NESWS) und andere radikalliberal geprägte Bewegungsorganisationen eine für die britische Frauenbewegung neue Protestkultur entwickelt (Kap. 4.3.2.3). Die NESWS, die *Women's Franchise League* (WFL) und die *Women's Emancipation Union* galten insbesondere deswegen als radikal, weil sie gleiche Rechte für Frauen auf jeder Ebene der Gesellschaft forderten (vgl. Smith 2007: 35). Die bereits etablierte Protest- und Bewegungskultur in dieser Gegend wirkte dementsprechend selbst als spezifische Gelegenheitsstruktur zur Institutionalisierung neuer Bewegungsstrukturen und -organisationen.

Die Mobilisierungsarbeit der Stimmrechtsorganisationen vor und kurz nach der Jahrhundertwende führte dazu, dass sich eine neue Bewegungsgeneration von Aktivistinnen der Frauenfrage widmete. Diese – später allgemein als Suffragettenbewegung[90] bezeichnet –

---

[90] Die Zeitschrift *Daily Mail* benutzte den Begriff Suffragette als erste. Die Bezeichnung war ursprünglich als Spottname für die militanten Wahlrechtlerinnen gedacht (vgl. Wingerden 1999: 76; Larsen 2002: 2). Die militanten Aktivistinnen werteten den Begriff für sich positiv um, während die konstituionellen Stimmrechtler_innen als Suffragist_innen bezeichnet wurden.

wird insbesondere mit der Gründung der *Women's Social and Political Union* (WSPU) 1903 durch Emmeline Pankhurst[91] in Verbindung gebracht (vgl. Cowman 2010: 59f; Hanschke 1990: 17; Rosen 1974: 30f; Schirmacher 1912: 3; Smith 2007: 37), die sich als aktives Mitglied der *Independent Labour Party* (ILP) lange Zeit in Manchester und Umgebung für soziale Reformen und die Verbesserung der Lage der Arbeiter_innen einsetzte (vgl. Crawford 2001: 503; Rosen 1974: 29). Die WSPU als zentrale Organisation der militanten Frauenstimmrechtsbewegung, wirkte mit ihrer Kampagne selbst als spezifische Gelegenheitsstruktur: Es gründeten sich während der gesamten Periode weitere militante Organisationen teilweise selbstständig und manche auch als Abspaltungen der WSPU wie z. B. die *Women's Freedom League* (1907), die *Men's Political Union* (1910), die *Women's Tax Resistance League* (1909) (Mayhall 2003: 40; Smith 2007: 34), die *United Suffragists* (1914) oder die *East London Federation of Suffragettes* (1914) (vgl. Mayhall 2003: 40).

Diese Nähe zur Arbeiter_innenbewegung, welche aber im Laufe der Zeit bewusst augekündigt wurde, hatte besonderen Einfluss auf die WSPU, denn die gewerkschaftlich und sozialistisch mobilisierte Textilarbeiter_innenschaft in Lancashire, Leeds und Manchester kam der Organisierung von sowie Mobilisierung zu ersten Aktionen zugute (vgl. Dubois 1998: 265; Pugh 2002b: 1ff).

> Née en 1903 dans le Lancashire, la Women's Social and Political Union (WSPU) qui, adoptant la stratégie et le type de propagande des socialistes, a réussi à faire du vote une question majeure en Angleterre et ailleurs, s'est effritée sous l'effet conjugué du cycle violence-répression et de l'autoritarisme des Pankhursts (Thébaud 2002 : 89).

---

[91] Pankhurst hatte, wie sie in ihrer Autobiografie beschreibt, schon sehr früh Kontakt zur Stimmrechtskampagne. Bereits mit 14 besuchte sie eine Stimmrechtsveranstaltung, auf der Lydia Becker, welche sich in der MNSWS und beim *Women's Suffrage Journal* engagierte (vgl. Pankhurst 1913: 9), eine Rede hielt. Pankhurst arbeite insbesondere in der 1889 gegründeten *Women's Franchise League* mit, einer Organisation, welche sich für das Frauenwahlrecht und die Rechte verheirateter Frauen einsetzte. Ihre Tochter Christabel Pankhurst wurde vornehmlich von den Sozialistinnen Eva Gore-Booth und Esther Roper protegiert und dazu inspiriert, in die Fußstapfen ihres in der ILP aktiven aber mittlerweile verstorbenen Vaters zu treten (vgl. Holton 1995: 286; Raeburn 1973: 16).

Die WSPU forderte allerdings – ähnlich wie anfangs die konstitutionelle NUWSS – ein Wahlrecht für Frauen auf der Grundlage des bestehenden Besitzwahlrechts jener Zeit, welches neben den Frauen auch große Teile der Arbeiterschaft ausschloss. Ein Unterschied zur NUWSS war demgegenüber, dass Männer zur Mitgliedschaft nicht zugelassen waren. Dies rechtfertigte Pankhurst damit, dass die Organisation sich als parteiunabhängig konstituieren sollte (vgl. Pankhurst 1913: 38). Das männliche Geschlecht wurde von ihr im weitesten Sinne mit politischer Macht gleichgesetzt, welche aber grundsätzlich von der Frauenfrage ablenke.

> We resolved to limit our membership exclusively to women, to keep ourselves absolutely free from any party affiliation, and to be satisfied with nothing but action on our question (Pankhurst 1913: 38).

Dennoch waren beim Gründungstreffen am 10. Oktober 1903 vornehmlich politisch aktive Arbeiterinnen und Mitglieder der ILP anwesend. Die WSPU verstand sich laut Beschluss aber nicht nur partei- sondern eben auch als klassenunabhängig (vgl. Pankhurst [1911] 1970: 11). Allerdings war die Organisation zunächst, wie Zeitgenossin Elizabeth Wolstenholme Elmy angibt, nicht nur eng mit der sich etablierenden *Labour Party* verbunden, sondern de facto fast ein Ableger selbiger (vgl. Bartley 2002: 72). Bekannte Mitglieder waren beispielsweise Arbeiterinnen und Mitglieder der ILP wie Teresa Billigton, Annie Kenney, Hannah Mitchell oder Mary Gawthrope (vgl. Smith 2007: 37).

Die WSPU knüpfte zudem an die Strategien der NESWS an und forcierte eine Kampagne für das Frauenstimmrecht innerhalb der Arbeiter_innenbewegung und setzte sich generell für soziales und politisches Engagement in der Arbeiter_innenschaft ein (vgl. Mackenzie 1975: 71; Wingerden 1999: 71). Sie hatte auch das Ziel, das neu eingerichtete *Labour Representation Committee* der ILP davon zu überzeugen, sich für das Frauenwahlrecht einzusetzen und zur Parteifrage zu machen. Auf der ILP-Konferenz 1904 erhielt Emmeline Pankhurst die Zusage und offizielle Unterstützung der Partei für die Einbringung einer *Women's Enfranchisement Bill* (vgl. Rowbotham 1980: 104f). Dieser Erfolg gelang trotz einer „strong minority" (Pankhurst 1913: 41) innerhalb der Partei, „who held that the Labour Party should direct all its efforts toward securing universal adult suffrage for both men and women" (ebd.). Pankhurst konnte diese politische Forderung nach einem allgemeinen Erwachsenenwahlrecht zwar absolut nachvollziehen, sah dieses Ziel aber zu diesem Zeitpunkt als unerreichbar an (vgl. Pankhurst 1913: 41).

Die WSPU versammelte sich am 12. Mai 1905 (ebd.: 42) erstmalig mit anderen Frauenstimmrechtsgruppen – darunter auch eine Textilarbeiterinnengruppe und 400 Frauen von der *Women's Guild* – vor dem Parlament, um die Abstimmung über die Gesetzesvorlage abzuwarten (vgl. Rowbotham 1980: 105). Die Bill wurde durch die bereits erwähnte „talk out"-Praktik der Frauenstimmrechtsgegner amüsiert abgelehnt (Strachey 1928: 291). Pankhurst beschrieb die Situation in ihren Memoiren wie folgt:

> They did this by spinning out the debate with silly stories and foolish jokes. The members listened to the insulting performance with laughter and applause (Pankhurst 1913: 43).

Daraufhin versuchte Pankhurst eine Versammlung abzuhalten, die durch die Polizei zerstreut und später als erster militanter Akt der WSPU bezeichnet wurde (vgl. Pankhurst 1913: 43f; Pankhurst [1931] 1988: 183f; Raeburn1973: 16; Rowbotham 1980: 105; Wingerden 1999: 71). Nach dieser ernüchternden Niederlage begannen die Frauen der WSPU, direkte Aktionen anzuwenden. Sie störten beispielsweise gezielt Veranstaltungen prominenter Politiker, später auch Predigten in Kirchen oder hielten spontan Reden zum Frauenstimmrecht an öffentlichen Orten wie Restaurants, Theatern oder in der Oper.

Einen landesweiten Bekanntheitsgrad erlangte die WSPU bereits 1905 (vgl. Fawcett 1912: 60): Am 13. Oktober kam es zu einem regelrechten öffentlichen Skandal, als die zwei WSPU-Mitglieder Annie Kenney und Christabel Pankhurst in Manchester eine Versammlung der liberalen Partei mit der Zwischenfrage „Will the liberal government give votes to working women?" (Rowbotham 1999: 9) störten und beim anschließend vorangetriebenen Straßenprotest verhaftet wurden (vgl. Houen 2002: 124; Pankhurst [1931] 1988: 189f; Pankhurst 1913: 46f; Rowbotham 1980: 106, Strachey 1928: 293f). Anstatt die ihnen auferlegte Ordnungsstrafe zu begleichen, gingen Kenney und Pankhurst symbolisch ins Gefängnis. Das war eine enorm öffentlichkeitswirksame Maßnahme, auf die sich die Presse förmlich stürzte (Pankhurst 1913: 49). Bestraft wurden die beiden jungen Frauen überdies nicht wegen der eigentlichen Versammlungsstörung, sondern weil sie Polizisten bespuckt hatten, wie Sylvia Pankhurst später festhielt (vgl. Pankhurst [1931] 1988: 190).

Nach der Verhaftung von Pankhurst und Kenney kam es zu einem öffentlichen Aufschrei, und die Inhaftierung der beiden gab einen ersten Vorgeschmack „von zukünftigem Martyrium und Ruhm" (Rowbotham 1980: 106). Auch wenn einige dem Frauenstimmrecht verpflichtete Aktive sich peinlich berührt (ebd.) zeigten, war der WSPU die öffentliche Aufmerksamkeit nach diesem Auftritt sicher. Zeitgenossin Ray Strachey schrieb dazu:

> The Press of the whole country seized on this happening with avidity. Here was NEWS, thrilling NEWS, involving a future Cabinet Minister, and a cause about which ridicule and cheap joking were easy (Strachey 1928: 295; Hervorh. im Original).

Wenngleich die Presse die Aktion nicht positiv aufnahm und als politische Unreife der Frauen ausdeutete, gestanden politisch Aktive der WSPU zu, dass das Thema verstärkt und auch von Menschen diskutiert wurde, die sich vorher darüber keine Gedanken gemacht hatten (vgl .Strachey 1928: 295).

Die Taktik des ‚heckling', also des Störens durch Zwischenrufe bzw. gezielte Nachfragen in öffentlichen Versammlungen, wurde in der folgenden Zeit vorangetrieben. Der WSPU gelang es so, sich nach und nach geschickt mit öffentlichkeitswirksamen Aktionen einen Namen als moderne und radikale Frauenrechtsorganisation zu machen, eine große Anzahl an jungen Mitstreiterinnen zu gewinnen und durch stetes Skandalon die Klaviatur der modernen Presse- und Medienökonomie zu bespielen. Der WSPU kam in dem Zusammenhang die ökonomische Transformation des Presse- und Mediensektors besonders entgegen: Um 1900 kommerzialisierte sich die gesamte Struktur des Pressewesens (vgl. Curran 2002: 6; Ensor 1936: 532). Rund um Zeitungen, Zeitschriften und Magazine hatten sich große Unternehmen entwickelt, die größeren Wert auf Verkaufsraten legten als auf die Information der Bevölkerung (vgl. Ensor 1936: 532). Die Suffragetten und deren „policy of ‚sensational public protest'" (Kent 1987: 197) hatten einen ungeheuren Nachrichtenwert, den die Presse- und Medienökonomie umsatzstark vermarkten konnte. Allerdings galt es auch, diesen Nachrichtenwert aufrecht zu erhalten, was eine zunehmende Militanz sowie die ‚Gewalt gegen Sachen' zur Folge hatte.

> For Pankhurst 'the argument of the broken pane' was the most valuable in modern politics. It was carefully timed to catch the headlines and was associated with the escalation of militancy in other dimensions: breaches of decorum, disruptions of etiquette, and so on (Harrison 1996: 163).

Auch generierten die Medien und der urbane Kulturbetrieb um die Jahrhundertwende ein Bild der ‚neuen Frau'. Die ‚neue' Generation von Frauenrechtlerinnen wird eben genau in Zusammenhang mit dieser *fin-de-siècle*-Figur der „New Woman" gebracht (Cowman 2010: 58f).:

> 'The New Woman' with her short haircut and practical dress, her demand for access to higher education, the vote and the right to earn a decent living, her challenge to accepted views of femininity and female sexuality, this ambiguous figure was the focus of much media debate and of intense anxiety as well as hope in the decades spanning the end of the nineteenth and start of the twentieth century (Heilmann/Beetham 2004: 1).

Dieses zunächst vornehmlich kulturell in Theaterstücken und Literatur verarbeitete Bild neuer Weiblichkeit konnte sich auf der Folie des jahrzehntelangen Kampfes der britischen Frauenbewegung konstituieren und verbreiten. Es wirkte dementsprechend auch als eine Gelegenheitsstruktur: Das Bild der ‚neuen Frau', die progressiv, emanzipiert und zunehmend ökonomisch unabhängig war oder sein wollte (vgl. Cowman 2010: 59), verdichtete sich zu einer Art kollektiven Identitätskategorie der Suffragettenbewegung.

Zwischen 1903 und 1908 forcierten die WSPU und die in der Folge gegründeten, sich ebenfalls als militant[92] verstehenden Organisationen insbesondere demonstrative Protestformen. Mit öffentlichen Kundgebungen, Deputationen und Massenveranstaltungen – wie beispielsweise die von 500.000 Menschen besuchte „monster demonstration" (Wingerden 1999: 83) im Londoner Hyde Park am 21. Juni 1908 – setzte die WSPU auf ein „spectacle du nombre"

---

[92] Der Begriff der Militanz wurde von der Bewegung auf die Methoden bezogen: Dabei galt schon die Teilnahme von Frauen an Demonstrationen und öffentlichen Kundgebungen als militant.

(Boussahba-Bravard 2003: 48). Letztendlich galt es, die in der Presse und bei der liberalen Regierung kultivierte Meinung, der weitaus größere Teil der weiblichen Bevölkerung wünsche gar kein Frauenstimmrecht, zu widerlegen (vgl. Günther 2006: 108).

Um näher am politischen Geschehen zu sein, verlagerte die WSPU ihre Aktivitäten 1906 dann auch nach London (vgl. Rosen 1974: 58f). Umzüge, Versammlungen und Verhaftungen in der Nähe des Parlaments oder vor Häusern namhafter Politiker verschafften den Suffragetten auch größere öffentliche Aufmerksamkeit durch die Medien (vgl. Wingerden 1991: 76). Die sozialistisch geprägten ‚Manchester-Taktiken' wurden auf diese Art und Weise in den Süden Englands getragen. Dadurch hatte die WSPU in London die Chance, sich mit ihren öffentlichen Auftritten und Kundgebungen im urbanen bürgerlichen Raum als neu sowie modern zu inszenieren und auf diese Weise neue Anhängerinnen, insbesondere des bürgerlichen sowie des jungen aristokratischen Spektrums, für die Frauenfrage zu begeistern. So gehörte beispielsweise Lady Constance Lytton ab 1909 als aktives Mitglied zur WSPU, die durch mehrere Verhaftungen sowie Hungerstreiks mit Zwangsernährungen bekannt wurde (vgl. Crawford 2001: 361f).

In London traf die WSPU ihrerseits auf Aktivistinnen, die durch ihr Engagement in der WFL schon früher auf die Anwendung zivilen Ungehorsams wie Steuerzahlungsverweigerung gesetzt hatten (vgl. Frances 2009: 66; Smith 2007: 37). Besonderes Aufsehen erregte die zweijährige Steuerzahlungsverweigerung von Dora Montefiore, die ihrerseits die WSPU-Mobilisierung in London schon sehr früh forcierte und sich in der *Social Democratic Federation* engagierte (vgl. Frances 2009: 66). In London stießen ebenfalls Emmeline und Frederick William Pethick-Lawrence zur WSPU und unterstützten die Organisation u. a. mit der Herausgabe der ab 1907 einwöchentlich erscheinenden Zeitschrift *Votes for Women*[93].

Aufgrund der zunehmenden Auseinandersetzungen mit der Polizei und mehrerer Verhaftungen prominenter Suffragetten kam es in einer zweiten Mobilisierungsphase zwischen 1909 und 1911 zu einer Radikalisierung der Bewegung. Insgesamt bewegte sich die

---

[93] Mit dem Austritt des Ehepaares nach ihrer Verhaftung 1912, welchen sie mit der zunehmenden Militanz ab 1912 begründeten, etablierte Christabel Pankhurst die *Suffragette* als Organisationsblatt der WSPU.

Mobilisierungsarbeit mit ihren „workingclass origins" von Massentaktiken zu zunehmend illegalen Methoden (Dubois 1998: 266). Unter dem Slogan „Deeds not Words" warfen erste militante Stimmrechtler_innen Fensterscheiben von Regierungsbüros ein (Pugh 2002b: 192). Die Steine waren mit Papier umwickelt, auf das Slogans wie die folgenden geschrieben waren: „Grant to the tax-paying women of Britain the Vote", „Votes for Women this session" und „Taxation without Representation is Tyranny" (Wingerden 1999: 84f).

Diese Aktionen führten zu erhöhten staatlichen Repressionen und zu weiteren Verhaftungen. Die inhaftierten Suffragetten traten ihrerseits in den Hungerstreik, um als politische Gefangene anerkannt zu werden (vgl. Wingerden 1999: 85). Oftmals wurden sie aufgrund ihres sich verschlechternden Gesundheitszustandes vorzeitig entlassen. Nach massiven Ausschreitungen in Birmingham 1909 und der Verhaftung mehrerer militanter Frauenstimmrechtlerinnen[94] in diesem Zusammenhang wurde die Praxis der vorzeitigen Entlassungen fallengelassen und die ersten Hungerstreikenden zwangsernährt (vgl. Schirmacher 1912: 59f).

Dies führte zu einer breiten Solidarisierungswelle in der Öffentlichkeit und quer durch das politische Spektrum. Das Vorgehen wurde als staatliche Repression gegen politische Gefangene gesehen. Die Suffragetten selbst sahen die Zwangsernährung als „physical sacrifice as a weapon in the struggle for political equality" (Jorgensen-Earp 1997: 105). Einige Liberale waren zudem selbst um 1880 wegen politischen Engagements inhaftiert gewesen und dementsprechend für diese Art der Repression sensibilisiert (vgl. Lloyd 1970: 69). Um die angespannte Lage zu deeskalieren, gründete sich ein parteiübergreifendes parlamentarisches Bündnis, welches 1910 die *Conciliation Bill* erarbeitete, um das Frauenstimmrecht einzuführen. Diese Aussicht bewog die WSPU dazu, einen „truce" (Waffenstillstand) auszurufen (Kent 1987: 199).

---

[94] Suffragetten wollten am 17. September 1909 eine Versammlung mit Premierminister Herbert in der *Bingley Hall* von Birmingham stören. Da sie nicht in den Saal gelassen wurden, warfen sie Ziegel und Steine von den Dächern der angrenzenden Häuser und zerstörten so das Glasdach des Saales. Wasserwerfer wurden eingesetzt, um die Lage wieder unter Kontrolle zu bringen (vgl. Hanschke 1990: 21).

Die parlamentarische Initiative wurde von allen Flügeln der britischen Frauenbewegung zunächst als günstiges Zeichen wahrgenommen. Die Abstimmung der Gesetzesvorlage wurde allerdings über mehrere Parlamentssitzungen verschleppt (vgl. Pankhurst [1911] 1970: 492ff), was zu gewalttätigen Ausschreitungen und Straßenkämpfen zwischen Suffragetten und Polizei, wie beispielsweise am *Black Friday* im November 1910, führte (vgl. Smith 2007: 47f).

Durch die Ausrufung einer *Reform Bill* durch Premier Herbert Asquiths zugunsten eines allgemeinen Männerwahlrechts sah sich die WSPU in ihrer Annahme bestätigt: Während die *Reform Bill* und die damit verbundene Möglichkeit für einen zusätzlichen Antrag zum Frauenstimmrecht neben der *Conciliation Bill* beispielsweise von der konstitutionellen NUWSS als eine sehr günstige Gelegenheit gewertet wurde, sah die WSPU diese als einen absoluten Affront und beendete 1912 den zugunsten der *Conciliation Bill* ausgerufenen Waffenstillstand. An diesem Beispiel zeigt sich deutlich, wie unterschiedlich innerhalb des Bewegungsspektrums politische Gelegenheiten bewertet werden. Fawcett konstatierte für die Stimmrechtsbewegung noch „We are on the eve of the fulfillment of our hopes" (Fawcett 1912: 82), während die WSPU die *Conciliation Bill* durch die liberale Regierung torpediert sah (vgl. Strachey 1928: 327).

Der darauf folgende dritte Radikalisierungsschub zwischen 1912 und 1914 ging mit der Anwendung terroristischer Mittel einher. Das gezielte Einwerfen von Fensterscheiben (vgl. Rosen 1974: 175) und das Anzünden von Briefkästen (vgl. Hanschke 1990: 28) wurden zur regulären Praxis der Suffragetten.

> On Friday, 1 March 1912, Emmeline Pankhurst and two other women broke the windows at 10 Downing Street, while over 200 other women, in a simultaneous attack, shattered windows all over London. In a few minutes there was damage worth thousands of pounds, Sylvia Pankhurst reported. "In Piccadilly, Regent Street, Oxford Street, Bond Street, Coventry Street and their neighbourhood, in Whitehall, Parliament Street, Trafalgar Square, Cockspur Street and the Strand...well-dressed women suddenly produced strong hammers from innocent-looking bags and parcels, and fell to smashing the shop windows." Police arrested 217 women (Kent 1987: 201).

Auch Golfplätze, Telegrafenmasten, Museen, Kirchen oder Privathäuser prominenter Politiker fielen dem Kampf der Suffragetten durch Brand-, Säure- oder Bombenanschläge anheim (vgl. Houen 2002: 125; Rosen 1974: 191; Rowbotham 1980: 117; Raeburn 1973: 182ff; Wingerden 1999: 140ff). So wurden nach den Angaben von Pankhurst Fensterscheiben der Privathäuser von „Edward Grey, Mr. Winston, Churchill, Mr. Lewis Harcourt and Mr. John Burns; and also in the official residences of the Premier and the Chancellor of the Exchequer" zerstört (Pankhurst 1913: 184).

Allein 1913 belief sich der Schaden, der durch Säureattacken verursacht wurde, auf £ 500.000 (vgl. Houen 2002: 126). Die entstandenen Schäden rechtfertigten die Suffragetten mit ihrem Ziel der Befreiung der Frau, der Gewaltanwendung gegen Frauen bei friedlichen Protesten und der Provokationen durch die liberale Regierung. Die Ordnungsmacht reagierte ihrerseits mit Hausdurchsuchungen, Beschlagnahmung der *Suffragette* und Verhaftungen der prominenten WSPU-Mitglieder (vgl. Wingerden 1999: 152). Diese polizeilichen Aktionen „erzielten bei den Frauen der WSPU eher das Gegenteil" (Hanschke 1990: 29).

> Le slogan des suffragettes „Deeds not Words" illustre bien comment la visibilité est d' abord un moyen, puis deviendra progressivement leur seul but (Boussahba-Bravard 2003: 47).

Was dem „Guerilla Warfare" der WSPU (Atkinson 2002: 33) folgte, war ein Katz-und-Maus-Spiel zwischen Suffragetten und der Polizei. Der Konflikt gipfelte 1913 im *Prisoner's Temporary Discharge for Ill Health Act,* besser bekannt als der „Cat and Mouse Act". Dieses Gesetz bot die Möglichkeit, die Hungerstreikenden zu entlassen und nach ihrer Genesung wieder zu inhaftieren, um ihre Gefängnisstrafe abzusitzen (Wingerden 1999: 144). Die WSPU nutzte das Gesetz u. a., um gegen die liberale Regierung mobil zu machen und forcierte in der Folge die „Keep the Liberal out"-Kampagne (Pugh 2000: 208) bei den nächsten Wahlen. Die wechselseitige Bezugnahme zwischen Suffragetten und politischen Eliten wird an diesem Beispiel noch einmal besonders deutlich. Wenngleich der *Cat and Mouse Act* außerordentlich kritisiert und öffentlichkeitswirksam gegen die liberale Regierung in Anschlag gebracht wurde, bot er den Inhaftierten aber auch die Möglichkeit, sich aus dem militanten Kampf nach und nach zurückzuziehen (vgl. Pugh 2002b: 210).

**Abbildung 5: Suffragette selling copies of 'The Suffragette';
Mary Evans Picture Library.**

Mit dem Ausbruch des Ersten Weltkrieges 1914 kam es allgemein zu einem Bruch in der militanten Strömung. Ein Teil des militanten Flügels erklärte sich postwendend patriotisch. Christabel und Emmeline Pankhurst unterstützten beispielsweise vehement die Kriegspolitik der Regierung, was zu Abspaltungen und der Gründung der *Independent Women's Social and Political Union* und der *Suffragettes of the WSPU* führte (vgl. Hanschke 1990: 34).

4.3.3 Die ‚reinliche Scheidung': Eine Frage der Taktiken

Klassenunterschiede spielten in der britischen Frauenbewegung eine andere Rolle als im deutschen Kaiserreich. Die sich etablierende Frauenstimmrechtsbewegung suchte bereits im 19. Jahrhundert gezielt im industriell geprägten Norden Englands die Nähe zu den Arbeiter_innenfamilien, Arbeiterfrauen und Arbeiter_innen, um die Bewegung zu stärken (Kap. 4.3.2.3).

Durch die Übernahme der Praktiken aus diesem gewerkschaftlichen und sozialistischen/sozialdemokratischen Umfeld gelang es der Frauenbewegung darüber hinaus, den Protest in den öffentlichen Raum zu verlagern und damit neue Mobilisierungspotenziale freizulegen. Diese Aktionen trugen ebenso dazu bei, dass Frauen der oberen Schichten auf die Streitbarkeit der Arbeiterinnen und Arbeiterfrauen aufmerksam wurden und diese nicht nur als passive Objekte ihrer Sozialfürsorge wahrnahmen, was wiederum zu einer Radikalisierung von Mittelschichtsfrauen beitrug (vgl. Rowbotham 1980: 86).

Die WSPU rekrutierte sich ebenfalls in ihren Anfangsjahren vorwiegend aus dem Arbeiter_innenumfeld, wurde durch sozialistische/sozialdemokratische Aktivistinnen konstituiert und führte die Tradition der NEWS, im Industriearbeiterinnenumfeld zu mobilisieren, weiter. Militante Suffragetten mit aristokratischem Hintergrund, wie beispielsweise Constance Lytton[95], setzten sich nachweislich für inhaftierte Suffragetten anderer Klassen ein.

> Es war nicht einfach eine Frage des Kampfes zwischen reaktionären Feministinnen der Mittelklasse auf der einen und aufgeklärten Sozialisten aus der Arbeiterklasse auf der anderen Seite. Die politische Realität der Suffragettenbewegung war viel verworrener, als das konventionelle Stereotyp glauben machen möchte (Rowbotham 1980: 107).

---

[95] Lytton gab sich bei einer Aktion als Arbeiterin Jane Warton aus, wurde verhaftet, verurteilt und zwangsernährt, und nutze später ihren Bekanntheitsgrad dazu, auf die Behandlung politischer Gefangener aufmerksam zu machen, die nicht denselben gesellschaftlichen Status wie sie selbst genossen (vgl. Lytton 1914: 234ff; Pankhurst 1911: 483ff; Schirmacher 1912: 9f).

Mit dem Umzug der WSPU nach London und damit an den Ort politischer Macht in Großbritannien eröffneten sich auch neue Möglichkeiten für öffentlichkeitswirksame Kampagnen, die die Suffragetten geschickt nutzten. Die NUWSS folgte dem Beispiel der WSPU und verlagerte ihren Protest gezielter in den öffentlichen Raum, indem sie Protestmethoden übernahm (vgl. Rosen 1974: 79; Smith 2007: 23).

Die Mobilisierungsfähigkeit des militanten Flügels der Frauenbewegung übte demnach einen gewissen Druck auf die konstitutionellen Bewegungsorganisationen aus, auf welche die NUWSS als Dachverband reagierte. Das äußerte sich in der Art der Mobilisierung ebenso wie in der 1910 neu etablierten Zeitschrift *Common Cause*, die ähnlich aufgebaut war wie die *Votes for Women* der WSPU, und bei deren Vertrieb man sich ebenfalls an Strategien der Suffragetten orientierte. Insgesamt versuchte sich die NUWSS in ähnlichen Kampagnen zur Ressourcenmobilisierung, beispielsweise bei der Spenden- und Mitgliedsakquirierung, wie die WSPU (Kapitel 6.3), lehnte aber militante und gewaltförmige Aktionen von Anfang ab.

Die Vorsitzende der NUWSS verurteilte 1906 zwar die Radikalität der Suffragetten, räumte selbiger aber zu diesem Zeitpunkt noch öffentlich und solidarisch in einem Brief an die *Times* ein, dass sie in den letzten zwölf Monaten mehr für das Stimmrecht erreicht hätten als die gesamte Bewegung in den letzten zwölf Jahren (vgl. Fawcett 1906, zit. nach Marlow 2001: 46). Auch bezeichnete Fawcett in ihren später herausgegebenen Memoiren einige Aktionen der WSPU als „original and amusing" und zollte dem Organisationsgrad und der Kontrollfähigkeit der WSPU gegenüber ihren Anhängerinnen großen Respekt (vgl. Fawcett 1925: 181f).

Insgesamt gelang es der Suffragettenbewegung, der Frauenfrage neuen Schwung zu verleihen, und sie räumte mit dem Stereotyp der politisch inaktiven und ‚sanften' Frau auch medial rigoros auf. Dies war unter anderem deshalb möglich geworden, weil sich das Presse- und Informationswesen in Großbritannien um die Jahrhundertwende radikal verändert hatte. Neben dieser Gelegenheitsstruktur, die dem ökonomischen Bereich zuzuordnen ist, wirkte sich das parlamentarische Vorgehen der liberalen Regierung als politische Gelegenheit aus: Die Janusköpfigkeit der Liberalen in Bezug auf politische Mitbestimmungsrechte war weder für die militante noch die konstitutionelle Strömung entschuldbar und wirkte dementsprechend protestfördernd. Insgesamt lässt sich hier auch sehr deutlich die im *Political Process Model* (Kap. 2.2.2.2) aufgezeigte Wechselwirkung zwischen dem Agieren von staatlichen Eliten und Bewegungsakteur_innen (vgl. Piven/Cloward 1986: 20f; Perrow 1977: 249f) erkennen. Die Bewegung trat – zumindest bis zu den Auseinandersetzungen um die *Conciliation Bill* – insgesamt relativ geschlossen auf.

Die Jahre nach 1912 müssen, so die bewegungsanalytische Interpretation, auch als Zäsur für die britische Frauenbewegung allgemein bewertet werden, denn bis 1914 haben sich die Solidaritäten im Bewegungsfeld massiv verschoben. Innerhalb der militanten Strömung kam es zu einer Debatte bezüglich der angewandten Mittel, denn die „mild militancy" (Pugh 2000: 187) bzw. „peaceful militancy" (Pankhurst 1913: 81ff) wurde durch einen „guerrilla warfare" (o. V., 31.01.1913, The Suffragette: 230) abgelöst. Langjährige Verbündete und aktive Unterstützer_innen, wie beispielsweise die Pethick-Lawrences oder Sylvia Pankhurst, traten aus der WSPU aus, Stimmrechts- und Arbeiter_innenorganisationen wandten sich ab bzw. wurden ebenfalls zu Angriffszielen der Suffragetten. Die WSPU entwickelte sich zunehmend zu einer im Untergrund agierenden Gruppe, die auch terroristische Mittel wie Bomben- und Brandanschläge anwendete.

Demgegenüber gelang es der NUWSS trotz ihrer liberalen bis konservativen Mitgliedsorganisationen eine große gemeinsame Kampagne mit Gewerkschaften und Arbeiter_innen-Organisationen für das Stimmrecht durchzuführen (Kap. 5.3). Die WSPU geriet demgegenüber immer mehr ins Abseits des Bewegungs- und Protestfeldes, wenngleich ihre spektakulären Taktiken der gesamten Bewegung anfangs zu großer Aufmerksamkeit verhalfen und damit selbst als Gelegenheitsstruktur wirkten. Die ‚reinliche Scheidung', um Zetkins Formulierung zu bemühen, innerhalb der britischen Frauenbewegung vollzog sich weniger entlang der Klassenfrage sondern vielmehr entlang der Protest- und Widerstandspraktiken.

4.4 Zusammenfassung: Solidarität zwischen den „Frauen aller Kreise"?

Ganz anders als im deutschen Kaiserreich herrschten in Großbritannien zumindest vergleichsweise bessere politische Bedingungen zur Etablierung einer starken und klassenübergreifenden Frauenbewegung: Es bestanden weder rigide Vereinsgesetze noch ein Verbot sozialistischer Organisationen, die Frauen jeglicher politischer Couleur von einer Organisierung abhielten. Das parlamentarische Stimmrecht schien trotz allem zur Jahrhundertwende in weiter Ferne, wenngleich die Bewegung für das Frauenstimmrecht etablierter und aktiver war als in Deutschland, wo mit der Forderung politisch höchst vorsichtig umgegangen wurde. Das war den britischen Aktivistinnen durchaus bewusst; so konstatierte die sozialistische Feministin Ethel Snowden, dass „[i]n many respects British women are more fortunate than German women" (Snowden; zit. nach Young 1985: 97).

Das Wahlrecht avancierte insgesamt zu einer der wichtigsten Forderungen der britischen Frauenbewegung, denn es repräsentierte für Frauen aller Klassen die völlige Anerkennung als Mitglieder des Staates bzw. des britischen Empires (vgl. Eustance/Ugolini 2000: 4f). Es stand mitunter sogar für verschiedene Forderungen (ebd.).

> Some conceived of the vote in terms of extending political rights to women, or at least to certain groups of women. Some demanded full adult suffrage. For others the vote was means by which to re-negotiate sexual rights or, as in the case of Stella Brown […], a way to challenge the very meanings conventionally attached to the nature of womanhood. Other advocates of women's suffrage prioritized the economic reorganization of society, and activism through the labour movement (Eustance/Ugolini 2000: 4).

Die Fokussierung auf dieses Ziel kann auch auf die Etablierung einer „nationhood" (ebd.) zurückgeführt werden, welche über weite Strecken die „politische Klammer" (Günther 2006: 21ff) zwischen militanten Suffragetten und konstitutionellen Suffragist_innen bildete. Die politischen Bedingungen sowie die daraus resultierende Konstruktion einer „nationhood" sind als spezifische politische Gelegenheitsstrukturen zu begreifen, die es ermöglichten, das Stimmrecht zu einem der Hauptanliegen der britischen Frauenbewegung werden zu lassen (Kap. 4.3.1).

Als „verspätete Nation" (Plessner 1992) hatte das deutsche Kaiserreich sich erst 1871 konstituiert und den Reichstag etabliert. Die deutsche Frauenbewegung war dadurch inhaltlich und regional fragmentierter. Bedingt durch die späte Reichsgründung, die später einsetzende Industrialisierung und die restriktive Gesetzgebung gegenüber der Organisierung der Arbeiter_innenklasse traten die Konfliktlinien in Bezug auf die Ungleichheitskategorie Klasse bei der deutschen Frauenbewegung zudem viel stärker zu Tage als in Großbritannien. Während in Großbritannien das Stimmrecht zum Symbol der Befreiung der Frau arrivierte, verfolgten die Frauenbewegten in Deutschland eine Doppelstrategie, welche die Klassenfrage als Problem der Sozialfürsorge und der Wohlfahrt interpretierte und gleichzeitig die Gemeinwohlorientierung und damit die ‚Mündigkeit' und ‚Reife' der bürgerlichen Frauen signalisieren sollte.

Diese „Politik der kleinen Schritte" (Kap. 4.2.1.4) ist demzufolge auch der repressiven politischen Stimmung im deutschen Kaiserreich zuzuschreiben und zeigt, dass das politische System geschlossener war als das in Großbritannien. Mit der Gründung des BdF und dem Ausschluss der Frauenbewegungsorganisationen, die der Arbeiter_innenbewegung nahestanden, schrieb sich der Klassenkonflikt unwiderruflich in die deutsche Frauenbewegung ein. Dieser Sachverhalt sowie die Sozialistengesetze, die von 1878 bis 1890 eine starke Klassensolidarität in der proletarischen Frauenbewegung hervorbrachten, sind für die deutsche Frauenbewegung als Gelegenheitsstruktur zu werten. Die Verfolgungen, Ausweisungen und Repressalien bewirkten eine Konsolidierung innerhalb der Arbeiter_innenschaft und ab 1890 wurde die eigenständige Organisierung der Frauen der Arbeiter_innenklasse von Seiten der Parteien und Gewerkschaften dezidiert unterstützt, was zur rasanten Entwicklung der proletarischen Frauenbewegung beitrug (Kap. 4.2.2).

Trotz einiger Versuche, insbesondere des radikalen Flügels im BdF, konnte diese Spaltung nicht mehr aufgehoben werden. Bürgerliche Frauenbewegungsaktive reflektierten diesen massiven Klassenkonflikt innerhalb ihrer Bewegung, welcher sich auch ernüchternd auf das Mobilisierungspotenzial auswirkte. Beispielsweise äußerten die deutschen Delegierten des BdF beim *Internationalen Kongreß des Weltbundes für Frauenstimmrecht* 1909 resigniert:

> Was uns auswärtigen Delegierten an dieser Demonstration am meisten imponierte, ja uns mit stillem Neid erfüllte, war die Einmütigkeit der Kundgebung, an der Frauen aller Kreise, aller Klassen teilnahmen; wir mußten uns in stiller Beschämung eingestehen, daß eine solche Solidarität bei uns noch nicht zu erzielen sein würde, daß Rücksichten auf Stand und Beruf, auf Familie und Karriere die meisten Frauen abhalten würde, in geschlossenen Reihen für ein Ziel einzustehen, das sie vielleicht innerlich billigen, für das zu kämpfen und zu leiden sie aber nicht den Mut finden (o. V., 15.05.1909, Centralblatt: 25ff).

Die massive Klassenspaltung war in der Radikalität und Unwiderruflichkeit in Großbritannien nicht vorhanden, was sich in den demonstrativen Protestformen widerspiegelte.

In Großbritannien zeichnet sich die ‚reinliche Scheidung' nicht im Dissens zwischen proletarischen/sozialistischen und bürgerlichen Interessen ab, als vielmehr in der Anwendung der Taktiken. Die auf Masse und Straßenprotest setzenden Mobilisierungsstrategien der NEWSS und später der WSPU wurden von Arbeiterinnen, Arbeiterfrauen, Gewerkschafterinnen und Sozialistinnen/Sozialdemokratinnen in die Kampagnen der Frauenstimmrechtsbewegung eingebracht. Sie verhalfen der Bewegung zu neuer Aufmerksamkeit und setzten das Thema auf die politische Agenda. Die NUWSS übernahm – nach anfänglicher Skepsis – einen Teil der Mobilisierungs- und Organisationsstrategie und profitierte von der wachsenden Popularisierung der WSPU. Zum Bruch zwischen Militanten und Konstitutionellen kam es, als die WSPU ihren demonstrativen Protest zugunsten eines „guerilla warfare" aufgab. Die WSPU suchte keine Solidaritäten mehr, weder zu anderen Frauen- oder Arbeiter_innenbewegungsorganisationen noch zu etablierten Parteien. Sie distanzierte sich von ihren sozialistischen/sozialdemokratischen Ursprüngen, während die NUWSS begann, gezielte Kampagnen gemeinsam mit Arbeiter_innenorganisationen zu forcieren (vgl. o. V., 23.05.1912, The Common Cause: 104) und sich in diesem Zusammenhang bestimmte Klassenfragen neu stellen musste.

Während in der deutschen Frauenbewegung die Geschlechterfrage quer zur Klassenfrage behandelt wurde und damit die beiden Strömungen ab der Jahrhundertwende immer weiter auseinanderdrifteten, kam es in Großbritannien hinsichtlich der Klassenfrage zu einem Shift der beiden Strömungen.

Zusammenfassend ist für die Analyse politischer Gelegenheiten sowie die Einbettung sozialer Bewegungen in einen spezifischen historischen Kontext festzuhalten, dass die Perspektivierungen auf dieser makrosoziologischen Ebene die Möglichkeit bieten, Relationen zwischen Protestverläufen und dem jeweiligen nationalstaatlichen politischen System offenzulegen. Im deutschen sowie im britischen Kontext ließ sich zeigen, dass Gelegenheiten von Bewegungen jedoch auch antizipiert werden müssen. Diese Leerstelle beim Konzept der politischen Gelegenheitsstrukturen wurde mehrfach kritisiert, denn zwischen Gelegenheit und Protesthandeln müssen gemeinsame Deutungen der Lage entwickelt werden (vgl. McAdam/McCarthy/Zald 1996: 5).

Der Vergleich zweier spezifischer Strömungen im jeweiligen Land legt auch offen, dass Gelegenheiten nicht nur als solche wahrgenommen werden müssen, sie werden innerhalb des Bewegungsfeldes auch unterschiedlich interpretiert. Der alleinige Blick auf historische oder politische Gelegenheiten und eine daran gekoppelte Bewegungsgeschichte verschleiert daher u. U. Prozesse in sozialen Bewegungen, die auf der Ebene des konkreten Handelns liegen bzw. es bedarf eines genaueren Blicks auf die Ebene der inhaltlichen Ausgestaltung der Themen bzw. Forderungen, die soziale Bewegungen entwickeln und in spezifischer Weise artikulieren, um zu Protest zu mobilisieren.

5. Framing solidarity – Framing difference: Aushandlungen von Klasse und Geschlecht

Erst die Ausformulierung von Forderungen und Zielen ermöglichen Protest (vgl. Raschke 1988: 165). Gesellschaftliche Verhältnisse müssen gedeutet werden, um kollektives Handeln zu ermöglichen (vgl. Roth/Rucht 2008: 23). Der Zusammenhang zwischen den generierten Inhalten und dem Protesthandeln wurde in der Bewegungsforschung mit Ansätzen des *Framing* gefasst. Das Konzept der *Frames* bzw. Rahmungen ermöglicht es der sozialen Bewegungsforschung – unter Rekurs auf die Annahmen Goffmans – kognitive Inhalte und daran gekoppelte interaktive Prozesse zu beschreiben (vgl. Knoblauch 2010: 204). Dabei sind *Frames* „begriffliche Gerüste", die Deutungs- und Mobilisierungsarbeit für soziale Bewegungen leisten (ebd.: 204).

Prozesse des *Framing* verweisen in dem Zusammenhang auf interpretative Rahmungen durch die Bewegungsorganisationen und die Vermittlung an die (potenziellen) Protestteilnehmer_innen (vgl. Snow/Rochford/Worden/Benford 1986: 467). Dieses Konzept erlaubt es also, einen Link zwischen Inhalten und Handeln sowie Bewegungsorganisation und Protestakteur_innen herzustellen. Bereits bei der Aufarbeitung der jeweiligen Kontexte und Bewegungsgeschichte haben sich thematische Kristallisationspunkte aufzeigen lassen, die für alle Frauenbewegungsströmungen im jeweiligen nationalen Kontext relevant waren. Diese drei Themenspektren, nämlich

- politische Mitbestimmung;
- Arbeit und Bildung; sowie
- Familienpolitik, Sittlichkeit und Soziales

spielten demnach, wenngleich spezifisch gerahmt, in allen ausgewählten Strömungen eine wesentliche Rolle. Die Rahmungen und Deutungen dieser Themen sind – wie schon die Aufarbeitung des Bewegungskontextes zeigt – allerdings divergierend. So werden für das selbe Issue durchaus unterschiedliche ‚Schuldige', Ursachen und Lösungsstrategien formuliert. Ausgehend von diesen bewegungstheoretischen Vorannahmen werden im folgenden Kapitel die für die jeweilige Organisationen charakteristische Rahmung mit Bezug auf die Ungleichheitskategorien Klasse und Geschlecht beschrieben und typologisch entfaltet.

5.1 Bund deutscher Frauenvereine: Recht durch Anerkennung

Der Gründungsakt des BdF zeigt schon auf einer rein organisatorischen Ebene den Dissens zwischen bürgerlichen und proletarischen Frauen. In ihm waren vor allem bürgerliche Frauen – sowohl mit einer radikalen wie auch mit einer gemäßigten Gesinnung – organisiert, die gegenüber ihren proletarischen Geschlechtsgenossinnen maßgeblich eine sorgende Haltung einnahmen. Damit markiert der BdF eine organisatorische Differenz zwischen Geschlechter- und Klassenfrage. Diese Aufteilung prägte die Debatten bis in die Zeit vor dem Ersten Weltkrieg (Kap. 4.2.2.3).

Der für den BdF charakteristische Frame kann hinsichtlich der Kategorie **Geschlecht** als *egalitär-meritokratisch* beschrieben werden. Die Inhalte und politischen Ziele wurden im BdF maßgeblich über die Anerkennung der Leistungen von Frauen in der Gesellschaft gerechtfertigt, d. h. ihre Tätigkeiten im Erwerbsarbeitsfeld, ihre Fortschritte in der (höheren) Bildung und in der sozialen Fürsorge. Die Ungleichheit der Geschlechter im Sinne unterschiedlicher Befähigungen wurde nicht hinterfragt. Allerdings rechtfertigten sie für die Aktivistinnen des BdF keine Ungleichbehandlung von Frauen. Sie hofften vielmehr, dass die Befreiung der Frau dazu führen werde, dass sie ihre wahren Qualitäten und Leistungen überhaupt erst unter Beweis stellen könne:

> Wann wird man endlich aufhören, immer wieder die Kluft aufzureißen zwischen Mann und Frau? Laßt doch beide in gleicher Weise ihre menschlichen Fähigkeiten entwickeln, dann wird es sich zeigen, wo beim einzelnen die rechten „Qualitäten" vorhanden sind und wer Sieger bleibt auf dem Kampfplatze des Lebens (Eichler, 16.01.1914, Frauenfrage: 158).

Hinsichtlich der **Klassenfrage** lässt sich der die Debatten des BdF antreibende Frame als *elitär-differenzorientiert* beschreiben.

Die Heterogenität der Lebenslagen von Frauen war in den Debatten des BdF insbesondere hinsichtlich sozialer Aspekte in der Diskussion. Auf der Ebene der Mobilisierung war es für den BdF von Interesse, Frauen und Mädchen aus der Arbeiter_innenklasse in die Bewegung einzubeziehen, um die Interessen von Frauen insgesamt politisch zu stärken. Das Netzwerk der proletarischen Frauenbewegung hatte sich bislang völlig unabhängig entwickelt. Mit der Aufhebung der Vereinsgesetze suchte es eher die Nähe zum gewerkschaftlichen und sozialistischen/sozialdemokratischen Bewegungsspektrum.

5.1.1 „Wo bleiben die Frauen?": Durch Leistung und Verdienst erworbenes Recht

Der BdF behandelte die Fragen zur politischen Teilhabe von Frauen formal-pragmatisch. „Taxation without representation is tyranny" war der Slogan, der mit Bezugnahme auf die Kämpfe im englischsprachigen Raum für die eigenen Ziele Pate stand (vgl. o. V., 16.12.1911, Centralblatt: 142; Schleker in Marlow, 01.04.1909, Centralblatt: 4ff; von Welczeck, 16.06.1909, Centralblatt: 41f).

Frauen, die einer Arbeit nachgingen und somit einen wesentlichen gesellschaftlichen Beitrag für den Staat leisteten, sollten auch wählen dürfen. Die gesellschaftlichen Leistungen von Frauen müssen demnach auf diesem Wege eine Anerkennung finden.

> Um aber allen Frauen – weil alle zur Erhaltung des Staatswesens, durch ihre Steuerleistung wie durch ihre volkswirtschaftlich unentbehrliche Arbeit, beitragen – den staatsrechtlichen Einfluß zu sichern, fordert die einheitlich über ganz Deutschland verbreitete Stimmrechtsorganisation das allgemeine, gleiche, direkte und geheime Wahlrecht zu den gesetzgebenden Körperschaften (Vogt, 15.03.1910, Centralblatt: 186f).

Auf die Ablehnung einer preußischen Wahlrechtsvorlage durch einen konservativen Abgeordneten am 11. Februar 1910 mit der Begründung, man wolle „aus der Volksvertretung nicht eine Kinderstube machen", wurde entgegnet, dass „viele Hunderte von Frauen die Universität besuchen […], daß eine große Anzahl von Frauen den Doktorgrad erworben haben, daß sie in geistigen Berufen, sogar als Staatsbeamte wirken" und „[d]aß Millionen von Frauen selbstständig ihr Brot verdienen und den wirtschaftlichen und kulturellen Fortschritt der Nation fördern" (von Welczeck, 01.03.1910, Centralblatt: 179f). Die Frauen sollten also in ihren verantwortungsvollen, gesellschaftlichen Positionen sowie insgesamt hinsichtlich ihrer Leistungsfähigkeit sichtbar gemacht werden.

Das neue Vereinsgesetz von 1910 und die damit einhergehende Möglichkeit für Frauen, sich in politischen Organisationen engagieren zu können, bot die Gelegenheitsstruktur, das Stimmrecht als eine logische Weiterentwicklung im deutschen Staatswesen zu deuten. Ihr Eintritt in die Politik galt dementsprechend als eine nötige, gesellschaftliche Konsequenz (vgl. Bäumer, 16.07.1912, Centralblatt: 58; Schapire-Neurath in Wien, 16.06.1909, Centralblatt: 41f; von Welczeck, 15.11.1909, Centralblatt: 121). Denn das Ziel der Frauenbewegung sei eben die „verantwortliche Mitarbeit der Frau auf allen Gebieten, auf denen sie Interessen zu vertreten hat" (Bäumer, 16.07.1912, Centralblatt: 58). Dennoch waren sich zu diesem Zeitpunkt die Aktivistinnen des BdF darüber im Klaren, dass das Wahlrecht schwer zu erlangen sei.

> Sollten diese Herren wirklich jemals aus Gründen der Taktik daran denken, den Frauen das Wahlrecht zu geben, so würden sie doch sicherlich für die weiblichen Wähler noch eine vierte Klasse schaffen, denn um auch nur in der dritten zu wählen, würden sie uns entschieden für zu „kindisch" halten (von Welczeck, 01.03.1910, Centralblatt: 179).

Die Ausrichtung der Stimmrechtsforderung blieb im BDF eine heftig diskutierte Frage zwischen gemäßigt und radikal orientierten Aktivist_innen bzw. Organisationen. Insgesamt breitete sich die Bewegung für das Frauenstimmrecht in den Vorkriegsjahren aus, war aber von Brüchen und Konflikten gezeichnet (vgl. Wischermann 2003. 83). Hier schreibt sich die tradierte „Politik der kleinen Schritte" fort, die auf die Repressionen durch die Sozialisten- und Vereinsgesetze zurückzuführen ist (Kap. 4.2.1.4): Die Frage, welches Ziel erreichbar sei, diskutierten Autorinnen wie Klara Vogt und Elsbeth Krukenberg im *Centralblatt* u. a. vor dem Hintergrund „‚rechts' und ‚links' der Gesinnung" (Vogt, 15.03.1910, Centralblatt: 186f) und nicht auf der Folie von durchsetzbar oder nicht, wie beispielsweise in Großbritannien. Krukenberg machte deutlich, dass der BdF parteiunabhängig agiere und dass eben nicht jede Mitgliedsorganisation eine politische Richtung habe.

> Es wird Anhängerinnen der Frauenbewegung geben, die überzeugt sind, daß selbstverständlich jede Frauenrechtlerin radikal-links stehen müsse, daß alles andere keine richtige Frauenbewegung, keine konsequent durchdachte Anschauung sei (Krukenberg, 15.11.1909, Centralblatt: 123).

Vogt hielt dieser Position entgegen: „[o]b Großgrundbesitzerin oder Frau eines Industriellen – das ist kein Maßstab für ‚rechts' oder ‚links' der Gesinnung". Vielmehr gehe es doch darum, dass die gegnerische Position davon ausgehe, dass die „konservative Form" des Wahlrechts am ehesten umzusetzen sei (Vogt, 15.03.1910, Centralblatt: 186f). Es sei aber zu bedenken, dass die „Wähler der 3. Klasse" die sind, die demonstrieren, um ihre Rechte zu erstreiten, was die Tauglichkeit des bestehenden Dreiklassenwahlrechts unterminiere. Vogt stellte die Frage, inwieweit dies die Perspektive sei, die Frauen locken würde und verteidigte die Forderung nach einem allgemeinen Erwachsenenwahlrecht: „Wäre es da nicht einfacher, das Wahlrecht gleich so zu fordern, wie es gebrauchsfähig ist" (Vogt, 15.03.1910, Centralblatt: 187).

Diese Positionen wurden also offen debattiert und fanden ihren Ausdruck in Artikeln und Repliken. Eine vom BdF getragene Position konnte diese Forderung jedoch nie werden, denn die Erweiterung des Stimmrechts für weitere männliche Personenkreise beleuchtete der BdF kritisch: Ab 1912 war der Wahlrechtspersonenkreis beispielsweise um 150.000 Männer erweitert worden, nämlich um die, die „Krankenunterstützung erhalten, deren Angehörigen Anstaltspflege gewährt wird, die Unterstützung zum Zwecke der Jugendfürsorge empfangen oder deren [!] sonst vereinzelt Hilfe in augenblicklicher Notlage geleistet wurde" (Waescher, 01.04.1912, Centralblatt: 6f). An die „weitaus größere Gruppe von dem Staat verpflichtete Personen [!], die auch ohne Schuld" vom Wahlrecht ausgeschlossen waren, „an die Frauen hat man dabei nicht gedacht" (Waescher, 01.04.1912, Centralblatt: 7).

Einigkeit herrschte im BdF demgegenüber beim Thema kommunaler politischer Teilhabe. Der Bund hatte die „Arbeit für das kommunale Wahlrecht der Frauen in sein Programm aufgenommen"

(Rudolph, 01.08.1912, Centralblatt: 70). Das Engagement der Vereine und Verbände des BdF hatte sich für dieses Ziel außerordentlich engagiert, jedoch waren „positive Ziele bis jetzt" nicht erreicht worden (ebd.). Das kommunale Wahlrecht wurde als eine wichtige Vorbedingung zur Erreichung der „vollen Bürgerrechte" (ebd.) sowie der künftigen Mitarbeit in den „politischen Parteien" (Bäumer, 16.07.1912, Centralblatt: 58) interpretiert.

Auch die Weiblichkeitsvorstellung und das Geschlechterverhältnis wurden im BdF auf der Folie von politischen Gleichheitsansprüchen auf der einen und der Hervorhebung von Recht und Anerkennung durch Leistung auf der anderen Seite geprägt. Die entsprechenden Debatten sind also ebenfalls durch *egalitär-meritokratische* Motive gerahmt. Das Verhältnis zwischen den Geschlechtern sowie „die richtige Arbeitsteilung" zwischen ihnen, heißt es im *Centralblatt*, kann erst dann ausgelotet sein, „wenn Mann und Weib darüber zu bestimmen haben" (Stritt, 01.08.1912, Centralblatt: 67). Das „natürliche" Interesse von Frauen und ihr staatsbürgerliches „Bewußtsein" müsse „gepflegt und nicht zurückgehalten werden", denn dies sei die „Vorschule" für die künftige Verantwortung innerhalb des Staatswesens (Bäumer, 16.07.1912, Centralblatt: 58). Die Unterschiede zwischen den Geschlechtern wurden nicht angezweifelt, aber man insistierte darauf, dass Frauen sich weiterbilden und aktiv öffentliche Aufgaben übernehmen müssen, Ziele die die Frauenbewegung in ihren Kampagnen dringend zu propagieren habe. Nur auf diese Art und Weise könnten die Vorurteile der Männer bekämpft und das Bild der Frau in der Gesellschaft fundamental geändert werden (vgl. Bäumer, 16.07.1912, Centralblatt: 58; Eichler, 16.01.1914, Frauenfrage: 158; Wegner, 01.05.1911, Centralblatt: 20f).

> Ich gewinne immer mehr den Eindruck, daß die jüngere Männergeneration, wenn sie allgemein die ernste Arbeit der Frau in den kommunalen Ämtern sähe, leicht für das Stimmrecht zu gewinnen wäre. Die Frauen selbst sind hier unsere größten Feinde, gehen wir von Stadt zu Stadt und erziehen wir sie zur Ausübung des Stimmrechts in den oben angegebenen kommunalen Verwaltungszweigen, so werden wir mehr für das Frauenstimmrecht erreichen als durch alle Agitation! (Wegner, 01.05.1911, Centralblatt: 20-21).

Dabei ist nicht davon ausgegangen worden, dass „der weibliche Intellekt" in der Politik „unerhörte, noch nie gedachte Dinge aushecken" würde (Schapire-Neurath in Wien, 16.06.1909, Centralblatt: 41f). Vielmehr sei beim Eintritt in die politische Arbeit – ähnlich wie beim Eintritt in die Erwerbsarbeitssphäre – zu erwarten, dass „hier wie dort" etwas „Neues entstehen" muss (Schapire-Neurath in Wien, 16.06.1909, Centralblatt: 41f). Im Kern geht es aber um nichts anderes, als um die Anerkennung der gleichen Leistung, die sich in der Gewährung des Wahlrechts niederschlagen würde. Diese Forderung nach der Anerkennung weiblicher Leistungen spiegelte sich auch in den anderen thematischen Dimensionen wider.

5.1.2 Die „gebildete Frau" zwischen Erwerbs- und Hausarbeit

Trotz des Erstarkens der Stimmrechtsfrage spielten für den BdF Themen wie Bildung, Professionalisierung der Sozialarbeit sowie gleiche Rechte beim Zugang zu bestimmten Berufsfeldern auch nach der Jahrhundertwende die zentrale Rolle. Dabei wurde insbesondere auf die wirtschaftliche Transformation in Deutschland (vgl. Bernays, 01.02.1913, Centralblatt: 161) verwiesen: Alice Salomon argumentierte beispielsweise, dass es sich bei der Frauenfrage in der Berufsarbeit um mehr als ein bloßes „Rechenexempel und eine Heiratsfrage" oder eine „Augenblickserscheinung" handle, vielmehr sei die Frauenarbeit „ein notwendiger, unentbehrlicher Bestandteil der Volkswirtschaft" (Salomon, 15.04.1909, Centralblatt: 9). Auch hatte sich insgesamt der Erwerbsarbeitsmarkt unheimlich verkompliziert (vgl. Levy-Rathenau, 16.11.1911, Centralblatt Beilage: 3). Die Leistungen der Frauen in der Erwerbstätigkeit führen auch dazu, dass „eine Anerkennung und neue Würdigung der hauswirtschaftlichen Leistungen der Frauen" notwendig werde (Salomon, 15.04.1909, Centralblatt: 9). Außerdem nahmen Frauen oft neben ihren Ehemännern die Funktion der Familienernährerinnen ein, da „das Einkommen der männlichen Familienmitglieder zur Erhaltung der Familie nicht mehr ausreicht" (Schapire-Neurath in Wien, 15.05.1909, Centralblatt: 27f). Es wurde aber auch deutlich gemacht, dass die Berufsarbeit von Frauen der höheren Klassen meist mit dem Eintritt in die Ehe beendet sei:

> Also nur in den untersten Schichten des Proletariat finden wir bei der verheirateten Frau berufsmäßige Arbeit außer Haus als ständige Erscheinung; in den besseren Schichten der Bevölkerung legt gewöhnlich das Mädchen bei seiner Verheiratung die Berufsarbeit nieder und wird „Hausfrau", wie Mutter und Großmutter es gewesen (ebd.).

Zu ändern sei diese Situation erst, wenn „die verheirate Frau, die Mutter, nicht mehr willens sein wird, ihre Berufsarbeit aufzugeben" (ebd.). Auch hier zeigt sich, dass die Forderungen und Zielrichtungen in der bürgerlichen Bewegungsorganisation auch deutlich an die Frauen selbst gerichtet sind, als Aufforderung die eigene Lebenspraxis zu ändern. Die Unterscheidung zwischen Frauen der „untersten Schichten" und denen der „besseren Schichten" deutet jedoch bereits an, dass die Frage der Erwerbsarbeit auch in dieser zeitlichen Periode klassenspezifisch unterschiedlich gerahmt wurde.

Für bürgerliche Frauen kristallisierte sich die Frage nach geeigneten Betätigungen heraus: *Erstens* wurden Möglichkeiten der Hochschul- sowie Berufsausbildung und die Erschließung neuer Berufsfelder allgemein für die bürgerlichen Frauen thematisiert (vgl. Bäumer, 15.02.1910, Centralblatt: 169; Brunnemann, 16.09.1911, Centralblatt: 93; Engel-Reimers, 01.10.1912, Centralblatt: 98; Herrmann, 16.07.1912, Centralblatt: 58: Kempf, 16.09.1911, Centralblatt: 89; Lehmann, 16.07.1913, Frauenfrage: 61; Lehmann, 01.07.1913, Frauenfrage: 52; Lehmann, 16.07.1913, Frauenfrage: 61; Lehwald, 01.08.1910, Centralblatt: 81–82; o. V., 16.07.1914, Frauenfrage, 63). Wie beim Stimmrecht hoben die Beiträge darauf ab, dass Frauen nicht zwangsläufig bessere Arbeit leisten oder den Männern „voranarbeiten" würden, vielmehr wurden Frauen durch ihre spezifisch weiblichen Eigenschaften „aber seine Arbeit ergänzen" (Engel-Reimers, 01.10.1912, Centralblatt: 98). Männern wurde demnach durchaus nachgesagt, für die soziale Frage in der Gesellschaft schlichtweg keinen Sinn zu haben:

> Wenn man nun schon den sozialen Problemen von Mann zu Mann dieses schwer zu behebende Dunkel anhaftet, wieviel undeutlicher wird noch das Bild, wenn Männer an soziale Fragen herantreten,

welche Frauen einer anderen Gesellschaftsschicht berühren (Kempf, 01.05.1912, Centralblatt: 18).

Neue Bildungsangebote, wie die der Frauenhochschule, sollten die „Erhöhung der Mütterlichkeit überhaupt, wie sie sich in der Wirksamkeit der Frau in der Kommune und im Staat ausspricht", fördern, und die Frau in der Zukunft „befähigen, sich den mannigfaltigen gemeinnützigen Aufgaben, die ihr innerhalb der Gemeinde, des Staates und der Gesellschaft" begegnen, zu widmen (Plothow, 01.09.1911, Centralblatt: 82f).

Zweitens widmete sich der BdF der Frage nach der Professionalisierung und Ausbildung bestimmter gesellschaftlicher Arbeitsbereiche wie der sozialer Berufe und der Krankenpflege (vgl. Karll, 16.05.1912, Centralblatt: 26; o. V., 01.01.1912, Centralblatt: 148; Philippsen-Strauß, 16.09.1912, Centralblatt: 93f; von Welczeck, 16.04.1910, Centralblatt: 9f).

Es ging also nicht mehr nur darum, die soziale Fürsorge als „geistige Mutterschaft" (Stritt, 16.09.1910, Centralblatt: 12) zu verstehen (Kap. 4.2.1.2), sondern auch als eine zu entlohnende Arbeit, welche insbesondere den „gebildeten Frauen" zu empfehlen sei (o. V., 01.01.1912, Centralblatt: 148).

> Eine der interessantesten Erscheinungen auf sozialem Gebiet ist die allmähliche Umwandlung pflegerischer sozialer Hilfstätigkeit zu selbstständiger Berufsarbeit. Wir haben im vergangenen Jahrhundert eine vollständige, durch soziale und wirtschaftliche Verhältnisse bedingte Umwälzung der Armenpflege erlebt, die sich aus der von privaten oder kirchlichen Organen ausgeübten ganz freiwilligen Wohltätigkeit mehr und mehr zu einer geregelten städtischen, durch armenamtliche Organe ausgeübten Wohlfahrtspflege ausgestaltet hat. [...] So bildet die weitere Ausgestaltung sozialer Arbeit als amtliche besoldete Berufsarbeit der Frau eine wichtige Aufgabe der Frauenbewegung für die Zukunft (von Welczeck, 16.04.1910, Centralblatt: 9f).

Um die benannten gebildeten Frauen zu erreichen und für den Beruf der Krankenpflege zu begeistern, sei es aber notwendig, dass „sein Niveau nicht erniedrigt" wird, d. h., anstatt wie in Kellnerinnenberufen Trinkgelder, einen regulären Lohn zu zahlen (Philippsen-Strauß, 16.09.1912, Centralblatt: 93f). Aufgrund der bereits beschriebenen Berufsarbeitsfokussierung des BdF wurde Erwerbslosigkeit von Frauen als ein besonderes Problem aller sozialen Schichten gewertet, welches durch „besondere Aufmerksamkeit" gegenüber den „Erscheinungen des Arbeitsmarktes" und durch die Mitarbeit bei der „Förderung der Arbeitsvermittlung" erfolgreich bekämpft werden könne (Lüders, 16.08.1913, Frauenfrage: 74). Die Aufgabe der „gebildeten Hausfrau" sollte darüber hinaus sein, als „bewußte" Trägerin der Bewegung zu fungieren (Staudinger, 16.11.1912, Centralblatt: 121ff). An diesen Beispielen zeigt sich das *egalitär-meritokratisch* orientierte Framing, welches besondere ‚weibliche' Fähigkeiten hervorhob, um Zugang zu bestimmten gesellschaftlichen Bereichen zu erlangen.

Das Leben von Frauen, die nicht zur bürgerlichen Klasse gehörten, wurde aus verschiedenen Perspektiven diskutiert und durch sozialwissenschaftliche Studien näher beleuchtet. Dabei wird aber stets eine vornehme Distanz zu den ‚Objekten' der Betrachtung und Fürsorge gewahrt. Die Reflexion sozialer Ungleichheit auf der Ebene der eigenen Lebenspraxis war zwar durchaus vorhanden, allerdings setzt der BdF nicht auf den Abbau sozialer Ungleichheit zwischen Frauen, sondern auf die Verringerung sozialen Elends. Drei Diskussionsstränge markieren in dem Zusammenhang die Debatten, welche hier exemplarisch vorgestellt werden.

Erstens problematisierte man die enorme Arbeitslast, unter welcher Fabrikarbeiterinnen litten, und thematisierte in diesem Zusammenhang auch die Doppelbelastung durch Haus- und Erwerbsarbeit (vgl. Fürth, 16.04.1912, Centralblatt: 10f; Kempf, 16.09.1911, Centralblatt: 89; Kempf, 01.05.1912, Centralblatt: 18; o. V., 16.11.1911, Centralblatt: 124).

> Das Haus ist für die junge Arbeiterin keine Quelle der Kraft, sondern eine Quelle harter Arbeit und neuer Ausbeutung (o. V., 16.11.1911, Centralblatt: 124).

Auch wenn es sich zeigte, dass die Lohnarbeit von Müttern eine „erwachsende Gefährdung auch der heranwachsenden Kinder, Verwahrlosung der Familie etc." verstärkt, stand nie zur Debatte, den Frauen die Möglichkeit zur Lohnarbeit zu verwehren, denn dies sei aus „familien- und volkswirtschaftlichen wie aus betriebstechnischen Gründen unmöglich" (Fürth, 16.04.1912, Centralblatt: 10f). Vielmehr müssen geeignete Mutter- und Arbeitsschutzmaßnahmen eingeführt werden (ebd.). Bildungsmöglichkeiten für Arbeiterinnen könnten darüber hinaus nur geschaffen werden, wenn ihnen ein „Milieu" geboten werde, in welchem sie „Ruhe und Erholung" (o. V., 16.11.1911, Centralblatt: 124) finden. Dass junge Arbeiterinnen an ihren freien Sonntagen und Abenden ihre Erholungsstunden „meist in Gesellschaft ihres ‚Bräutigams' – in irgendeinem Vergnügungsetablissement" zubringen, wurde als Zustand gewertet, der abzuschaffen sei (ebd.). Die bürgerlichen Frauen sahen sich zudem in der Pflicht, den Arbeiterinnen nach der Einführung des Zehnstundentages anhand von Bildungs- und Kulturmöglichkeiten aufzuzeigen, wie sie mit dieser neuen Freizeit umgehen können (vgl. Salomon, 01.01.1910, Centralblatt: 145ff).

Die Arbeiterinnen wurden demnach auch nach der Jahrhundertwende *elitär-differenzorientiert* als ‚Objekte' sozialer Fürsorge gesehen, deren Lage durch gebildete Frauen der bürgerlichen Klasse zu verbessern sei. Diese Position behielt der BdF auch bei, als die Sozialforschung zunehmend deutlich machen konnte, dass nur durch die Zusammenarbeit mit den entsprechenden Interessengruppen relevante Ergebnisse erzielt werden könnten.

> Unserer Meinung nach könnten auch noch mehr bürgerliche Frauen durch die ihnen zu Gebote stehenden unbeschränkten Bildungsmöglichkeiten sehr wohl an der Besserung der Arbeits- und Lebensverhältnisse ihrer proletarischen Schwestern mitwirken. Nur dürfte dies bei der eigenen Zielbewußtheit unseres Arbeiterstandes nicht mehr wie in früheren Zeiten von oben herab oder gar gegen die Intentionen des industriellen Proletariats geschehen, vielmehr nur auf die einzig mögliche Art, wie heutzutage alle ernste wissenschaftliche Arbeit auf dem Gebiete der Sozialforschung zustande kommt: nämlich im Einvernehmen und im Zusammenwirken mit einem größeren Personenkreis und den hauptsächlichsten Organisationen desjenigen Standes, der das Objekt der Forschung sein soll, nach Anhörung seiner eigenen Wünsche, nach tieferer Einsicht in seine Daseinsbedingungen – in unserem Falle also des Proletariats selbst und der freien Gewerkschaften (Landé, 16.01.1914, Frauenfrage: 157).

Zweitens kam es zu einer Überschneidung der Sphären und Klassen im häuslichen Kontext der bürgerlichen Frauen, was sich in Widersprüchlichkeiten im Selbstverständnis bürgerlicher Frauenbewegungsaktivistinnen deutlich machte. Die sogenannte „Dienstbotenfrage" changierte für die bürgerlichen Frauen zwischen der Frage der eigenen Erwerbsarbeit – denn wenn eine Frau „Lebenskraft und Lebensmut für ihren Beruf" erhalten wolle, müsse sie „hierfür eine zuverlässige Arbeitskraft von ihrem Geldeinkommen bezahlen" (Kempf, 16.05.1912, Centralblatt: 26f) – und der Ausbildung der Dienstbotinnen (vgl. Lenel, 16.11.1912, Centralblatt: 124) sowie der daran geknüpften sozialen Frage. Die arbeitsrechtlich prekäre Situation und Abhängigkeit der Dienstbotinnen in den Privathaushalten zog erhebliche soziale und politische Folgen nach sich.

Nicht zuletzt gelang es der proletarischen Frauenbewegung, in der letzten Dekade des ausgehenden Jahrhunderts die Dienstbotinnen mit großem Erfolg zu mobilisieren (vgl. Kommission für die Dienstbotenfrage, 16.11.1913, Frauenfrage: 125) und damit ‚die' Bürgerlichen nicht nur in ihrer Bewegung, sondern auch empfindlich in ihrem privaten Bereich zu treffen. Hier lässt sich eine *klassenspezifische Brechung* des *egalitär-meritokratischen* Framings der Geschlechterfrage nachweisen, denn an dieser Frage wurde dementsprechend auch der bürgerlichen Frauenbewegung die Überkreuzung von Klassen- und Geschlechterfragen bewusst.

Eine Lösung dieses Problems konnte nur „dem doppelseitigen Charakter der Not entsprechend, durch zweifache Organisationen: eine der Hausfrauen, eine der Dienstboten, die jedoch in Verbindung stehen müssten", beigekommen werden (Mueller, 01.08.1910, Centralblatt: 83f). Dabei ging es den bürgerlichen Aktivistinnen aber **nicht** um eine politische Organisation oder Interessenvertretung der Dienstbotinnen: Die Dienstbotinnenvereine könnten vielmehr „evangelisch, katholisch oder israelitisch" sein und wären dann für die „Aufgaben der geistigen Fortbildung, religiös-sittlichen Beeinflussung, Schutz und Förderung der Standesinteressen, hauswirtschaftliche Aus- und Fortbildung, Gewährung von Rechtsschutz" zuständig (Mueller, 01.10.1910, Centralblatt: 100). Es ging also darum, mit konfessionellen Vereinigungen zusammenzuarbeiten bzw. deren Organisierung voranzubringen, um der sozialistischen/sozialdemokratischen Mobilisierung unter den Dienstboten entgegenzuwirken. Nicht zuletzt könne diese Allianz zwischen Hausfrauen- und den unpolitischen Dienstbotenvereinen den Klassenkampf befrieden (ebd.: 101f).

Die Arbeiterinnenschutzkommission des BdF hatte eine Dienstbotenenquete eingerichtet, deren Ergebnisse 1910 beim *Archiv für Sozialwissenschaft und Sozialpolitik* veröffentlicht wurden (Kesten-Conrad, 01.10.1910, Centralblatt: 98). Für die Kommissionsmitglieder, die mit der Umfrage betraut waren, ergaben sich in vielerlei Hinsicht Schwierigkeiten bei der Umsetzung der Erhebung. Die Fragebogen sollten über die Mitgliedsvereine in den Städten in die Haushalte verteilt werden, doch viele Vereine weigerten sich von vornherein (ebd.: 99). Ein Grund für die Ablehnung war, dass es den Frauenvereinen zu weit ging, „in ihre häuslichen Verhältnisse hineinzuleuchten" (ebd.). Auch bestand eine gewisse Furcht, dass „durch die an die Dienstboten gerichteten Fragebogen diese zu unberechtigten oder doch unwillkommenen Forderungen angeregt würden" (ebd.).

> Viele Streiterinnen der Frauenbewegung, die sicher schon oft für neue, den Fabrik- und Handelsherren aufzulegende sozialpolitische Lasten eingetreten waren und Heimarbeitsenqueten u. dgl. befürwortet hatten, versagten hier, wo sie selbst als Arbeitgeber in Betracht kommen (Kesten-Conrad, 01.10.1910, Centralblatt: 99).

Die Studie war dadurch weitaus weniger repräsentativ als ursprünglich erhofft, wenngleich die Ergebnisse erste Hinweise zur Situation der Dienstbotinnen[96] gaben, und sie bestätigten den BdF darin, sich für ein zeitgemäßes Gesinderecht bzw. Arbeitsnachweise einzusetzen (vgl. Eichholz, 01.06.1910, Centralblatt: 35f; Kesten-Conrad, 01.10.1910, Centralblatt: 100; Uedinck, 16.06.1913, Frauenfrage: 44). Eine zweite Befragung der Dienstbotenkommission wurde Mitte 1911 eingeleitet (vgl. Mueller, 01.06.1911, Central-

---

[96] 30 Prozent der befragten Frauen im Dienstbotinnenstand gaben an, aus dem ländlichen Handwerkerstand zu kommen (Vater), aus der Arbeiterinnenschaft entstammten 24,1 Prozent (vgl. Kesten-Conrad, 01.10.1910, Centralblatt: 99). Mit 58,3 Prozent stammen die meisten Frauen vom Lande. 68 Prozent der Frauen waren ohne besondere Kenntnisse in den Berufsstand eingetreten, die vielen „Klagen über ungeschulte Dienstboten", so konstatiert Kesten-Conrad, seien also als durchaus berechtigt zu bezeichnen (ebd.). Ein Teil der Fragen, z. B. zum Gehalt und zur Ferien- und Freizeit, wurden an beide Parteien gestellt (ebd.). Von den befragten Dienstbotinnen gaben 27,8 Prozent an, wöchentlichen „Sonntagsausgang" zu haben. Alle zwei Wochen frei hatten 48 Prozent der Befragten.

blatt: 33). Diese legte die schlechten Wohnbedingungen der Dienstbotinnen offen, gerade in Dienstverhältnissen wo „zwei Mädchen gehalten werden" (Kesten-Conrad, 16.08.1913, Frauenfrage: 78).

Der Umgang der bürgerlichen Hausfrauen sowie der Frauenvereine mit dieser Frage verdeutlicht, dass die private Sphäre ein nach Klassen vermachteter Raum war, in welchem Dienstbotinnen in Abhängigkeit zu ihren Hausherrinnen standen. Auf der anderen Seite war es dem BdF auch ein Anliegen, die Hausarbeit von Frauen prinzipiell ins Licht der Öffentlichkeit zu rücken, denn die „häusliche Tätigkeit", so Marie Stritt, stelle eine „höchst wertvolle produktive Leistung" dar, die aber niemals bezahlt werde (Stritt, 16.09.1911, Centralblatt: 91f). Zudem ist es die Hausherrin, die für das „Gesinde" zuständig ist, und „unerfahrene Mädchen" unterweist (Uedinck, 16.06.1913, Frauenfrage: 44). Auf dieser Folie konnte die „Dienstbotennot" sich auch als Ausbildungsfrage gerieren, denn in keinem „anderen Beruf wird mit so viel unverfrorenem Dilettantismus gearbeitet wie in diesem" (Lenel, 16.11.1912, Centralblatt: 124). Für „gute Ausbildungsmöglichkeiten der Hausangestellten zu sorgen, wäre nun die dringende Aufgabe aller Bundesvereine" (Lenel, 16.11.1912, Centralblatt: 125), denn die „Ausbildungsfrage" sei nicht nur für die „jungen Kräfte, die sich diesem Berufe widmen wollen" wichtig, sondern auch für „die Erhaltung des Familienhaushaltes" eine „so brennende" (ebd.). Die Position der Ehefrau als „Arbeitgeberin" müsse auch bedeuten, dass sie mehr gesellschaftliche Anerkennung und Rechte erlangen sollte, so z. B. bei den Wahlen zu den Organen der Krankenkassen (o. V., 16.12.1913, Frauenfrage: 137). Hier zeigt sich deutlich die *elitär-differenzorientierte* Rahmung von Klassenfragen.

Drittens zeigen die Debatten ab 1909 um den Kellnerinnenberuf den kritischen Balanceakt zwischen Klassen- und Geschlechterungleichheit im BdF. Hier kollidierte die Forderung des Rechts auf Erwerb mit den ebenfalls vertretenen Positionen zur Sittlichkeit. Camilla Jellinek bestand auf die Abschaffung des Kellnerinnenberufs, da dieser „gesellschaftlich geduldete Gelegenheitsmacherei und Kuppelei" fördere (Jellinek, 15.08.1909, Centralblatt: 73f) und berief eine Bundesenquete ein, um Daten zu dem Thema zu sammeln (vgl. Jellinek, 16.06.1911, Centralblatt: 41). Dieser Position wurde entgegengehalten, dass diese Arbeit traditionell ein von

Frauen getragener Beruf sei (vgl. Freudenberg, 15.08.1909, Centralblatt: 74ff), dass dieses Problem nur durch verantwortliches Verhalten von „Konsumenten" gelöst werden könne (Linzen, 01.09.1909, Centralblatt: 82) und der „Segen des Arbeiterinnenschutzes und der sozialpolitischen Gesetzgebung auch zum Schutze der Kellnerinnen" und zur „Hebung des Berufs" (Lüders, 01.09.1909, Centralblatt: 83) bzw. zur „Erstarkung und Gesundung des anständigen Kellnerinnengewerbes" (o. V., 01.02.1911, Centralblatt: 161f) beitrage. Außerdem müsse beachtet werden, dass moralische Vorstellungen zwischen den Klassen durchaus unterschiedlich seien:

> Wo es sich um sittliche Verfehlungen oder laxe sittliche Anschauungen handelt, sollen wir immer berücksichtigen, inwieweit dieselben abweichen von dem ethischen Niveau der Arbeiterinnenschaft desselben sozialen Milieus und derselben Gegend (Pappitz, 16.06.1911, Centralblatt: 43).

Das Spektrum der Themenfelder rund um Bildung, Arbeit und Erwerb ist als sehr weitgefächert zu beschreiben. Die Positionen der „gebildeten Frau" als Erwerbstätige in der öffentlichen und als Arbeitgeberin in der privaten Sphäre markieren Fluchtpunkte in der Debatte, die auf die Orientierung auf Leistung und daraus (erhoffte) resultierende gesellschaftliche Anerkennung zielt, zugleich aber von einer patriarchal-sorgenden und verobjektivierenden Haltung gegenüber den nicht-bürgerlichen Geschlechtsgenossinnen geprägt ist. Auch mit Blick auf dieses Issue lässt sich daher vom Zusammenspiel einer *egalitär-meritokratischen* und einer *elitär-differenzorientierten* Rahmung mit Blick auf die Debatten des BdF sprechen.

5.1.3 Die soziale Frage: Armut, Prostitution und ‚Rassenhygiene'

Die Fokussierung auf Fragen und Probleme im Erwerbsarbeitsfeld blieb im BdF nicht unhinterfragt. Die „starke soziale Geistesrichtung" der „deutschen Frauenbewegung" sollte trotz einer Berufstätigkeit, falls die Aktivstinnen diese Rechte vollständig erlangten, beibehalten und gefördert werden (vgl. Bernays, 01.02.1913, Centralblatt: 161).

Gegner der Frauenbewegung aber können es sich nicht versagen, diese vor der Öffentlichkeit mit der Behauptung anzugreifen: die Forderung der Erschließung neuer Frauenberufe sanktioniere sozusagen das Elend der Frauenfabrikarbeit; die Frauen der oberen Schichten, aus Langeweile oder Emanzipationslust in einen Beruf getrieben, verschlössen Auge und Ohr den Folgen, die ihre Bewegung für die geplagten Mütter des Volkes nach sich ziehe (Bernays, 01.02.1913, Centralblatt: 161).

Dabei trafen „Bestrebungen für Mutterschutz, Säuglingspflege, Trinkerfürsorge, sowie mit der Bekämpfung etwa der Tuberkulose und der Geschlechtskrankheiten"[97] gerade in den Fürsorgestellen zusammen (Jellinek, 01.01.1912, Centralblatt: 148–150). Um die soziale Lage zu verbessern, standen Themen wie Besteuerung (vgl. von Welczeck, 16.06.1909, Centralblatt: 41f), Lebensmittelteuerung (vgl. Fürth, 01.10.1911, Centralblatt: 99ff) und die Versicherungsordnung (vgl. Runkel-Langsdorf, 01.08.1909, Centralblatt: 67f) auf der politischen Agenda.

Die Arbeit der Wohnungsinspektorinnen in den sozialen Fürsorgestellen galt als wichtige Schaltstelle, um soziale Missstände offenzulegen (vgl. Jellinek, 01.01.1912, Centralblatt: 148f). Neben der Mitarbeit in öffentlichen Ämtern galt es auch, den Alkoholmissbrauch zu bekämpfen (vgl. Krukenberg, 16.12.1911, Centralblatt: 139f; Reis, 01.05.1911, Centralblatt: 22). Dabei wurde Alkoholismus als ein klassenübergreifendes Übel begriffen, dass die „soziale Not unserer Arbeiterfamilien" produziere und für das „namenlose

---

[97] Beim Internationalen Frauenkongress in Paris im Juni 1913 wurden diese Themen ebenfalls als wesentliche Arbeitskontexte der Frauenbewegungen besprochen: Die Sektionen beschäftigten sich *erstens* mit der „Mitarbeit der Frau in der Armen- und Wohlfahrtspflege, insbesondere auch der Wohnungsreform"; *zweitens* mit der „Frau in der öffentlichen Gesundheitspflege", insbesondere in der Tuberkulose- und Alkoholismusbekämpfung; *drittens* mit „Erziehungsfragen", hierbei lag das Augenmerk auf der „Demoralisierung der Jugend durch Schmutz und Schund in Wort und Bild"; *viertens* mit Rechtsfragen wie beispielsweise der „Stellung der verheirateten Frau, die elterliche Gewalt usw., Aufhebung aller Ausnahmeregeln in Bezug auf die Sittengesetzgebung"; *fünftens* mit der „Arbeiterinnenfrage", dem „Arbeiterinnenschutz, Kinderschutz" und der „Einführung von Mindestlöhnen"; *sechstens* mit der „Wissenschaft und Kunst" sowie der „Stellung der Frau in akademischen Berufen, *siebtens* mit dem Stimmrecht und *achtens* mit dem Frieden" (Salomon, 01.07.1913, Frauenfrage: 50, Hervorh. im Original).

Unglück so vieler Ehen" verantwortlich (Reis, 01.05.1911, Centralblatt: 22) sei. Geschlechtskrankheiten und „so viele vererbte Gesundheitsschäden" würden aus diesem sozialen Problem erwachsen (ebd.). Eine mögliche Lösung wurde in der alkoholfreien Jungenderziehung gesehen, um der Alkoholsucht so früh wie möglich zu begegnen (vgl. o. V., 16.02.1913, Centralblatt: 173f; o. V., 16.07.1913, Frauenfrage: 61). Hier zeigt sich die *elitär-differenzorientiere* Rahmung der Klassenfrage in der sozialfürsorgenden Arbeit der bürgerlichen Frauenbewegung.

Das Thema Geschlechtskrankheiten im Zusammenhang mit Prostitution wurde fast ausschließlich über die Kategorie Geschlecht und damit *egalitär-meritokratisch* gerahmt (vgl. o. V., 01.07.1912, Centralblatt: 51f). Im Mittelpunkt standen nach wie vor die männliche Doppelmoral in Bezug auf Sexualität und die staatliche Reglementierung der Prostitution (vgl. Nägeli, 16.10.1911, Centralblatt: 105; Scheven, 01.08.1910, Centralblatt: 84f). Vertreter, die das „Recht auf Doppelmoral" öffentlich verteidigten, waren „glücklicherweise mehr und mehr zu den Ausnahmeerscheinungen zu rechnen" (Dehning, 01.06.1912, Centralblatt: 38). Nichtsdestotrotz wurde der „Kampf gegen Prostitution" zugleich als Kampf gegen das „männliche Geschlechtsprivilegium" wahrgenommen (Pappritz, 01.06.1914, Frauenfrage: 36f). Die staatliche Reglementierung, die „unsittliche Frauen" anders behandelte als „unsittliche Männer", galt es nach wie vor zu bekämpfen (Nägeli, 16.10.1911, Centralblatt: 105f).

Die Thematisierung männlicher Unsittlichkeit und der sexueller Verfehlungen ging oftmals mit einer Anrufung einher, die weibliche „Geschlechtsehre und Frauenwürde" (Pappritz, 01.05.1913, Frauenfrage: 21) anzuerkennen und zu respektieren. Männer sollten ihr Verhalten ändern und auch dagegen protestieren, als das „moralisch schwache Geschlecht" eingeschätzt zu werden (Pappritz, 16.11.1913, Frauenfrage: 123).

Um Frauen und Kinder vor der Prostitution zu wahren, bedürfe es auf der anderen Seite wirtschaftlicher und erzieherischer Maßnahmen durch die gebildeten Frauen (vgl. o. V., 01.07.1912, Centralblatt: 51f).

Hier zeigt ich die klassenspezifische – und damit *elitär-differenzorientiere* – Brechung des Geschlechterframes: Durch die Sozialfürsorge der bürgerlichen Frauen würde die Lage der ‚niederen' Schichten gebessert und der eigene Status als mündige Bürgerin gegenüber den bürgerlichen Männern dokumentiert: Die Verhältnisse, in welchen „Tausende von Kindern der ärmeren Klassen" aufwüchsen, würden „schwere Schädigungen gesundheitlicher und sittlicher Natur mit sich bringen" (von Welczeck, 16.12.1910, Centralblatt: 141). Die „hauswirtschaftliche Ertüchtigung" aller Mädchen durch den Staat könne demgegenüber bewirken, dass er sich „Kämpferinnen" erzieht „gegen die Feinde unseres Volkes: Krankheit, Seuchen, Alkoholismus, Unsittlichkeit, Untüchtigkeit", die „schädigender für Kraft und Größe unserer Nation werden können als jemals äußere Feinde" (Waescher, 16.08.1912, Centralblatt: 74f). In diesen Debatten um Armut, Alkohol und Sittlichkeit zeigt sich auch, dass der BdF die soziale Frage in der ersten Dekade des 20. Jahrhunderts zunehmend unter nationalen und „rassenhygienischen" Vorzeichen deutete (o. V., 16.07.1913, Frauenfrage, 61; Der Bund deutscher Frauenvereine, 01.07.1912, Centralblatt: 49f).

> Die deutsche Frauenbewegung erhebt den Anspruch, mit allen, was sie tut, eine nationale Pflicht zu erfüllen - die nationale Pflicht, die heute für die deutschen Frauen die Forderung des Tages ist. Sie handelt sowohl in nationalem wie in echt weiblichen Geist, indem sie die Frauen befähigt, für den wirtschaftlichen, sozialen und geistigen Aufstieg ihres Volkes nicht eine lastende Bürde, sondern eine schaffende Kraft zu sein (Der Bund deutscher Frauenvereine, 01.07.1912, Centralblatt: 49–50).

Die ausführliche Besprechung der bei der „Hygieneausstellung" in Dresden 1911 vertretenen Positionen und Stellungnahmen zur Rassenhygiene beweisen diese Stoßrichtung (vgl. Deutsch, 16.08.1911, Centralblatt: 74; Feuerstad, 01.07.1912, Centralblatt: 54f; Fürth, 01.04.1912, Centralblatt: 5; Fürth, 16.04.1912: 10ff; Schirmacher, 16.11.1910: 124f). Gerade die Aufwertung und starke Beachtung von Mutterschaft, verbunden mit der gleichzeitigen Forderung, dass der „Staat Mutterschaft als Leistung" (Deutsch, 16.08.1911, Centralblatt: 74) werten solle, stieß auf Widerhall. Die Nichtanerkennung von reproduktiven Tätigkeiten bedingt durch die Wirtschaftsweise skandalisierte beispielsweise Henriette Fürth wie folgt:

> Wie schlecht es um die Wirtschaftspolitik eines Volkes bestellt sein muß, das, groß und reich geworden, weder Mühe und Kosten scheut, sein anorganisches Kapital bis aufs letzte auszubeuten, das aber das in seinem Muttertum beschlossene organische Reproduktionskapital in einer Weise verwüsten läßt, die mit den Errungenschaften moderner Wissenschaft und Hygiene in krassem Widerspruche steht (Fürth, 01.04.1912, Centralblatt: 5).

Der Bezug auf leibliche sowie geistige Mutterschaft und die Forderung nach dem Einbezug von gebildeten Frauen (auch durch das Stimmrecht) in staatliche Aufgaben (vgl. Schirmacher, 01.09.1911, Centralblatt: 83f) wurde auch in dieser thematischen Dimension vom BdF *egalitär-meritokratisch* gerahmt. Die populärer werdenden Lehren zur sogenannten ‚Rassenhygiene' dienten darüber hinaus Aktivistinnen des BdF dazu, ihre sozialfürsorgenden Tätigkeiten in den Kontext imaginierter nationaler Volksinteressen zu stellen.

> Bekämpfung des Alkoholismus und Unwissenheit, bessere Entlohnung und Vorbildung der Frauen, Erweiterung der Rechte unehelicher Mütter und Kinder, Verhütung der Fortpflanzung der moralisch Minderwertigen, strenge Gesetze gegen die wissentliche Übertragung von Geschlechtskrankheiten, Herbeiführung einer einheitlichen Moralanschauung, bei der die Frau nicht mehr Mittel zum Zweck sein kann, alles dies fußend auf der bürgerlichen Gleichberechtigung beider Geschlechter, sind die Wege (o. V., 01.07.1912, Centralblatt: 51f).

Die Differenzlinie zu den ‚unteren' Klassen konnte durch bürgerliche Frauen auf der Ebene der Sozialfürsorge leichter vollzogen werden als in der Erwerbsarbeitssphäre, denn in dieser waren gerade proletarische Frauen integrierter als ihre bürgerlichen Geschlechtsgenossinnen. Die eigene Privilegierung sollte genutzt werden, Elend und Armut zu verringern. Genau diese auf moralischen Prämissen bauenden Versuche, gesellschaftliche Verhältnisse durch Aufklärung, Schulung und Bildung zu reformieren, beeinflussten die Art der Agitation und die Solidarisierungsversuche des BdF.

5.2 Die proletarische Frauenbewegung: „Kampf aller Ausgebeuteten"

Die rigiden Sozialisten- und Vereinsgesetze hatten besondere Auswirkungen auf die Entwicklung der Frauenbewegung in Deutschland. Anders als in Großbritannien waren sozialistisch/sozialdemokratisch organisierte Frauen und deren Familien durch die Sozialistengesetze besonderen Repressionen ausgesetzt, ein Schicksal welches sie mit den Männern der Arbeiter_innenklasse teilten. Die Vereinsgesetze veranlassten die Gründungsmütter des BdF zudem, proletarische Frauenorganisationen nicht einzuladen, da diese als politisch angesehen wurden und die bürgerlichen Aktivist_innen Repressalien fürchteten. Dies bildete – wie eingehend dargestellt – die Gelegenheitsstruktur zur Entwicklung einer separaten starken Agitation, die auf die Mobilisierung der Arbeiterinnen setzte. Bezogen auf die Themendimensionen ist die proletarische Arbeiterinnenbewegung durch ein *egalitär-solidarisches* Framing hinsichtlich der **Geschlechterfrage** gekennzeichnet. Diese inhaltliche Rahmung der Geschlechterfrage, schließt zwar biologische Differenzen nicht aus, setzt aber prinzipiell auf Geschlechtergleichheit und -solidarität in der eigenen Klasse. Ausschließlich den Klassenangehörigen gilt auch, unabhängig vom Geschlecht, die Solidarität. Mit Blick auf die **Klassenfrage** wurden die Debatten innerhalb der proletarischen Frauenbewegung *agonal-meritokratisch* interpretiert. Arbeiterinnen, Arbeiterfrauen, Dienstbotinnen usw. leisteten ein Übermaß an produktiver und reproduktiver Arbeit, der Kampf galt dementsprechend nicht allein der Anerkennung bestimmter staatsbürgerlicher Rechte für Frauen, sondern der Umwälzung des politischen Systems zugunsten der Arbeiter_innenklasse. In dieser Hinsicht galt es, den Kampf zwischen den Klassen sichtbar zu machen und voranzutreiben.

In dieser Rahmung spiegelt sich zwar die Marx'sche Tradition der Idee des Klassenkonflikts als Haupt- und der Geschlechterfrage als Nebenwiderspruch wider, doch auf der Ebene der lebensweltlichen Probleme proletarischer Frauen und der Mobilisierungsebene der Bewegung spielte die Ausdeutung vergeschlechtlichter Ungleichheit eine große Rolle.

In Fabriken und Werkstätten seufzen die Töchter des Volkes als Dienerinnen der Maschinen, opfern dem Gotte Kapitalismus Jugend und Lebenskraft auf dem Altar der Profitjägerei. Nicht mehr unter dem schützenden Dache des Hauses findet das weibliche Geschlecht seinen gedeckten Tisch, es muß hinaus in das gesellschaftliche Wirtschaftsleben, muß sich dort Lohn und Brot erringen. Recht, oft, so meist unter ungünstigeren Bedingungen als der Mann. Die Gesellschaft, der Staat, räumt dem Weibe dafür als Staatsbürgerin aber nicht einmal eine gleichberechtigte Stellung ein. Das Weib ist auch als Staatsbürgerin zurückgesetzt. Es erfreut sich keiner Steuerfreiheit, keiner Vorrechte. Mit Benachteiligungen ist es dagegen reichlich bedacht (w.d., 14.03.1910, Gleichheit, 180).

Das Spezifikum der proletarischen Frauenbewegung ist, dass diese an zwei Fronten kämpfte, da für Arbeiterinnen, Arbeiterfrauen, Dienstbotinnen usw. nicht nur die Auswirkungen der Geschlechter- sondern eben auch der Klassenungleichheit zum Tragen kamen.

5.2.1 „Pochend auf ihre Leistungen": klassenübergreifende politische Mitbestimmung

Die Frauenwahlrechtsforderung der bürgerlichen Frauenbewegung war für „klassenbewußte Proletarierinnen" (o. V., 07.12.1908, Gleichheit: 79) keine Option. Stimmrechtsforderungen auf der Grundlage von Besitz würden lediglich „den Frauen der bürgerlichen Klasse zugute" kommen (Wurm, 26.04.1909, Gleichheit: 235). Das „Damenwahlrecht" (o. V., 07.12.1908, Gleichheit: 74) markierte für die proletarischen Aktivistinnen vielmehr die Erhaltung der Machtansprüche der bürgerlichen Klasse insgesamt (H.B., 04.01.1909, Gleichheit, 99ff; o. V., 22.11.1909, Gleichheit: 63; o. V., 07.12.1908, Gleichheit: 79f).

Die „mangelhafte Fürsorge für die Arbeiterinnen" läge „zum Teil auch" an der „allgemeinen Geringschätzung des Weibes als Staatsbürgerin" (w.d., 30.01.1911, Gleichheit, 136). Politische Mitbestimmung wurde von der proletarischen Frauenbewegung hinsichtlich der Geschlechterfrage *egalitär-solidarisch* gerahmt. Das heißt: Die Proletarierinnen gingen in ihrer Argumentation von der Gleichheit zwischen den Geschlechtern innerhalb der Arbeiter_innenklasse aus. Die Solidarität galt entsprechend insgesamt ihrer eigenen Klasse. Diese Haltung drückte sich in der Forderung eines allgemeinen Erwachsenenwahlrechts[98] aus, das sowohl Frauen als auch Männer umfassen sollte. Selbiges verteidigte Clara Zetkin beim *Internationalen Kongreß des Weltbundes für Frauenwahlrecht* 1909 in London (vgl. o. V., 24.05.1909, Gleichheit: 270), und die *Gleichheit* berichtete von den britischen Bestrebungen bezüglich des allgemeinen Wahlrechts (vgl. Astow, 29.03.1909, Gleichheit: 205f; o. V., 01.02.1909, Gleichheit: 144).

Die Forderung wurde von der SPD forciert und dementsprechend Anträge in den Landesparlamenten eingebracht (o. V., 22.11.1909, Gleichheit: 63), von den „bürgerlichen Freunden des Frauenwahlrechts" (o. V., 22.11.1909, Gleichheit: 63) aber selten unterstützt. Alle anderen Anträge zur Erweiterung politischer Mitbestimmung für andere Bevölkerungsgruppen, die hinter dieser Forderung zurückblieben, wurden als „Verhöhnung der Arbeiterklasse und den ihr nahestehenden Gruppen des schwächeren Mittelstandes" (o. V., 28.02.1910, Gleichheit: 162) gewertet. In Preußen mobilisierte die proletarische Frauenbewegung gezielt gemeinsam mit sozialdemokratischen Kräften für eine große **Wahlrechtsreform** (vgl. H.B., 28.03.1910, Gleichheit: 194; Zietz, 28.03.1910, Gleichheit: 193).

> Höher und höher gehen die Wogen des preußischen Wahlrechtskampfes. [...] In der Glut des Wahlrechtskampfes reift über Nacht die Erkenntnis der Klassenzugehörigkeit und des Klasseninteresses. Das bittere Unrecht der politischen Rechtlosigkeit wird von den breiten Massen immer mehr als brennende Schmach, als unerträglicher Zustand empfunden. [...] Niemals war der Zeitpunkt günstiger, in das Bewußtsein der Massen die Notwendigkeit von der Eroberung des Frauenwahlrechts einzugraben, als jetzt (Zietz, 28.03.1910, Gleichheit: 193).

---

[98] „Allgemeines, gleiches, direktes Wahlrecht mit geheimer Stimmabgabe für alle Staatsangehörigen über zwanzig Jahre ohne Unterschied des Geschlechts und mit Proportionalvertretung aller Parteien nach der Anzahl der für sie abgegebenen Stimmen" (H.B., 28.02.1910, Gleichheit: 162).

Die Debatten in den bürgerlichen Frauenbewegungsorganisationen um politische Emanzipation von Frauen bewertete die *Gleichheit* immer vor dem Hintergrund des Klassenkonflikts (o. V., 07.11.1910, Gleichheit: 48; o. V., 12.11.1913, Gleichheit: 53ff; o. V., 29.10.1913, Gleichheit: 48), denn die „bürgerlichen Frauenrechtlerinnen vermögen sich dem Einfluß ihrer Klassenlage nicht zu entziehen" (o. V., 29.10.1913, Gleichheit: 48).

Die Rahmung des Frauenstimmrechts folgte aus der Perspektive des Klassenkonflikts einer *agonal-meritokratischen* Logik. Politische Mitbestimmung galt in der deutschen proletarischen Frauenbewegung als nicht loslösbar von gesamtgesellschaftspolitischen Zusammenhängen (vgl. Twinina, 13.03.1911, Gleichheit: 180f) und wurde deshalb stets vor dem Hintergrund des Kampfes zwischen Kapital und Arbeit bewertet. So sah beispielsweise Luise Zietz die Forderung des Achtstundentags und des Frauenstimmrechts unmittelbar verkoppelt, denn beide seien aus den kapitalistischen Wirtschaftsverhältnissen erwachsen (vgl. Zietz, 29.04.1912, Gleichheit: 242f).

Die Arbeiter_innenklasse erbrachte jegliche wirtschaftliche Leistung (vgl. o. V., 18.03.1914, Gleichheit: 199), so die Lesart der Bewegung, doch insbesondere proletarische Frauen waren trotz ihrer volkswirtschaftlichen Leistungen von jeglicher parlamentarischen Mitbestimmung komplett entkoppelt.

> Pochend auf ihre Leistungen im kapitalistischen Arbeitsprozeß, auf ihre opfervolle Pflichtleistung der Mutterschaft und ihr häuslichen Walten [!], fordern sie ihr volles Bürgerrecht: das allgemeine, gleiche, direkte und geheime aktive und passive Wahlrecht für alle Staatsbürger vom vollendeten 20. Lebensjahr an für sämtliche gesetzgebenden und Verwaltungskörperschaften (o. V., 18.03.1914, Gleichheit: 199).

Darüber hinaus habe die „klassenbewußte Proletarierin" den „Spießbürgerrespekt" gegen die „formal Gebildeteren" mittlerweile verloren (H.B., 26.10.1908, Gleichheit: 18).

Das Stimmrecht und der Achtstundentag waren aber nicht nur Forderungen, sie waren pragmatische Mittel, um „den geistigen Aufstieg der Frauen" insgesamt zu fördern und „sie damit zu befähigen, hervorragend Anteil zu nehmen an der Überwindung des Kapitalismus" (Zietz, 29.04.1912, Gleichheit: 243). Den proletarischen

Frauen ging es somit nicht nur um Reformen, sondern um eine revolutionäre Umwälzung der gesellschaftlichen Verhältnisse. Auch sie hatten sich den Klassenkampf auf die Fahnen geschrieben. Gemeinsam mit den Männern sollten die wirtschaftliche Ausbeutung und Unterdrückung der arbeitenden Klassen insgesamt beendet werden, denn die „Unfähigkeit der herrschenden Klasse, die wahren nationalen Interessen zu fördern und zu schützen", sei nicht mehr tragbar (H.B., 04.01.1909, Gleichheit: 99).

5.2.2 „Gemeinschaft mit ihren Brüdern": Arbeit und Bildung

Im Gegensatz zur bürgerlichen Frauenbewegung ging es den proletarischen Aktivistinnen nicht um die Erschließung neuer Berufs- und Bildungsmöglichkeiten (o. V., 18.03.1912, Gleichheit: 197; Wurm, 01.04.1912, Gleichheit: 215), sondern um eine allgemeine Verbesserung der bereits in Lohn und Brot stehenden Arbeiterinnenschaft. Die „Erwerbsarbeit der Frau als Massenerscheinung" (o. V., 12.06.1912, Gleichheit: 289) galt als eine „der kapitalistischen Gesellschaft eigentümliche Erscheinung" (G.B., 18.07.1910, Gleichheit: 321). Die Zahl der erwerbstätigen Frauen stieg allein in Preußen proportional an (W.D., 29.03.1909, Gleichheit: 194) und war in bestimmten Industriezweigen wie der Textilbranche (G.B., 18.07.1910, Gleichheit: 321) oder Tabakindustrie[99] besonders hoch (o. V., 19.07.1909, Gleichheit: 321f).

Die *egalitär-solidarische* Rahmung in Bezug auf die Geschlechterfrage in der thematischen Dimension Arbeit und Bildung wird bei der proletarischen Frauenbewegung insbesondere in Abgrenzung zur bürgerlichen Frauenbewegung deutlich. Die Verbesserung der Schulbildung[100] für die gesamte Arbeiter_innenklasse war ein Ziel

---

[99] „In allen Zigarrenfabriken zusammen waren 47 655 Arbeiterinnen und 25 374 männliche Arbeiter beschäftigt, also fast doppelt so viele Arbeiterinnen wie Arbeiter" (o. V., 19.07.1909, Gleichheit: 321).
[100] In den preußischen Volksschulklassen lernten beispielsweise seinerzeit 1,25 Millionen Kinder in überfüllten Klassen, wobei als überfüllt erst eine Klassengröße ab 80 Personen galt (vgl. J. B., 12.06.1912, Gleichheit: 294). Während einer

der proletarischen Frauenbewegung. Unabhängig von den gesellschaftlichen Geschlechterdifferenzen galt auch hier ihre Solidarität der gesamten Arbeiter_innenklasse. Bestehende Benachteiligungen von Mädchen und jungen Frauen sollten abgeschafft werden (vgl. bt., 29.03.1909, Gleichheit: 208; g.b., 01.08.1910, Gleichheit: 352; r.e., 01.08.1910, Gleichheit: 339). Der strukturelle Ausbau des Volksschulwesens (vgl. Blos, 10.09.1913, Gleichheit: 388) sowie eine bessere inhaltliche Ausgestaltung des Lehrangebots – jenseits von dem bis dato praktizierten Auswendiglernen von Bibelsprüchen und -liedern, Prügelstrafen oder der Erziehung zur Wehrhaftigkeit – waren für die proletarische Frauenbewegung von besonderem Interesse (vgl. Blos, 01.10.1913, Gleichheit: 5f; J. Kr., 10.04.1911, Gleichheit: 216; o. V., 01.02.1909, Gleichheit: 131; o. V., 30.10.1912, Gleichheit: 48; Scholz, 24.06.1914, Gleichheit: 310; Wurm, 30.04.1913, Gleichheit: 245), nicht zuletzt weil man die Kinder der Arbeiter_innenklasse während der Erwerbstätigkeit der Eltern gut versorgt wissen wollte, und das durch Ausbeutung entstandene Elend beispielsweise durch Schulspeisung abgefedert werden sollte (vgl. Blos, 28.05.1913, Gleichheit: 279; Blos, 06.08.1913, Gleichheit: 355).

> Den Einwand, daß durch Schulheime und Schulspeisung Faulheit und Interessenlosigkeit der Eltern befördert und der Familiensinn der Kinder zerstört wird, bekommen wir ja oft genug zu hören. Tatsachen beweisen, daß der Familiensinn nicht erst zerstört zu werden braucht, da die Familie des Arbeiters längst durch die Ausbeutung des Kapitalismus zerstört wird, Tatsachen beweisen, daß unzählige Eltern nicht imstande sind, so für ihre Kinder zu sorgen, wie es für deren körperliches und geistiges Wohl notwendig ist (Blos, 06.08.1913, Gleichheit: 355).

Die Besetzung von Berufspositionen in Schulen durch Frauen wurde beobachtet und als Fortschritt bewertet (vgl. o. V., 25.12.1912, Gleichheit, 111; o. V., 22.01.1913, Gleichheit: 144).

Reichstagsdebatte hielt man dem sozialdemokratischen Antrag zur Verkleinerung der Schulklassen entgegen, eine Klassengröße von 50 sei notwendig, da ein wesentliches „Hilfsmittel der Erziehung" die „gegenseitige Einwirkung der Schüler aufeinander" (ebd.) sei. An höheren Schulen betrug die Klassenfrequenz allerdings lediglich 30. Vielmehr hielt man dort 12 bis 15 Kinder in einer Schulklasse für angemessen (ebd.).

Die Positionen der bürgerlichen Frauenbewegung hinsichtlich der höheren Bildung für Mädchen und Frauen, stufte man in der proletarischen Frauenbewegung allerdings als elitär ein, denn „[w]as nutzen die schönsten Bildungseinrichtungen, wenn Millionen keinen Gebrauch davon machen können, weil ihre Armut sie zwingt, frühzeitig zu verdienen" (Wurm, 01.04.1912, Gleichheit: 213).

Die zunehmende „Proletarisierung immer größerer Massen der Bevölkerung" zwang nun auch zunehmend „Töchter der bürgerlichen Schichten" dazu, „ihren Lebensunterhalt selbst zu verdienen" (R.S., 11.04.1910, Gleichheit: 210), denn der „Haushaltsetat der Eltern" wies mittlerweile „immer bedenklichere Löcher" auf und „die Aussichten auf eine ‚standesgemäße' Versorgung in der Ehe" seien auch geringer als früher (ebd.). Doch führte dies nicht zu einer Solidarisierung zwischen bürgerlichen und proletarischen Frauenbewegungsorganisationen. Vielmehr sah man sich vor dem Problem, dass viele Bestrebungen – auch aus den Reihen der bürgerlichen Frauenbewegung (vgl. m.w., 18.07.1910, Gleichheit: 322; R.S., 11.04.1910, Gleichheit: 210; Eckstein, 10.10.1910, Gleichheit: 3) – lediglich auf bestimmte Gruppen gerichtet waren. Hier wurde die *elitär-differenzorientierte* Rahmung bürgerlicher Frauenbewegungsbestrebungen in Bezug auf die Klassenverhältnisse durchschaut und problematisiert:

> Die Fabrik überlassen sie gern der Proletarierin von Geburt, wenn dieser Ausdruck erlaubt ist, und der Platz hinter dem Ladentisch ist auch für sie mehr oder weniger verpönt; in eine sogenannte dienende Stellung zu treten, dazu fehlt aber erst recht jede Neigung (R.S., 11.04.1910, Gleichheit: 210).

Es ging den bürgerlichen Frauen demnach um „die Zulassung zu den sogenannten liberalen Berufen", in denen das „wirtschaftliche und soziale Schwergewicht mehr in der geistigen als in der körperlichen Arbeit ruht" (Eckstein, 10.10.1910, Gleichheit: 3). Ihnen stünde allerdings „kennzeichnenderweise ein großer Teil der bürgerlichen Männerwelt feindselig und mißgünstig gegenüber" (G.B., 18.07.1910, Gleichheit: 322). Im Gegensatz dazu könnten die proletarischen Frauen das „Übermaß der kapitalistischen Ausbeutung" nur „in Gemeinschaft mit ihren Brüdern" bekämpfen (ebd.).

Aus dieser Sachlage ergibt sich die Mahnung für die Arbeiterinnen, aber auch für die männlichen Arbeiter, mit aller Kraft dafür tätig zu sein, daß die erwerbstätigen Proletarierinnen immer besser aufgeklärt, daß sie in immer größerer Zahl den gewerkschaftlichen und politischen Organisationen zugeführt und zu zielbewußten Mitkämpferinnen in unserem gewaltigen Klassenkampf herangebildet werden (gh., 02.08.1909, Gleichheit: 339).

Wichtig sei aber auch, dass die Arbeiterinnen mit „ihren Rechtsansprüchen" vertraut seien (k., 04.07.1910, Gleichheit: 319), Solidarität gegenüber Geschlechtsgenossinnen in anderen Berufszweigen zeigten (vgl. M. Kt., 26.06.1912, Gleichheit: 310; o. V., 06.12.1909, Gleichheit: 72f; o. V., 30.04.1913, Gleichheit: 255; O.H., 19.12.1910, Gleichheit: 94f; R. Fr., 13.02.1911, Gleichheit: 160; Zietz, 10.12.1913, Gleichheit: 81) und diese in ihren Arbeitsrechtskämpfen unterstützten (vgl. G.B., 29.08.1910, Gleichheit: 382f; o. V., 07.11.1910, Gleichheit: 46).

Fragen des Arbeitsschutzes wurden in der *Gleichheit* an praktischen Beispielen diskutiert (Ohlhof, 07.01.1914, Gleichheit: 116f) und die jeweiligen Berufsverbände dazu aufgefordert, die Lage der Arbeiterinnen zu verbessern (vgl. h. sch., 06.12.1909, Gleichheit: 70). Die Mobilisierung für Arbeitsschutzregelungen sollte durch die Beteiligung an gewerkschaftlichen und politischen Organisationen der Arbeiter_innenklasse erreicht werden (vgl. h. sch., 06.12.1909, Gleichheit: 70; o. V., 06.12.1909, Gleichheit: 72f; o. V., 11.12.1912, Gleichheit: 85f). Pünktlich zum 1. Mai 1909 mobilisierte die *Gleichheit* die Arbeiterinnen für die Forderung des Achtstundentages (vgl. Hoppe, 26.04.1909, Gleichheit: 233; H., 26.04.1909, Gleichheit: 234f), denn die „wirtschaftliche Entwicklung drängt Jahr zu Jahr neue Tausende, namentlich auch verheiratete, in die Industrie, in den Daseinskampf außerhalb der Familie (vgl. Hoppe, 26.04.1909, Gleichheit: 233).

> Sie löst sie von allem los, was Jahrtausende hindurch als Beruf des Weibes galt, und unterwirft sie der kapitalistischen Ausbeutung mit all ihren verderblichen Folgen für die Frau selbst, für ihre Kinder, für ihre Klasse (Hoppe, 26.04.1909: 233).

Forderten die bürgerlichen Frauen die Anerkennung von Hausarbeit als gleichwertig mit Berufsarbeit, ging es der proletarischen Frauenbewegung vorwiegend um Vereinbarkeit von Lohn- und Hausarbeit, zu welcher auch die Pflege kranker Angehöriger gezählt wurde (vgl. Th. L., 23.07.1913, Gleichheit: 343f; Kleeis, 28.08.1911, Gleichheit: 374).

> Wo heute die mannigfaltigen Aufgaben der Familie in halbwegs befriedigender Weise gelöst werden wie im bürgerlichen Haushalt, da schaffen neben der Hausfrau noch ein oder zwei Hilfskräfte. [...] So bleibt eine gute Wirtschaftsführung ein Vorrecht Reicher und sehr Reicher. Diese Schlußfolgerung mag den Leserinnen wenig bangen, sie ist aber unvermeidlich, solange wir an dem Einzelhaushalt in seiner heutigen Form festhalten (Th.L., 23.07.1913, Gleichheit: 344).

Familienfürsorgende Problemstellungen nahmen in der proletarischen Frauenbewegung einen besonderen Stellenwert ein. Dazu gehörte der Kampf für den Mutterschutz (vgl. Ferch, 26.11.1913, Gleichheit: 71f; Kleeis-Wurzen, 10.05.1909, Gleichheit: 245f; o. V., 01.03.1909b, Gleichheit: 176; o. V., 15.08.1910, Gleichheit: 353f; w.d., 28.02.1910, Gleichheit: 167f; o. V., 22.05.1911, Gleichheit: 257ff; Zietz, 21.11.1910, Gleichheit: 56).

Die „Notwendigkeit und Dringlichkeit einer planmäßigen, ausreichenden Mutterschaftsfürsorge" spiegelte sich auch in der preußischen Geburtenstatistik von 1910 wider, denn diese legte offen, dass „gerade aus der angeblich gegen Verführung schützenden Häuslichkeit die meisten unehelichen Geburten entstammen" (w.d., 28.02.1910, Gleichheit: 167). Dienstmädchen stellten die größte Anzahl der „unehelichen Mütter und damit auch der unglücklichen, schutzlosesten Mütter und Kinder" (ebd.: 167f). Die Organisation in diesem Berufsfeld sollte wichtige Aufklärungs- und Mobilisierungsarbeit leisten:

> Die Organisation ist das Mittel, in dieser Beziehung Wandel zu schaffen. Durch den Zusammenschluß und durch Aufklärung weckt und hebt sie das Bewußtsein der Menschenwürde der einzelnen Mädchen (p.w., 31.07.1911, Gleichheit: 350).

Die Dienstbotenfrage nahm also auch in der proletarischen Frauenbewegung einen besonderen Stellenwert ein, denn „wenn man das ebenso billige als geschwollene Gerede bürgerlicher Frauenrechtlerei von dem sozialen Verständnis und dem sozialen Pflichtgefühl bürgerlicher Damen in seiner Bedeutungslosigkeit erkennen will, so braucht man nur die Dienstbotenfrage aufzurollen" (o. V.,

26.10.1908, Gleichheit: 21). Hier zeigt sich zunächst die *agonal-meritokratische* Klassenrahmung deutlich, denn bei der Dienstmädchenfrage prallten die bürgerliche und die proletarische Lebenswelt regelrecht aufeinander. Viele „Genossinnen" waren nämlich „selbst einmal als Dienstmädchen tätig" gewesen und kannten die „Leiden und Freuden dieses Berufes". Manche „von ihnen denkt noch mit Entrüstung zurück an alle die Drangsalierungen, die sie sich gefallen lassen mußte" (Baar, 24.07.1912, Gleichheit: 343). Das Thema wurde auf zwei Ebenen diskutiert. *Erstens* berichtet die Gleichheit regelmäßig über besonders drastische Fälle von Ausbeutung und Misshandlungen von Dienstmädchen[101] (vgl. H. T., 11.10.1909, Gleichheit: 14; e.k., 12.04.1909, Gleichheit: 222; Grünberg, 18.07.1910, Gleichheit: 334; M. W., 01.03.1909, Gleichheit: 175; o. V., 29.05.1912, Gleichheit: 278ff; R.V., 11.12.1912, Gleichheit: 93f; St., 06.08.1913, Gleichheit: 365f).

Die Misshandlungen von Dienstbotinnen, die teilweise auch den Tatbestand der Freiheitsberaubung erfüllten, kamen zumindest über Gerichtsverhandlungen zu Tage (vgl. G. Sch., 29.05.1912, Gleichheit: 286).

> Das Dienstmädchen ist kein Automat, der zur gleichen Stunde aufgezogen wird, um dann tagein tagaus ohne Störungen sein Werk zu verrichten. [...] Bürgerliche Damen, die in der Öffentlichkeit mit ihren „Taten der Nächstenliebe" prunken, haben häufig für die Leiden der Dienstmädchen keinen Gedanken übrig. Es fällt ihnen nicht ein, auf den Gesundheitszustand ihrer Hausangestellten Rücksicht zu nehmen (o. V., 10.07.1912, Gleichheit: 335).

Die Aufklärung über die ausbeuterischen Arbeitsverhältnisse von Dienstbotinnen in der privaten bürgerlichen Sphäre sollte öffentlich skandalisiert werden. Es ging um die Anerkennung der

---

[101] So wurde beispielsweise über den Fall eines 17-jährigen Mädchens in Breslau berichtet, das neben sehr harter Arbeit auch regelmäßig von den Hausherrschaften gezüchtigt wurde (vgl. e.k., 12.04.1909, Gleichheit: 222). Die Leipziger Ortsgruppe des Hausangestelltenverbandes meldete einen Fall, in welchem ein Dienstmädchen als Schlafgelegenheit mit einer Küchenantrichte vorlieb nehmen musste (vgl. A. Hg., 11.09.1911, Gleichheit: 399). Auch uneheliche Kinder zwischen ‚Herrschaft' und Dienstbotinnen waren keine Seltenheit, was zu Gerichtsverhandlungen führte (vgl. g. sch., 15.04.1912, Gleichheit: 236). Die hohe Selbstmordrate unter Dienstbotinnen sprach ebenfalls für sich (vgl. o. V., 10.07.1912, Gleichheit: 335).

durch die Dienstbotinnen in der Unsichtbarkeit des bürgerlichen Privathaushaltes geleisteten Arbeit. Zugleich sollte so auch eine mobilisierende Wirkung unter den Dienstmädchen erreicht werden. Neben den vielen Nachteilen, die eine Betätigung im „Dienstbotenberuf mit sich bringt", müsse man zudem „doch auch einen gewissen Vorteil darin erblicken, daß ein Teil des weiblichen Proletariats imstande ist, im Lager des Gegners Erfahrungen zu sammeln, die für den proletarischen Befreiungskampf nicht ganz unwichtig sind" (Schlesinger, 13.09.1909, Gleichheit: 399). Die Aktivistinnen der proletarischen Frauenbewegung waren sich also durchaus bewusst, welches Potenzial in der Mobilisierung der Dienstbotinnen lag und wie verletzbar die bürgerliche Privatsphäre dadurch würde. Dieser Vorteil müsste ausgenutzt werden, nicht zuletzt um die „häuslichen Lohnsklavinnen" (T.-Luxemburg, 19.07.1909, Gleichheit: 332) zu organisieren (o. V., 26.10.1908, Gleichheit: 21), so dass sie „selbst für ihre Interessen und Rechte eintreten" (Grünberg, 04.07.1910, Gleichheit: 317). Repressalien gegenüber lokalen Dienstbot_innenorganisationen waren nicht ungewöhnlich (vgl. Vogler, 01.08.1910, Gleichheit: 351), taten aber der erfolgreichen Mobilisierung keinen Abbruch.

Dafür war es auf einer *zweiten* Ebene wichtig, dass eine starke Abgrenzung zu den bürgerlichen Frauenvereinen (vgl. e.g., 07.11.1910, Gleichheit: 47) und den konfessionellen Dienstbot_innenorganisationen deutlich gemacht wurde, denn diese versuchten in „herzbeweglichen Tönen" das „Einvernehmen zwischen Dienstgebern und Dienstmädchen" herzustellen, um dadurch den „Einfluß der Kirche und ihrer Vertreter sowie die Vormundschaft der Herrschaften über die Dienenden" zu stärken (o. V., 10.05.1909, Gleichheit: 254). Auf diesem Wege sollte „durch ‚zeitgemäße Reformen'" der ‚sozialdemokratischen Agitation'" der „Boden" abgegraben werden (Schlesinger, 24.05.1909, Gleichheit: 259f), denn die „junge Dienstbotenbewegung" hatte große Fortschritte zu verzeichnen (o. V., 01.02.1909, Gleichheit: 136f).

Auch die auf der Generalversammlung in Gotha 1912 formulierten Vorschläge des BdF blieben nicht ohne Kritik durch die Proletarierinnen: Die bürgerlichen Frauenvereine sollten sich demnach für die Gründung von Dienstbotenschulen[102] einsetzen (vgl. o. V.,

---

[102] Die Konzeption sah vor, dass Mädchen eine ein- bis zweijährige Ausbildung in

30.10.1912, Gleichheit: 47). Die Konzeption sah vor, dass Mädchen eine ein- bis zweijährige Ausbildung in „kleinbürgerlichen Verhältnissen als Gehilfin der Hausfrau" absolvieren sollten, um danach eine einjährige Schulausbildung mit „Unterweisung in allen Fächern" anzuschließen. Danach war eine Anstellung in einer Familie als Mädchen für alles neben der Frau vorgesehen. Für Begabtere schließe sich eine „,Fachausbildung als Köchin', Jungfer, Kindermädchen usw." an (ebd.). Insbesondere da keinerlei Vorschläge zur Entlohnung der auszubildenden Dienstbotinnen gemacht wurden, deutete man die „Ausbildung der Mädchen in bürgerlichen Haushalten" als eine „bedenklich nach billiger und leistungstüchtiger" aussehende „Ausbeutungsgelegenheit für ‚gute Hausfrauen'" (ebd.).

Die vom BdF aufgeworfene Debatte zum Kellnerinnenberuf wurde auch in der *Gleichheit* aufgegriffen (vgl. o. V., 21.06.1909, Gleichheit: 302f). Ein Verbot kam keinesfalls in Frage, da Frauen nicht die Existenzgrundlage entzogen werden sollte. Zudem wurde darauf aufmerksam gemacht, dass sich die Kellnerinnen – beispielsweise in Nürnberg – bereits selbst in entsprechenden Berufsverbänden organisierten (ebd.: 303).

Auch hier konstatierten die proletarischen Frauen: „Hinein in die Organisation, muß es für sie heißen" (o. V., 21.06.1909, Gleichheit: 302). Die Anrufung zur Selbstorganisation und zur Selbsthilfe ist als eine für das Selbstverständnis der proletarischen Frauen wesentliche Strategie zu werten, welche sich auch in der Themendimension zu sozialen Fragen fortsetzt.

„kleinbürgerlichen Verhältnissen als Gehilfin der Hausfrau" absolvieren sollten, um danach eine einjährige Schulausbildung mit „Unterweisung in allen Fächern" anzuschließen. Danach war eine Anstellung in einer Familie als Mädchen für alles neben der Frau vorgesehen. Für Begabtere schließe sich eine „,Fachausbildung als Köchin', Jungfer, Kindermädchen usw." an (o. V., 30.10.1912, Gleichheit: 47).

5.2.3 „Wohltaten behaltet für euch": Selbstorganisation statt Sozialfürsorge

Allein im Großraum Berlin wurden 1909 101.300 arbeitslose Menschen verzeichnet (vgl. Zietz, 01.03.1909, Gleichheit: 161). Sie bedeutet für die Arbeiter_innenklasse in Folge der Verdienstlosigkeit „Entbehrungen, Hunger, Frost, Krankheit, vermehrte Sterblichkeit, Verzweiflung, Verbrechen, Prostitution, Selbstmord, kurz, entsetzliches Elend aller Art" (ebd.). Allerdings traf die Erwerbslosigkeit und ihre Folgen die Arbeiterinnen und Arbeiterfrauen besonders hart. Hier sollte die Organisation und der Kampf für den Sozialismus Abhilfe schaffen, auch für jene „Arbeiterfrauen, die bis dahin noch nicht in die Erwerbsarbeit gedrängt" worden waren (ebd.: 162). Zusätzlich zu der zunehmenden Erwerbslosigkeit problematisierte die proletarische Frauenbewegung die steten Preiserhöhungen der Lebensmittel (vgl. ed., 24.05.1909, Gleichheit: 261f; ed., 19.07.1909, Gleichheit: 326; o. V., 23.10.1911, Gleichheit: 25; Zietz, 27.11.1911, Gleichheit: 71f).

Auch hier sollte „der gerechte Zorn der Arbeiterin und Arbeiterfrau über das Elend, das die hohen Brot- und Mehlpreise über sie und ihre Familie bringen", sich am besten gegen „alle Parteien und Gewalten richten, welche gewissenlos die Interessen des Geldsacks vertreten und das Wohl der werktätigen Massen ebenso gewissenlos zertreten" (ed., 19.07.1909, Gleichheit: 326). Der „Fleisch- und Brotwucher" und die „schamlose agrarische Auswucherungspolitik" treffe nämlich vor allem „Frauen und Mädchen", denen die Verantwortung für den Haushalt obliege (Zietz, 24.10.1910, Gleichheit: 18).

Innerhalb der proletarischen Klasse hat die Arbeitslosigkeit zwar solidarisierende Effekte, dennoch trifft sie die Frauen härter als die Männer: Die durch die Teuerung erzeugten Notlagen treiben zwar „Arbeiter und Arbeiterinnen dem Verbrechen in die Arme" (ebd.), Frauen und Mädchen zwänge sie jedoch in die Prostitution (K.H., 03.07.1911, Gleichheit: 309f; Zietz, 24.10.1910, Gleichheit: 18). Hier erfährt die *agonal-meritokratische* Rahmung der Klassenverhältnisse eine geschlechtsspezifische Brechung. Prostitution wird explizit als Ausbeutung von Frauen der Arbeiter_innenklasse durch bürgerliche Männer interpretiert (K.H., 03.07.1911, Gleichheit: 309f). Hier tritt wiederum das *agonale* Motiv stärker in den Vordergrund: „Hunger und Entbehrungen" seien es meist, „welche den reichen Wüstlingen die Opfer" zuführten (ebd.). Das Gesetz gegen den internationalen Mädchenhandel, welches 1912 im Reichstag über alle Parteien hinweg angenommen worden war, wurde dahingehend kritisiert, dass es „die Nachfrage nach käuflichem Geschlechtsverkehr" und „das Angebot zu seiner Befriedigung" (o. V., 04.03.1912, Gleichheit: 177) nicht bekämpfen könne. Bis zu 95 Prozent der Opfer des Mädchenhandels und der Prostitution würden „den unteren Volksschichten" entstammen und „jede wirtschaftliche Krise [lasse] ihre Zahl anschwellen" (M. Kt., 15.04.1912, Gleichheit: 230).

> Bemerken denn unsere Soziologen, die den Mund sonst so voll nehmen, nicht die Gefahren, die unserem Volke durch die uneingeschränkte Ausbeutung der weiblichen Arbeitskraft erwachsen? Der Schutz der Mutterschaft der Proletarierin wäre eine viel zeitgemäßere und dankbarere Aufgabe als die angebliche Lösung des Problems der Prostitution, womit so viele Volksbeglücker und Sittlichkeitsprediger ihre Zeit totschlagen (Preiß, 19.12.1910, Gleichheit: 88).

Das Thema Sittlichkeit und Abstinenz wurde von der proletarischen Frauenbewegung als bürgerliche Bestrebung gewertet, die die Ursachen des Elends der armen Bevölkerungsgruppen völlig missinterpretierte. Die Klage von „bürgerlicher Seite", dass die „proletarische Jugend" verrohe und sittlich verwahrlose (m.w., 04.01.1909, Gleichheit: 101), trug beispielsweise zu dieser Einsicht bei. Auch wurde den Bestrebungen der Bürgerlichen in Bezug auf die Eindämmung des Alkoholismus entgegengehalten, dass es eine „bürgerlich naive Ansicht" sei, davon auszugehen, dass „der Proletarier und seine Familie allen Fährnissen des wirtschaftlichen und sozialen Lebens entrinnen" kann und „den Himmel auf Erden hat, sobald er nur abstinent lebt" (Müller, 05.08.1914, Gleichheit: 357). In diesem Zusammenhang wurden vielmehr die Nutznießer der Alkoholproduktion als Schuldige identifiziert (vgl. Selinger, 25.10.1909, Gleichheit: 18).

Neben dem Kampf für arbeitsrechtliche Verbesserungen für Mütter wurde das Thema Familiengründung und Kinder durch eine weitere für die proletarische Frauenbewegung relevante Debatte gekennzeichnet: die der eigenverantwortlichen Geburtenkontrolle. Dabei nahm die *Gleichheit* die bürgerlich hegemoniale Vorstellung aufs Korn, dass Mutterschaft die „heiligste Erfüllung" (Weinberg, 23.05.1910, Gleichheit: 260) und „des Weibes Glück und Tugend" (G., 30.08.1909, Gleichheit: 377) sei. Inwieweit Geburtenkontrolle sinnvoll für die Verbesserung der Lage proletarischer Familien sei, wurde unter proletarischen Aktivistinnen eingehend diskutiert (vgl. Wurm, 23.07.1913, Gleichheit: 338f; Güldner, 20.08.1913, Gleichheit: 374f; o. V., 20.08.1913, Gleichheit: 376; o. V., 20.08.1913, Gleichheit: 376; Schlesinger/Wurm, 01.10.1913, Gleichheit: 6f). Eine Position war, dass die Geburtenbeschränkung eine durchaus praktische Lösung zur Entlastung der Arbeiterinnen sein könnte (Schlesinger/Wurm, 01.10.1913, Gleichheit: 6f), während eine andere Position nicht in der Kinderzahl „die wirkliche Ursache der proletarischen Not" ausmachte, sondern die Wirtschaftsordnung verantwortlich zeichnete (ebd.: 7).

Spätestens mit der Vorlage für ein „Gesetz gegen den Verkehr mit Mittel zur Verhinderung von Geburten"[103], welches 1914 von Vertretern aller bürgerlichen Parteien unterstützt wurde und u. a. den freien Verkauf von Verhütungsmitteln verbieten sollte (o. V., 15.04.1914, Gleichheit: 227), bildete sich bezüglich der Freiheit der Geburtenkontrolle eine recht einheitliche Positionierung. Der Antrag wurde als Ungeheuerlichkeit (vgl. o. V., 04.03.1914, Gleichheit: 192; o. V., 15.04.1914, Gleichheit: 227) und völlig blind den wirtschaftlichen und sozialen Verhältnissen gegenüber gewertet (vgl. o. V., 29.04.1914, Gleichheit: 243; Drucker, 01.04.1914, Gleichheit: 214; o. V., 15.04.1914, Gleichheit: 227).

Die Eindämmung von Geschlechtskrankheiten mit „Schutzmitteln in außerehelichem Verkehr" (Drucker, 01.04.1914, Gleichheit: 215), d. h. die Benutzung von Verhütungsmitteln bei Geschlechtsverkehr außerhalb der Ehe, lief dem Gedanken von Verhütung und Krankheitsprävention völlig zuwider. Das Gesetz würde zudem nur

---

[103] Das Gesetz sollte den „Verkehr mit Gegenständen, die zur Beseitigung der Schwangerschaft bestimmt sind, beschränken oder untersagen" (o. V., 04.03.1914, Gleichheit: 192). Dies sollte auch für die „zur Verhütung der Empfängnis bestimmten Gegenstände" gelten, sofern diese nicht der „Rücksichtnahme auf die Bedürfnisse des gesundheitlichen Schutzes" – also der Übertragung von Geschlechtskrankheiten – entgegenstehen (ebd.).

Menschen mit wenig Mitteln treffen, denn solange die „Besitzenden allein ihre Familien künstlich klein hielten, hat niemand daran Anstoß genommen; erst als die Minderbemittelten, vor allem die Arbeiter, die gleiche Praxis zu üben begannen, erklang der Ruf nach Zwangsmaßnahmen" (o. V., 15.04.1914, Gleichheit: 228). Es wurde auch darauf aufmerksam gemacht, dass die hohe Sterblichkeit der Kinder in proletarischen Familien ein tatsächliches Problem und ein „ungeheurer Mißbrauch der Frauenkraft" sei (o. V., 29.04.1914, Gleichheit: 243).

Kurzum, die proletarische Frauenbewegung brachte der herrschenden staatlichen Sozialpolitik nur wenig Vertrauen entgegen (vgl. H.B., 04.01.1909, Gleichheit: 99f; Klüngel, 21.12.1908, Gleichheit: 90f; m.w., 01.02.1909, Gleichheit: 141f; o. V., 19.02.1912, Gleichheit: 161; o. V., 12.06.1912, Gleichheit: 300f; o. V., 21.01.1914, Gleichheit: 142f).

> Während im Reichstag die Vertreter der besitzenden Klassen gar lieblich die Schalmeien vom sozialen Frieden ertönen ließen, hallt das Wirtschaftsleben wie je vom Kampfe der ausgebeuteten Massen mit der ausbeutenden Minderheit wieder. [...] Die Arbeiter und Arbeiterinnen sollen für das zahlen, was die kapitalistische Wirtschaftsordnung in Gestalt der Krisen mit sich bringt (m.w., 01.02.1909, Gleichheit: 141f).

Auch die sozialfürsorgenden Tätigkeiten bürgerlicher Frauenorganisationen wurden durchaus als „Schmach und Schande" empfunden, denn es ginge der Arbeiter_innenklasse nicht um „Wohltaten", die ihnen durch die „besitzenden Klassen" erwiesen werden sollten (Klüngel, 21.12.1908, Gleichheit: 90): „‚Rechte wollen wir, eure Wohltaten behaltet für euch!' so ruft heute stolz der Arbeiter, die Arbeiterin und Arbeiterfrau" (Klüngel, 21.12.1908, Gleichheit: 90).

Hier wird die *egalitär-solidarische* Rahmung in Bezug auf Geschlecht deutlich, denn die proletarischen Frauen forderten eine geschlechterübergreifende Verbesserung der sozialen Lage der Arbeiter_innenklasse. So wurde es beispielsweise als „Aufgabe der gesamten Arbeiterklasse" gesehen, für die „Erhöhung der Leistungen der Versicherungsträger" sowie das volle „Selbstverwaltungsrechtes zu kämpfen" und sich insbesondere für die „Ausdehnung der Versicherungspflicht" für weitere „Arbeiterkategorien", insbesondere

Hausangestellte, Hausgewerbetreibende und Heimarbeiter_innen, einzusetzen (Zietz, 05.07.1909, Gleichheit: 306f).

Weitere Forderungen in Bezug auf das Reichsversicherungsgesetz betrafen die Mutterschafts-, Witwen- und Waisenversicherung (vgl. Zietz, 21.11.1910, Gleichheit: 56). Der Kinderschutz und der Schutz anderer hilfloser Personen war ein besonderes Anliegen der proletarischen Frauenbewegung, welches durch die Einrichtung von Kinderschutzkommissionen umgesetzt wurde (vgl. H.B., 24.05.1909, Gleichheit: 258f). Für das Wohlergehen der proletarischen Kinder wurde auch die endgültige Durchsetzung eines Verbots der Kinderarbeit gefordert (vgl. Häusgen., 11.06.1913, Gleichheit: 296; r.a., 16.01.1911, Gleichheit: 126; Schönfeld, 16.01.1911, Gleichheit: 119). Das *agonal-meritokratische* Klassen-Framing spiegelt sich darin wider, dass das Ziel der proletarischen Frauenbewegung eben nicht war, „Frauen der verschiedenen Klassen in einen Reformkuddelmuddel zu ‚positiver Arbeit' [zu] vereinen", sondern gemeinsam die Klassenherrschaft zu beenden (o. V., 18.01.1909, Gleichheit: 113f). Die Selbstorganisation und das Eintreten für die eigenen Interessen spielte bei allen Themendimensionen eine wichtige Rolle bei der Mobilisierung, hier leistete gerade die proletarische Frauenbewegung wichtige Pionierarbeit in Aufklärung und Organisation eines großen Teils der Frauen.

5.3 National Union of Suffrage Societies: Egalität und Bündnisoffenheit

Die NUWSS blickte auf eine lange und bewegte Tradition als soziale Bewegungsorganisation zurück. Wenngleich es zur Jahrhundertwende still um den Bund geworden war, nutzte er den Fahrtwind der WSPU und ergriff die Gelegenheit, die eigene Kampagne mit neuen Protestmitteln aufzufrischen. Die NUWSS repräsentierte nach eigenem Selbstverständnis mehr als nur die Forderung nach dem Stimmrecht, weshalb die *Common Cause* thematisch breit aufgestellt war und mehr Frauen erreichen sollte als nur die der eigenen „political movement" (o. V., Common Cause, 28.09.1911: 424).

Die Rahmung der **Geschlechterverhältnisse** erfolgte nach einer *egalitär-ökonomischen* Logik. Da Frauen durchaus in der Lage seien, im Erwerbsarbeitsfeld die gleichen Leistungen wie Männer zu erbringen, sollten sie auch die gleichen Rechte erhalten. Es ging der NUWSS um ‚Gleichheit der Möglichkeiten' und die Ausgestaltung des Lebens nach individuellen Bedürfnissen.

> The equality which is really desired by a great many reasonable and highly respectable people of both sexes is equality of opportunity; and it is a very odd thing that those persons who are quite sure that women are fundamentally and essentially inferior are the very people who are so dreadful afraid of allowing to women any equality of opportunity. Surely if women are so inferior the most unanswerable way of proving their inferiority is to allow them every opportunity of competing upon equal terms (o. V., 24.10.1912, Common Cause: 491).

Soziale Ungleichheit und die **Klassenfrage** wurden durch ein *egalitär-konstitutionelles* Framing vor allem auf die Frage der Interessenvertretung und politischen Mitbestimmung im bestehenden politischen System bezogen. So wurden Frauen zwar als eigene unterdrückte Klasse (vgl. o. V., 06.02.1914, Common Cause: 832) identifiziert, deren Rechte – insbesondere das parlamentarische Stimmrecht – zu erkämpfen seien. Der liberale Gleichheitsanspruch der NUWSS öffnete aber auch Solidaritätsfenster zur Arbeiter_innenschaft, die strategisch von beiden Seiten genutzt werden konnten.

5.3.1 „Freedom of opportunity - equality of opportunity": Das Wahlrecht

Die naturalistischen Argumente zur Ablehnung des Frauenstimmrechts hatten sich auch nach der Jahrhundertwende und seit dem Ergänzungsantrag John Stuart Mills 1867 nicht geändert (vgl. Leigh, 20.05.1909, Common Cause: 79):

> It was said that women did not want the vote ; that they had power enough already ; that, unless the vote were given to married women as well as to single, it would deter from marriage ; that

women's interests were sufficiently looked after by their male relatives and connections ; that woman would be degraded by the possession of the vote, and would lose her gentleness, affection, and domesticity (Leigh, 20.05.1909, Common Cause: 79).

Dem gängigen Argument, dass Frauen nach der politischen und rechtlichen Gleichstellung keine ritterlichen Gefälligkeiten von Männern mehr erwarten könnten, hielt Millicent Garrett Fawcett entgegen, dass in den Staaten mit einem Frauenstimmrecht keine Abnahme der ‚Ritterlichkeit' zu verzeichnen sei (Fawcett, 22.07.1909, Common Cause: 196). Auch konterkarierten die Konstitutionellen diese Ritterlichkeitsvorstellung, indem sie darauf hinwiesen, dass Frauen, die öffentliche Parlamentssitzungen beobachten wollen würden, in einen „monkey cage" (o. V., 11.05.1911, Common Cause: 74) gesperrt würden:

It has always struck us as odd that Members of Parliament, if they could not understand the ignominy of sticking their women in a cage, had not some pity for the really considerable physical discomforts to which they subjected the "weaker sex" while they lolled in comfort below (o. V., 11.05.1911, Common Cause: 74).

Gerechtigkeit, Zweckdienlichkeit sowie ein Gewinn für die Gemeinschaft und auch für die Frauen selbst würden aus dem Frauenstimmrecht erwachsen (vgl. Symonde, 03.06.1909, Common Cause: 104). Es ging der NUWSS nicht zwangsläufig darum zu regieren, vielmehr wollten sie einfach nicht falsch regiert werden (vgl. The Editor, 15.04.1909, Common Cause: 3). Da die durch die Geschlechterzugehörigkeit begründete Verweigerung des Stimmrechts den Frauen jede Möglichkeit zur parlamentarischen Vertretung der eigenen Interessen nahm, wurde dieser Zustand als eine untolerierbare Ungerechtigkeit markiert (vgl. Fawcett, 07.10.1909, Common Cause: 328; o. V., 09.12.1909, Common Cause: 463).

Die NUWSS arbeitete kontinuierlich und mit konstitutionellen Mitteln an dem Ziel, das Wahlrecht zu den gleichen Konditionen wie die Manner zu erhalten. Auf der inhaltlichen Ebene gab es dementsprechend eine Übereinstimmung mit der WSPU, wenngleich nicht in Bezug auf die Protestmethoden (vgl. Ransom, 17.06.1909, Common Cause: 128). Die NUWSS verheimlichte nicht, dass auch ein Teil der Männer vom Wahlrecht ausgeschlossen war, allerdings nicht qua Geschlecht, sondern aufgrund „various restrictions […]

which the legislature has hedged round the vote" (Ransom, 17.06.1909, Common Cause: 128). Diese Praxis der Stimmrechtszuteilung, die Männer mit niedrigerem Besitzstand ausschloss, wurde nicht zwangsläufig als gerecht empfunden. Aber immerhin konnten zumindest privilegiertere Männer die Interessen anderer Männer vertreten, die noch vom Stimmrecht ausgeschlossen waren. Das allgemeine Erwachsenenwahlrecht, welches alle Erwachsenen in das Stimmrecht einschloss, stand deshalb nicht ganz oben auf der Tagesordnung. Diese Forderung „must come later" (ebd.). Gemäß der *egalitär-konstitutionellen* Rahmung in Bezug auf die ungleichen Klassenverhältnisse, behielt sich die NUWSS jedoch vor, mit Aktivist_innen zusammenzuarbeiten, die dieses Ziel verfolgten, denn eine prinzipielle Erweiterung des Stimmrechts hielten sie für politisch richtig (vgl. o. V., 25.11.1909, Common Cause: 431f; o. V., 06.07.1911, Common Cause: 223f). Auch waren in der NUWSS Verfechter_innen des allgemeinen Stimmrechts anzutreffen. Bertrand Russell wirkte beispielsweise bis 1909 im *Executive Committee* der NUWSS mit. Nachdem er 1909 zurücktrat, um seine ganz Energie der *People's Suffrage Federation* (PSF) zu widmen, insistierte er in der *Common Cause* darauf, diese Organisation als „friend" wahrzunehmen (Russell, 09.12.1909, Common Cause: 463f).

Grundsätzlich zweifelten die Aktivistinnen der NUWSS nicht daran, dass Männer und Frauen verschieden seien. Allerdings – und darin findet die für die NUWSS charakteristische *egalitär-ökonomische* Rahmung des Geschlechterverhältnisses ihren Niederschlag – waren sie davon überzeugt, dass die Teilhabe der Frau am politischen und wirtschaftlichen Leben, unabdingbar für das Vorankommen der Gesellschaft sei.

Die Möglichkeiten des erweiterten Wahlrechts in den *Local Governments* wurden auf dieser Folie diskutiert, denn hier konnten Frauen ihre Befähigung für verantwortungsvolle Ämter in den öffentlichen Verwaltungen unter Beweis stellen (vgl. Bright, 29.04.1909, Common Cause: 36; o. V., 14.04.1910, Common Cause: 2). Deswegen begrüßten die Aktivistinnen 1911 auch eine neue Gesetzesvorlage, die es insbesondere auch verheirateten Frauen ermöglichen sollte, ihre Arbeitskraft in diesem Bereich einzusetzen. Die NUWSS ging davon aus, dass das Interesse von Frauen an diesen Positionen sehr groß sei, und widersprach dem anti-suffragistischen Argument, dass Frauen sich für solche Tätigkeiten nicht interessieren würden (vgl. o. V., 13.04.1911, Common Cause: 2). Die Forderung nach gleichberechtigter politischer Teilhabe beschränkte sich allerdings nicht auf die lokale Ebene, sondern weit darüber hinaus auch auf die britischen Kolonien (vgl. o. V., 12.08.1909, Common Cause: 225f). Hier machte die NUWSS deutlich, dass das Wahlrecht nicht nur für schwarze Männer, sondern auch für schwarze Frauen einzuführen sei, denn „labour of motherhood is white as well as black" (o. V., 26.08.1909, Common Cause: 249).

> Mr. Schreiner, in speaking of the enfranchisement of coloured men, is reported to have said, "We do not base our movement upon the doctrine of equality of all men, but upon the doctrine of the right to freedom of opportunity - equality of opportunity." **And so say we** (o. V., 08.07.1909, Common Cause: 167; Hervorh. im Original).

Das Wahlrecht sollte zudem – so die offizielle Politik der NUWSS – weiterhin als ein parteiunabhängiges Thema behandelt werden (vgl. Royden, 10.02.1910, Common Cause: 607f; Mason, 15.04.1909, Common Cause: 5). Das ermöglichte es der NUWSS *erstens,* parteiübergreifend Parlamentskandidaten im lokalen Wahlkampf zu unterstützen, die versicherten, das Frauenstimmrecht nach ihrer Wahl im Parlament voranzubringen. *Zweitens* hielt es die NUWSS für aussichtslos, sich nur auf Kabinetts- oder Parteipolitik zu fokussieren. Es sollte vielmehr eine breite Masse für die Forderung mobilisiert werden (vgl. o. V., 03.03.1910, Common Cause: 656).

Die Einrichtung des parteiübergreifend agierenden *Conciliation Committee* 1910, das eine Frauenstimmrechtsvorlage erarbeitete und dem Parlament vorlegte, wurde als ein Erfolg dieser Strategie gewertet (vgl. o. V., 14.04.1910, Common Cause: 1). Zu dieser Zeit rief die NUWSS dazu auf, alle Frauenstimmrechtsorganisationen mögen die *Conciliation Bill* voll und ganz unterstützen (vgl. o. V., 09.06.1910, Common Cause: 129; o. V., 29.09.1910a, Common Cause: 397; o. V., 09.02.1911, Common Cause: 709). Die Verzögerungen im parlamentarischen Prozedere der *Conciliation Bill* im Jahr 1911 wurden durch die konstitutionellen Frauen zwar kritisiert, aber nicht als Niederlage gewertet (vgl. o. V., 08.06.1911, Common

Cause: 150). Schließlich hatte die Vorlage ihre zweite Lesung passiert, und dies trotz der absoluten Ablehnung des Premiers (vgl. o. V., 25.05.1911, Common Cause: 113).

Die die Debatten und Aktivitäten hinsichtlich des Stimmrechts strukturierende, *egalitär-konstitutionelle* Rahmung der NUWSS lässt sich am Umgang mit der von Asquith 1911 ausgerufenen *Reform Bill* rekonstruieren. Für die NUWSS sprach nichts gegen die Erweiterung der politischen Mitbestimmung auf weitere Personengruppen. Nur die absolute Nichtbeachtung von Frauen war vor diesem Hintergrund für die NUWSS in jeder Hinsicht unverständlich.

> The National Union does not protest against the Reform Bill. It protests against the exclusion of women from the Reform Bill. Mr. Asquith has insulted all the women of England by denying that they are citizens (o. V., 23.11.1911, Common Cause: 568).

Wenngleich der Vorstoß dementsprechend als absoluter Affront gegen Frauen im Allgemeinen gewertet wurde (vgl. o. V., 23.11.1911, Common Cause: 568; Courtney, 23.11.1911, Common Cause: 568), konnte die *Reform Bill* auf der parlamentarischen Ebene als zweite Chance – zusätzlich zur noch ausstehenden *Conciliation Bill* – interpretiert werden. Die Möglichkeit, einen Zusatzantrag zum Frauenstimmrecht einzureichen, wurde durch die Regierung in Aussicht gestellt. Diese Entwicklung konnte daher insgesamt als positiv ausgelegt werden (vgl. Courtney, 16.11.1911, Common Cause: 553f; o. V., 08.06.1911, Common Cause: 150; o. V., 16.11.1911, Common Cause: 549):

Der Umgang mit der *Reform Bill* zeigt, dass sich die NUWSS nicht gegen die Interessen von Arbeiter_innen ausspielen ließ. Die ILP stand ihrerseits Ende 1911 noch fest hinter der *Conciliation Bill* und damit hinter der Gleichstellung von Männern und Frauen (vgl. o. V., 21.12.1911, Common Cause: 651).

Trotz des Bekenntnisses zur Parteiunabhängigkeit kam es 1912 zu einer Annäherung zwischen ILP und NUWSS, weil die ILP tatsächlich einen Ergänzungsantrag zur *Reform Bill* vorbereitete und damit endgültig zu den „true friends of our cause" für die Konstitutionellen avancierte (o. V., 18.01.1912, Common Cause: 697). Diese strategische Solidarisierung drückte sich dann auch in den Kampagnen aus (Kap. 5.3). Zwischen ILP und NUWSS existierten inhaltliche Überschneidungen, bezüglich der *Equal Pay* Thematik (vgl.

o. V., 05.05.1910, Common Cause: 52; o. V., 16.06.1910, Common Cause: 146; o. V., 16.06.1910, Common Cause: 146; o. V., 13.10.1910, Common Cause: 426) sowie hinsichtlich des Einsatzes für *Minimum Wage* (vgl. Black, 13.06.1913, Common Cause: 153; o. V., 06.05.1909, Common Cause: 49), so dass trotz der Parteiunabhängigkeitserklärung punktuelle, gemeinsame Kampagnen vor den Mitgliedsgesellschaften der NUWSS gerechtfertigt werden konnten.

5.3.2 „The cheapness of women in the labour market": Freie Berufs- und Ausbildungswahl

Erwerbsarbeit und Bildung wurden von der NUWSS als wichtige gesamtgesellschaftliche Bereiche gewertet, die über eine reine Frauenfrage hinausgingen. Diese berührten nationalökonomische Fragen, die trotz der Fokussierung auf die Erweiterung der Rechte für Frauen, stets kontextuell interpretiert wurden:

> We are all, whether we are feministes or anti-feministes, far too apt to treat this whole question as a woman's question. It is not a woman's question but a human question. It is a question of national economy as opposed to national waste; the question is whether the education and environment of all citizens, female as well as male, shall be such as to develop and encourage their powers and capacities, or to starve and crush them (Fawcett, 15.04.1909, Common Cause: 7).

Aus dieser Logik heraus, so das Argument, müsse die Arbeitsleistung von Frauen gefördert und geschlechtsspezifische Stereotype in der Bildung sowie Zugangsbeschränkungen für Frauen in bestimmten Berufssegmenten abgebaut werden. Nur auf diese Weise entfalte sich eine erfolgreiche Nationalwirtschaft.

Die Erwerbsarbeitsbeteiligung von Frauen war deshalb von besonderem Interesse für die NUWSS, um *erstens* das Leistungsvermögen der Frauen im Erwerbsarbeitsfeld zu verdeutlichen, und *zweitens* die u. U. schlechten Arbeitsbedingungen und Löhne sichtbar zu machen. Aktuelle Studien und Daten wurden dahingehend in der *Common Cause* offen- und ausgelegt, vor allem um dem bei Behörden vorherrschenden Vorurteil vorzubeugen, Frauen würden lediglich in der häuslichen Sphäre wirken (vgl. Our Commissioner, 12.06.1914, Common Cause: 211).

> By which I was meant to infer that the existence of the evils named was due to the fact that nearly every woman, married and single, who belongs to the working class in this town (Macclesfield) goes out of her home to earn wages (Our Commissioner, 26.06.1914, Common Cause: 253).

Fabrikarbeiterinnen litten unter langen Arbeitszeiten, niedrigen Löhnen, gesundheitsschädlichen Arbeitsbedingungen, „bullying" durch männliche Aufseher, Verletzungen durch Bedienung uneingezäunter Maschinen und durch das Heben schwerer Lasten (vgl. Meredith, 18.07.1913, Common Cause: 250). Armut und Elend von Heim- und Industriearbeiterinnen trotz Erwerbsarbeit wurden in der *Common Cause* ebenso problematisiert (vgl. o. V., 06.05.1909, Common Cause: 49; o. V., 03.06.1909, Common Cause: 102; o. V., 25.05.1911, Common Cause: 114) wie die Doppelbelastung von Frauen durch Erwerbs- und Hausarbeit. Die konstitutionellen Aktivistinnen machten demzufolge dezidiert auf die widersprüchlichen Anforderungen an (Ehe-)Frauen aufmerksam: Sie sollten – der gesellschaftlichen Norm und Erwartung entsprechend – als „mothers of the nation" (o. V., 24.06.1909, Common Cause: 139) all ihre Zeit für die Familie aufwenden und der Mutterschaft hingeben (ebd.). Die gesellschaftliche Vorstellung und Gesetzgebung suggerierte außerdem, dass die Frau nur ihre Rolle als Ehe- und Hausfrau auszufüllen hätte, nicht zuletzt weil ihr Ehemann für sie aufkäme (ebd.). Dieser Vorstellung hielt die NUWSS entgegen, dass nicht alle Ehemänner ihre Familie versorgen wollten oder konnten und dass die Notwendigkeit von Erwerbsarbeit auch für Frauen bestehen muss (ebd.).

Erwerbstätige Frauen standen außerdem vor der besonderen Problematik, dass allein die Möglichkeit einer zukünftigen Heirat die Gehälter gering hielt (ebd.). Hier wird die *egalitär-ökonomische* Rahmung der gesellschaftlichen Geschlechterverhältnisse durch die NUWSS deutlich: Für die gleichen Leistungen sollten unabhängig vom Geschlecht gleiche Rechte eingeräumt werden, dazu gehörte selbstverständlich auch die Auszahlung gleicher Löhne.

> The cheapness of women in the labour market is one of the saddest and most perplexing of problems in modern society. There are many reasons to account for the underpayment of women with which I do not propose to deal (o. V., 20.03.1914, Common Cause: 975).

Bestimmte Berufsbereiche – wie beispielsweise der Postdienst – begannen zwar zunehmend, Mädchen auszubilden, jedoch bezahlte man sie auch systematisch schlechter (vgl. o. V., 16.06.1910, Common Cause: 146; o. V., 13.10.1910, Common Cause: 426). Der Beitritt zu bestimmten Berufsverbänden bzw. Gewerkschaften war für Frauen aber nicht immer möglich, so dass sich Männer gegen die weibliche Lohnkonkurrenz organisierten, und versuchten, Frauen aus den Erwerbsarbeitsverhältnissen zu drängen (vgl. A.M.L., 22.09.1910, Common Cause: 388; M'Lean, 15.09.1910, Common Cause: 370; o. V., 29.09.1910, Common Cause: 399). Die Versuche Ausschlüsse aus bestimmten Berufsbereichen herbeizuführen, wurden oft damit gerechtfertigt, dass die ritterlichen Männer („chivalry") die Frauen vor harter Arbeit zu schützen hätten (vgl. o. V., 29.09.1910, Common Cause: 399). Diese Ritterlichkeit ende aber abrupt beim Umgang mit armen Frauen (ebd.):

> Now, what can we think of the "chivalry" of men who do such things? Men who keep women's wages low by refusing them the benefits of training and combination, and then combine to exclude them together, on the plea that they "undercut" men. Men who make the law and manipulate it so as to drive the weaker to the wall (o. V., 29.09.1910, Common Cause: 399).

Daher sollten Frauen ihre eigenen Organisationen gründen, und wenn Fabrikarbeiterinnen ihre eigenen Interessen aufgrund ihrer Not nicht mehr selbst vertreten könnten, dann sollten sie durch Frauen der höheren Klassen vertreten werden (vgl. o. V., 08.09.1910b, The Common Cause: 350). In diese Logik ist beispielsweise die Forderung einzuordnen, die Anzahl der Fabrikinspektorinnen dringend zu erhöhen (vgl. o. V., 08.09.1910b, Common Cause: 350).

Initiativen aus der Arbeiterinnenschaft zur Aufwertung von frauenspezifischen Berufen sah die NUWSS als gutes Mittel zur gesellschaftlichen Etablierung und Anerkennung der Frauenerwerbsbeteiligung an (vgl. o. V., 10.06.1909, Common Cause: 113; o. V.,

21.10.1909, Common Cause: 350). Bestrebungen zur Organisierung der Dienstbotinnen in der *Domestic Servants' Union* (vgl. o. V., 21.10.1909, Common Cause: 350) und zur Einrichtung von neuen Ausbildungsmöglichkeiten im Bereich der Hausarbeit sowie von Qualitätskriterien für selbige wurden dementsprechend in der *Common Cause* eingehend diskutiert (vgl. o. V., 02.09.1909, Common Cause: 261; o. V., 09.09.1909, Common Cause: 274; o. V., 28.04.1910, Common Cause: 33).

In diese Debatte ist auch der Vorschlag zur Einführung eines Studiengangs für Hausarbeit einzuordnen, dessen Vor- und Nachteile von der Common Cause eingehend besprochen wurden. *Erstens* könnte die Akademisierung dieser üblicherweise den Frauen zugewiesenen Arbeit eine gesellschaftliche Aufwertung bedeuten. *Zweitens* sei die Verbesserung der Qualität von Hausarbeit zu erwarten, und möglicherweise könne sie so generell modernisiert werden (vgl. Oakely, 07.03.1912, Common Cause: 817f). Positionen gegen die Etablierung von „Home Science" machten geltend, dass es praktischer sei, Kochen bei einem „cook" zu lernen (Freund, 29.02.1912, Common Cause: 795f), bzw. dass die Akademisierung der Hausarbeit insgesamt keinen Sinn mache (vgl. Robinson, 29.02.1912, Common Cause: 797). Auch die Einrichtung von Colleges für Arbeiterinnen wurde zum Gegenstand der Diskussion. So könne das Studium dazu beitragen, die Arbeiterinnen für Positionen in den Gewerkschaften vorzubereiten (vgl. Bridge Adams, 20.06.1912, Common Cause: 168f). Hier bildet sich die *egalitär-konstitutionelle* Rahmung des Klassenverhältnisses ab, welches insbesondere auf die Möglichkeit der gleichen Rechtstellung aller Klassen abzielte.

Bildung sollte demnach ‚frauenspezifische' Arbeit aufwerten und Frauen dazu befähigen, sich für ihre eigenen Interessen einsetzen zu können. Den Streiks und Arbeitskämpfen der Arbeiterinnen in den Jahren 1910 und 1911, die in verschiedenen Branchen ausbrachen, sprangen die Konstitutionellen unterstützend und durch Mobilisierung in den eigenen Reihen bei (vgl. Ford, 19.06.1914, Common Cause: 231; o. V., 08.09.1910a, Common Cause: 350; o. V., 15.09.1910, Common Cause: 365; o. V., 24.08.1911, Common Cause: 340; o. V., 07.09.1911c, Common Cause: 370; o. V., 13.07.1911b, Common Cause: 242).

> We therefore appeal again to all who *can* help to do so at once, that the women may know what they have to rely on. This battle *cannot* be lost, or there is not a woman among us who will not be shamed (o. V., 08.09.1910a, Common Cause: 350).

Aktuelle Debatten um die Ausbeutung von Kindern in Fabriken und deren Schulbildung, die in Arbeiter_innenorganisationen geführt wurden, wurden in der *Common Cause* ebenfalls thematisiert und entsprechende Lösungsstrategien diskutiert (vgl. R.N., 01.07.1909, Common Cause: 151; o. V., 05.08.1909, Common Cause: 213f). Die Teilzeitschule („half-time system") sollte beispielsweise nach Meinung der NUWSS abgeschafft werden, da dieses System die Ausbeutung von Kindern fördere. Im Jahr 1909 gingen 47.360 Kinder neben der Schule noch einer Erwerbsarbeit nach (vgl. o. V., 12.08.1909b, Common Cause: 226; o. V., 07.10.1909, Common Cause: 322). Dieses System habe besonders verheerende Auswirkungen für Mädchen, da diese zumeist ihre arbeitenden Mütter unterstützten und somit doppelt diskriminiert würden (ebd.).

Koedukation wurde durch die NUWSS explizit gefordert (vgl. Badley, 12.08.1909, Common Cause: 229; o. V., 12.10.1911, Common Cause: 454). Mit ihr sollten die Geschlechterzuschreibungen „*Girls*.-Gentleness, modesty, patience, needlework, domestic accomplishments" und „*Boys*.-Keenness, intelligence, hard work, determination to overcome difficulties, mathematics, science, geometrical drawing" (ebd.) aufgehoben werden, nicht zuletzt, um Mädchen und Jungen die gleiche Ausbildung zu ermöglichen und ihnen dieselben Chancen in der Erwerbsarbeitswelt zu eröffnen. So verwehrten sich die Konstitutionellen auch gegen den Entwurf eines Programms, in welchem Mädchen mit Puppen ausgestattet werden sollten, um lebensnah die Versorgung von Kindern zu simulieren. Die NUWSS reagierte empört: „Children cannot be mothers" (o. V., 05.09.1912, Common Cause: 371).

> We protest against the habit of regarding women as valuable only in respect of sex and men as valuable only in respect of personality. All human beings alike are primarily valuable as national units according to their value as persons-their intelligence, honesty, public spirit, kindness and justice. All alike are also potentially valuable as parents-that is, as links in the continuance of the race (o. V., 05.09.1912, Common Cause: 377).

Die geschlechtsspezifischen Beschränkungen in der Schule sowie bei der Berufsausbildung galt es aufzulösen, um Frauen den gleichberechtigten Zugang zur Berufswelt zu ermöglichen. Dies könne nur gesetzlich, d. h. mit dem Frauenstimmrecht, erreicht werden (vgl. Royden, 08.08.1912, Common Cause: 174; Royden, 15.08.1912, Common Cause: 324f). In der Lehrer_innenbildung hatte sich zwar mittlerweile ein Ungleichgewicht zugunsten der Frauen entwickelt. Die Ursachen sah die NUWSS jedoch darin, dass es wenig andere Berufsmöglichkeiten für Frauen gab. Diese Tendenz wurde als auf Dauer problematisch eingeschätzt, da das Überangebot an Arbeitskräften die Löhne sinken lassen würde (vgl. o. V., 19.08.1909, Common Cause: 238).

Die geschlechtsspezifischen Berufsbeschränkungsversuche in der Minenarbeit, gegen welche sich die Pit-Brow-Minenarbeiterinnen ab 1910 wehrten, da sie dadurch ihre Existenzgrundlage verloren hätten, beschäftigten auch die NUWSS intensiv (vgl. o. V., 25.08.1910, Common Cause: 322; o. V., 07.09.1911a, Common Cause: 370). Seinerzeit waren 5.188 Frauen in den Kohleminen beschäftigt, die ausgeschlossen werden sollten (vgl. o. V., 10.08.1911, Common Cause: 313).

Eine knappe Mehrheit in der *Miner's Federation* stimmte für das Verbot der Frauenarbeit in den pit-heads und der entsprechende Zusatzartikel zum *Miners' Law* sollte zeitnah aufgesetzt werden (ebd.). Die NUWSS vertrat die Position, dass auch Frauen das Recht auf freie Berufswahl haben sollten (vgl. o. V., 10.08.1911, Common Cause: 313) und unterstützte die Pit-Brow-Minenarbeiterinnen mit einem Spendenaufruf an ihre Mitglieder, um ihnen die Möglichkeit zu geben, ihr Anliegen als Deputation in London vorzutragen (vgl. o. V., 12.10.1911, Common Cause: 454).

Auch machte die NUWSS darauf aufmerksam, dass es ein Vorurteil sei, davon auszugehen, dass die Kohlenminenarbeiterinnen „crushed and broken" (o. V., 12.10.1911, Common Cause: 454) seien, vielmehr mache die Robustheit der meisten Arbeiterinnen die Aktivistinnen in den eigenen Reihen eher neidisch (ebd.). Hier zeigt sich wieder die *egalitär-ökonomische* Rahmung des Geschlechterverhältnisses, die es den Konstitutionellen erlaubte, die Forderung der Kohlearbeiterinnen ernst zu nehmen, und deren Arbeitsleistung anzuerkennen, ohne die soziale Lage von Frauen der Arbeiter_innenklasse zu beschönigen. Gerade Arbeiterfrauen, deren Ehemänner sich im Streik befanden, waren aufgrund aufmerksam machte ihrer Zuständigkeit für Heim und Familie zu Streikzeiten doppelt belastet, worauf die Common Cause (vgl. o. V., 15.09.1910, Common Cause: 365; o. V., 28.03.1912, Common Cause: 861).

Die zunehmende Organisation der Frauen in der *National Federation of Women Workers* (vgl. o. V., 24.08.1911, Common Cause: 345) wurde von der NUWSS sehr positiv aufgenommen, denn „organisation is essential to women" (ebd.). Auch wurde den Mitgliedern der NUWSS nahegelegt, die Zeitschrift *Labour Women* zu lesen, um sich über die Lebensbedingungen ihrer proletarischen Geschlechtsgenossinnen aufzuklären. Es ging den konstitutionellen Aktivistinnen demnach nicht nur darum, Mitglieder für die eigenen Mitgliedsorganisationen zu gewinnen, sondern dass Frauen sich überhaupt organisierten und ihre Interessen vertraten.

5.3.3 „Awakened womanhood": Mutterschaft, Ehe und Sittlichkeit

Die NUWSS konstatierte, dass der weitreichende soziale Wandel mit seinen massiven sozialen Auswirkungen nur von der Gemeinschaft abgefangen werden könne.

> Gradually all parties have recognised that, whether they like it or not, the community must interfere more and more with the individual and the old "laissez faire" Liberal and the old anti-socialist Conservative parties are finding themselves let in for an amount of interference which no one would have contemplated even thirty years ago (o. V., 19.01.1911, Common Cause: 668).

Auf die zahlreichen sozialen Fragen wie Kindersterblichkeit, Alkoholismus, Frauenhandel, Versorgung von Müttern, die Verantwortlichkeiten der Elternschaft sowie Ehe- und Familienverhältnisse hatte nach Dafürhalten der Konstitutionellen die ‚erwachte Weiblichkeit' („awakened womanhood") aufmerksam gemacht (vgl. o. V., 19.01.1911, Common Cause: 668). Um die gesellschaftlichen Schäden abzuwenden, sei jetzt die Mitarbeit der Frauen dringend erforderlich.

Ein offeneres Scheidungsrecht wurde aus dieser Perspektive als der richtige Weg gesehen. Dies würde zu höheren Moralitätsstandards führen, was für alle Klassen und beide Geschlechter Vorteile berge (vgl. Chapman, 10.03.1910, Common Cause: 672; Waring, 14.04.1910, Common Cause: 4) und Gewalt in den Familien verhindern könne. Ehemänner würden durch die Ehegesetze überhaupt erst dazu ermutigt, Frau und Kinder als ihr persönliches Eigentum wahrzunehmen (vgl. o. V., 02.06.1910, The Common Cause: 114). Die Schwierigkeit in der britischen Gesellschaft sei, dass zwar generell von einer monogamen Ehe ausgegangen werde, aber de facto heimlich polygame Verhältnisse herrschten (vgl. Chapman, 10.03.1910, Common Cause: 672), da Männer sich an die Ehe nicht gebunden fühlten (vgl. Waring, 14.04.1910, Common Cause: 4; o. V., 30.06.1910, Common Cause: 178). In diesem Zusammenhang spielte das Themenspektrum Moralität und Prostitution (vgl. E.F.M., 01.06.1911, Common Cause: 134f; o. V., 18.07.1913, Common Cause: 247f) innerhalb der NUWSS selbstverständlich auch eine Rolle, allerdings nicht in dem Maße, wie es in den anderen Strömungen thematisiert wurde. Hier zeigt sich der tradierte Weg der Stimmrechtsbewegung, die die Sittlichkeitsfrage vor der Jahrhundertwende von der Stimmrechtsfrage versucht hatte abzukoppeln (Kap. 4.3.1.4). Der Mädchen- und Frauenhandel (vgl. o. V., 18.07.1913, Common Cause: 247f) wurde allerdings in seinen Folgen für die Opfer, d. h. in seinen Konsequenzen für Ehefrauen und Kinder der Täter, problematisiert. Die NUWSS begrüßte beispielsweise die Entscheidung des *International Council of Women*, sich für „abolition of all traffic in women, whether white or coloured" einzusetzen (o. V., 24.06.1909, The Common Cause: 143), dies jedoch nicht zwangsläufig aus egalitären Überlegungen, sondern weil „white women and their children suffer from the fact that white men can purchase slaves of any colour" (ebd.).

Die Kindersterblichkeit und die Prävention von Geschlechtskrankheiten waren für die NUWSS wichtige Themen (vgl. M.D./B.S., 08.07.1909, The Common Cause: 164; Murdoch, M. C., 26.08.1909, The Common Cause: 251), derer sich gerade die ‚gebildete Frau' („educated woman") annehmen sollte (vgl. M.D./B.S., 08.07.1909, The Common Cause: 164).

> Let the men who are responsible for the social conditions in which the widows and the fatherless struggle and perish at the present time, look into their own consciences before they dare to rebuke the unhappy mothers who suffer from them (o. V., 11.01.1912, Common Cause: 690).

So forcierte die NUWSS eine Bildungskampagne mit dem Thema „The child and the State", welche auch von Menschen wahrgenommen wurde, die sich nicht für das Stimmrecht interessierten (vgl. o. V., 16.01.1914, Common Cause: 770). Sie war von der Hoffnung angetrieben, dass durch die Stärkung und Unterstützung der Mütter, auch andere soziale Übel eingedämmt werden würden (vgl. Chesser, 24.10.1913, Common Cause: 503; o. V., 16.01.1914, Common Cause: 770; o. V., 16.01.1914, Common Cause: 770). Die hohe Kindersterblichkeit könne über den Schutz der mütterlichen Gesundheit verhindert werden (vgl. Murdoch, 13.05.1909, The Common Cause: 67f). Die NUWSS machte zudem geltend, dass Kindstötungen nahezu ausschließlich unehelich Geborene beträfe. Hier müsse ein Umdenken stattfinden, denn die Konsequenzen trügen ausschließlich Frauen, ohne dass die Väter zur Verantwortung gezogen würden (vgl. o. V., 13.05.1909, The Common Cause: 67). Befunde zur Kindersterblichkeit in Industriearbeiter_innenfamilien legen nahe, dass sich auch bei schlechten Arbeitsbedingungen ein wöchentliches Einkommen und die Erhöhung des Heiratsalters auf 22 Jahre positiv auf das Überleben von Kindern auswirken würden (vgl. o. V., 22.02.1912, The Common Cause: 780). In der *Common Cause* bemängelten die konstitutionellen Frauenbewegten allerdings das Fehlen valider Daten über Arbeiterinnen, die unter guten Bedingungen arbeiteten (ebd.).

Diese Debatten und Positionen sind angeleitet durch die *egalitär-ökonomische* Rahmung, die weniger Ausbeutungsverhältnisse und daraus resultierende Armuts- und Elendslagen in den Blick nahm, sondern vielmehr ging es der NUWSS um die arbeitsrechtlichen und sozialpolitischen Verbesserungen die erreicht werden müssten. Ein Beispiel dafür ist die Position, dass die direkte Auszahlung des „Maternity Benefit" (o. V., 15.08.1913, Common Cause: 323) die Lage von Arbeiterinnen und arbeitenden Müttern verbessern würde.

Durch das Frauenstimmrecht könne eine Sozialpolitik geschaffen werden, die dezidierter die Belange von Frauen beachte. Kritisiert wurde beispielsweise, dass im Parlament alle Zusatzanträge zum Versicherungsgesetz 1913 nur Belange von Männern behandelten (vgl. o. V., 04.07.1913, Common Cause: 205), was sicherlich nicht der Fall gewesen wäre, wenn Frauen das Stimmrecht besessen hätten. Mutterschutz bzw. Unterstützung für Mütter bedeutete aber für die NUWSS nicht, dass Mütter auf die häusliche Sphäre beschränkt bleiben sollen: „This is a foolish assumption very generally made and wholly contrary to fact" (o. V., 18.04.1913, Common Cause: 17). Durch das Dogma, welches die Frauen in die vier Wände des Hauses presse (vgl. Osler, 25.07.1913, Common Cause: 271) würden zudem weder die Energien noch die Leistungen von Frauen genutzt:

> The pestilent doctrine that woman's sphere is rightly limited by the four walls of her home (a doctrine which, when applied to man, produces a Scrooge, with no perception of the truth that mankind was his business), is responsible not only for the cramping and contraction of her own nature, but also of those whom she must train and inspire. The tragic emptiness of the evening of a woman's life-when deprived in the course of nature of the daily domesticities which were never meant to usurp her entire energies-is surely a revelation and a warning (Osler, 25.07.1913, Common Cause: 271).

Auch an dieser Position zeigt sich die *egalitär-ökonomische* Rahmung der Geschlechterverhältnisse durch die NUWSS auf. Unverheiratete Frauen wurden auf dieser Folie gesellschaftlich stigmatisiert, denn es wurde erwartet, dass sie sich in ihren Herkunftsfamilien nützlich machen sollten. Sie wurden dementsprechend nicht als eigenständig handelnde Personen wahrgenommen (vgl. Hamilton, 28.04.1910, Common Cause: 36). Frauen sollten nach Ansicht der konstitutionellen Aktivistinnen eben keinesfalls auf fixe Rollen festlegt werden. Die Frage des Zusammenlebens, der Arbeitsteilung und der Kindererziehung sei eine individuelle Entscheidung und in verschiedenen Modellen möglich (vgl. o. V., 15.06.1911, Common Cause: 166). Diese Betonung individueller Freiheiten der Lebensführung steht Pate für die liberale Politik der NUWSS. Soziale Ungleichheiten zwischen den Klassen sollten nicht abgeschafft, gleichwohl soziale Verelendung verhindert werden. Die Forderungen sozialpolitischer Maßnahmen zur Verbesserung der Lage von Arbeiterinnen sowie von Frauen der bürgerlichen Schicht teilten sie mit Arbeiter_innenorganisationen, so dass eine Zusammenarbeit auch in dieser Richtung durchaus möglich und von den Aktivistinnen gewünscht war.

5.4 Women's Social and Political Union: Gynozentrismus und Nivellierung des Klassenunterschieds

Die WSPU hatte ihre Wurzeln nachweislich im sozialistisch und gewerkschaftlich geprägten Milieu Manchesters und rekrutierte in den Anfangsjahren für ihre Kampagnen Frauen aller Klassen. Dies gelang der WSPU, indem sie den **Geschlechterkonflikt** *agonal-meritokratisch* rahmte.

> They do not regret, as some women are said to do, that they were not born men, for the simple reason that they glory in being women. What they seek to do is to open up opportunities for natural development of women, so that true womanhood may take its side by true manhood (o. V., 01.09.1911, Votes for Women: 765).

Die Gleichstellung der Geschlechter sollte um jeden Preis erkämpft werden, wobei – vor allem in den späteren Jahen – jedes Mittel zur Erstreitung dieses Ziels recht war, und auch Gewalt gegen sich selbst oder gegen andere als legitime Strategien erachtet wurden. Die natürliche und moralische Überlegenheit der Frau sowie ihre Leistungen und Verdienste für die britische Nation rechtfertigten nach einer gynozentristischen Logik die weiblichen Herrschaftsansprüche (vgl. Carnie, 17.01.1913, Suffragette: 207).

Eine Begründungsfigur des „feminist movement" stellte denn auch der den Frauen zugeschriebene „instinct for service" dar, „the highest instinct", zu welchem Menschen überhaupt fähig seien (vgl. Smith, 01.09.1911, Votes for Women: 771). Aber die Suffragetten nahmen auch in Kauf „to be like men as possible, for the simple reason that they believe in the high destiny of women" (o. V., 01.09.1911, Votes for Women: 765).

Die Unterdrückung der Frau wurde als klassenübergreifend begriffen und strategisch zur Mobilisierung eingesetzt. Emmeline Pethick-Lawrence machte 1911 in der *Common Cause* deutlich, dass die eigentliche Konfliktlinie *nicht mehr* zwischen den Klassen liege, sondern zwischen den Geschlechtern (vgl. Pethick Lawrence, 27.01.1911, Votes for Women: 276)[104]. Im Zentrum steht hier der Geschlechterkampf mit einer klaren Polarisierung zwischen Männern und Frauen. Für die Aktivistinnen war deshalb auch klar, dass den Männern nicht zu trauen sei. Nur die Frauen alleine könnten sich aus ihrer Unterdrückung befreien, was als klare gynozentristische Position zu werten ist:

> The truth is that women must work out for their own salvation. Men will not do it for them (Pankhurst, 17.04.1914, The Suffragette: 10).

In Bezug auf die **Ungleichheitskategorie Klasse** bediente sich die WSPU einer *nivellierend-differenzorientierten* Rahmung, d. h., dass die soziale Ungleichheit zwischen Frauen problematisiert und als Differenz markiert, aber zugunsten eines gemeinsamen Kampfes gegen patriarchale Verhältnisse nivelliert wurde.

5.4.1 „Topic of the Hour": Das Stimmrecht als Vehikel der Frauenbefreiung

Wie der Name *Women's Social and Political Union* und das Gründungsanliegen 1903 andeuten, ging es dieser Bewegungsorganisation um soziale und politische Gleichberechtigung der Geschlechter. Das Stimmrecht führte allerdings recht bald als thematischer Mobilisierungsmotor symbolpolitisch den Forderungskatalog der Organisation an und brachte ihnen später auch die Betitelung Suffragetten ein (Kap. 4.3.2.4); es entwickelte sich also zum „topic

---

[104] Die Schreibweise des Namens Pethick-Lawrence variiert in den Quellen. In der *Votes for Women* wird selbiger oftmals ohne Bindestrich angegeben.

of the hour" (Pethick Lawrence, 12.11.1909, Votes for Women: 105).

Das *agonal-meritokratische* Framing in Bezug auf das Geschlechterverhältnis zeigt sich besonders gut an der Stimmrechtsforderung. Die Suffragetten trauten den Frauen die politische Betätigung und die mütterlichen Pflichten zugleich zu (vgl. Pethik Lawrence, 25.03.1910, Votes for Women: 403). Die Wahlrechtsgegner_innen argumentierten, dass nur wer kämpfen könne, auch das Stimmrecht verdiene. Dem hielt die WSPU entgegen, dass Männer nicht gebären könnten und dies auch keinen Grund darstelle, ihnen das Wahlrecht abzusprechen (vgl. o. V., 26.09.1913, Suffragette: 860). Die Hervorhebung ‚weiblicher Qualitäten' und ihrer wichtigen Funktion für den Staat sollte die Forderungen untermauern. Die konkrete Stimmrechtsforderung wirkt aus heutiger Sicht dennoch bescheiden, denn sie beinhaltete lediglich ein Stimmrecht für Frauen zu denselben Konditionen, wie es den Männern dieser Zeit zustand:

> The Women's Social and Political Union are asking for Votes for Women on the same terms as they are possessed by men; that is to say, they ask that women who are owners, householders, lodgers, or university graduates, shall be voters. [...] We are not asking for the Vote for every woman, since every man has not got the Vote. The Women's Social and Political Union claim that a simple measure giving Votes to Women on these terms shall be passed before any other franchise reform is considered. (Pethick Lawrence, 31.12.1909, Votes for Women: 212)

Diese Einschränkung ist zunächst überraschend für eine Organisation, die sich in ihren Anfangsjahren vornehmlich aus dem Spektrum von Engagierten in der *Independent Labour Party* (ILP), also Arbeiterinnen, Arbeiterfrauen und Gewerkschafterinnen, rekrutierte (Kap. 4.3.2.4). Doch Pankhurst begründete diese Engführung der Forderung mit strategischen Überlegungen. Sie sollte mit dieser Einschätzung recht behalten, denn es gelang ihr, sowohl innerhalb der ILP (Pankhurst 1913: 41) als auch darüber hinaus Unterstützung für ihre Anliegen zu gewinnen.

Die Frage, warum „women of all classes in England banding themselves together to work for political enfranchisment" (Robins, 03.12.1909, Votes for Women: 153) beantwortet sich vor dem Hintergrund der spezifischen *nivellierend-differenzorientierten* Rahmung von Klasse bezogen auf die Stimmrechtsforderung. Die lange Tradition der Sozialfürsorge durch höhere Schichten habe die Frauen dazu befähigt, über Klassengrenzen hinweg zu agieren (ebd.). Im Unterschied zu deutschen Diskursen im gemäßigten Teil des BdF betrachtete Robins Frauen der Arbeiter_innenklasse gerade nicht als passive Empfängerinnen der Sozialfürsorge, sondern machte darauf aufmerksam, dass das Engagement der Arbeiterinnen bei der Mobilisierung in der Stimmrechtsbewegung insgesamt von hoher Bedeutung war.

> It should not be forgotten that if the Woman Suffrage movement owes its commanding proportions to the working woman, the needs and views of these women have been given their publicity and their collective weight through the organising power of educated women (Robins, 03.12.1909, Votes for Women: 153).

Eine Solidarisierung konnte dementsprechend auf der Ebene der Mobilisierung als Kampf um die Sichtbarkeit der Leistungen der Frauen aufrecht erhalten werden und nivellierend wirken, wie hinsichtlich der Protestmethoden noch gezeigt werden wird (Kap. 6.4). Demgegenüber stand die WSPU den Kampagnen zum allgemeinen Erwachsenenwahlrecht sehr skeptisch gegenüber und schloss dezidiert aus, sich für ein allgemeines Erwachsenenwahlrecht einzusetzen (vgl. o. V., 17.11.1911, Votes for Women: 98). Diese Einstellung gegenüber dem Erwachsenenwahlrecht, das auch einer großen Anzahl von Männern das Stimmrecht gewähren würde, hatte sich seit der Gründung der WSPU nicht geändert, und neugegründeten Wahlrechtsorganisationen wie der *Adult Suffrage Association* (ASA) brachte man allgemein Misstrauen entgegen und bezeichnete deren Kampagne als „Spider's Web" (vgl. o. V., 22.10.1909, Votes for Women: 50).

Die ILP unterstützte die Forderung des Frauenstimmrechts kontinuierlich und auf parlamentarischer Ebene (vgl. o. V., 24.03.1911, Votes for Women: 398; o. V., 05.05.1911, Votes for Women: 514). Sie fungierte in der ersten Dekade des 20. Jahrhunderts als loyale Partnerin der WSPU. Die Arbeiter_innenorganisationen begründeten ihre Unterstützung der *Conciliation Bill* 1911 damit, dass mit diesem Gesetz 80 bis 90 Prozent der arbeitenden Frauen ein Wahlrecht eingeräumt bekämen (vgl. o. V., 28.04.1911, Votes for Women: 486; o. V., 28.04.1911, Votes for Women: 488).

Für die WSPU gab es in diesem Jahr keinen Grund, an der baldigen Einführung eines Frauenstimmrechts zu zweifeln (vgl. Pankhurst, 28.04.1911, Votes for Women: 494; Pankhurst, 19.05.1911, Votes for Women: 548; Pankhurst, 16.06.1911, Votes for Women: 608).

Auf der Folie dieses Enthusiasmus ist auch die große Enttäuschung der militanten Aktivist_innen zu verstehen, als die Regierung ankündigte, im darauffolgenden Jahr 1912 eine *Reform Bill* auf den Weg zu bringen, die allen erwachsenen Männern das Wahlrecht zugestehen sollte (vgl. o. V., 10.11.1911, Votes for Women: 83), obwohl es aus Sicht der WSPU keine Agitation für ein solches Männerwahlrecht gegeben hatte (vgl. o. V., 10.11.1911, Votes for Women: 81). Die gleichzeitige Vertagung der *Conciliation Bill* wertete Pankhurst als eine Intrige (vgl. o. V., 17.11.1911, Votes for Women: 97) und Kriegserklärung der Regierung an die Frauen (vgl. Pankhurst, 10.11.1911, Votes for Women: 88). Weder der Zusatzantrag für ein Frauenstimmrecht zur *Reform Bill* noch die Weiterverhandlung der *Conciliation Bill* konnte von der WSPU als günstige Gelegenheit für die Durchsetzung der eigenen Ziele antizipiert werden (vgl. Pankhurst, 15.12.1911, Votes for Women: 176), denn anders als die NUWSS rahmte die WSPU ihren Kampf um Geschlechtergleichstellung *agonal-meritokratisch*, d. h., in der Logik der Suffragetten gab es keinen Grund, den Frauen das Stimmrecht vorzuenthalten. Die Frauen leisteten zweifellos einen wichtigen Beitrag zur Erhaltung der Nation. Darüber hinaus hatten sie in ihren Kampagnen ihre Organisations- sowie Mobilisierungsfähigkeit bewiesen. Die *Reform Bill* konnte dementsprechend nur als ein Akt der Unterdrückung gewertet werden.

> The introduction of a Manhood Suffrage Bill, in this or any other Session, will be taken by the Women's Social and Political Union to be an act of direct hostility to the suffrage movement, and will be regarded by them as an incitement to militant action (o. V., 03.05.1912, Votes for Women: 481).

Die organisierte Arbeiter_innenschaft, und mit ihr die ILP, erklärte umgehend nach der Ankündigung der *Reform Bill*, sich weiterhin für die Einführung des Frauenstimmrechts einzusetzen (vgl. o. V., 17.11.1911, Votes for Women: 99), was in der *Votes for Women* wohlwollend beachtet wurde (vgl. o. V., 22.12.1911, Votes for Women: 186; o. V., 22.12.1911, Votes for Women: 22.12.1911: 189; o. V., 19.01.1912, Votes for Women: 254). Doch der Bruch zwischen der Labour Movement und der WSPU war unvermeidlich (vgl. o. V., 24.05.1912, Votes for Women: 530). Die WSPU hatte sich bereits ideologisch von ihren sozialistischen und sozialdemokratischen Wurzeln und Mitgliedern verabschiedet und verwies offen auf die Gefahren des Sozialismus (vgl. Atherton, 26.05.1911, Votes for Women: 565). Dieser sei nur durch das Engagement der Frauen abzuwenden (ebd.). Im Jahr darauf rief Christabel Pankhurst zudem die ILP direkt dazu auf, die *Reform Bill* abzulehnen (vgl. Pankhurst, 26.01.1912, Votes for Women: 266; Pankhurst, 09.02.1912, Votes for Women: 293; Pankhurst, 16.02.1912, Votes for Women: 308). Dafür wurden auch die Erwartungen der Frauen in der Arbeiter_innenbewegung in Stellung gebracht:

> Undoubtedly, women—and especially the women who form part of the Labour movement—may reasonably expect that the Labour Members take strong action to defend them from the dishonest tactics of the Liberal Government (Pankhurst, 26.01.1912, Votes for Women: 266).

Die Position der WSPU ist dementsprechend nicht gegen Frauen der Arbeiter_innenklasse gerichtet, hier führt die *nivellierend-differenzorientiere* Rahmung von Seiten der Suffragetten zu einem Schulterschluss. Sehr wohl richtete sich die WSPU aber explizit gegen die männliche Partei- und Parlamentspolitik.[105] Die ILP hatte ein Interesse daran, dass mehr Arbeiter das Wahlrecht erlangten, was sie in der Logik der WSPU zu Verbündeten der liberalen Regierung machte (vgl. o. V., 05.07.1912, Votes for Women: 662; o. V., 01.11.1912, Suffragette: 37) und die WSPU dazu anhielt, die ILP

---

[105] Die Spannungen zwischen ILP und WSPU vergrößerten sich beispielsweise auch, als zur parlamentarischen Debatte um die irische *Home Rule Bill* keine Äußerungen des ILP-Vorsitzenden zum Mitbestimmungsrecht von Frauen getroffen wurden (vgl. o. V., 19.04.1912, Votes for Women: 215).

während der Wahlkampagnen gezielt zu bekämpfen (vgl. o. V., 18.10.1912b, Suffragette: 2; o. V., 18.10.1912, Suffragette: 7).

> A woman's war upon the Parliamentary Labour Party is inevitable. That Party has allied itself with the Government (o. V., 18.10.1912, Suffragette: 7).

Als die NUWSS schließlich in einer Kampagne für die ILP warb, betonte die WSPU ihre Parteiunabhängigkeit (vgl. o. V., 24.05.1912, Votes for Women: 530). So sahen sich nun auch langjährige Wegbegleiter wie Keir Hardie und Philip Snowden dem Heckling der Suffragetten ausgesetzt (vgl. o. V., 07.02.1913, The Suffragette: 253). Bei einer dieser Gelegenheiten soll Hardie gekontert haben: „Don't talk nonsense. I was working for the vote when you were in petticoats" (o. V., 03.01.1913, The Suffragette: 178). In der Folge wurden Suffragetten gewaltsam von Meetings entfernt (vgl. o. V., 07.03.1913, The Suffragette: 332). Dennoch blieben einzelne Vertreter der ILP den Suffragetten verbunden. Trotz der Anfeindungen setzten sich beispielsweise Labour-Abgeordnete wie Keir Hardie für eine Verbesserung der Haftbedingungen der Suffragetten in den Gefängnissen ein (vgl. o. V., 14.03.1913, The Suffragette: 346).

Der von den Suffragetten als Verrat gewertete parlamentarische Weg der ILP, die *Reform Bill* nicht abzulehnen, aber lediglich einen Zusatzantrag für das Frauenstimmrecht zu stellen, wurde von der WSPU als Verrat an den Frauen skandalisiert. Dies ist als strategischer Versuch zu werten, eine breite, klassenübergreifende Frauenkampagne zu gestalten (vgl. General Drummond, 29.11.1912, Suffragette: 95; o. V., 06.12.1912, Suffragette: 115; o. V., 13.12.1912, Suffragette: 135); was aber aufgrund der zunehmenden Illegalisierung der WSPU nicht mehr gelang. Die *Suffragette* titelte beispielsweise am 17.01.1913 „Votes for Women".

> The working women of Great Britain could have no better representative and no better spokeswoman than Annie Kenney. [...] She has a practical knowledge of the industrial condition of women, and also knowledge of the life of millions of women who toil in the home (M.A.R.T., 24.01.1913, The Suffragette: 221).

Die WSPU interpretierte die *Reform Bill* und den letztendlichen Niedergang der *Conciliation Bill* dementsprechend als despotische

Männerpolitik (vgl. o. V., 19.07.1912, Votes for Women: 684). Inwieweit sich Männer zum Stimmrecht verhielten, war von keiner besonderen Bedeutung mehr, denn viele von ihnen seien „simply conscious of possessing a privilege that they will never willingly relinquish" (Bahr, 13.12.1912, Suffragette: 131). Diese *agonal-meritokratische* Rahmung bezüglich Geschlecht konnte die Radikalisierung der Taktiken rechtfertigen: Nach einer erfolglosen Deputation mit polizeilichen Übergriffen (vgl. Pankhurst, 25.11.1910, Votes for Women: 120f; Sharp, 25.11.1910, Votes for Women: 120) und der Ablehnung der *Conciliation Bill* erklärte die WSPU den Waffenstillstand, den sie im Zuge der Abstimmung ausgerufen und die militante Kampagnen unterbrochen hatten, für beendet und forcierte militante Taktiken: „Negotiations are over. War is declared" (Pankhurst, 25.11. 1910, Votes for Women: 126).

5.4.2 „Woman's soul": Aufwertung von Frauenarbeit und Bekämpfung geschlechtsspezifischer sozialer Ungleichheit

Die historisch herausgebildete Trennung von privater und öffentlicher Sphäre und die damit einhergehenden Geschlechterverhältnisse waren ein explizites Thema in den Debatten der *Votes for Women* (vgl. o. V., 12.08.1910, Votes for Women: 752; Pethick Lawrence, 10.03.1911, Votes for Women: 370; Williams, 14.04.1911, Votes for Women: 461). Das weist ebenfalls auf die spezifisch *agonal-meritokratische* geframte Geschlechterfrage hin. Gegen anti-suffragistische Argumente, mit denen Frauen in die private Sphäre des Häuslichen verwiesen werden sollten, wurde die Auflösung der häuslichen Sphäre ins Spiel gebracht. Es sei doch paradox, dass gerade diejenigen, die ihre Macht durch die Invasion der häuslichen Sphäre erhalten hatten, neuerlich der Frau den Platz im Haus zuweisen (vgl. Robins, 24.12.1909, Votes for Women: 196), ohne aber die Leistungen der reproduktiven Tätigkeiten für die gesamte Gesellschaft zu würdigen.

> In the past, when in truth the woman's place was in the home, that home was the centre of the industrial life of the community. The human world was fed and clothed, educated and trained by women

whose labour was organised by the house-wife and the house-mother (Pethick Lawrence, 10.03.1911, Votes for Women: 370)

Diese jahrhundertealte traditionelle Arbeit von Frauen sei zerstört und ihre heimische Welt mit minderwertigen Waren überschüttet worden (vgl. Robins, 24.12.1909, Votes for Women: 196). Die Frauenarbeit starb in der Folge und Frauen mussten sich in Fabriken und Minen verdingen und wurden so aus der häuslichen Sphäre gerissen (vgl. Pethick Lawrence, 10.03.1911, Votes for Women: 370; Robins, 24.12.1909, Votes for Women: 196). WSPU-Mitglieder sprachen bei Streiks – z. B. dem Schneider_innen-Streik 1912 – zu den Arbeiter_innen und machten darauf aufmerksam, dass die Sache der Klasse nur mit Unterstützung der Frauen zu erkämpfen sei und dass im Gegenzug Männer Frauen bei der Erringung des Frauenstimmrechts helfen sollten, denn dies bedeute auch im Umkehrschluss mehr Macht für die Arbeiter_innenschaft (vgl. M.E.M., 10.05.1912, Votes for Women: 501).

Die von Ausbeutung geprägte Situation der Industriearbeiterinnen spielte in diesem Rahmen eine besondere Rolle. Dabei wurde *erstens* die Doppelbelastung durch Lohn- und Hausarbeit problematisiert, die die Arbeiterinnen im Gegensatz zur männlichen Arbeiterschaft zu verrichten hatten (vgl. Heale, 08.10.1909, Vote for Women: 19; Pethick Lawrence, 10.03.1911, Votes for Women: 370; S.B., 01.12.1911, Votes for Women: 140).

> Pressed by new conditions into the labour market, women saw the men of their race sitting side by side with them in the mills at tasks once allotted to serving maids. The females had the same hours, the same work. Yet when the evening came the males could rest and enjoy themselves, while the females had to go home and do all the "womanly" duties from which the men were wholly free. Jill noted that, though she did the double work, somehow or other it was Jack who was given the double pay (Heale, 08.10.1909, Votes for Women: 19).

Zweitens wurde die Rolle der Frau für den wirtschaftlichen Transformationsprozess gynozentristisch aufgeladen. Denn es sei die „woman's soul" (Williams, 14.04.1911, Votes for Women: 461), die die ausbeuterischen industriellen Verhältnisse für alle ändern könne (vgl. Williams, 14.04.1911, Votes for Women: 461). Die mangelnde Anerkennung unbezahlter reproduktiver Tätigkeiten in einer von Männern dominierten Gesellschaft erfuhr scharfe Kritik (vgl. Pethick Lawrence, 28.07.1911, Votes for Women: 702). Ihr stellten die Suffragetten die Betonung der weiblichen Leistungen entgegen. Mit dieser Perspektive wurde u. a. auch Bildung interpretiert, denn Mädchen seien auf dem Gebiete der häuslichen Aufgaben – insbesondere durch Frauen – auszubilden, denn als „domestic experts of the nation" sei ihr Engagement in der öffentlichen Sphäre unabdingbar (Gorst, 10.03.1911, Votes for Women: 371). Dabei sollte Weiblichkeit und Mutterschaft eine besondere Aufwertung erfahren:

> Womanhood shall be honoured. Motherhood shall be honoured (o. V., 27.02.1914, Suffragette: 446).

Neben der Aufwertung der reproduktiven Arbeitsbereiche stand für die WSPU außerdem die Würdigung der Fortschritte von Frauen außerhalb des Heims im Mittelpunkt. Hier zeigt sich hinsichtlich der Klassenfrage eine *nivellierend-differenzorientierte* Rahmung, denn alle Leistungen von Frauen – ob in der Industriearbeit oder an der Universität – sollten Anerkennung erfahren, ohne soziale Ungleichheiten unsichtbar zu machen. In der *Votes for Women* erschien daher regelmäßig eine kurze Rubrik mit dem Titel „Progress of Women", in welcher besondere Leistungen von Frauen aller Berufsbereiche über Klassen- und Staatsgrenzen hinweg hervorgehoben wurden (vgl. o. V., 05.11.1909a, Votes for Women: 93; o. V., 05.11.1909a, Votes for Women: 93; o. V., 24.12.1909b, Votes for Women: 204). Prinzipiell sollte es Frauen möglich sein, in allen Berufssegmenten arbeiten zu können, ohne ausgeschlossen zu werden (vgl. o. V., 25.02.1910, Votes for Women: 336; o. V., 06.05.1910, Votes for Women: 521). Die Verpflichtung von 30 Frauen in den Berliner Polizeidienst wurde in der *Votes for Women* dementsprechend als großer Erfolg gefeiert und gegen Frauenstimmrechtsgegner in Stellung gebracht: Denn das beweise, dass Frauen auch Soldaten sein könnten (vgl. o. V., 28.04.1911, Votes for Women: 461).

Der Kampf um bessere Arbeitsbedingungen und Löhne für Frauen konnte für die WSPU nur über die Erringung des Frauenstimmrechts gewonnen werden. „Equal Pay for Equal Work" (Smith, 13.05.1910, Votes for Women: 537) bzw. die Frage nach gerechter Entlohnung spielte aber auch allgemein eine wichtige Rolle in der WSPU (vgl. Pethick Lawrence, 21.10.1910, Votes for

Women: 41; Pethick Lawrence, 28.10.1910, Votes for Women: 57; Pethick Lawrence, 04.11.1910, Votes for Women: 73), nicht zuletzt auch deshalb, weil das die erhoffte Anerkennung der Leistung der Frauen bedeutet hätte. Das Fehlen des Stimmrechts für Frauen sei aber der Grund, warum sich Frauen nicht aktiv für höhere Löhne einsetzen können, was auch unmittelbare Auswirkungen für männliche Arbeitskräfte und deren Löhne habe (vgl. Anderson, 03.02.1911, Votes for Women: 287; o. V., 08.04.1910, Votes for Women: 434).

Insbesondere die Kampagnen und Streiks in der Arbeiter_innenschaft wurden interessiert verfolgt (vgl. o. V., 23.09.1910, Votes for Women: 822; o. V., 18.03.1910, Votes for Women: 382) und boten auch Anlass zu Kritik von Seiten der WSPU. Ihr war das enorme Mobilisierungspotenzial unter den Arbeiterinnen bewusst und dieses sollte für die eigene Agenda genutzt werden. Bei den zahlreichen Streiks 1911 debattierte die WSPU daher die Position der Arbeiterinnen und Arbeiterfrauen (vgl. o. V., 18.08.1911, Votes for Women: 743; o. V., 25.08.1911, Votes for Women: 755). Auch hier wurde die allgemeine Dominanz der Männer klassenübergreifend interpretiert und Frauen als Leidtragende identifiziert: So warf Adela Pankhurst den Arbeitern vor, dass sie vorangingen und ihre Rechte und Unabhängigkeit erstritten, während die „army of women" lediglich „crumbs" zu erwarten hätte (Pankhurst, 04.03.1910, Votes for Women: 357). Männer hatten dementsprechend die größeren Organisationen, die für ihre Rechte stritten, während die der Arbeiterinnen verhältnismäßig jung und unerfahren seien (vgl. o. V., 18.08.1911, Votes for Women: 743). Die Streiks wurden als unmittelbare und zusätzliche Ausbeutung der Frauen der Arbeiter_innenklasse, insbesondere derer, die nicht in Gewerkschaften organisiert waren, gewertet (vgl. E.K., 02.09.1910, Votes for Women: 788), während Arbeiter auch Nutznießer der Streiksituation seien:

> The fact that the woman pays is brought forward prominently by the Daily Mirror in connection with the cotton strike. The men, it is stated, play football, generally make holiday, while the wives and mothers are conscious of the shadow of starvation that hangs over their homes. (o. V., 05.01.1912, Votes for Women: 226).

Hier spiegelt sich der radikale Kurs der Militanten nach dem Fall der *Conciliation Bill* und dem vehementen Bruch mit der ILP wider.

Jegliche Solidarisierung oder auch nur ein *frame-bridging* mit etablierten, insbesondere von Männern geführten Organisationen, wurde abgelehnt. Diese Strategie erstreckte sich auch auf andere Frauenorganisationen wie beispielsweise die NUWSS, da diese weiterhin gezielt Bündnisse mit ‚Männerorganisationen' einging. Die WSPU versuchte dagegen Streiks in ihr Mobilisierungsrepertoire aufzunehmen bzw. die Arbeiterinnen für sich zu gewinnen. Sylvia Pankhurst unterstützte deshalb beispielsweise die „Pit Brow Lassies", die ihre Arbeit als Minenarbeiterinnen verlieren sollten (vgl. o. V., 11.08.1911, Votes for Women: 732; o. V., 13.10.1911, Votes for Women: 18; Pankhurst, 11.08.1911, Votes for Women: 730). Eine breite Frauenstreikkampagne, initiiert durch die WSPU, gelang allerdings nicht, wenngleich sich ein besonderes Engagement – insbesondere unter der Federführung Sylvia Pankhursts – in diese Richtung nachweisen lässt (vgl. Pankhurst [1931] 1988: 416). Letztendlich sind diese Kampagnen jedoch stets vor dem Hintergrund des Zieles der Erreichung des Frauenstimmrechts zu werten. Die eigene Opferbereitschaft als „gentlewomen" gegenüber Industriearbeiterinnen (vgl. o. V., 24.02.1911, Votes for Women: 336) sowie die Solidarisierung allein mit den Arbeiterinnen und Arbeiterfrauen während der intensiven Streiks 1911 verweisen auf das *nivellierend-differenzorientierte* Klassen-Framing, welches auch die Debatten um die Sozialfürsorge strukturierte.

5.4.3 „Cheaper than Animals": Das große Übel

Für die sozialen Missstände und die besonders schlechte Stellung der Frauen machte die WSPU *erstens* die von Männern gemachten Gesetze und *zweitens* deren unmoralisches Verhalten verantwortlich. Die patriarchalen Ehegesetze wurden als Versklavung der Frauen und insbesondere der Arbeiterfrauen gewertet:

> It is analogous to the status of the slaves before the days of emancipation. The negro was the property and the unpaid servant of his master. For him there was no option, and there was no escape. [...] The wife of the working man is his property and his unpaid servant (Pethick Lawrence 1910, 24.02.1911, Votes for Women: 340).

In der Ehe hatte der Ehegatte die alleinige Verfügungsgewalt über die Kinder (vgl. o. V., 22.12.1911, Votes for Women: 193). Die Scheidungsgesetze erlaubten es Männern aber, die Familie zu verlassen, und damit Frau und eben auch Kinder mittellos zurückzulassen (vgl. E.P.L., 10.02.1911, Votes for Women: 303; Robins, 03.12.1909, Votes for Women: 153). Für Frauen und Männer galten zudem unterschiedliche Scheidungsgesetze (vgl. E.P.L., 10.02.1911, Votes for Women: 303; o. V., 22.04.1910, Votes for Women: 470; o. V., 22.12.1911, Votes for Women: 193). Für die WSPU manifestierte sich in der Benachteiligung von Ehefrauen und Kindern in den Entwürfen zum Sozialversicherungsgesetz die patriarchale Logik (vgl. o. V., 16.06.1911, Votes for Women: 608; Pethick Lawrence, 04.08.1911, Votes for Women: 722; Pethick Lawrence, 15.09.1911, Votes for Women: 794).

Die *agonal-meritokratische* Rahmung findet sich in der Beschreibung von Weiblichkeit und Mutterschaft wieder: Die Frau habe die natürliche Verantwortung für das Wohlergehen anderer. Sie galt als natürliche Beschützerin des Kindes, sowohl als leibliche Mutter als auch in der Rolle als Mutter (vgl. Baillie-Weaver, 12.04.1912, Votes for Women: 439). Für diese Mutterrolle – im deutschen Kontext als geistige Mütterlichkeit bezeichnet (Kap. 4.2.1.2) – seien aber viele Frauen noch nicht vollständig bereit, denn von Männern würde ihnen eingeredet, dass es genügen würde, sich nur um ihren eigenen Haushalt und ihre eigene Familie zu kümmern (vgl. Baillie-Weaver, 12.04.1912, Votes for Women: 439). Doch sei es gerade in dieser Epoche notwendig, dass sich Frauen im Staatswesen engagieren, da der Staat mehr und mehr in das Private eingreife (ebd.). Nur die Frau sei in der Lage, die sozialen Probleme zu lösen (vgl. Atherton, 26.05.1911, Votes for Women: 565; o. V., 06.05.2010, Votes for Women: 511; o. V., 26.11.1909, Votes for Women: 137).

> We need woman's moral spirit and insight on all our most urgent social questions. On all the great human issues the voice of women would be the deliverance of the higher morality of the nation; it would be, spite of the fascination of pageantry, regalia, and gay uniforms, a voice in the interests of peace against war. In matters of social purity their power is almost our only hope ; for that horrible cancer of vice is almost exclusively man-made. [...] On subjects like infant mortality, the care of the feeble, the imbecile and

the unfit, medical inspection and feeding of school children, education, labour legislation generally, apart from all question of rights, we need the woman's suggestion and help and experience (o. V., 26.11.1909, Votes for Women: 137).[106]

Die schlechte Bezahlung von Frauen und die daraus resultierende Armut wurden als besondere Gefahr für Frauen angesehen, denn sie triebe sie in die Prostitution (vgl. o. V., 06.05.2010, Votes for Women: 511). Die Frage des „White Slave Traffic" stand für die Suffragetten argumentativ Pate für die Auswüchse des patriarchalen Systems (vgl. o. V., 20.05.1910, Votes for Women: 546). Auch beim Thema Prostitution vertrat die WSPU den Standpunkt, dass nur parlamentarische Repräsentation dem Problem der sexuellen Ausbeutung beikommen könnte. Weder „rescue work" noch durch Reglementierungsgesetze (vgl. o. V., 13.10.1911, Votes for Women: 25), die eher die Männer schützten, könnte den Frauen geholfen werden. Vielmehr bedürfte es einer besseren Bildung und einer allgemeinen Senkung der Armut z. B. durch höhere Löhne für Frauen (vgl. Anderson, 03.02.1911, Votes for Women: 287; o. V., 01.11.1912c, Suffragette: 31; Redfern, 05.01.1912, Votes for Women: 221). Entsprechende Gesetze könnten aber nicht durchgesetzt werden, solange Frauen keine politischen Mitbestimmungsrechte hätten (vgl. Pethick Lawrence, 14.07.1911, Votes for Women: 676).

Die extreme Ausbeutung von armen Frauen, die aufgrund der niedrigen Löhne zu ‚weißen Sklaven' – sprich in die Prostitution gedrängt würden – würden, diente der Beweisführung, dass Frauen unter diesen gesellschaftlichen Bedingungen „cheaper than animals and cheaper than property" (o. V., 01.11.1912c, Suffragetten: 31) wären. Als besondere Schutzbedürftige identifizierte man die Kinder der Arbeiter_innenklasse, denn sie nähmen die tägliche Ausbeutung ihrer Mütter wahr und würden selbst ausgebeutet und zu Prostitutionszwecken verkauft (vgl. o. V., 01.11.1912, Suffragette: 29). Männliche Gewalt gegenüber Frauen wurde zudem als besonderes Problem in den Kolonien als „the black and the white peril" (o. V., 29.09.1911, Votes for Women: 815) markiert und gleichermaßen verurteilt.

---

[106] Dieser Abschnitt entstammt einer Rede von The Rev. J. M. Llloyd Thomas zu „Emancipation of Womanhood" (o. V., 26.11.1909, Votes for Women: 137).

Während in den Jahren der Herausgabe der *Votes for Women* sexualisierte Gewalt und das Thema Sittlichkeit als soziale und rechtliche Probleme interpretiert wurden, verschob sich die Debatte in der *Suffragette* mit Christabel Pankhurst[107] als Herausgeberin ab 1913 vermehrt zugunsten biologistischer und eugenischer Erklärungsmuster, die sich auch in den späteren Debatten des BdF wiederfinden (vgl. Pankhurst, 05.06.1914, Suffragette: 130; Pankhurst, 05.09.1913, Suffragette: 813; Pankhurst, 08.08.1913, Suffragette: 737; o. V., 17.04.1914, Suffragette: 3). Zugleich diente die Thematisierung von sexueller Unterdrückung und Ausbeutung der Frauen durch Männer auch der Legitimierung der militanten Gewaltanwendung (vgl. o. V., 01.11.1912c, Suffragette: 31; o. V., 01.11.1912c, Suffragette: 31).

In Bezug auf die Geschlechterverhältnisse zeigt sich noch einmal insgesamt die *nivellierend-differenzorientierte* Rahmung: Das viktorianische Bild der Geschlechter suggerierte, dass Frauen ihre Macht gegenüber Männern lediglich mit „the iron hand in the velvet glove" (Housman, 19.08.1910, Votes for Women: 767), also auf eine passive Art und Weise, ausüben müssten. Demgegenüber wären Männer durch Ritterlichkeit geprägt. Emmeline Pethik Lawrence schrieb dazu nicht ohne Zynismus: „Men talk of chivalry. The law knows no chivalry" (Pethick Lawrence, 02.09.1910, Votes for Women: 790).

> We hear so much about chivalry, male protection, the respect which is paid to women, and the wonderful pedestals on which they stand. Let us have done with this can't and hypocrisy (Smith, 17.11.1911, Votes for Women: 100).

Ritterlichkeit brauchten die Frauen aller Klassen nicht zu erwarten, es waren nach Ansicht der Suffragetten so oder so die Frauen, die als Bürgerliche das Leid der armen Bevölkerung bekämpften, und die als Arbeiterinnen die Familien während der Streiks versorgten.

---

[107] Sie hatte sich verstärkt mit der Frage der Geschlechtskrankheiten, die sich vor allen durch Prostitution stark verbreiteten, auseinandergesetzt und diese Überlegungen in „Plain Facts About a Great Evil" in den USA veröffentlicht (vgl. Pankhurst 1913). Als Herausgeberin setzte sie das Thema auf die Agenda der WSPU (vgl. Pankhurst, 15.08.1913, Suffragette: 759; Pankhurst, 22.08.1913, Suffragette: 781).

Nur gemeinsam als Frauen könnten sie den Kampf gegen die Unterdrückung aufnehmen. Die Suffragetten rüttelten nicht nur an den aus viktorianischer Zeit übernommenen Weiblichkeitsvorstellungen der sanften Frau, mit ihren Protestmethoden räumten sie diese auch tatkräftig aus.

5.5 Zusammenfassung: Relationen um Klasse und Geschlecht im Kräftefeld der Frauenbewegung

Anhand der Betrachtung der vier Bewegungsorganisationen hinsichtlich der drei Themen- und Aktionsfelder
a) Politische Mitbestimmung,
b) Arbeit und Bildung sowie
c) Familienpolitik, Sittlichkeit und Soziales

sind die organisationsspezifischen Rahmungen beschrieben und als Typologie entfaltet worden. Es ließ sich zeigen, dass für die einzelnen, von der Klassen- und Geschlechterfrage durchkreuzten Themenfelder teils ganz unterschiedliche Deutungsrahmen in Anschlag gebracht wurden.

Die Debatten und Aktivitäten der unterschiedlichen Organisationen strukturieren sich also entlang der Geschlechter- und der Klassenfrage durch für sie charakteristische Frames.

Bewegungs-organisationen	Framing von Geschlecht	Framing von Klasse
BdF	egalitär-meritokratisch	elitär-differenz-orientiert
Proletarische Frauenbewegung	egalitär-solidarisch	agonal-meritokratisch
NUWSS	egalitär-ökonomisch	egalitär-konstitutionell
WSPU	agonal-meritokratisch	nivellierend-differenz-orientiert

Tabelle 9: Identifizierte Frame nach Geschlechter- und Klassenkonflikt

Der *Bund deutscher Frauenvereine* (BdF) forderte gleiche Rechte für Frauen im bestehenden politischen System, welche auf der Grundlage der spezifischen ‚weiblichen' Leistungen – beispielsweise in der Sozialfürsorge – von Frauen für die bürgerliche Gesellschaft gerechtfertigt wurden. Für den untersuchten Zeitraum zeichnete sich beim BdF demnach für die Kategorie **Geschlecht** eine *egalitär-meritokratische* Rahmung der Forderungen und Ziele in Bezug auf bürgerliche Männer ab, die sich an den bestehenden politischen und sozialen Verhältnissen orientierte. Die *klassenspezifische Brechung* dieser Rahmung äußert sich beim BdF demnach in einem hierarchisierten Verhältnis zwischen bürgerlichen Frauen und Frauen der sogenannten niederen Schichten. Die Rahmung des **Klassenkonfliktes** ist beim BdF als *elitär-differenzorientiert* zu beschreiben. Soziale Ungleichheitsverhältnisse, daraus resultierendes soziales Elend und soziale Konflikte wurden zwar problematisiert und anerkannt, sollten aber überwiegend durch sozialfürsorgende Hilfe zum Teil durch die bürgerlichen Frauen selbst gelindert und befriedet werden.

Das Netzwerk der *proletarischen Frauenbewegung* rahmte **Geschlecht bzw. die Geschlechterverhältnisse** *egalitär-solidarisch*, da es vorwiegend auf die gleichen Interessen von Männern und Frauen der Arbeiter_innenklasse abhob. Die bürgerliche Gesellschaft und damit einhergehende Geschlechterverhältnisse wurden strikt abgelehnt und als ausbeuterisch gegenüber den Arbeiter_innen markiert. Da Frauen und Männer der Arbeiter_innenklasse die eigentlichen Leistungsträger_innen in der Gesellschaft seien, müsse das System, wie es bestünde, bekämpft werden. Das **Klassenverhältnis** wurde dementsprechend *agonal-meritokratisch* gerahmt.

Die *National Union of Suffrage Societies* (NUWSS) rahmte die Issues *egalitär-ökonomisch* in Bezug auf das **Geschlechterverhältnis**. Sie hoben die Bedeutung der Frauen für die Nationalökonomie insgesamt hervor. Die Referenzfolie der NUWSS reicht demzufolge über die bloße Forderung der Anerkennung ‚weiblicher' Leistungen, wie beim BdF, weit hinaus. Denn diese wurden weniger als Argument zur Gleichberechtigung ins Feld geführt, vielmehr wurde davon ausgegangen, dass Frauen unerlässlich bei der Entwicklung eines fortschrittlichen *British Empires* seien. Im Bereich des Erwerbsarbeitsfeldes sollten geschlechtsspezifische Ungleichheiten ausgeräumt werden, so dass für Frauen lebenskontextuell eine ‚Gleichheit an Möglichkeiten' hergestellt würde. Besonderen Wert legten die Konstitutionellen auf die Selbstorganisation und Interessenvertretung auf der Grundlage einer Anerkennung heterogener Lebenslagen und -weisen. Dementsprechend folgte das Framing der Ungleichheitskategorie **Klasse** einer *egalitär-konstitutionellen* Logik. Politische Teilhabe und eine weiterführende Demokratisierung war für die NUWSS prinzipiell und für alle Bevölkerungsgruppen wünschenswert, wurde allerdings auf der pragmatischen Ebene der parlamentarischen Durchsetzbarkeit noch nicht als erreichbar erachtet.

Für die *Women's Social and Political Union* (WSPU) ließ sich die Fokussierung auf einen Geschlechterkampf nachweisen. Die stark gynozentristische Position, die sich darin ausdrückten, dass Frauen nicht nur besondere Leistungen, sondern auch extreme Opferbereitschaft für die Gesellschaft attestiert wurden, führte zu einem *agonal-meritokratischen* Framing von **Geschlecht**. Klassenunterschiede zwischen Frauen wurden zwar markiert und problematisiert, für die Unterdrückung wurde jedoch allein ein von Männern dominiertes politisches System verantwortlich gemacht. In Bezug auf die **Kategorie Klasse** folgte die WSPU dementsprechend einer gezielten *nivellierend-differenzorientierten* Rahmung, die einen Schulterschluss aller Frauen gegen das patriarchale System bewirken sollte.

Zusammenfassend kann festgestellt werden, dass sich durch die Framingprozesse soziale Standorte im Bewegungsfeld konstituierten, von denen ausgehend sich die Akteur_innen wechselseitig wahrgenommen haben, miteinander in Kontakt getreten sind oder sich gegenseitig abstießen. Inwieweit diese spezifischen Rahmungen rund um die Klassen- und Geschlechterfrage Auswirkungen auf die Mobilisierungsstrategien der Frauenbewegungsorganisationen hatten, wird im folgenden Kapitel ausgelotet.

6. Das Verhältnis von Klasse und Geschlecht als Mobilisierungskatalysator in der Frauenbewegung

Die Ansätze zur Ressourcenmobilisierung legen nahe, dass sich Protest und soziale Bewegungen entlang rationaler Entscheidungen bewegen und über Mittel verfügen müssen, um Organisations- und Protestaktivitäten anzustoßen und aufrechtzuerhalten. Die Bewegungsorganisationen müssen schlicht Personen von sich überzeugen und zur Teilnahme motivieren. Im vorliegenden Abschnitt sollen die Frames – also die für die jeweiligen Bewegungsorganisationen typischen Sinnrahmungen bezüglich Klasse und Geschlecht – als Ressourcen verstanden werden. Anhand des Materials soll für die vier zur Frage stehenden Organisationen nachvollzogen werden, welche Wirkungen die jeweiligen Rahmungen für die Mobilisierung entfalten konnten. Dabei wirken *interne* Prozesse, wie kollektive Identitätsbildung, Organisationsweisen und die Verhältnisse sozialer Bewegungsorganisationen untereinander, zusammen mit *externen* Prozessen, die auf relationale Beziehungen von sozialen Bewegungen und gesellschaftlichen Verhältnissen verweisen.

Auf Grundlage der identifizierten Frames in Bezug auf die Ungleichheitskategorien Klasse und Geschlecht (Kap. 5) werden im Folgenden exemplarisch Mobilisierungs- und Organisationsstrategien der vier Bewegungsorganisationen dargestellt. Diese verdeutlichen Konvergenzen und Divergenzen innerhalb der Frauenbewegung, die Konflikte hervorriefen und solidarische Beziehungen ermöglichten.

6.1 Bund deutscher Frauenvereine: „Augen links"

Mit dem Inkrafttreten des neuen Reichsvereinsgesetzes am 15. Mai 1908 waren endgültig die Schranken zum Ausbau des BdF beseitigt (vgl. von Welczeck, 15.11.1909, Centralblatt: 121). Die gewünschte organisatorische Weiterentwicklung war aber von gewissen Schwierigkeiten begleitet, denn die „Frauenbewegung" krankte an „zwei großen Übelständen": „an der Mittellosigkeit und an der Zersplitterung" (von Welczeck, 16.06.1910, Centralblatt: 42). Diese Zersplitterung bezog sich auf die Konflikte zwischen radikalen und gemäßigten Kräften in der bürgerlichen Frauenbewegung, denen der BdF auf einer organisatorischen Ebene entgegenwirken konnte. Im Jahr 1910 gehörten dem Bund 28 Vereinsverbände und 233 direkt angeschlossene Einzelverbände an und im Vorjahr konnte er ein Spendenaufkommen von 8.203,50 Mark verzeichnen (vgl. o. V., 01.01.2010, Centralblatt Extra-Beilage: 1f). Im Jahr darauf waren es schon 34 Verbände und 241 Einzelvereine und dazu kamen finanzielle Mittel der Marie Stritt Stiftung in Höhe von 28.000 Mark (vgl. o. V., 01.04.1911, Common Cause: 1). In einer Resolution an das preußische Abgeordnetenhaus 1911 definierte sich der BdF als Bund „der die organisierte deutsche Frauenbewegung aller Richtungen in sich umfaßt" (ebd.), was verdeutlicht, dass der BdF die proletarische Frauenbewegung nicht als Teil der deutschen Frauenbewegung wahrnam.

Die erfolgreiche Mobilisierung innerhalb der Arbeiterinnenschaft durch die sozialistischen/sozialdemokratischen und gewerkschaftlich orientierten Frauen war jedoch auch für den BdF in den 1910er Jahren nicht mehr zu übersehen.[108]

---

[108] „Die Zahl der weiblichen Mitglieder der sozialdemokratischen Partei ist, wie aus dem Bericht des Parteivorstandes hervorgeht, vom Juli 1912 bis März d. j. um 10 744 gestiegen. Die Partei zählt jetzt 141,115 Frauen als Mitglieder. Die Zahl der männlichen Mitglieder stieg nur um rund 2000 auf 841.735 oder um 0,23 Prozent. An dem Gesamtmitgliederzuwachs der Partei von 1,3 Prozent sind also vornehmlich Frauen beteiligt. – Der Abonnentenstand der ‚Gleichheit' ist von 94 500 Ende 1911 auf 112.000 im März d. J. gestiegen" (vgl. o. V., 16.08.1913, Frauenfrage: 78).

Diese Erfahrung steht im Gegensatz zur *elitär-differenzorientierten* Rahmung bezüglich des Klassenverständnisses des BdF, durch welche dessen Aktivistinnen Frauen der Arbeiter_innenklasse als zu schützendes und aufzuklärende Wesen wahrnahmen. Nichtsdestotrotz wurde im *Centralblatt* regelmäßig und durchaus wohlwollend von Organisationserfolgen der Arbeiterinnen berichtet (vgl. o. V., 16.06.1910, Centralblatt: 47; o. V., 01.02.1911, Centralblatt: 167; o. V., 16.09.1911, Centralblatt: 93; o. V., 16.09.1911, Centralblatt: 94). Die bei sozialdemokratischen Frauenkonferenzen diskutierten Themen sowie Organisations- und Mobilisierungsstrategien fanden ebenso Beachtung und förderten die Auseinandersetzung mit diesen Fragen in den eigenen Reihen (vgl. o. V., 01.04.1911, Centralblatt: 7; o. V., 16.09.1911, Centralblatt: 93f; o. V., 01.02.1913, Centralblatt: 167; Wegner, 01.05.1909, Centralblatt: 17f).

Der 1911 beim Internationalen Kongress in Kopenhagen beschlossene Internationale Frauentag mit seiner Forderung des Frauenwahlrechts wurde jährlich stets besonders gewürdigt (vgl. o. V., 01.04.1911, Centralblatt: 7; o. V., 01.03.1913, Centralblatt: 183; o. V., 16.01.1914, Frauenfrage: 159). Auch Arbeitskämpfe und Streiks von proletarischen Frauen fanden – mitunter selbstkritisch in Bezug auf das Konsumverhalten der besitzenden Klassen – Eingang in die Berichterstattung (vgl. Ichenhäuser, 16.01.1912, Centralblatt: 156f). Auch der Nachruf von Marie Stritt für den 1913 verstorbenen August Bebel zeigt, dass es Anknüpfungspunkte und gemeinsame Bezugspunkte zwischen den Strömungen gab:

> Nicht nur den Frauen des Proletariats, auch den bürgerlichen Frauen ist er ein Erwecker geworden, tausenden hat er das eigene und das allgemeine Leid ihres Geschlechtes zum Bewußtsein gebracht, tausenden aber auch Mut und Kampfesfreudigkeit gestärkt und den Weg zur Höhe und zu einem befriedigenden Lebensinhalt gewiesen (Stritt, 01.09.1913, Frauenfrage: 81).

Für den landesweiten Frauenkongress 1912 strebte der BdF in diesem Sinne ein Zusammenfinden aller „Schichten" an, denn „die Frauen unserer Zeit" würden **alle** „zu neuen Wirkensweisen, in neue Lebensformen gedrängt werden" (Bäumer, 20.02.1912, Centralblatt: 172f).

> Es soll jede ihre Überzeugungen vertreten, und wir wollen doch das Gefühl haben, daß uns als Frauen noch etwas einigt über alle

Verschiedenheiten hinweg: das Erlebnis eines tiefgreifenden Wandels der Zeit; das Bewußtsein, vor neue Pflichten gestellt zu sein, uns mit neuen Zeitforderungen auseinandersetzen zu müssen; das Bewußtsein, daß es gilt, alles, was Fraueneinfluß und Frauenwert bisher bedeutet hat, gegen die Gefahr der Verkümmerung und Verflachung zu schützen und auf einem neuen Boden neu zu pflanzen (Bäumer, 20.02.1912, Centralblatt: 172f).

Entsprechend richtete sich die Einladung auch an die proletarischen Frauen, was als Annäherungsversuch gewertet werden kann. Gleichwohl schloss das Parteiunabhängigkeitspostulat des BdF eine engere Zusammenarbeit mit gewerkschaftlich und sozialistisch orientierten Vereinen aus. So kam es denn auch, dass der Kongress von sozialistischen/sozialdemokratischen Aktivist_innen genutzt wurde, die bürgerliche Frauenbewegung an sich zu kritisieren (vgl. Bäumer, 01.05.1912, Centralblatt: 19).

Die Organisation der Dienstbotinnen stand ebenfalls unter dem wachsamen Auge des BdF und wurde mit weitaus größerer Vorsicht betrachtet, möglicherweise, weil hier Eingriffe in die bürgerliche Privatsphäre durch sozialdemokratische Kräfte gefürchtet wurden. Im Jahr 1913 befasste sich die vom BdF eingesetzte *Kommission für die Dienstbotenfrage* mit dem Thema und schlüsselte zwei Organisationsweisen auf, nämlich die „konfessionellen Standesvereinigungen", die die Kommission als „unpolitisch" deklarierte, und die „politischen (sozialdemokratischen)" (Kommission für die Dienstbotenfrage, 16.11.1913, Frauenfrage: 124ff).

Die Identifizierung des *Verbands der Hausangestellten Deutschlands* als sozialdemokratisch wurde von der Kommission besonders hervorgehoben. Es bestehe „kein Zweifel" an der politischen Ausrichtung der Organisation, denn sie „vertritt den Standpunkt, daß die Lebens- und Arbeitsbedingungen der Dienstboten ebenso wie die aller Lohnarbeiter vor allem durch den Interessenkampf zwischen Ausbeutern und Ausgebeuteten bestimmt werden" (Kommission für die Dienstbotenfrage, 16.11.1913, Frauenfrage: 125). Neben der möglichen Angst, dass hier Eingriffe in die bürgerliche Privatsphäre erfolgen könnten, war die politische Orientierung des Verbandes auch problematisch, weil sich der BdF selbst als parteiunabhängig verstand. Um dieser Problematik entgegenzuwirken, sollte die Organisation und Mobilisierung der konfessionellen Dienstbotenvereine vorangetrieben werden (Kap. 5.1.2). Neben der eigenen Kampagne zur Organisation der Dienstbotinnen hielt der BdF auch die Organisierung der Hausfrauen in „Konsumentenorganisationen" (o. V., 16.04.1914, Frauenfrage: 9) für eine sinnvolle Mobilisierungskampagne. Die *egalitär-meritokratische* Rahmung in Bezug auf die Geschlechterfrage zeigt sich hier darin, dass diese „Hausfrauenorganisationen" als „volkswirtschaftliche Notwendigkeit" interpretiert wurden (ebd.). Neben Fragen rund um die Hauswirtschaft, wie Einkauf, Preisbewegungen, Kredit- und Zahlungswesen, sollten Arbeitsschwerpunkte auch in der Wohnungs- und Dienstbotenfrage liegen (ebd.). Auch hier wurde betont, dass „Hausfrauenorganisation in Deutschland" grundsätzlich „praktisch unpolitisch" sein müsste (ebd.). Diese Formulierung versinnbildlicht die Abgrenzung zu politischen Vereinigungen im Allgemeinen und zur proletarischen Frauenbewegung, die sich als politisch verstand, im Besonderen. Taktiken und Kampagnen der proletarischen Agitation wirkten durchaus in der bürgerlichen Bewegung nach. So konstatierte man im *Centralblatt*, dass insbesondere in der Mobilisierungsarbeit auf dem Lande „noch viel nachzuholen sei" (Wegner, 01.05.1909, Centralblatt: 17f).

> Nicht umsonst drängt die Sozialdemokratie immer wieder auf die Propaganda auf dem Lande; sie hat ihr zum großen Teil ihre Erfolge zu danken. Der einfache Arbeiter, die schlichte Landfrau, denen man in den kleinen und kleinsten Orten bei einem Vortrage begegnet, sie tragen das Samenkorn hinaus in die Massen, denen Zeitungen und Bücher weit schwerer zugänglich sind als dem Großstädter. Nach der Richtung haben wir dem Auslande gegenüber noch viel nachzuholen, denn dem Mangel an Propaganda auf dem flachen Lande haben wir es wohl zu verdanken, daß die Frauenbewegung in Deutschland anderen Ländern gegenüber verhältnismäßig noch so weit zurück ist (Wegner, 01.05.1909, Centralblatt: 17f).

Der BdF hegte auch reges Interesse an den aktiven Frauenbewegungskämpfen in Großbritannien und erstattete regelmäßig Bericht (vgl. o. V., 15.12.1909, Centralblatt: 142; o. V., 16.06.1912, Centralblatt: 42; o. V., 16.08.1912, Centralblatt: 77f; Pappritz, 15.05.1909, Centralblatt: 25ff). Käthe Schirmacher korrespondierte mit Aktivistinnen und übersetzte Berichte aus der *Votes for Women* und der *Common Cause*. Lakonisch titelt sie 1909 „Augen links" und eröffnet im ersten Satz „Ich meine damit England" (Schirmacher, 01.08.1909, Centralblatt: 68). In der radikalen militanten Kampagne der Suffragetten in Großbritannien, sah Schirmacher durchaus das Potenzial, dass die Entwicklung in Deutschland zu ähnlichen Ergebnissen führen könnte (ebd.), denn „Suffragetten sprechen aber nicht nur, sie handeln auch." (Weidemann, 16.06.1910, Centralblatt: 41).

Ähnlich wie in Großbritannien waren auch in Deutschland die Taktiken der Suffragetten in der bürgerlichen Frauenbewegung umstritten. Auch hier schieden sich erneut die Geister zwischen gemäßigten und radikalen Aktivistinnen im BdF. So schrieb Hedwig Weidemann die spezifische Mobilisierung der Suffragetten der „Haupteigenschaft des englischen Nationalcharakters" zu: der „Liebe zum Sport" (Weidemann, 16.06.1910, Centralblatt: 41). Die radikalen Protestmethoden seien „Ausflüsse" dieses Charakters" und deswegen „erwecken sie die Sympathien aller Schichten des Volkes; Sympathien, die sich in stetem, ungeheurem Wachsen der Anhängerinnenschar, in einem fast unerschöpflichen Zufluß von Mitteln kundgeben" (ebd.). Die deutsche Frauenbewegung könne diese Methoden aber nicht übernehmen, denn „das ‚Volk der Denker'" kann nicht „fortgerissen" werden, sondern will „überzeugt sein" (Weidemann, 16.06.1910, Centralblatt: 42). Dennoch sollten sich auch Frauen in der deutschen Frauenbewegung „von dem Geiste, der die Suffragettes erfüllt […] durchdringen lassen" (ebd.).

Katharina Scheven besuchte Großbritannien, um sich ein Bild von der Bewegung zu machen. Sie ging davon aus, dass die militanten Methoden durchaus „politisch geeignet" seien, „gleich schwerem Belagerungsgeschütz alte, verrottete Zustände und überlebte Gesetze hinwegzufegen" (Scheven, 16.08.1913, Frauenfrage: 73). Allerdings müssten die „Dahinterstehenden stark genug" sein, „die Revolution siegreich durchzuführen", was Scheven „bei den Suffragettes" bezweifelte (ebd.). Nichtsdestotrotz attestierte auch sie den „Engländerinnen" auf einer höheren Stufe zu stehen, von der sie nicht mehr in die politische Unmündigkeit absteigen würden (ebd.: 74).

Auch der Bruch in der britischen Frauenbewegung zwischen Militanten und Konstitutionellen war Thema im *Centralblatt*. Millicent Garrett Fawcetts abgedruckte Briefe und Berichte veranschaulichten den deutschen Aktivistinnen die Unverhältnismäßigkeit der

Gerichtsurteile gegenüber der Führungsriege der WSPU ebenso wie das Dilemma zwischen Gewaltanwendung und Zielerreichung mit friedlichen Mitteln (vgl. o. V., 16.06.1912, Centralblatt: 42; o. V., 16.08.1912, Centralblatt: 77f).

Die Mobilisierung für das Frauenstimmrecht in den höheren Kreisen, die der britischen und der US-amerikanischen Frauenbewegung ausgezeichnet gelang, sollte auch in der deutschen besser vorangetrieben werden, worin sich das *elitär-differenzorientierte* Klasse-Framing widerspiegelt. Neben Stimmrechtsliteratur oder Kalendern, in welchen „die Gedenktage der berühmten Frauen, der Künstlerinnen, der Philanthropinnen, der Vorkämpferinnen der Frauenbewegung enthalten sein müssen" (Rudolph, 01.08.1912, Centralblatt: 70), müsse es mehr Aufrufe und Flugblätter geben (ebd.). Insgesamt sei es schwierig an „die sogenannte ‚gute Gesellschaft' heran zu kommen" (Rudolph, 01.08.1912, Centralblatt: 71). Die Frauen „dieser Klasse" seien von der Frauenbewegung vernachlässigt worden und sie seien auch eher desinteressiert (ebd.). Hier wurde empfohlen, *erstens* die Frauen bezüglich ihrer finanziellen Abhängigkeit aufzuklären, „die sie vor der Erlangung des Stimmrechtes nicht ändern werden" (ebd.), und sie *zweitens* „mit ihren eigenen Waffen zu bekämpfen, nämlich durch Geselligkeit, durch Tees und Empfänge von möglichst originellen Cachet, so daß ‚man dagewesen sein muß'" (ebd.). Eine andere Methode, die für sinnvoll gehalten wurde, war die „Aussprache im kleinen Kreis", welche es ermöglichen sollte, gut vorbereitete und bildende Arbeit in kleinen Gruppen zu leisten und auf diese Weise zu überzeugen. Insbesondere in der britischen Frauenbewegung waren Fotos und Filme ein beliebtes Mittel, um die Bewegung bekannt zu machen. Darauf wurde auch im *Centralblatt* hingewiesen und zugleich moniert, dass dieses Mittel in der deutschen Bewegung kaum genutzt werde:

> An der Hand solchen Materials ist es auch für weniger Geübte möglich, vor Leuten jeden Standes und Bildungsgrades eindrucksvoll zur Sache des Frauenstimmrechts zu sprechen, die Ungläubigen zu überzeugen und die Aufmerksamkeit der Gleichgültigen und Gedankenlosen zu wecken (Rudolph, 01.08.1912, Centralblatt: 71).

Die militante Strategie der WSPU wurde allerdings in der deutschen Debatte um Frauenemanzipation vor allem als „Abschreckungsmittel" (o. V., 01.05.1913, Frauenfrage: 17) gegen Ziele und Forderungen der Frauenbewegung insgesamt aufgegriffen. Der Vorstand des BdF erklärte somit im *Centralblatt*, dass die „Anwendung revolutionärer Gewalt unter allen Umständen und für jede Frau einen Bruch mit ihrer Natur" bedeute (o. V., 01.05.1913, Frauenfrage: 17).

> Aus all diesen Gründen sind wir überzeugt, daß die Frauenbewegung ihre Erfolge nur von der aufbauenden Kraft der positiven Leistungen der Frauen erwarten kann. Die Wirkung dieser Leistungen kann durch ungesetzliche Kampfesmittel nur beeinträchtigt und zerstört werden (o. V., 01.05.1913, Frauenfrage, 17).

Diese Erklärung wurde von Mitgliedern der radikalen Vereine des BdF angegriffen, insbesondere da die Stellungnahme nicht in der Generalversammlung diskutiert worden war (vgl. Heymann/Augspurg, 16.06.1913, Frauenfrage: 41). Als Vorsitzende des BdF beharrte Gertrud Bäumer auf der Ablehnung der Kampfmittel der Suffragetten (vgl. Bäumer, 16.06.1913, Frauenfrage: 41).

Die Einheitlichkeit der Bewegung wurde vielfach beschworen: „Insofern ist auch das, was uns zusammenhält, nicht nur Strategie, Überlegung, Taktik, sondern gemeinsamer Glaube!" (Bäumer, 01.04.1913, Frauenfrage: 2). Diese solle auch durch die Organisation von Jugendgruppen vorangetrieben werden (vgl. Ender, 16.01.1913, Centralblatt: 155f). Wobei das Tragen von Emblemen, eine Praxis die gerade bei jungen Mitgliedern sehr beliebt war und die Zugehörigkeit zu einem bestimmten Verband ausdrückte, durchaus kritisch diskutiert wurde (vgl. o. V., 16.09.1912, Centralblatt: 92).

Insgesamt machte die BdF-Vorsitzende Gertrud Bäumer 1913 darauf aufmerksam, dass neben „den äußeren Fortschritten" für die deutsche Frauenbewegung insbesondere „eine innere Entwicklung" auszumachen sei: eine „Umbildung der Anschauung" von Frauen (Bäumer, 01.12.1913, Frauenfrage: 129f). Diese Entwicklungen – vorangetrieben durch die ‚neuen' Frauen – sollten es ermöglichen, dass jede Frau „tun und leisten" kann, „wozu sie sich am besten eignet, wozu sie sich berufen fühlt" (Weber, 16.01.1914, Frauenfrage: 154).

> Diejenige moderne Frau, die irgendwie mit der Bewegung der Frau zum geistigen und sozialen Selbstständigwerden ihres Geschlechts verbunden ist – sei es an ihr mitschaffend, sei es auch nur sie innerlich mitbejahend – bildet als Gattungswesen eine „erste Bewegung", die Verkörperung und Gestaltung von etwas Neuem, mag auch ihr individuelles Tun und die Eigenart ihres individuellen Wesens noch so bescheiden sein. [...] Nun ist es freilich das Ziel dieses weiblichen Gemeinschaftshandelns, der „Frauenbewegung": sich als solche überflüssig zu machen – sobald wie möglich (Weber, 16.01.1914, Frauenfrage: 154).

Der BdF ließ sich durch Kampagnen und Mobilisierungsstrategien anderer Bewegungsorganisationen im In- und Ausland durchaus inspirieren. Auch wenn die gewaltsame Strategie der Suffragetten abgelehnt wurde, bewunderten deutsche Frauenbewegungsaktive deren Kampfgeist und Mut, allerdings ohne den Einfluss der britischen Arbeiterinnenbewegung auf die Mobilisierungsstrategien der Anfangsjahre zu reflektieren. Frauen der deutschen Arbeiterinnenklasse sollten zwar für die Mitgliedsvereine und -verbände gewonnen werden, eine wirkliche Annäherung zwischen der bürgerlichen und der organisierten proletarischen Frauenbewegung war jedoch *erstens* aufgrund des bereits tradierten Konflikts schwer organisierbar. *Zweitens* stand einem solidarischen Bündnis nach dem Fall der Vereinsgesetze die Parteinähe der organisierten proletarischen Frauenbewegung im Wege, denn der BdF bestand auf einer parteiunabhängigen Bewegung. *Drittens* verstand sich der Bund weiterhin als Träger einer (bürgerlichen) Kulturbewegung, die durch bildende Agitation und soziale Fürsorge reformerisch tätig sein sollte.

6.2 Proletarische Frauenbewegung: „Agitieren, organisieren, disziplinieren und theoretisch schulen. Vorwärts!"

Die Mobilisierungsstrategie „Agitieren, organisieren, disziplinieren und theoretisch schulen" (Baader/Zietz, 12.10.1908, Gleichheit: 2) der proletarischen Frauenbewegung sollte vor allem die

„Mehrzahl der Arbeiterinnen und Arbeiterfrauen" (ed., 05.07.1909, Gleichheit: 311) anspornen, sich der Bewegung anzuschließen. In diesem Sinne wurde der Organisationszeitschrift *Gleichheit* auch eine äußerst wichtige Funktion beigemessen (vgl. Die Redaktion und der Verlag, 12.10.1908, Gleichheit: 1; M.W., 01.03.1909, Gleichheit: 163). Sie wurde als Sprachrohr des Klassenkampfes der Frauen verstanden:

> Die „Gleichheit" ist in Deutschland die einzige Frauenzeitung, welche die Interessen der Proletarierinnen auf Reformen in der bürgerlichen Ordnung und auf Beseitigung dieser bürgerlichen Ordnung selbst konsequent vertritt. Als Organ der deutschen Genossinnen wird die Zeitschrift wie in den vergangenen Jahrs so auch fürderhin die treue Beraterin der Proletarierinnen für ihre Beteiligung am Befreiungskampf ihrer Klasse sein. Sie wird wie seither mit aller Energie und Schärfe kämpfen für die volle soziale Befreiung der proletarischen Frauenwelt, wie sie einzig und allein möglich ist in einer sozialistischen Gesellschaft (Die Redaktion und der Verlag, 09.10.1911, Gleichheit: 1).

An dem Selbstverständnis, welches die Redaktion der Gleichheit in der Zeitschrift zum Ausdruck bringt, lässt sich auch die *agonal-meritokratische* Rahmung der Klassenfrage ableiten. Diese Rahmung wurde noch verstärkt, als mit dem Fall der Vereinsgesetze die Organisation in den politischen Vereinen möglich wurde. Die Devise hieß daher: „Nutzen wir dieses Recht, indem wir den Gewerkschaften und der sozialdemokratischen Partei beitreten" (H.H. in L., 01.02.1909, Gleichheit: 143). Die Bewegungsakteurinnen mobilisierten demzufolge unter den „Klassenschwestern", um sie für die „sozialdemokratischen Vereine" zu gewinnen (Zietz, 07.12.1908, Gleichheit: 65f).

Diese Kampagne war äußerst erfolgreich: Es wurden im Jahr 1908 35 Agitationstouren organisiert (vgl. o. V., 30.08.1909, Gleichheit: 379). Die Anzahl der in der Sozialdemokratie organisierten Frauen lag 1908, also kurz nach der Aufhebung der Restriktionen des Vereinsgesetzes, bereits bei 62.239, davon allein in Berlin 9.382 (vgl. o. V., 30.08.1909, Gleichheit: 379). Zwar stieg die Zahl der Industriearbeiterinnen stetig an, aber die Organisation selbiger in den Gewerkschaften gestaltete sich schwieriger und stieg nicht im selben Maße (vgl. R.S., 07.11.1910, Gleichheit: 38). Allerdings erleichterte „die ständig wachsende Konzentration der Betriebe" sowie die „dadurch bewirkte Zusammenführung immer größerer Massen von Arbeitern und Arbeiterinnen" die „Agitation der Gewerkschaften" (ebd.).

	Mitglieder gesamt	Weibliche Mitglieder	in Prozent
1892	237.094	4.355	1,8
1900	680.427	22.844	3,3
1903	887.698	40.666	4,5
1905	1.344.803	74.411	5,7
1908	1.831.731	138.443	7,6

Tabelle 10: Frauenanteil in den Gewerkschaften
(o. V., 13.09.1909, Gleichheit: 395)

Die zunehmende Integration der Frauen in die sozialistischen/sozialdemokratischen und gewerkschaftlichen Organisationen hatte jedoch auch Folgen für die weitere Ausrichtung der proletarischen Frauenbewegung: Zu ihrem Aufschwung hatten die Frauenkonferenzen beigetragen (vgl. o. V., 17.01.1910, Gleichheit: 113). Nach dem Fall der Vereinsgesetze wurde von Seiten der organisierten männlichen Arbeiterschaft der Sinn der eigenständigen Frauenkonferenzen stark angezweifelt (vgl. Duncker, 31.01.1910, Gleichheit: 129; Grünberg, 31.01.1910, Gleichheit: 129f).

Doch es wurden „wichtige sachliche" Gründe für die Abhaltung separater Frauenkonferenzen angeführt und das Abweichen von dem „Brauch", so die Befürchtung, würde dazu führen, dass sich dann die „Stimmen der mehren" würden, die die Frauenkonferenzen „in das Reich der berühmten Extrawurst" verweisen wollen (Duncker, 31.01.1910, Gleichheit: 129). Die Fortführung der Frauenkonferenzen wurde zudem als eine Möglichkeit der politischen Bildung verstanden, um Frauen auf die politische Arbeit vorzubereiten (vgl. Grünberg, 31.01.1910, Gleichheit: 130).

> Man scheint in den Kreisen der Genossen verschiedentlich der Ansicht zu huldigen, daß die Frauenkonferenzen lediglich ein veraltetes Überbleibsel aus der früheren Vereinspraxis darstellen, daß

ihnen heute der Kern innerer Berechtigung fehle. Man betrachtet sie als eine Art Zopf, an dem leicht einmal die demokratischen Grundsätze unserer Partei aufgebaumelt werden könnten. Ängstliche Gemüter mögen vielleicht gar in diesen Tagungen die ersten Ansätze einer erstrebten künftigen „Weiberdiktatur" innerhalb der Partei erblicken. Sie wollen dem Übel vorbeugen und schütten das Kind mit dem Bade aus, indem sie Frauenkonferenzen für überflüssig, ja schädlich erklären (Selinger, 28.02.1910, Gleichheit: 164).

Die Aufnahme von Frauen in die politischen Vereinigungen warf die alte Frage nach der Rolle der Geschlechter auf (Kap. 4.2.2.2). Die proletarische Frauenbewegung verwehrte sich gegen eine Vereinnahmung und man hielt an der eigenständigen Organisation der Frauenkonferenzen dezidiert fest (vgl. Wurm, 14.03.1910, Gleichheit: 181f; Wulff, 14.03.1910, Gleichheit: 182). Obwohl der Wunsch nach der gemeinschaftlichen Arbeit mit den „Genossen" ausgedrückt wurde, hielten es die proletarischen Aktivistinnen für absolut unerlässlich, ihre eigenen „Erfahrungen, Meinungen und Wünsche austauschen" zu können (Schulze, 28.03.1910, Gleichheit: 198). Auf ähnliche Probleme stießen Aktivistinnen, die Diskussionsabende zur Anwerbung und Bildung der proletarischen Frauen organisierten (vgl. Mackwitz, 26.09.1910, Gleichheit: 403f). Auch hier artikulierten Genossen den Vorwurf, dass „den Frauen eine ‚Extrawurst gebraten' würde" (ebd.: 403). Zudem hielten Männer auf lokaler Ebene aufgrund ihrer eigenen Betätigung in Arbeiterorganisation ihre Frauen davon ab, sich in den Arbeiterinnenvereinigungen bzw. -zusammenkünften zu organisieren (vgl. F.H., 19.12.1910, Gleichheit: 90). Doch „ein Genosse dem es Ernst ist mit dem Ziele seines Kampfes, darf seine Frau nicht von der öffentlichen Betätigung zurückhalten, sondern er muß sie dazu anfeuern" (ebd.). Die *egalitär-solidarische* Rahmung des Geschlechterverhältnisses bestärkte das Selbstverständnis der Proletarierinnen, ihre Standpunkte gegenüber den organisierten Parteigenossen deutlich zum Ausdruck zu bringen. Dies zeigt sich auch an den Debatten, um die Nähe zur SPD auszuloten. Diese Frage stand auf der Tagesordnung, weil die bis dato unabhängigen Frauenbüros nun der Partei unterstellt waren (vgl. Baader, 11.04.1910, Gleichheit: 211). Die Diskussionen in der *Gleichheit* unterstreichen, dass die repressiven Vereinsgesetze – als (negative) Gelegenheitsstruktur – eine unabhängige und selbstbewusste proletarische Frauenbewegung geschaffen hatten, die sich auch als solche verstand. Für eine Neuorganisation – nach dem Fall der Vereinsgesetze – musste demnach den proletarischen Aktivistinnen einfach eine gewisse Zeit und ein transparentes Vorgehen eingeräumt werden (vgl. Zetkin, 09.05.1910, Gleichheit: 249). Die *egalitär-solidarische* Rahmung findet sich auch auf dieser Ebene der Organisierung wieder, insofern die proletarischen Frauen „als gute Kameraden und treue Waffengefährten der Männer ganz naturnotwendig gemeinsam raten und taten" (Zietz, 11.04.1910, Gleichheit: 213) sollten.

> Wir wollen uns in eine Reihe mit den Genossen stellen, die gegen Ausbeutung und Knechtschaft kämpfen. Wir wollen uns mit ihnen gegen jede Belastung der Massen durch indirekte Abgaben, gegen Militarismus und politische Rechtlosigkeit zur Wehr setzen. Diejenigen unserer Schwestern, die noch stumpfsinnig im Dunkeln wandeln, wollen wir aufklären (Haader, 27.09.1909, Gleichheit: 409).

Der 1. Mai war dementsprechend ein wichtiger gemeinsamer Bezugspunkt für die proletarische Frauenbewegung, um die Einigkeit der Arbeiter_innenklasse öffentlich auf der Straße zu demonstrieren (vgl. Zietz, 26.04.1909, Gleichheit: 226; Lewin-Dorsch, 26.04.1909, Gleichheit: 227; o. V., 25.04.1910, Gleichheit: 225; Wurm, 29.04.1912, Gleichheit: 243).

Die Etablierung eines „sozialistischen Frauentag[s]" wurde zur „Unterstützung der Forderung des allgemeinen Frauenwahlrechts" bei der *Internationalen Konferenz sozialistischer Frauen* in Kopenhagen nach einem Antrag von Clara Zetkin beschlossen (o. V., 02.01.1911, Gleichheit: 104) und fand am 19. März 1911 zum ersten Mal statt (o. V., 13.03.1911, Gleichheit: 177; Heiden, 13.03.1911, Gleichheit: 179).

> Er muß zu einer gewaltigen Kundgebung des klassenbewußten Proletariats für das Bürgerrecht des weiblichen Geschlechts für volle Demokratie werben (o. V., 30.01.1911, Gleichheit: 137).

Die Frauentage waren ein großer Erfolg (vgl. o. V., 27.03.1911, Gleichheit: 193; o. V., 29.05.1912, Gleichheit: 278ff; o. V., 19.03.1913, Gleichheit: 199ff). Neben einem „Meer von Frauenhüten" (o. V., 10.04.1911, Gleichheit: 218) verzeichneten die proletarischen Aktivistinnen auf lokaler Ebene aber auch gewalttätige Auseinandersetzungen, z. B. in Berlin, wo die Polizei eine Frauentagsversammlung aus „Revolutionsfurcht" (Unger, 29.05.1912, Gleichheit: 281) versuchte aufzulösen. Der dritte Frauentag stand aufgrund von Streiks und Arbeitskämpfen in verschiedenen Industriebereichen und „schwere[n] Wahlkämpfe[n] zu den Landtagen" unter einem weniger guten Stern (o. V., 19.02.1913, Gleichheit: 161), konnte aber trotzdem abgehalten werden (vgl. o. V., 19.03.1913, Gleichheit: 199ff). Auf einigen Veranstaltungen ergriffen auch „frauenrechtlerische Führerinnen das Wort" (ebd.: 200), wie sich in proleratischen Kreisen kritisch über Aktive aus dem bürgerlichen Flügel äußerten. Diese erklärten sich solidarisch oder priesen das „Damenwahlrecht" an (ebd.), welches im Kreise der sozialistischen/sozialdemokratischen Frauen abgelehnt wurde. Die Grenzziehung zu den bürgerlichen Frauen erfolgte *agonal-meritokratisch* in Bezug auf Klasse, denn der „sozialdemokratische Frauentag ist aus einer tiefen Not und einer starken Hoffnung geboren worden, deren Geschick das ausbeutende Kapital in der harten Faust hält" (o. V., 04.03.1914, Gleichheit: 177).

Eine Kampagne, die die proletarische Frauenbewegung von den anderen in dieser Studie untersuchten Bewegungsorganisationen unterscheidet, verdient besondere Erwähnung. Die Aktivistinnen setzten auf eine selbstorganisierte Kinder(sozial)arbeit. Auf lokaler Ebene wurden durch die Ortsgruppen oder die Kinderschutzkommissionen beispielsweise für Kinder aus der Arbeiter_innenklasse Wandertage organisiert (vgl. Prager, 02.10.1912, Gleichheit: 4ff; o. V., 20.08.1913, Gleichheit: 377f; Schädlich, 17.09.1913, Gleichheit: 410f). Die Vorbereitung der Ausflüge brachte die Frauen mit den Menschen vor Ort in Kontakt und sie erfuhren breite Unterstützung in den städtischen Kiezen[109] und Gemeinden.

---

[109] In Frankfurt am Main erfreuten sich die von den Frauen der Kinderschutzkommission seit 1911 organisierten Spaziergänge in der Ferienzeit einer immer größeren Beliebtheit (vgl. o. V., 20.08.1913, Gleichheit: 377). Es hatten sich etwa 60 Frauen an der Organisation beteiligt. Auf Drängen der Eltern wurden bald auch Kinder zugelassen, die noch nicht zur Schule gingen (ebd.: 377). Die Maggi-Gesellschaft unterstütze die Spaziergänge und übernahm die Mahlzeiten für 1300 Kinder (ebd.). Jeder Frankfurter Spaziergang wurde mit einem großen Kinderfest gefeiert. Insgesamt nahmen an 21 Tagen 21.790 Kinder an den

> Ihr Wirken hat gezeigt, daß die Gemeinde, die Allgemeinheit den größten Gewinn von der Betätigung der Frau auf Gebieten hat, wo größere Gemeinschaften immer mehr die Aufgaben übernehmen müssen, die früher in den Händen der Familie ruhten (o. V., 20.08.1913, Gleichheit: 377).

Die Wanderungen und Ausflüge mit den Kindern wurden als Teil der praktischen Kinderfürsorge gesehen (vgl. e.p., 22.07.1914, Gleichheit: 339). Neben dieser erfolgreichen Kampagne sollte auch eine „spezialisierte Agitation unter den Frauen" eingeführt werden (Zietz, 04.03.1912, Gleichheit: 179f), die auf die Belange der unterschiedlichen Berufsgruppen Rücksicht nehme (ebd.: 179). Gerade für die Agitation unter den konfessionellen Arbeiterinnen bedurfte es einer besonders sorgfältigen Vorbereitung:

> Die katholischen Frauen, die in ihrer politischen Rückständigkeit als Sturmkolonnen gegen uns mobilisiert werden sollen, müssen herübergeholt und als Klassenkämpferinnen gegen den Kapitalismus geführt werden (Zietz, 04.03.1912, Gleichheit: 180).

Als besondere Gruppen, die gewonnen werden sollten, wurden die Landarbeiterinnen, „die unter geistigem Einfluß des Zentrums stehen", die Lehrerinnen, Handlungsgehilfinnen und weitere Berufsgruppen gesehen (Zietz, 15.05.1912, Gleichheit: 259). Wesentlich sei hier, die Agitation mit den gewerkschaftlichen Organisationen zusammen zu betreiben (ebd.: 260). Es wurde zur Hausagitation aufgerufen (vgl. Zietz, 15.04.1912, Gleichheit: 227), welche durch regionale Frauenversammlungen organisiert und koordiniert wurde (ebd.). Zwischen 1911 und 1912 gelang den Aktivistinnen die Organisation von 66 Agitationstouren und 200 Einzelversammlungen, die durch das Frauenbüro vermittel wurden (ebd.).

Die proletarische Frauenbewegung nahm zu den anderen hier analysierten Frauenbewegungsströmungen eine ablehnende Haltung ein. Wollte der BdF in seinen Mitgliedsorganisationen durchaus Frauen der Arbeiter_innenklasse organisieren, so standen die Aktivistinnen der proletarischen Frauenbewegung den als bürgerlich identifizierten Organisationen feindlich gegenüber. Aufgrund ihrer

---

Spaziergängen teil. Diese Praxis wurde auch in anderen Städte aufgegriffen (vgl. o. V., 01.10.1913, Gleichheit: 11; e.p., 22.07.1914, Gleichheit: 339).

agonal-meritokratischen Rahmung bezüglich der Klassenverhältnisse waren Solidaritäten schwer herzustellen und strategisch darüber hinaus auch nicht gewollt.

Die bürgerliche Frauenbewegung und deren innere Richtungskämpfe zwischen dem radikalen und dem gemäßigten Flügel wurden von der proletarischen Frauenbewegung beobachtet und kritisch kommentiert. Die Entwicklung der Bewegung wurde als „reaktionär nach rechts" wahrgenommen (o. V., 21.12.1908, Gleichheit: 96). Die Forderungen der „bürgerlichen Frauenrechtlerinnen" werteten die proletarischen Vertreterinnen als „bürgerliche Interessen" (o. V., 18.01.1909, Gleichheit: 127f), die, selbst wenn „sie noch so ehrlich gemeint sein" sollten, „erfolglos bleiben" würden (Wurm, 25.10.1909, Gleichheit: 20). Zudem wurde den bürgerlichen Bestrebungen unterstellt, die „Frauen der arbeitenden Klasse vor den Wagen ihrer eigenen Forderungen spannen" zu wollen (o. V., 18.01.1909, Gleichheit: 127f) oder „Spitzeldienste" für das „Unternehmertum" zu leisten (o. V., 12.10.1908, Gleichheit: 2f). Die proletarischen Frauen wurden dazu aufgerufen, nicht denen zu glauben, „die ein Interesse daran haben, daß alles so bleibt, wie es heute ist" (M.W., 01.03.1909, Gleichheit: 162).

Die Agitation in Großbritannien fand in der proletarischen Frauenbewegung große Beachtung. Insbesondere die Erfolge bei der Organisierung und Mobilisierung der Arbeiterinnenschaft wurden in der *Gleichheit* beschrieben (vgl. o. V., 03.01.1910, Gleichheit: 98).

> In der Tat: die englischen Suffragettes hatten bewiesen, daß die rücksichtslose Anwendung aller verfügbaren Kampfesmittel der Forderung des Frauenrechts wie jedem politischen Ziel nützlich ist. Mit robustem realpolitischem Instinkt hatten sie die alte Taktik „weiser Mäßigung" und „klugen Wohlverhaltens" beiseite geschoben, die abzuschmeicheln hofft, wo es abzutrotzen, zu erobern gilt. […] Kein Zweifel: die Suffragettes haben die Forderung des Frauenstimmrechts in der kurzen Spanne von etwa zwei Jahren mehr gefördert, als die alte „bewährte" Taktik das in langen Zeitläufen getan hat (o. V., 21.06.1909, Gleichheit: 293).

Der „unbeugsame[n] Energie", dem Mut und der Opferbereitschaft der Suffragetten wurde durchaus Bewunderung entgegengebracht (o. V., 23.11.1908, Gleichheit: 64). Die Unterstützung, die die WSPU aus der britischen Arbeiterinnenschaft erfuhr, war für die deutschen Akteurinnen unverständlich und führte zu Zerwürfnissen auf internationaler Ebene: Beim *Internationalen Sozialistischen Frauenkongress* in Kopenhagen kam es beispielsweise zu einem heftigen Disput mit sozialistischen Britinnen. Sie setzten sich weiterhin für eine gemeinsame Agitation mit „bürgerlichen Frauenrechtlerinnen für das beschränkte Frauenstimmrecht" ein, mit der Begründung, dass dies der einzig gangbare Weg in Großbritannien sei (o. V., 12.09.1910, Gleichheit: 387f). An diesem Konflikt zeigt sich vor allem, dass die Klassenspaltung in Großbritannien für die Frauenbewegung anders eingeschätzt wurde und andere Wege der Solidarisierung gesucht wurden. Die Arbeiterinnen, Sozialistinnen und Sozialdemokratinnen hatten zudem einen großen Anteil an der (Wieder)belebung der Stimmrechtsfrage (Kap. 4.3.2.3).

Die Forderung eines eingeschränkten Frauenstimmrechts war für die deutschen proletarischen Aktivistinnen nicht nachvollziehbar und aufgrund der *egalitär-meritokratischen* Rahmung des Klassenkonflikts untragbar (vgl. o. V., 23.11.1908, Gleichheit: 64; o. V., 01.08.1910, Gleichheit: 352; o. V., 01.03.1909a, Gleichheit: 176; o. V., 01.03.1909a, Gleichheit: 176; Twinina, 13.03.1911, Gleichheit: 181). Die Forderung wurde als „frauenrechtlicheres Geldsackwahlrecht" strikt abgelehnt (o. V., 27.03.1911, Gleichheit: 208). Zudem weist die *Gleichheit* darauf hin, dass es in „England" in der Tat „ein offenes Geheimnis" sei, „daß vor allem konservative Kreise" die Suffragetten unterstützten, denn diese seien es, die den „Suffragettes die riesigen Geldmittel für die Praxis ihrer ‚revolutionären' Kampfesmethoden liefern" (o. V., 21.06.1909, Gleichheit: 295). Aber nur „Tollhäusler" können annehmen, „daß die Konservativen aus Begeisterung für die schönen Augen der Damen und die schönen Augen des Prinzips der Gleichberechtigung der Geschlechter in die Taschen fassen"[110] (o. V., 21.06.1909, Gleichheit: 295).

> Der Kriegsschatz der englischen Suffragettes hat nun die angestrebte Höhe von 2 Millionen Mark bereits um 60 000 Mk. überschritten. Die Schatzmeisterin des Fonds, Mrs. Pethick-Lawrence und ihr Gatte haben ihm im Laufe der letzten Jahre wiederholt Schenkungen von 20 000 Mk. Gemacht, und die Sammlungen gelegentlich von Demonstrationen und Versammlungen brachten

---

[110] Die Finanzierung der WSPU durch die konservative Partei wurde auch von der NUWSS kritisch hinterfragt.

nicht selten ähnlich hohe Summen ein. Sie weisen auf die begüterten, ja sehr reichen Kreise hin, aus denen sie stammen und lassen es begreiflich erscheinen, warum die Suffragettes dem allgemeinen Frauenwahlrecht kühl, ja feindlich gegenüberstehen (o. V., 11.09.1911, Gleichheit: 400).

Für die proletarischen Aktivistinnen legte dies die bürgerlichen Klasseninteressen der Suffragetten offen (ebd.). In Bezug auf die Klassenfrage gestand man der Führungsriege der WSPU zwar ein gewisses Engagement zu, insgesamt sei sie aber von „bürgerlich radikaler Gesinnung, von Wohlwollen für die arbeitenden Massen und Sympathien für einen verwaschenen gefühlsmäßigen Sozialismus erfüllt", allerdings „ohne Verständnis für die geschichtlichen Bedingungen des proletarischen Befreiungskampfes, ohne theoretische Schulung" (o. V., 19.07.1909, Gleichheit: 334).

Die Übernahme bestimmter Taktiken der WSPU in den deutschen Frauenbewegungskontext erfuhr besondere Ablehnung, als 1912 bürgerliche Stimmrechtsorganisationen Arbeiterinnen dafür bezahlten, vor Wahllokalen für das Stimmrecht zu agitieren. Die Gleichheit reagierte empört: „Also demonstrieren wir [die Bürgerlichen] auch in Deutschland? Aber in die Straßen hinabsteigen?" (o. V., 22.01.1912, Gleichheit: 143)

> Wer aber demonstrieren will, der muß sich auch mit seiner Person für seine Forderung einsetzen. Wer mit seinem Geld statt mit seiner Person demonstriert, macht sich lächerlich und verächtlich (o. V., 22.01.1912, Gleichheit: 143).

Die militant destruktiven Taktiken der Suffragetten wurden von den bürgerlichen Frauen ebenso abgelehnt wie von den proletarischen Aktivistinnen. Während die Bürgerlichen die öffentliche Meinung fürchteten und ihr Ziel in Gefahr gebracht sahen, ging es den proletarischen Frauen darum, den bürgerlichen Klassencharakter der Suffragetten zu entlarven.

Die „Tollheit eines systematischen Feldzugs zur Zertrümmerung der großen Glasscheiben" (o. V., 18.03.1912, Gleichheit: 208) zur selben Zeit, als auch der Bergbaustreik in Großbritannien große Wellen schlug, wurde in der *Gleichheit* nicht gut aufgenommen. Die Taktiken wurden als Vandalismus gewertet, die nichts mehr mit einem „ernsten Kampfe" (ebd.) zu tun hätten und zur Erreichung des Frauenstimmrechts eher hinderlich wären (vgl. o. V., 24.07.1912,

Gleichheit: 352; o. V., 11.12.1912, Gleichheit: 95; o. V., 19.02.1913, Gleichheit: 176). Nachdem die Attacken mit Säure und Bomben bekannt wurden, werteten proletarische Aktivistinnen in Deutschland die Taktiken der Suffragetten auch als ernsthafte Gefahr für die Arbeiter_innen (o. V., 14.05.1913, Gleichheit: 271f) und als „Gipfelpunkt geschichtlicher Einsichtslosigkeit". Denn die Beschlagnahmung der Zeitschrift *Suffragette* und das behördliche Eintreten gegen Versammlungen der WSPU bedeuten eine Einschränkung der Redefreiheit, die auch andere politische Organisationen, und damit auch die organisierte Arbeiter_innenschaft, treffen könnte (ebd.: 272).

An der strikten Abgrenzung der proletarischen Frauenbewegung zur bürgerlichen und militanten Strömung wird die *agonal-meritokratische* Rahmung des Klassenverhälnisses deutlich, die für die proletarische Frauenbewegung den Klassenkampf in den Mittelpunkt des Bewegungsinteresses rückte. Es ging demnach darum, Arbeiterinnen in der proletarischen Frauenbewegung zu organisieren und gleichzeitig für die Arbeiter_innenbewegung zu mobilisieren. Die erfolgreiche Organisation zum Frauentag, die Einrichtung einer sozialdemokratischen Frauenbibliothek im Verlag des *vorwärts*, die durch gezielte Mobilisierung von 22.678 auf 130.371 angestiegene Anzahl weiblicher Parteimitglieder stehen für den nun auch organisatorisch vollzogenen Schulterschluss mit den Männern der Arbeiter_innenbewegung (vgl. o. V., 13.11.1912, Gleichheit: 56).

6.3 National Union of Women Suffrage Societies: „Policy to use"

Die NUWSS mit ihrer langjährigen Kampagnentradition hatte nach der Jahrhundertwende aufgrund der Übernahme einiger öffentlichkeitswirksamer Taktiken sowie der neuen Aufmerksamkeit für das Frauenstimmrecht Mobilisierungserfolge zu verzeichnen (Kap. 4.3.2.3). Ihre Methoden bezeichnete die NUWSS 1909 noch als konstitutionell und parteiunabhängig (vgl. Mason, 15.04.1909, Common Cause: 5) sowie demokratisch organisiert (vgl. o. V.,

15.06.1911, Common Cause: 171). Der Erfolg und die Kampagnenfähigkeit der WSPU erfrischte demnach auch das Aktionsrepertoire der konstitutionellen Strömung.

> This splendid machine must now be strengthened and stimulated into a fighting force, able to initiate and prosecute a true forward policy. The spirit and the workers are there; we must find the best way to use them (o. V., 10.03.1910, Common Cause: 669).

Erst ab 1909 brachte die NUWSS ihre eigene großangelegte Zeitschrift heraus, organisatorisch lag sie hier hinter den anderen drei untersuchten Bewegungsströmungen zurück. Mit der *Common Cause* sollte ein breites Publikum auch über die Organisation hinaus angesprochen werden (vgl. The Editor, 05.08.1909, Common Cause: 218). Die Verbreitung der Zeitschrift sollte der NUWSS auch Einnahmen sichern.

> A corps of Suffragist is being formed to sell "The Common Cause" in London. All who willing to help are asked to write... (o. V., 03.03.1910, Common Cause: 659).

Im Jahr 1910 verzeichnete die NUWSS 20.000 Mitglieder (vgl. o. V., 14.04.1910, Common Cause: 4) und hatte £ 20.000 an Spenden eingenommen (vgl. o. V., 24.08.1911, Common Cause: 340). Ein Jahr darauf war die Mitgliederanzahl bereits auf 24.000 in 236 Mitgliedsgesellschaften angestiegen (vgl. o. V., 15.06.1911, Common Cause: 171).

Ihr Ziel war das Frauenstimmrecht zu den auch für Männer geltenden Konditionen. Diese eingeschränkte Forderung wurde ganz rational als umsetzbar eingeschätzt, wenngleich das Wahlrecht für alle Personengruppe auf lange Sicht als wünschenwert galt. Hier folgt die NUWSS ihrem *egalitär-ökonomischen* Framing der Geschlechterfragen: Die Forderung wurde zwar konstitutionell an der bestehenden, rechtlichen Ordnung der Besitzklassen gemessen, der Beitrag der Arbeiter_innen zum gesellschaftlichen Wohlstand in einer klassisch liberalen Logik nicht negiert.

In ihrer Organisation fühlte sich die NUWSS gleichberechtigten, demokratischen und repräsentativen Verfahren verpflichtet. Männer konnten genau wie Frauen in der NUWSS organisiert sein. Die NUWSS sah ihre Hauptaufgabe vor allem darin, die Öffentlichkeit durch Aufklärung und Information vom Frauenstimmrecht zu überzeugen (ebd.). Die Aktivistinnen glaubten an das Konsensprinzip und verzichteten auf Parteipolitik, da diese nach ihrem Dafürhalten einseitige Interessenpolitik fördere und damit eine gemeinsame und parteiunabhängige Debatte verhindere (vgl. o. V., 24.08.1911, Common Cause: 340). Die Verfahrensweisen in der Organisation und die Entscheidungsfindung wurden von der NUWSS transparent gemacht (vgl. o. V., 21.04.1910, Common Cause: 23f).

Die über Jahre praktizierte parteiübergreifende Unterstützung von Parlamentskandidaten zu den Wahlen (General Elections oder By-Elections) führte die NUWSS 1909 weiter und schwor ihre Mitglieder auf eine einheitliche Kampagne ein (vgl. o. V., 16.12.1909, Common Cause: 483).

> Our victory depends on the amount of support we can win, and the National Union policy is *the* policy to use. It must be carried out to its utmost among electors and parties (Fraser, 16.12.1909, Common Cause: 485; Hervorheb. im Original).

Die Kandidaten, die das Frauenstimmrecht unterstützten, wurden veröffentlicht, um sie an ihre Unterstützungszusage auch nach der Wahl zu erinnern. Im Parlament von 1910 saßen dementsprechend nach den Angaben der NUWSS 400 Frauenstimmrechtsbefürworter (vgl. o. V., 23.06.1910, Common Cause: 163). Während der Kampagne wurden allerdings die Störungen der WSPU bei liberalen Veranstaltungen zum Problem in der eigenen Mobilisierung:

> They have awakened in the Liberal party a bitter and unreasoning hatred (Royden, 19.08.1909, Common Cause: 239).

Dazu kam, dass die Liberalen bei ihren Veranstaltungen nun Frauen komplett ausschlossen (vgl. o. V., 16.09.1909, Common Cause: 287). Die Vermutung aus NUWSS-Kreisen war, dass die *Keep-the-Liberal-out*-Kampagne bewirke, dass überwiegend Konservative die Suffragetten finanziell und strukturell unterstützten, da sie ein Interesse an der Sabotage der liberalen Regierung hätten. Diese Art der parteipolitischen Einflussnahme verurteilen die Konstitutionellen zutiefst, da für sie das Stimmrecht als ein Thema jenseits der Konfliktlinien von Parteien lag (ebd.).

Insbesondere zur Zeit der *Conciliation Bill* konnte die NUWSS Zuwächse verzeichnen. 1912 wurden beispielsweise 14 neue Wahlrechtsgesellschaften aufgenommen (vgl. Courtney, 04.01.1912,

Common Cause: 676). Es wurde auch davon ausgegangen, dass aufgrund der angestrebten Kampagne für das Jahr rund um die *Conciliation Bill* sowie des erhofften Zusatzantrages zum Frauenstimmrecht noch mehr Gesellschaften hinzukommen würden (ebd.).

	Januar 1912	April 1913	Okt. 1913	Mai 1914	Juni 1914
Societies	262	410	424	458	466
Schottland	45	59	62	67	69
Wales	20	27	28	32	30
Federations	17	16	16	18	18
Kolonien	k. A.	k. A.	1 (Indien)	1 (Indien)	1 (Indien)
sonstige					1 (Frankreich)

Tabelle 11: Mitgliedsorganisationen in der NUWSS 1912–1914 (eigene Darstellung)

Die NUWSS beteiligte sich rege an den internationalen Konferenzen der Frauenbewegung und stand im Austausch mit Frauenbewegungsorganisationen im Ausland (vgl. o. V., 06.05.1909, Common Cause: 51).

Ein gespaltenes Verhältnis hatte die NUWSS zu Stimmrechtsorganisationen, die Mittel anwendeten, die gegen das Gesetz verstießen. Die Konstituionellen teilten die Ansicht „Taxation without Representation is Robbery" und problematisierten die Entlohnung der MPs aus Steuergeldern, die eben auch durch Frauen erbracht wurden (vgl. o. V., 29.09.1910b, Common Cause: 397f). Steuerzahlungsverweigerung als ziviler Ungehorsam kam für sie aber nicht in Frage. Als die großen Kampagnen zur Steuerverweigerung anliefen, welche neben der *Tax Resistance League* mittlerweile auch von der WSPU forciert wurden, bezog die NUWSS sehr klar Position:

> The National Union will have nothing to do with a policy of half-hearted or half-acknowledged sympathy with illegal practices (o. V., 13.07.1911, Common Cause: 244).

Auf einer Sondersitzung des Councils der NUWSS wurde die Taktik und Teilnahme an der Mobilisierung diskutiert und offiziell abgelehnt (vgl. o. V., 13.07.1911, Common Cause: 248). Gemäß der *egalitär-ökonomischen* Rahmung des Geschlechterverhältnisses sollten Frauen ihren Teil für das Staatswesen und zur Nationalökonomie beitragen, denn das zeige ihre Reife und rechtfertige die Forderung gleicher Staatsbürger_innenrecht.

Das Verhältnis zwischen NUWSS und WSPU muss als konfligierend bezeichnet werden. Der neue eingeführte *Public Meetings Act* beispielsweise sollte das Heckling der Suffragetten bei öffentlichen Versammlungen unterbinden. Von dieser Protestmethode selbst waren die konstitutionellen Aktivistinnen sicherlich nicht überzeugt. Dass diese Taktik aber von jeher auch von Männern praktiziert worden war, und dies nun im Falle weiblicher Zwischenruferinnen zu einem Unrecht erklärt werden sollte, erschien den Konstitutionellen durchaus fragwürdig (vgl. o. V., 22.04.1909, Common Cause: 18; o. V., 16.09.1909, Common Cause: 287). Gerade Frauenversammlungen arrivierten zu beliebten Zielscheiben für antisuffragistische Störer (vgl. o. V., 03.10.1913, Common Cause: 437).

> Every Suffragist who has spoken much in public will endorse these remarks. Innumerable instances could be given of peaceful meetings, addressed by peaceful women, broken up by rowdies who have not stopped at noise, but have broken windows and furniture and thrown stones and garbage, and yet not one arrest has been made (o. V., 28.10.1909, Common Cause: 366).

Millicent Garrett Fawcett selbst wurde Opfer von Angriffen bei einer Demonstration in Manchester (vgl. o. V., 15.07.1909a, Common Cause: 173; o. V., 15.07.1909b, Common Cause: 173). Die Verhaftungen, die Haftbedingungen und die Zwangsernährungen inhaftierter Suffragetten waren für die NUWSS untragbar (vgl. o. V., 12.08.1909, Common Cause: 226; o. V., 24.02.1910, Common Cause: 638f; o. V., 17.03.1910, Common Cause: 686).

Wenngleich die NUWSS den Suffragetten altruistische Opferbereitschaft für die Sache des Frauenstimmrechts attestierte, verurteilte sie stets die zunehmende Gewaltanwendung der Suffragetten und wies auf die eigene generelle Ablehnung der Militanz in der Öffentlichkeit hin (vgl. o. V., 14.10.1909, Common Cause: 338; o. V.,

The Common Cause, 23.11.1911, 567f). Die Konstitutionellen kritisierten den doppelzüngigen öffentlichen Diskurs: *Einerseits* suggerierte die Presse den Frauenbewegungsorganisationen, einzig konstitutionelle Methoden würden zum Ziel führen, *andererseits* berichteten die Medien nur einseitig von den gewaltsamen Akten der Militanten (vgl. o. V., 23.09.1909, Common Cause: 299). D. h., die langjährige und tradtionsreiche NUWSS wurde medial übergangen oder sie wurde als Teil der militanten Bewegung definiert, wogegen sie sich abzugrenzen suchte (vgl. o. V., 30.09.1909, Common Cause: 309; o. V., 11.11.1909, Common Cause: 399). Die Ablehnung von Gewalt in „political propaganda" wurde in einer Resolution bekräftigt (vgl. o. V., 14.10.1909, Common Cause: 339).

> Our policy is proving itself, to the ever-increasing satisfaction of our members, to be the right and the rational one (o. V., 14.10.1909, Common Cause: 339).

Organisationsintern war die Teilnahme an großen WSPU-Events stets von Debatten begleitet (vgl. o. V., 26.05.1910, Common Cause: 103; o. V., 21.07.1910, Common Cause: 246; Evans, 28.07.1910, Common Cause: 262; o. V., 22.06.1911, Common Cause: 191f). Während der Verhandlung der *Conciliation Bill* konnte sich die NUWSS durchringen, an der großen *Women's Coronation Procession* im Juni 1911 teilzunehmen, nicht zuletzt, weil die NUWSS zu der Zeit einen ‚Waffenstillstand' ausgerufen hatte.

Agnes Evans schrieb einen Bericht über die Hyde Park Demonstration der WSPU und machte sich nochmalig dafür stark, dass sich bei der derzeitigen 'law-abiding' Politik der WSPU, beide großen Organisationen jetzt während der Concilition Bill-Debatte die Hände reichen sollten (vgl. Evans, 28.07.1910, Common Cause: 262; Courtney, 13.04.1911, Common Cause: 7; Fawcett, 04.05.1911, Common Cause: 60). Man rechnete insgesamt mit 20.000 Teilnehmer_innen (ebd.) und mobilisierte für den NUWSS-Block (vgl. o. V., 18.05.1911, Common Cause: 99).

Mit den Verzögerungen der *Conciliation Bill* und der Ankündigung der *Reform Bill* durch Asquith vergrößerte sich dann aber der Bruch zwischen Konstitutionellen und Militanten aufgrund der zunehmenden Gewaltakte (vgl. o. V., 18.07.1912, Common Cause: 243; o. V., 15.08.1913, Common Cause: 331; o. V., 17.10.1913, Common Cause: 482; o. V., 06.03.1914, Common Cause: 923;

W.L., 23.11.1911, Common Cause: 568). Ihre eigenen Mitglieder schwor die NUWSS auf eine breite Kampagne ein (Kap. 5.3.1).

Auch der autokratische Führungs- und Organisationsstil der WSPU wurde von den Konstitutionellen zu diesem Zeitpunkt kritisch hinterfragt:

> Much was asked of members of the W.S.P.U. when that organisation was started, and much has, indeed, been given by those members; the need was great, they were told; women could wait no longer; a semi-military organisation must take the place of the usual political and educational one; an autocracy can go faster than a democracy "trust in us and we will get the vote in a year or two." (o. V., 14.03.1912, Common Cause: 831).

Die gesamte Fenstereinwurfkampagne der Suffragetten sei lediglich in „adoration to Mrs. Pankhurst" (o. V., 14.03.1912b, Common Cause: 829) geschehen. Die Konstitutionellen kritisierten auch, dass die WSPU-Mitglieder die parlamentarische Prozedur nicht begriffen und sehr wenig Wissen über die Geschichte der Stimmrechtsbewegung im Allgemeinen hätten (ebd.). Die gesamte Organisations- und Mobilisierungslogik der WSPU konnte für die NUWSS aufgrund ihres *egalitär-ökonomischen* Framings der Geschlechterperspektive nur problematisch sein. Die Zerstörung öffentlicher und privater Güter durch Frauen, die Verweigerung von Steuerzahlungen und Volkszählungen und damit einhergehende Schädigung des Staates, der autokratische Führungsstil sowie der Ausschluss von Männern aus der WSPU war mit dieser Rahmung kaum vereinbar. Die knappe Niederlage der *Conciliation Bill* verbuchte die NUWSS auch als verhängnisvolles Ergebnis der militanten Strategie der Suffragetten (vgl. o. V., 04.04.1912, Common Cause: 877f). Fawcett ging so weit, dass sie die Militanten als die bestmöglichen und machtvollsten Alliierten der Anti-Suffragisten beschrieb (vgl. Fawcett, 25.07.1912, Common Cause: 265) und auf den großen Schaden aufmerksam machte, den die illegalen Methoden für die Frauenstimmrechtsforderung hatten (vgl. Fawcett, zit. nach o. V., 25.07.1912, Common Cause: 267).

Die NUWSS musste nach den Enttäuschungen rund um die *Conciliation Bill* neue Allianzen schmieden und alte Fäden wieder aufnehmen: „It is not a war of nation against nation, of class against class, or of sex against sex." (o. V., 17.10.1913, Common Cause:

483). Die Conciliation Bill wurde insgesamt von 49 Trade und Labour Councils sowie 36 Trade Unions und Federations unterstützt (vgl. o. V., 27.04.1911, Common Cause: 38). Die Unterstützung durch Arbeiter_innenorganisationen war durch die frühen Kampagnen des NESWS (Kap. 4.3.2.3) nicht abgebrochen (vgl. o. V., 22.06.1911, Common Cause: 186; o. V., 27.04.1911, Common Cause: 37f; Black, 29.07.1909, Common Cause: 208f).

Die ILP stand auch Ende des Jahres noch fest hinter der Gleichstellung von Männern und Frauen (o. V., 21.12.1911, Common Cause: 651). Aus diesen Gründen entschied sich die NUWSS 1912 zu einem Strategiewechsel, um der mittlerweile für die NUWSS unzumutbaren Politik der Liberalen etwas entgegenzusetzen. Bei einem Special Council Meeting wurde beschlossen, von dem Parteiunabhängigkeitspostulat zugunsten einer Kampagne für Labour-Kandidaten abzurücken (ebd.). Sollten andere Parteien, so die NUWSS, sich ebenfalls positiv zum Frauenstimmrecht verhalten, würden die Konstitutionellen auch diese wieder bei General- und By-Elections unterstützen (vgl. Marshall, 22.08.1912, Common Cause: 341; o. V., 01.08.1912, Common Cause: 284; o. V., 15.05.1914, Common Cause: 121f). Die *egalitär-konstitutionelle* Rahmung von Klassenverhältnissen ermöglichte der NUWSS diesen Schritt: Sie konnte in diesem Sinne akzeptieren, dass durch die *Reform Bill* mehr Männer in das Stimmrecht einbezogen wurden und war in der Lage Solidaritäten zugunsten ihres Ziels der Gleichstellung der Geschlechter aufzubauen:

> The opportunity of the women is the opportunity of the Labour Party: and women to whom both Causes are dear look with equal eagerness for victory for the Suffrage, and for the Labour movement an unsmirched shield (o. V., 24.01.1913, Common Cause: 717).

Auch die Berichterstattung in der *Common Cause* zeigt eine Annäherung zu Organisationen der Arbeiter_innenbewegung (vgl. o. V., 23.05.1912, Common Cause: 109). Sie zeugt von einer zunehmenden Akzeptanz der organisierten Arbeiter_innenschaft innerhalb der NUWSS (vgl. o. V., 06.06.1912, Common Cause: 130; o. V., 04.07.1912, Common Cause: 206f; o. V., 23.01.1914, Common Cause: 786; Pease, 04.07.1912, Common Cause: 205f; Snowden, 06.06.1912, Common Cause: 133).

Die Zusammenarbeit der NUWSS und der Arbeiter_innenorganisationen erwies sich 1913 als erfolgreich (vgl. Chew, 24.10.1913, Common Cause: 505; o. V., 23.05.1913, Common Cause: 107).

> The Trade Unions and Labour organisations are as usual proving our best friends. In those constituencies where there is prospect of a Labour candidate taking the field are workers helping the Labour Party in the important work of registration, and in the course of that work they are acquiring a knowledge of local conditions which will prove very useful when the election comes (o. V., 18.07.1913, Common Cause: 260).

Die Kampagne der Konstitutionellen zu den By-Elections brachte die Aktivistinnen auf lokaler Ebene mit Arbeiter_innen zusammen. Der persönliche Kontakt bei den Versammlungen (vgl. Chew, 14.03.1913, Common Cause: 835f) und die soziale Situation von Arbeiter_innenfamilien (vgl. Robinson, 14.03.1913, Common Cause: 836) förderten den Schulterschluss: „We stand for Justice for the workers and women" (o. V., 29.08.1913, Common Cause: 360). Die Agitation in den Gewerkschaften wurde ebenfalls gezielt vorangetrieben (vgl. o. V., 12.09.1913, Common Cause: 381; Ring, 05.12.1913, Common Cause: 649). Auch hier konnten durch die *egalitär-konstitutionelle* Rahmung in Bezug auf Klasse unterschiedliche politische Gesinnungen durch die Identifizierung von Gemeinsamkeiten in der demokratischen Organisation, die der NUWSS äußerst wichtig war, überbrückt werden:

> „[…] like them we are a democratic organisation, and each member has an equal voice in determining the general policy, and in electing our executive authority. Like theirs, our organisation forms in miniature a picture of the ideal democratic state" (o. V., 10.10.1913, Common Cause: 463).

Die Zusammenarbeit und Akzeptanz zwischen der NUWSS und den Organisationen der Arbeiter_innenschaft bewährte sich auch während der Streikzeiten (Kap. 5.3.2) und hielt sehr zum Unmut der WSPU bis zum Ausbruch des Ersten Weltkrieges 1914 an.

6.4 Women's Social and Political Union: „We are guerillists"

Die Unterdrückung aller Frauen stand für die WSPU im Mittelpunkt ihrer Organisierung und Mobilisierung. Die Erreichung des Frauenstimmrechts entwickelte sich zu einem Symbol der Frauenbefreiung. Die *nivellierend-differenzorientierte* Rahmung von Klasse erkannte Differenzen zwischen Frauen an. Die verschiedenen sozialen Lagen sollten dementsprechend nicht unsichtbar gemacht werden. Vielmehr wurden Klassenkonflikte zugunsten eines klaren Feindbildes, nämlich *erstens* der liberalen Regierung als Sinnbild männlicher Unterdrückung und *zweitens* der Männer generell, befriedet.

> MEN! What are you? TYRANTS? Or PHILOSOPHERS? Or FOOLS? As Tyrants we will fight you. As PHILOSOPHERS we will argue you down. As FOOLS we express our contempt for you (o. V., 14.05.1908, Votes for Women: 173).

Das parlamentarische Prozedere und der parlamentarische Unwille, das Frauenstimmrecht einzuführen, wurden als eine Zuweisung als „servile and sub-human sex" (Pankhurst, 19.11.1909, Votes for Women: 120) begriffen. Die *nivellierend-differenzorientierte* Rahmung der Klassenverhältnisse konnte auch über die Mobilisierungsmethoden der WSPU selbst hergestellt werden, denn die Protestformen waren aus dem Kontext der Arbeiter_innenbewegung übernommen und diesen somit bekannt. Die junge Generation von Frauen aus höheren Schichten empfand diese Methoden als wegweisend und modern. Diese Proteststrategie bewirkte zumindest für einen gewissen Zeitraum eine Einheitlichkeit nach innen und außen. Bei der Monster Demonstration im Hyde Park 1909 war beispielsweise eine große Gruppe Industriearbeiterinnen vertreten:

> Most pathetic of all was the group of sweated women more than a hundred strong, many of them with children clinging to their skirts, and some with a baby at the breast (Pethick Lawrence, 29.07.1910, Votes for Women: 729).

Gerade die politische Öffentlichkeit galt es, als den machtvollen gesellschaftlichen Bereich zu erobern, wenngleich der Zeitgeist suggerierte, Politik sei zu „base" und „sordid" für Frauen (Pethik Lawrence, 01.10.1909, Vote for Women: 9). Prinzipiell sollte das Geschlecht nicht ausschlaggebend für die In- oder Exklusion beim Stimmrecht (vgl. Pethick Lawrence, 11.02.1910, Votes for Women: 307) und damit für die Teilhabe am politischen Leben sein.

Die WSPU entwickelte sich in kürzester Zeit zu einem wahren Kampagnen-Juggernaut. Zahlreiche öffentlichkeitswirksame Versammlungen, Frauenparlamente, Demonstrationen, Meetings und innovative Aktionen ermöglichten eine enorme Spendenakquise und einen erfolgreichen Verkauf der *Votes for Women*. Bis 1912 hatte die WSPU £ 134.157,18 allein durch Spenden eingenommen. Die Kampagnen- und Organisationsfähigkeit zeigt sich auch in den zahlreichen Spendenfonds und den großen Summen, die durch die *Self Denial Weeks* gesammelt werden konnten.

Zweifelsohne verhalfen die Aktionen und der von allen anderen hier untersuchten Organistionen bestätigte Enthusiasmus der Suffragetten der gesamten Frauenbewegung in Großbritannien zu neuer Aufmerksamkeit (Kap. 4.3.2.4). Die WSPU hatte keine reguläre Mitgliedschaft oder demokratische Mitbestimmungsmöglichkeiten. Dies wurde nachweislich von der NUWSS (vgl. o. V., 14.03.1912, Common Cause: 831) und von der proletarischen Frauenbewegung in Deutschland moniert (vgl. o. V., 19.07.1909, Gleichheit: 334).

Doch gerade diese lose Organisationsstruktur ermöglichte es den Suffragetten, schnell zu reagieren, Aktionen zu planen und „rasch und nachdrücklich in den politischen Kampf eingreifen" zu können (o. V., 19.07.1909, Gleichheit: 334). Die *Votes for Women* und später die *Suffragette* berichteten über Taten einzelner Aktivistinnen und die WSPU erklärte diese im Nachhinein zur offiziellen Strategie.[111] Der politische Kampf selbst wurde auch als ein Kampf um den eigenen Körper (vgl. Pethick Lawrence, 11.02.1910, Votes for Women: 307) sowie um die generelle Anerkennung als Mensch

---

[111] Die von der WSPU ab 1912 forcierte städtische „Guerillataktik" (Atkinson 2002: 33), wurde nachweislich von „Freelancer" (Holton 1995: 294) oder kleinen Gruppen getragen. Die Führungsriege der WSPU hätte diese nicht mehr koordinieren können: Emmeline Pankhurst und das Ehepaar Pethik-Lawrence standen wegen Konspiration vor Gericht und waren von langen Haftstrafen bedroht. Christabel Pankhurst war in Frankreich abgetaucht (vgl. Günther 2006: 50).

verstanden (vgl. Pankhurst, 11.04.1913, Suffragette: 426; Pankhurst, 08.08.1913, Suffragette: 737).

Abbildung 6: Suffragette Demonstration Rally Hyde: Mrs Pethick-Lawrence, Christabel Pankhurst, Sylvia Pankhurst und Emily Wilding, 1910; The March of the Women Collection / Mary Evans Picture Library

> They are fighting for the very right to possess their own body and soul, they are fighting for the elemental right to be human beings, living members of the body politic, citizens of a self-governing State instead of cattle, adjuncts to, but no partakers of the body politic (Pethick Lawrence, 01.10.1909, Vote for Women: 9).

Die Aneignung des eigenen Körpers **und** die Aneignung des öffentlichen Raumes wurden demnach durch demonstrative Protestformen symbolisch in die Straßen getragen. Die Repressionen gegen die militanten Aktivistinnen wurden als Gewaltkampagne der Regierung und damit der Männer gegen Frauen allgemein interpretiert (vgl. Pankhurst, 08.10.1909, Votes for Women: 24). Oder wie sich Emmeline Pethik Lawrence ausdrückte: „Our masters hold the lash" (Pethik Lawrence, 01.10.1909, Vote for Women: 9). Diese Rahmung, welche Geschlecht als die bedeutendste Ungleichheitskategorie hervorhob und die Leistungen der militanten Aktivistinnen betonte, fand in der zweiten Mobilisierungsphase zwischen 1909 und

1911 ihren besonderen Ausdruck und verwies damit auf die eigene Opferbereitschaft.

> "Death or Victory"! Is this what we say? No; we have got something better to say than that. What we say is, "Death and Victory it may be. But in any case it is victory." (o. V., 15.10.1909, Votes for Women: 41)

Die *agonal-meritokratische* Rahmung von Geschlecht macht sich an der Deutung dieses Kampfes deutlich. Sinnbildlich für die Opferbereitschaft der Suffragetten standen kämpferische Frauen wie Jeanne d'Arc (vgl. Pankhurst, 14.04.1911, Votes for Women: 460; Pankhurst, 14.04.1911, Votes for Women: 460; Shallard, 10.03.1911, Votes for Women: 373) oder die Amazonen (vgl. Shallard, 10.03.1911, Votes for Women: 373). Die rein formal bescheidene Forderung des (eingeschränkten) Frauenstimmrechts wurde durch dieses Framing mit Bedeutung aufgeladen. Es stand für die Frauenbefreiung und gegen die männliche Unterdrückung. Die militanten Taten und die Opferbereitschaft der inhaftierten Suffragetten stellte die WSPU als besondere Kampfesleistung dar, die allein schon Herrschaftsansprüche legitimiere.

Die Verantwortung für die Gewaltanwendung wies die WSPU der Regierung zu, die ihrerseits Gewalt anwendete, um den Protest der Suffragetten zu unterbinden (vgl. o. V., 19.11.1909b, Votes for Women: 113; Pankhurst, 08.10.1909, Votes for Women: 24).

> The responsibility for this action rests with the Government, who have attempted to goad women into rebellion by violently assaulting them in their person. They have had them "ruthlessly flung out" of their meetings, trampled down with mounted police, insulted in the prisons of the country as common criminals, and feed by force by means of the stomach tube (o. V., 19.11.1909b, Votes for Women: 113).

Gleichzeitig bekannten sich die führenden Suffragetten zu dem eingeschlagenen Weg. So ließ Emmeline Pankhurst auf ihrer Vortragstour in den USA 1909 verlauten „I am what you call a Hooligan" (o. V., 29.10.1909, Votes for Women: 76). Doch nicht nur die Gewaltanwendung gegen Frauen bei den Aktionen war ein Problem für die WSPU: Frauen verloren ihre Erwerbsarbeit und damit ihre Existenzgrundlage, wenn sie in militante Aktionen involviert waren (vgl. o. V., 07.01.1910, Votes for Women: 233). Das ausgestandene Martyrium der „heroic comrades in prison" (Pethick Lawrence, 08.10.1909, Votes for Women: 25) sollte die WSPU-Anhängerinnen ermutigen, sich weiter in Kampagnen und Aktionen zu engagieren.

> Be of good courage, women warriors in freedom's battle! Be worthy of your comrades in prison! Fight with all your might! March to the music of triumphant hope! The field of battle is yours. You are armed with the invincible weapon of the dauntless and indomitable soul. You have the sure promise of the new era that is dawning. You have the certainty of victory! Through you shall be wrought a great deliverance to all the human race (Pethick Lawrence, 07.01.1910, Votes for Women: 232).

Die Zwangsernährungen der inhaftierten Suffragetten bewirkten eine ungeheure Solidarisierungswelle. Eine Suffragette soll sich 1910 wegen ihrer Inhaftierung und der Zwangsernährung das Leben genommen haben (vgl. o. V., 22.04.1910, Votes for Women: 470). Gleichzeitig machte die WSPU darauf aufmerksam, dass Suffragetten der Arbeiter_innenklasse anders behandelt wurden als ihre Geschlechtsgenossinnen der höheren Schichten. Beispielsweise wurden Mrs. Brailsford und Constance Lytton aufgrund ihrer höheren Klassenzugehörigkeit schneller aus der Haft entlassen (vgl. o. V., 26.11.1909, Votes for Women: 129; Pethick Lawrence, 22.10.1909, Votes for Women: 57). Lady Lytton ließ es bei der nächsten Aktion darauf ankommen und gab sich bei einer neuerlichen Verhaftung als Arbeiterin unter dem Namen Jane Warton aus. Sie wurde inhaftiert und zwangsernährt (vgl. o. V., 17.03.1911, Votes for Women: 382). Die *nivellierend-differenzorientierte* Rahmung von Klasse strukturierte demnach nicht nur die Perspektive der Suffragetten, sondern leitete auch deren Aktionen an.

Christabel Pankhurst proklamierte zwei Arten von Militanz, die allen Frauen aufgrund ihrer Stimmrechtslosigkeit zustünden: Das waren *erstens* die Opposition gegen die Regierung durch Reden, Wahlpropaganda usw. und *zweitens* „rebellion, protest, resistance to authority, refusal to consent to non-representative government – call it what you will" (Pankhurst, 17.03.1911, Votes for Women: 388).

> Let us consider them in turn. If, in every constituency, women of all classes, and women of all parties and of no party, were to draw

together and become a united political force, they could undoubtedly strike a most formidable blow at the very strongest of Governments (Pankhurst, 17.03.1911, Votes for Women: 388).

Auch näherten sich Frauenbewegung und die organisierte, männliche Arbeiterschaft durch Aktionen an (vgl. o. V., 12.11.1909, Votes for Women: 107; o. V., 11.02.1910, Votes for Women: 314; o. V., 29.10.1909, Votes for Women: 68): Gerade die Erfahrung in den Gefängnissen brachte viele bürgerliche Suffragetten auch der Klassenfrage näher, denn eine Frau in der „prison cell loses the illusions of comfort and the optimisms of the possessing class" (o. V., 11.02.1910, Votes for Women: 307). Wenn die ILP sich für das Frauenstimmrecht einsetzen würde, so die Voraussage der WSPU, würde sie die „young veterans of the bravest movement of our generation" für ihre eigenen Reihen gewinnen (ebd.). Mit der Ausrufung einer *Reform Bill* zugunsten eines allgemeinen Männerwahlrechts ließ sich diese Solidarisierungsgeste jedoch – zumindest von Seiten der WSPU – nicht weiter aufrechterhalten.

Die zunehmende Militanz rechtfertigten die militanten Aktivistinnen über Vergleiche mit Kämpfen der organisierten Arbeiter_innenschaft (vgl. o. V., 25.08.1911, Votes for Women: 753f; Pankhurst, 01.03.1912, Votes for Women: 340) oder durch Hinweise auf die von Männern geführten Revolten in der Geschichte Großbritanniens:

> In history men have often rioted when the price of living became impossible. But men are now organized in trades unions and have the lever of the vote. When a country becomes civilised enough to grant votes to its women, and they learn how to use them, methods of riot and pillage will no longer be resorted to (o. V., 08.09.1911, Votes for Women: 777).

Der Kampf um die Ausweitung des Wahlrechts durch die Arbeiter_innenbewegung in Preußen und die Streiks in Berlin fanden auch in der *Votes for Women* Beachtung. Vor allem die Gewaltanwendung gegenüber Frauen durch die Polizei wurde kritisiert (vgl. o. V., 18.03.1910, Votes for Women: 382; o. V., 30.09.1910, Votes for Women: 878; o. V., 24.03.1911, Votes for Women: 401). Durch die Vergleiche mit anderen Wahlrechtskämpfen und Streiks legitimierte die WSPU ihren ‚Krieg':

And history repeats itself. To-day, in our midst, the champions of a new and transforming faith are challenged by all the powers of an unenlightened world. The powers of light and darkness are again at war (Pethick Lawrence, 05.11.1909, Votes for Women: 89).

Das Verhältnis zur konstitutionellen NUWSS ist als ambivalent zu beschreiben: In den ersten Jahren der WSPU belebten die öffentlichkeitswirksamen Aktionen die Agitation der konstitutionellen Aktivistinnen. Bedingt durch die *agonal-meritokratische* Rahmung bezüglich der Geschlechterungleichheit wurden die Frauen der NUWSS als Aktivistinnen wahrgenommen, die das gleiche Ziel verfolgten und die Anerkennung der Leistungen von Frauen forderten: „constitutionalist Suffragists and militant Suffragists must unite to break the yoke which lies heavy on the neck of women" (o. V., 01.07.1910, Votes for Women: 646). Die gynozentristischen Tendenzen der WSPU sowie deren mit militanten Methoden geführter Geschlechterkampf bildeten den entscheidenden Dissens, der sich im Laufe der Jahre immer mehr zuspitzte (vgl. Pankhurst, 22.10.1909, Votes for Women: 56; Housman, 24.02.1911, Votes for Women: 335; o. V., 12.04.1912, Votes for Women: 438; o. V., 30.08.1912, Votes for Women: 770).

Die WSPU unterstellte den konstitutionellen Aktivistinnen, dass diese von Männern gerettet werden wollten und machte auf die vermeintliche Aussichtslosigkeit dieser Hoffnung aufmerksam (vgl. o. V., 19.07.1912, Votes for Women: 684; o. V., 17.01.1913, Suffragette: 198).

Perhaps the real difference between the constitutional and the militant Suffragists is that the constitutional Suffragists seek for men champions to rescue them, while the militant Suffragists are entirely self-reliant. Men's help they welcome when it is forthcoming, but they lay their plans on the assumption that they will have to fight alone (o. V., 19.07.1912, Votes for Women: 684).

Nicht zuletzt sollten über diese Anrufung weitere Frauen für den Geschlechterkampf gewonnen werden. Das Schrumpfen des Kreises militanter Aktivistinnen wurde durch die WSPU nicht auf die Anwendung ihrer Taktiken bezogen. Diese wurden vehement verteidigt (vgl. Pankhurst, 22.11.1912, Suffragette: 82). Dagegen wurde die vermeintliche Feigheit der nicht teilnehmenden Frauen selbst thematisiert (vgl. o. V., 15.11.1912, Suffragette: 67).

> Militant Suffragists have already supplied many proofs of the power of rebellion. One woman fighting alone in a prison-cell has often showed herself stronger than all the forces of law and order. Where one woman can conquer, what might thousands do! (Pankhurst, 22.11.1912, Suffragette: 82)

Der Schulterschluss zwischen der NUWSS und der organisierten Arbeiter_innenschaft zu den Parlamentswahlen wurde von der WSPU als Verrat an der Sache der Frauen gewertet (vgl. o. V., 17.01.1913, Suffragette: 198; o. V., 07.02.1913, Suffragette: 254; o. V., 07.03.1913, Suffragette: 322; o. V., 30.01.1914, Suffragette: 343f). Die Devise lautete „Put Not Your Trust in Labour Men" (Pankhurst, 27.02.1914, Suffragette: 442). Nachdem verschärfte Sicherheitsmaßnahmen bei politischen Veranstaltungen generell eingeführt worden waren, womit Frauen teilweise komplett von diversen öffentlichen Orten ausgeschlossen wurden, störten Suffragetten die Veranstaltungen der nicht-militanten Organisationen (vgl. o. V., 20.02.1914, Suffragette: 423).

Der Führungsanspruch von Emmeline und Christabel Pankhurst und die damit einhergehenden Autokratievorwürfe lassen sich vor dem Hintergrund bestätigen, dass es zu diversen Austritten und Ausschlüssen im Laufe der Organisationsgeschichte kam. Der kompromisslose Kurs, der nun die ehemaligen Alliierten aus der Arbeiter_innenschaft sowie die nicht militanten Bewegungsorganisationen betraf, veranlasste nach Emmeline und Frederik Pethick-Lawrence nun auch Sylvia Pankhurst, der WSPU den Rücken zu kehren. Sie gründete die *East London Federation of Suffragettes* (ELFS) und mobilisierte vor allem in der Arbeiterinnenschaft im Osten Londons.

Christabel Pankhurst begründete die Entscheidung für die Presse damit, dass sich die WSPU als „fighting organisation" (o. V., 13.02.1914, The Suffragette: 387) verstehe und die Politik und das Programm von Emmeline Pankhurst und ihr selbst vorgegeben werde: „One Policy, One Programme, One Command" (ebd.).

6.5 Frauenbewegung: Solidarisierung und Abgrenzung als Strategie

Es konnte nachgewiesen werden, dass die auf der Ebene der Inhalte (Meso-Mikroebene) identifizierten Framingprozesse (Kap. 5.5) Auswirkungen auf die Mobilisierungsprozesse (Meso-Ebene) der untersuchten Frauenbewegungsorganisationen hatten. Je nachdem, wie das Verhältnis zu Klasse und Geschlecht gedeutet wurde, konnten sich Strategien, Taktiken sowie Solidarisierungen entwickeln.

Im deutschen Frauenbewegungskontext haben sich die bürgerliche und die proletarische Frauenbewegung auch nach der Aufhebung der ungünstigen Gelegenheitsstrukturen auseinanderentwickelt. Die *elitär-differenzorientiere* Rahmung der Klassenverhältnisse bewirkte, dass der BdF den proletarischen Frauen auf der Ebene von Sozialfürsorge und Moralismus begegnete und sie auf dieser Basis zu organisieren versuchte. Das *egalitär-meritokratische* Framing des Geschlechterverhältnisses definierte das Verhältnis zu den bürgerlichen Männern, denn mit diesen wollten sie gleichgesetzt sein. Die proletarische Frauenbewegung rahmte das Geschlechterverhältnis zwar *egalitär-solidarisch*, bezog dieses aber auf die Männer ihrer eigenen Klasse. Das wirkte sich auf die Ressourcenmobilisierung insofern aus, als dass sie nach der Änderung des Reichsvereinsgesetzes auch für die sozialistischen/sozialdemokratischen und gewerkschaftlichen Organisationen arbeiteten bzw. sich diesen anschlossen. Eine Solidarisierung mit bürgerlichen Organisationen war auf dieser Ebene nicht möglich, denn das Verhältnis zu den bürgerlichen Frauen wurde über die *agonal-meritokratische* Logik des Klassenkampfes gerahmt. Die proletarischen Aktivistinnen unterstützten in den Wahlkämpfen die SPD, organisierten eigene Berufsverbände (z. B. Dienstbotinnen), kämpften in Streiks für mehr Arbeitsrechte und legten besonderen Wert auf ihre eigene Interessenvertretung.

Die britischen Frauenbewegungsorganisationen wiesen anfangs – nicht zuletzt bedingt durch gemeinsame Wurzeln – noch große Überschneidungen in der Mitglieder- und Protestmobilisierung auf.

Die gemeinsame Forderung des Frauenstimmrechts half, über gewisse Konfliktlinien hinwegzutäuschen. Das *agonal-meritokratische* Framing in Bezug auf die Geschlechterverhältnisse konsolidierte unter den Suffragetten eine kollektive Identität, die sich allein über das Skandalon der Unterdrückung durch Männer definierte. Dieser Rahmen ermöglichte im Laufe der zunehmenden Radikalisierung auch die Anwendung terroristischer Mittel. Klassenunterschiede wurden durch ein *nivellierend-differenzorientiertes* Framing gegenüber Frauen aller Klassen auf die Unterdrückung im patriarchalen System hingedeutet. Durch diese auf einen Geschlechterkampf gerichtete Position gelangen den Suffragetten große öffentliche und klassenübergreifende Mobilisierungen.

Die NUWSS konnte aufgrund ihres *egalitär-ökonomischen* Rahmens das Geschlechterverhältnis auf die Ebene der Nationalökonomie heben. Frauen waren für sie ein wichtiger Wirtschaftsfaktor und diese Sichtweise bezog sich auf die Frauen aller Klassen. Ihnen ging es weniger um Sozialfürsorge für Arbeiterinnen als um deren Selbstorganisation und Interessenvertretung, die sie auch unabhängig von ihrer eigenen Organisation unterstützten. Die NUWSS konnte durch ihr *egalitär-konstitutionelles* Framing des Klassenverhältnisses zudem Solidaritäten in alle Richtungen entwickeln, da sie an einer generellen Demokratisierung gesellschaftlicher Verhältnisse interessiert war.

Aufgrund dieser Rahmungen kam es zu Konflikten, Brüchen aber auch neuen Solidaritäten in der Frauenbewegung. Zudem hat sich ein regelrechtes Kraftfeld zwischen den Bewegungsorganisationen aufgespannt. Die spezifischen Rahmungen haben den Debatten und Aktivitäten der einzelnen Bewegungsorganisationen ihre jeweils besondere Stoßrichtung verliehen und hatten zugleich auch einen signifikanten Einfluss auf die Art der Mobilisierung und der Protestmethoden.

7 Schlussbetrachtung

Ziel der vorliegenden Arbeit war es, nachzuvollziehen, wie sich entlang der Kategorien Klasse und Geschlecht verschiedene Positionen innerhalb der frühen Frauenbewegung in Deutschland und Großbritannien auskristallisiert haben. Die Hintergrundannahme lautete, dass auch Frauenbewegungen Orte der Überkreuzung unterschiedlicher Macht- und Ungleichheitsverhältnisse sind. Für die Untersuchung der Entstehung und Entwicklung der Frauenbewegungen kommt ihnen sogar zentrale Bedeutung zu. Im Rahmen der hier vorgenommen Mehrebenenanalyse wurde deshalb der Fokus neben den Gelegenheitsstrukturen maßgeblich auf die Deutungs- und Aushandlungsprozesse sowie auf die damit verknüpften Mobilisierungspotenziale rund um die Klassen- und Geschlechterfragen gelegt.

Theoretische Befunde und methodisches Vorgehen
Der Gang durch die Theorien der Bewegungsforschung (Kap. 2.2) sowie der Frauen- und Geschlechterforschung (Kap. 2.3) hat zweierlei ergeben: *Erstens* hat die Pluralität der Zugänge innerhalb der Bewegungsforschung demonstriert, dass eine Zusammenführung insbesondere der Ansätze zu Gelegenheitsstrukturen, Framing und Ressourcenmobilisierung sinnvoll ist, bislang jedoch ausstand. Die Betrachtung der Frauenforschung konnte *zweitens* zeigen, dass Perspektiven der Bewegungsforschung dort bislang wenig Anklang gefunden haben. Die insgesamt wechselhafte Karriere der Frauenbewegungsforschung wurde über drei markante Kristallisationspunkte hinweg beschrieben:

Wie gezeigt werden konnte, ist die Frauenbewegungsforschung selbst erst durch eine soziale Bewegung erstritten worden. Den *Auftakt* zur Frauen- und Geschlechterforschung bildete nämlich die zweite Frauenbewegung als Neue Soziale Bewegung. D. h. auch, dass die reiche Sekundärliteratur zu den frühen Bewegungen ein Erfolg der „zweiten Welle der Frauenbewegung" (Gerhard 1995: 249) ist. Die Erforschung der Frauenbewegung und der Geschichte von Frauen war eben auch ein politisches Programm, denn sie sollte den Androzentrismus sowie die patriarchale Struktur der Universitäten offenlegen und als Inspiration für neue Frauenbewegungen dienen.

Divergenzen markieren die sozialkonstruktivistischen und poststrukturalistischen Debatten, die in der Frauenforschung heftige Diskussionen auslösten. Ein Einspruch, der auch die grundlegende These dieser Arbeit berührt, kam aus der neuen Frauenbewegung selbst. Schwarze Feministinnen äußerten Kritik an den ausschließenden Praxen der Frauenbewegung und der Frauenforschung, die andere Diskriminierungsformen vernachlässigen. Dieser Kritik geschuldet sind auch die Etablierung sowie der Erfolg des Intersektionalitätsansatzes, welcher für diese Arbeit als Analysetool genutzt wurde. Die Frauenbewegungsforschung blieb von den neuen Ansätzen lange unberührt. Ein *Progress* zeigt sich insbesondere im Bereich der empirischen Erforschung von Frauenbewegungen, die mit Ansätzen aus der Bewegungsforschung arbeitet (vgl. Gerhard 2009: 62; Gerhard 2008: 194; Ferree 2012; Ferree/McClurg/Mueller 2006; Wischermann 2003: 12) und neue Perspektiven jenseits alter Bewegungsnarrative eröffnet. Mit der vorliegenden Forschungsarbeit liegt nun eine Studie vor, die die frühe deutsche und britische Frauenbewegung auf der Grundlage einer intersektionalen Mehrebenenanalyse untersucht.

Gilt für die Frauen- und Geschlechterforschung, dass Ansätze aus der Bewegungsforschung in ihr wenig Anklang fanden, so kann umgekehrt auch gesagt werden, dass die Frauenbewegung als Forschungsgegenstand selten in der klassischen Bewegungsforschung Aufnahme gefunden hat. Die vorliegende Arbeit versteht sich als Antwort auf diesen doppelten Befund und wendet sich dem Gegenstand der Frauen- und Geschlechterforschung mit einem aus der Bewegungsforschung heraus entwickelten Mehrebenenansatz zu. Angelehnt an den Vorschlag von McAdam, McCarthy und Zald (1996) wurden in dieser Arbeit die Schwerpunkte auf politische Gelegenheiten (Makroperspektive), Ressourcenmobilisierung (Mesoperspek-tive) und Framing (Meso-Mikroperspektive) gelegt, um ein besseres und mehrdimensionales Verständnis der eigentlichen Dynamiken sozialer Bewegungen zu gewinnen (ebd.) (Kap. 3.2).

Diesem Schema folgend wurden der *Bund deutscher Frauenvereine* (BdF), die *proletarische Frauenbewegung*, die *National Union of Women's Suffrage Societies* (NUWSS) und die *Women's Social and Political Union* (WSPU) auf der *Ebene der politischen Gelegenheiten* (Makroebene), der *Bedeutungsproduktion und Rah-*

mung der Inhalte (Mikro-Mesoebene) und hinsichtlich der *Mobilisierungsstrukturen* (Mesoebene) untersucht. Diese Form der Mehrebenenanalyse schlagen auch Gabriele Winker und Nina Degele für intersektional orientierte Studien vor (vgl. Winker/Degele 2009; Winker/Degele 2008). Einen besonderen Stellenwert spielten in der Auswertung die Bewegungszeitschriften. Angelehnt an die *strukturierende Inhaltsanalyse* wurde das gesamte Material zwischen 1908/1909 und 1914 untersucht und entsprechende Rahmungen nach Klasse und Geschlecht auf der Folie der drei Themendimensionen *Arbeit und Bildung, politische Mitbestimmung* sowie *Familienpolitik, Sittlichkeit und Soziales* identifiziert.

Gelegenheitsstrukturen

Die Analyse des gesammelten Materials hinsichtlich der Gelegenheitsstrukturen konnte zeigen, dass die Bewegungen auf Gelegenheitsstrukturen reagierten bzw. durch diese geprägt wurden. Auch zeigen die Protestverläufe und der Vergleich zweier Bewegungen im jeweiligen Bewegungskontext, dass es über politische Gelegenheitsstrukturen hinaus Prozesse geben muss, die das Protesthandeln beeinflussen.

In Großbritannien herrschten nachweislich bessere Bedingungen für die Organisationen der Frauenbewegung. Es bestanden weder Vereinsgesetze noch ein Verbot sozialistischer Organisationen wie im Kaiserreich jener Zeit (Kap. 4.2). Das viel länger durch den Parlamentarismus geprägte Land bildete ein optimales Set an Gelegenheitsstrukturen zur Etablierung einer großen Stimmrechtskampagne (Kap. 4.3). Das deutsche Kaiserreich hatte sich erst 1871 gegründet, was eine gewisse Zersplitterung der deutschen Frauenbewegung erklärt. Während in Großbritannien das Stimmrecht zum Symbol der Befreiung der Frau arrivierte, verfolgten die bürgerlichen Frauenbewegten in Deutschland eine Doppelstrategie, welche die Klassenfrage als Problem der Sozialfürsorge und der Wohlfahrt interpretierte und gleichzeitig die Gemeinwohlorientierung und damit die ‚Mündigkeit' und ‚Reife' der bürgerlichen Frauen signalisieren sollte. Die Sozialisten- und Vereinsgesetze und die damit einhergehenden Berührungsängste des BdF gegenüber den Arbeiterinnenorganisationen bewirkten aber auch die Konsolidierung einer unabhängigen und sichtbaren proletarischen Frauenbewegung im Kaiserreich. Insgesamt traten die Frauen der Arbeiter_innenklasse in einen „viel schärferen Gegensatz" (Neumann 1924: 9) zu den Bürgerlichen als in Großbritannien, denn dort engagierten sich die Arbeiterinnen viel stärker in den Stimmrechtsorganisationen und die ‚reinliche Scheidung' innerhalb der Frauenbewegung vollzog sich nicht aufgrund eines Klassenkonflikts sondern an der Frage der Taktiken.

Die Analyse politischer Gelegenheiten ermöglicht es, Zusammenhänge zwischen sozialer Bewegung und politischem System zu verdeutlichen. In beiden Kontexten konnte allerdings gezeigt werden, dass Gelegenheiten auch antizipiert werden müssen. Diese Leerstelle beim Konzept der politischen Gelegenheitsstrukturen wurde mehrfach kritisiert, denn zwischen Gelegenheit und Protesthandeln müssen gemeinsame Deutungen der Lage entwickelt werden (vgl. McAdam/McCarthy/Zald 1996: 5). Im Weiteren hat die Analyse je zweier nationaler Bewegungsorganisationen bzw. -kontexte gezeigt, dass Gelegenheiten nicht nur antizipiert werden müssen, sie werden auch von Bewegungsorganisationen (mit selben Zielen) ganz unterschiedlich interpretiert. Dies zeigt sich beispielsweise im Umgang mit der *Reform Bill* im Jahr 1912 in Großbritannien: Während die NUWSS diese als weitere parlamentarische Chance wahrnahm, löste die Ankündigung selbiger einen weiteren Radikalisierungsschub bei der WSPU aus. Der Blick muss also über das politische System und andere Strukturen hinausgehen, um Protesthandeln zu erklären.

Framing

Für alle Bewegungsorganisationen wurden spezifische Rahmungen in den drei Themenbereichen *politische Mitbestimmung, Arbeit und Bildung* sowie *Familienpolitik, Sittlichkeit und Soziales* ausgemacht. Auch hier zeigt sich, dass die Themen auf ganz unterschiedliche Arten und Weisen mit Bedeutungen aufgeladen werden. Die Ansätze zur Ressourcenmobilisierung legen nahe, dass Protest und soziale Bewegungen sich entlang rationaler Entscheidungen bewegen und über Mittel verfügen müssen, um Organisations- und Protestaktivitäten anzustoßen und aufrechtzuerhalten. In der Studie ließ sich belegen, dass *interne* Prozesse, wie z. B. kollektive Identitätsbildung, Art der Organisation, die Beziehungen der Bewegungsorganisationen untereinander, und *externe* Prozesse wie politische Gelegenheitsstrukturen relational zueinander wirken.

Der für den BdF charakteristische Frame kann in Bezug auf Geschlecht als *egalitär-meritokratisch* bezeichnet werden, denn die Forderungen wurden beim BdF über die Anerkennung der Leistungen von Frauen gerechtfertigt. Als Referenzfolie dienten dem BdF dabei die bürgerlichen Lebensverhältnisse: Bei der Themendimension *Arbeit und Bildung* ging es beispielsweise vorrangig um den Zugang zur gehobenen Bildungs- und Erwerbsarbeitssphäre. Die *klassenspezifische Brechung* des Geschlechterframes äußert sich beim BdF demnach in einem hierarchisierten Verhältnis zwischen bürgerlichen Frauen und Frauen der sogen. niederen Schichten. In Bezug auf Klasse setzte sich bei den Bürgerlichen eine *elitär-differenzorientierte* Rahmung durch. Soziale Differenzen und soziale Ungleichheit waren demnach sichtbar und wurden kritisiert, sollten aber durch die sozialfürsorgende Tätigkeit der bürgerlichen Frauen abgebaut werden. Diese „seelische Mütterlichkeit" (Zahn-Harnack 1923: 76) bzw. ‚mütterliche Politik' konnte in der Folge wieder als besondere (bürgerliche) weibliche Leistung in der Gesellschaft interpretiert werden und damit der Legitimierung des Gleichheitsanspruchs dienen. Dieses Framing erklärt auch die nach dem Kriegsausbruch 1914 relativ schnelle Mobilisierung zum Einsatz an der „Heimatfront" (vgl. Gerhard 1990b: 296).

Die proletarische Frauenbewegung rahmte Klasse demgegenüber *agonal-meritokratisch*. Als Teil der Arbeiter_innenklasse trugen die Arbeiterinnen zu einem großen Teil zur nationalen Volkswirtschaft bei, während sie von den bürgerlichen Klassen ausgebeutet wurden, was die bürgerlichen Frauen selbstredend einschloss. Die proletarische Frauenbewegung lehnte die Zusammenarbeit mit dem BdF demzufolge strikt ab und setzte sich für die Mobilisierung der Arbeiterinnen gegen die bürgerliche Frauenbewegung ein. Das Verhältnis zu Gewerkschaften und den sozialdemokratischen/sozialistischen Organisationen gestaltete sich nach dem Fall der Sozialistengesetze solidarischer als zuvor. Die geschlechterübergreifende Unterdrückung der Arbeiter_innenschaft und der Ausschluss der Arbeiterinnenorganisationen von der Gründung des BdF förderten vielmehr die Ausbildung eines *egalitär-solidarischen* Framings in

Bezug auf das Geschlechterverhältnis. Männer und Frauen der Arbeiter_innenklasse wurden als gleichberechtigte Partner_innen eines Bündnisses gegen die bürgerliche Klasse interpretiert. Die Haltung zum Krieg steht ebenfalls Pate für die Rahmungen im deutschen Kontext: Die *proletarische Frauenbewegung* blieb erbitterte Kriegsgegnerin und setzte sich „[g]egen Militarismus und Imperialismus, für die sozialistische Völkerverbrüderung" (Zietz, 08.01.1912, Gleichheit: 116; Zetkin/Zietz/Popp/Boschek, 10.06.1914: 289) ein, während sich der BdF ab 1914 der Organisation des *Nationalen Frauendienstes* widmete, der während des Ersten Weltkrieges die sozialen Missstände durch sozialfürsorgende Arbeit abfedern sollte. Der Bruch innerhalb der deutschen Frauenbewegung blieb dementsprechend bis zum Beginn des Ersten Weltkrieges bestehen und konnte nur vereinzelt durch lokale Zusammenarbeit beim *Nationalen Frauendienst* durchbrochen werden (vgl. o. V., 04.09.1914, Gleichheit: 375).

Abbildung 7: Dreherinnen Dresden, 1918; AddF, Kassel, A-F2/00174

Eine ebenfalls *agonal-meritokratische* Rahmung ist bei der britischen WSPU zu finden, allerdings in Bezug auf die Geschlechterverhältnisse. Für die Suffragetten waren die Männer die ausbeutende

Klasse und sie bekämpften sie mit allen Mitteln. Die WSPU vertrat zuletzt stark gynozentristische Positionen und legitimierte mit der Überhöhung der Opferbereitschaft der Frauen die militanten destruktiven Akte und den eigenen Herrschaftsanspruch. Dem Klassenkonflikt (mit Frauen) traten sie *nivellierend-differenzorientiert* gegenüber, denn sie waren auf die Unterstützung von Frauen aller Kreise angewiesen bzw. wollten diese zu einem breiten Protest führen.

Die NUWSS kann als klassisch liberale Organisation beschrieben werden, die aber im Gegensatz zur liberalen Regierung ihren Demokratieanspruch sehr ernst nahm. Ihre Stimmrechtsforderung legitimierten sie über die wirtschaftliche Arbeitsleistung der Frauen für das Empire. Diese *egalitär-ökonomische* Rahmung begründete auch das Unverständnis der NUWSS gegenüber Akten zivilen Ungehorsams der Suffragetten, wie beispielsweise Steuerzahlungsverweigerung oder die Zerstörung öffentlichen und privaten Eigentums, welche in dieser Logik tendenziell das gesellschaftliche Zusammenleben und den Staat insgesamt schädigten. Die *egalitär-konstitutionelle* Rahmung der Klassenverhältnisse erlaubte es der NUWSS darüber hinaus, die Ausrufung eines allgemeinen Männerwahlrechts ohne die Frauen im Zuge der *Reform Bill* zwar zu kritisieren, aber dennoch als weitere Demokratisierung des Staatswesens anzusehen. Trotz überwiegend liberaler und teilweise konservativer Gesinnung der Mitgliedsgesellschaften des NUWSS gelang es in der Folge, eine Wahlkampagne gemeinsam mit den Arbeiter_innen zu organisieren. Beide Organisationen erklärten sich mit dem Ausbruch des Ersten Weltkrieges als patriotisch, wenngleich die NUWSS länger zur Entscheidungsfindung brauchte.

Die WSPU wandelte ihre militante Wahlrechtskampagne umgehend in eine militante Kriegsagitation gegen Deutschland um. Die *agonal-meritokratische* Rahmung von Geschlechterverhältnissen spiegelt sich darin wider, dass nicht mehr englische Männer sondern das deutsche Kaiserreich als Unterdrücker markiert wurde, denn „German *Kultur* means and is the supremacy of the male" (Pankhurst 1915, zit. nach Wingerden 1999: 162). Die *nivellierend-differenzorientierte* Rahmung ermöglichte es der WSPU, Frauen aller Klassen für den Kriegsdienst in den Fabriken anzuwerben. Doch auch die *egalitär-ökonomische* Rahmung der NUWSS in Bezug auf

Geschlecht war für die für die Mobilisierung an der Heimatfront anschlussfähig an diese gesellschaftliche Entwicklung. Millicent Garrett Fawcett erklärte 1914: „Let us prove ourselves worthy of citizenship, whether our claim is regonised or not" (Fawcett, zit. nach Strachey 1928: 368).

**Abbildung 8: Women's Suffrage Millicent Fawcett, 1917?;
Mary Evans Picture Library**

Die Zäsur des Ersten Weltkrieges wog nichtsdestotrotz schwer auf beiden nationalen Frauenbewegungen, dennoch konnten die meisten Frauenbewegungsorganisationen in der Zwischenkriegszeit den Faden wieder aufnehmen. Die Erkundung, inwieweit sich spezifische Rahmungen fortgeschrieben oder gewandelt haben, stellt ein Forschungsdesiderat dar.

Festzuhalten ist, dass es aufgrund dieser Rahmungen zu Konflikten und Brüchen, aber auch zu neuen Solidaritäten in der Frauenbewegung kam. Dadurch spannt sich ein regelrechtes Kraftfeld zwischen den Bewegungsorganisationen auf. Die spezifischen Rahmungen haben den Debatten und Aktivitäten der einzelnen Bewegungsorganisationen ihre jeweils besondere Stoßrichtung verliehen und hatten zugleich auch einen signifikanten Einfluss auf die Art der Mobilisierung und der Protestmethoden.

Organisierung und Mobilisierung

Der BdF ließ sich durch Kampagnen und Mobilisierungsstrategien anderer Bewegungsorganisationen im In- und Ausland durchaus inspirieren. Auch wenn die gewaltsame Strategie der Suffragetten abgelehnt wurde, bewunderten deutsche Frauenbewegungsaktive deren Kampfgeist und Mut, allerdings ohne den Einfluss der britischen Arbeiterinnenbewegung auf die Mobilisierungsstrategien der Anfangsjahre zu reflektieren. Frauen der deutschen Arbeiterinnenklasse sollten zwar für die Mitgliedsvereine und -verbände gewonnen werden, eine wirkliche Annäherung zwischen der bürgerlichen und der organisierten proletarischen Frauenbewegung war jedoch *erstens* aufgrund des bereits tradierten Konflikts schwer organisierbar, und *zweitens* stand einem solidarischen Bündnis nach dem Fall der Vereinsgesetze die Parteinähe der organisierten proletarischen Frauenbewegung im Wege. Der BdF bestand auf eine parteiunabhängige Bewegung. *Drittens* verstand sich der Bund weiterhin als Träger einer (bürgerlichen) Kulturbewegung, die durch bildende Agitation und soziale Fürsorge reformerisch tätig sein sollte.

Die Mobilisierungsstrategie „Agitieren, organisieren, disziplinieren und theoretisch schulen" (Baader/Zietz, 12.10.1908, Gleichheit: 2) der proletarischen Frauenbewegung sollte vor allem die „Mehrzahl der Arbeiterinnen und Arbeiterfrauen" (ed., 05.07.1909, Gleichheit: 311) anspornen, sich der Bewegung anzuschließen. Die proletarische Frauenbewegung orientierte sich ausschließlich auf die Organisation von Frauen aus der Arbeiter_innenschicht. D.h. der anfängliche Ausschluss der proletarischen Frauenorganisationen beim Gründungsakt des BdF war auch eine besondere Chance der Mobilisierung der Frauen der unterdrückten Massen in dieser Zeit. Dabei standen die proletarischen Organisationen in absoluter Konkurrenz zu den bürgerlichen, die diese Gefahr durchaus wahrnahmen und versuchten ab den 1910er Jahren nachzusteuern. Den bürgerlichen Bestrebungen in Deutschland aber auch allen Organisationen in Großbritannien standen die proletarischen Aktivist_innen eher feindlich gegenüber.

Die NUWSS mit ihrer langjährigen Kampagnentradition hatte nach der Jahrhundertwende aufgrund der Übernahme einiger öffentlichkeitswirksamer Taktiken sowie der neuen Aufmerksamkeit für das Frauenstimmrecht Mobilisierungserfolge zu verzeichnen. Ihre Methoden bezeichnete die NUWSS 1909 noch als konstitutionell und parteiunabhängig (Mason, 15.04.1909, Common Cause: 5) sowie demokratisch organisiert (vgl. o.V., 15.06.1911, Common Cause: 171). Der Erfolg und die Kampagnenfähigkeit der WSPU erfrischte demnach das Aktionsrepertoire der konstitutionellen Strömung. Die NUWSS sah ihre Hauptaufgabe vor allem darin, die Öffentlichkeit durch Aufklärung und Information vom Frauenstimmrecht zu überzeugen (ebd.). Die Aktivistinnen glaubten an das Konsensprinzip und verzichteten auf Parteipolitik, da diese nach ihrem Dafürhalten einseitige Interessenpolitik fördere und damit eine gemeinsame und parteiunabhängige Debatte verhindern würde (vgl. o.V., 24.08.1911, Common Cause: 340). Die Verfahrensweisen in der Organisation und die Entscheidungsfindung wurden von der NUWSS transparent gemacht (vgl. o.V., 21.04.1910, Common Cause: 23f). Das Verhältnis zwischen NUWSS und WSPU muss als konfligierend bezeichnet werden.

Die NUWSS hob aufgrund ihres *egalitär-ökonomischen* Rahmens das Geschlechterverhältnis auf die Ebene der Nationalökonomie. Frauen galten in der Logik der NUWSS als ein wichtiger Wirtschaftsfaktor. Diese Perspektivierung bezog Frauen aller Klassen ein, d.h. den Suffragist_innen ging es weniger um Sozialfürsorge für Arbeiterinnen, als um deren Selbstorganisation und Interessenvertretung. Diese unterstützten sie unabhängig von ihrer eigenen Organisation. Die NUWSS konnte durch ihr *egalitär-konstitutionelles* Framing des Klassenverhältnisses außerdem Solidaritäten in alle Richtungen entwickeln, denn sie war generell an einer Demokratisierung gesellschaftlicher Verhältnisse interessiert.

Die Unterdrückung aller Frauen stand für die WSPU im Mittelpunkt ihrer Organisierung und Mobilisierung. Die Erreichung des Frauenstimmrechts entwickelte sich zu einem Symbol der Frauenbefreiung. Die *nivellierend-differenzorientierte* Rahmung erkannte Differenzen zwischen Frauen an. Die verschiedenen sozialen Lagen sollten dementsprechend auch nicht unsichtbar gemacht werden, vielmehr wurden Klassenkonflikte zugunsten eines klaren Feindbildes, nämlich *erstens* der liberalen Regierung als Sinnbild männlicher Unterdrückung und *zweitens* Männer generell, befriedete. Das *agonal-meritokratische* Framing in Bezug auf die Geschlechterverhältnisse konsolidierte unter den Suffragetten eine kollektive Identität, die sich allein über die Unterdrückung durch Männer gründete. Dieser Rahmen ermöglichte im Laufe der zunehmenden Radikalisierung auch die Anwendung terroristischer Mittel. Klassenunterschiede wurden durch ein *nivellierend-differenzorientiertes* Framing gegenüber Frauen aller Klassen auf die Unterdrückung im patriarchalen System hin gedeutet. Durch diese auf einen Geschlechterkampf gerichtete Position gelangen den Suffragetten große öffentliche und klassenübergreifende Mobilisierungen. Die junge Generation von Frauen aus höheren Schichten empfanden diese Methoden als wegweisend und modern. Diese Proteststrategie bewirkte zumindest für einen gewissen Zeitraum eine Einheitlichkeit nach innen und außen. Die WSPU entwickelte sich in kürzester Zeit zu einem wahren Kampagnen-Juggernaut.

Solidarität oder kollektive Identität?

Insbesondere mittels der Frame-Typologie konnte das heterogene und relationale Kraftfeld rekonstruiert werden, das die Frauenbewegung im Untersuchungs(zeit)raum prägte.

Auf die konzeptionelle Frage, ob von einer Frauenbewegung oder Frauenbewegungen zu sprechen sei, kann mithilfe der vorliegenden Arbeit eine differenzierte Antwort gegeben werden: Hinter der verallgemeinernden Rede von **der** Frauenbewegung verbirgt sich eine soziologische Wahrheit, insofern damit die relational aufeinander bezogenen Positionen bezeichnet werden. Es sind jedoch die durch die unterschiedlichen Rahmungen konstituierten Frauenbewegungsströmungen, die in der Auseinandersetzung miteinander durch die wechselseitigen Bezugnahmen und Abstoßungen insgesamt die Frauenbewegung konstituierten.

Was heißt das für Solidaritäten und Bündnisse bzw. die Bündnisfähigkeit in sozialen Bewegungen? Begreift man Solidarität als politische Strategie und Ziel sozialer Bewegungen, kann sie immer nur als ein Zustand fragiler Kooperation auf Zeit wahrgenommen werden. Wie die Studie zeigt, waren Bündnisse zwischen den Bewegungsströmungen durchaus erwünscht und möglich, z.B. auf der Ebene gemeinsamer Protestformen (wie in Großbritannien). Auf der anderen Seite entwickelte sich Solidarität aber auch zum proletarischen Kampfbegriff im sozialistischen Milieu der Arbeiter_innenklasse und ganz konkret richtete sie sich gegen die herrschenden Klassen des Bürger_innentums. Auf der Ebene der Mobilisierung und Organisierung bedeutete das eben auch, dass eine Zusammenarbeit mit der „bürgerlichen Frauenrechtlerei" nicht angestrebt wurde.

Anders in Großbritannien, wo sich Solidarität entlang der Frauenstimmrechtsforderung klassenübergreifend in der Frauenbewegung entwickeln konnte. Diese löste sich später an der Militanzfrage auf. Die Konflikte zwischen Militanten und der Arbeiter_innenbewegung ermöglichten darüberhinaus in der Folge Solidarisierungen zwischen letzteren und den bürgerlich konstitutionellen Frauenorganisationen.

D.h. so wenig wie von substanziellen kollektiven Identitäten in sozialen Bewegungen ausgegangen werden kann, darf Solidarität als statisches Gebilde begriffen werden. Sie ist vielmehr ein Prozess, der von den Akteur_innen mit Bedeutung aufgeladen oder auf der Handlungsebene konkret vollzogen werden muss. Das geschieht nicht automatisch und nicht immer nach den Wünschen der Bewegungsakteur_innen.

Das zeigt den konstruktiven Charakter von Solidarität. Denn sie kann nur entwickelt werden, wenn Unterdrückungs- und Diskriminierungsstrukturen kollektiv wahrgenommen und als veränderbar erfahrbar werden. Darüber hinaus bedeutet dies, dass soziale Bruchlinien und daraus resultierende gesellschaftliche Konflikte für Solidarität nicht nur konstitutiv sind, sondern darüber hinaus durch Solidarität eine transformative Wirkung entfalten können.

Literatur- und Quellenverzeichnis

Forschungsliteratur

Alexander, Sally (1991): Politische Beteiligung von Arbeiterinnen im frühen 19. Jahrhundert, in: Barrow, Logie/Schmidt, Dorothea & Schwarzkopf, Jutta (Hg.): *Nichts als Unterdrückung?: Geschichte und Klasse in der englischen Sozialgeschichte*. Münster: Westfälisches Dampfboot, 170–195.

Althoff, Martina/Bereswill, Mechthild & Riegraf, Birgit (2001): *Feministische Methodologien und Methoden: Traditionen, Konzepte, Erörterungen*. Opladen: Leske + Budrich.

Aronowitz, Stanley (1992): *The Politics of Identity: Class, Culture, Social Movements*. New York: Routledge.

Ash, Roberta (1972): *Social Movements in America*. Chicago: Markham.

Atkinson, Diane (2010): *The Suffragettes. A Pictorial History*. Stroud: History.

Aulenbacher, Brigitte (2009): Intersektionalität - Die Wiederentdeckung komplexer sozialer Ungleichheiten und neue Wege in der Geschlechterforschung, in: Aulenbacher, Brigitte/Meuser, Michael & Mordt, Gabriele (Hg.): *Soziologische Geschlechterforschung: Eine Einführung*. Wiesbaden: VS Verlag für Sozialwissenschaften, 211–224.

Bahrdt, Hans P. (1998): *Die moderne Großstadt: Soziologische Überlegungen zum Städtebau*. Opladen: Leske + Budrich.

Bartley, Paula (2002): *Emmeline Pankhurst*. London, New York: Routledge.

de Beauvoir, Simone (2000): *Das andere Geschlecht: Sitte und Sexus der Frau*. Reinbek bei Hamburg: Rowohlt.

Becker-Schmidt, Regina (2008): Wechselbezüge zwischen Herrschaftsstrukturen und feindseligen Subjektpotentialen. Überlegungen zu einer interdisziplinären Ungleichheitsforschung, in: Klinger, Cornelia & Knapp, Gudrun-Axeli (Hg.): *ÜberKreuzungen: Fremdheit, Ungleichheit, Differenz*. Münster: Westfälisches Dampfboot, 112–136.

Becker-Schmidt, Regina (2007): „Class", „gender", „ethnicity", „race": Logiken der Differenzierung, Verschränkungen von Ungleichheitslagen und gesellschaftliche Strukturierung, in: Klinger, Cornelia/Knapp, Gudrun-Axeli & Sauer, Birgit (Hg.): *Achsen der Ungleichheit: Zum Verhältnis von Klasse, Geschlecht und Ethnizität*. Frankfurt am Main: Campus, 56–83.

Becker-Schmidt, Regina (2007): 1. Frauenforschung, Geschlechterforschung, Geschlechterverhältnisforschung, in: Becker-Schmidt, Regina & Knapp, Gudrun-Axeli (Hg.): *Feministische Theorien zur Einführung*. Hamburg: Junius, 14-64.

Becker-Schmidt, Regina (2004): Doppelte Vergesellschaftung von Frauen: Divergenzen und Brückenschläge zwischen Privat- und Erwerbsleben, in Becker, Ruth (Hg.): *Handbuch Frauen- und Geschlechterforschung: Theorie, Methoden, Empirie*. Wiesbaden: VS Verlag für Sozialwissenschaften, 62-71.

Becker-Schmidt, Regina (1995): Von Jungen, die keine Mädchen und von Mädchen, die gerne Jungen sein wollen. Geschlechtsspezifische Umwege auf der Suche nach Identität, in: Becker-Schmidt, Regina (Hg.): *Das Geschlechterverhältnis als Gegenstand der Sozialwissenschaften*. Frankfurt am Main: Campus, 220-246.

Beer, Ursula (2004): Sekundärpatriachalismus: Patriarchat in Industriegesellschaften, in: Becker, Ruth (Hg.): *Handbuch Frauen- und Geschlechterforschung: Theorie, Methoden, Empirie*. Wiesbaden: VS Verlag für Sozialwissenschaften, 56–61.

Benford, Robert D. & Snow, David A. (2000): Framing Process and Social Movements: An Overview and Assessment. *Annual Review of Sociology* (26), 611-639.

Bloch, Ernst (1962): Kampf ums neue Weib. Programm der Frauenbewegung. *Das Argument*, Jg. 4 (22), 49–59.

Blumer, Herbert (2008): Social Movements, in: Ruggiero, Vincenzo & Montagna, Nicola (Hg.): *Social Movements: A Reader*. London, New York: Routledge, 64–72.

Blumer, Herbert (1986): *Symbolic Interactionism: Perspective and Method*. Berkeley: University of California Press.

Blumer, Herbert (1969): Collective Behavior, in: Lee, Alfred M. & Blumer, Herbert (Hg.): *Principles of sociology*. New York: Barnes & Noble, 65–121.

Bock, Gisela (2006): Feministische Wissenschaftskritik, in: Kurz-Scherf, Ingrid (Hg.): *Reader feministische Politik & Wissenschaft: Positionen, Perspektiven, Anregungen aus Geschichte und Gegenwart*. Königstein: Helmer.

Bock, Gisela (2005): *Frauen in der europäischen Geschichte: Vom Mittelalter bis zur Gegenwart*. München: Beck.

Bolt, Christine (1993): *The Women's Movements in the United States and Britain from the 1790s to the 1920s*. Amherst: University of Massachusetts Press.

Bourdieu, Pierre (1998): *Praktische Vernunft: Zur Theorie des Handelns*. Frankfurt am Main: Suhrkamp.

Bourdieu, Pierre (1987): *Die feinen Unterschiede: Kritik der gesellschaftlichen Urteilskraft*. Frankfurt am Main: Suhrkamp.

Boussahba-Bravard, Myriam (2008): Introduction, in: Boussahba-Bravard, Myriam (Hg.): *Suffrage outside Suffragism: Women's Vote in Britain, 1880-1914*. Houndmills, New York: Palgrave Macmillan, 1–31.

Boussahba-Bravard, Myriam (2003): Vision et visibilité: La rhétorique visuelle des suffragistes et des suffragettes britanniques de 1907 à 1914. *lisa*. Jg. 1 (1), 42–53.

Boxer, Marlyn J. (2007): Rethinking the Socialist Construction and International Career of the Concept "Bourgeois Feminism". *AMERICAN HISTORICAL REVIEW*, Jg. 112 (1), 131–158.

Breger, Claudia (2009): Identität, in: Braun, Christina von & Stephan, Inge (Hg.): *Gender@Wissen: Ein Handbuch der Gender-Theorien*. Köln: Böhlau, 47–65.

Buechler, Steven M. (2011): *Understanding Social Movements: Theories from the Classical Era to the Present*. Boulder: Paradigm Publishers.

Buechler, Steven M. (2007): The Strange Career of Strain and Breakdown Theories of Collective Action, in: Snow, David A./Soule, Sarah A. & Kriesi, Hanspeter (Hg.): *The Blackwell Companion to Social Movements*. Malden: Blackwell, 47–66.

Buechler, Steven M. (2000): *Social Movements in Advanced Capitalism: The Political Economy and Cultural Construction of Social Activism*. New York: Oxford University Press.

Buechler, Steven M. & Cylke, F. Kurt (Hg.) (1997): *Social Movements. Perspectives and Issues*. Mountain View: Mayfield Pub.

Butler, Judith (1991): *Das Unbehagen der Geschlechter*. Frankfurt am Main: Suhrkamp.

Byrne, Paul (1997): *Social Movements in Britain*. London, New York: Routledge.

Cahill, Spencer (1992): Erving Goffman, in: Charon, Joel M. & Cahill, Spencer (Hg.): *Symbolic Interactionism: An Introduction, an Interpretation, an Integration*. Englewood Cliffs: Prentice Hall, 185–200.

Caine, Barbara (1997): *English Feminism: 1780 - 1980*. Oxford: Oxford University Press.

Caine, Barbara (1993): *Victorian Feminists*. Oxford: Oxford University Press.

Calhoun, Craig J. (Hg.) (2007): *Sociology in America: A history*. Chicago: University of Chicago Press.

Cohen, Jean L. (1985): Strategy or Identity: New Theoretical Paradigms and Contemporary Social Movements. *Social Research*, Jg. 52 (4).

Cole, George D. H. (1952): *A short History of the British Working-Class Movement: 1789 - 1947*. London: Allen & Unwin.

Conrad, Anne & Michalik, Kerstin (1999): Frauen in der Revolution von 1848, in: Conrad, Anne & Michalik, Kerstin (Hg.): *Quellen zur Geschichte der Frauen. Band 3. Neuzeit*. Stuttgart: Reclam, 311–314.

Cowman, Krista (2011): *Women of the Right Spirit: Paid Organisers of the Women's Social and Political Union (WSPU) 1904–18*. Manchester, New York: Manchester University Press.

Cowman, Krista (2010): *Women in British Politics, c. 1689–1979*. Houndmills, Basingstoke, Hampshire, New York: Palgrave Macmillan.

Crawford, Elizabeth (2008): *The Women's Suffrage Movement in Britain and Ireland: A regional survey*. London: Routledge.

Crawford, Elizabeth (2001): *The Women's Suffrage Movement: A Reference Guide, 1866–1928*. New York: Routledge.

Crenshaw, Kimberle (2010): Die Intersektion von „Rasse"und Geschlecht demarginalisieren: Eine Schwarze feministische Kritik am Antidiskriminierungsrecht, der feministischen Theorie und der antirassistischen Politik, in: Lutz, Helma/Vivar, Maria T. & Supik, Linda (Hg.): *Fokus Intersektionalität: Bewegungen und Verortungen eines vielschichtigen Konzeptes*. Wiesbaden: VS Verlag für Sozialwissenschaften, 33–54.

Crenshaw, Kimberle (1991): Mapping the Margins: Intersectionality, Identity Politics, and Violence against Women of Color. *Stanford Law Review*, Jg. 43(6), 1241–1299.

Crenshaw, Kimberle W. (1988): Race, Reform, and Retrenchment: Transformation and Legitimation in Antidiscrimination Law. *Harvard Law Review*, Jg. 101(7), 1331–1387.

Crossley, Nick (2002): *Making Sense of Social Movements*. Buckingham, Philadelphia: Open University Press.

Curran, James (2002): *Media and power*. London, New York: Routledge.

Dahinden, Urs (2006): *Framing: Eine integrative Theorie der Massenkommunikation*. Konstanz: UVK.

Davis, Angela Y. (1990, c1984): *Women, Culture, & Politics*. London: Women's Press.

Debout-Oleszkiewicz, Simone (2003): Utopia and Counterutopia: Women in the Works of Charles Fourier, in: Fauré, Christine & Dubois, Richard (Hg.): *Political and Historical Encyclopedia of Women*. New York: Routledge, 175–189.

Degele, Nina & Winker, Gabriele (2008): Praxeologisch differenzieren. Ein Beitrag zur intersektionalen Gesellschaftsanalyse, in: Klinger,

Cornelia & Knapp, Gudrun-Axeli (Hg.): *ÜberKreuzungen: Fremdheit, Ungleichheit, Differenz*. Münster: Westfälisches Dampfboot, 194–209.

Della Porta, Donatella & Diani, Mario (1999): *Social Movements: An Introduction*. Oxford, Malden, Mass: Blackwell.

Delouche, Frédéric (2013): *Das europäische Geschichtsbuch: Von den Anfängen bis ins 21. Jahrhundert*. Bonn: Bundeszentrale für Politische Bildung.

Dertinger, Antje (1981): *Weiber und Gendarm: Vom Kampf staatsgefährdender Frauenspersonen um ihr Recht auf politische Arbeit*. Köln: Bund-Verlag.

Dertinger, Antje (1988): Louise Otto-Peters - Für das Recht der Frauen auf Erwerb, in: Schneider, Dieter (Hg.): *Sie waren die ersten: Frauen in der Arbeiterbewegung*. Frankfurt am Main: Büchergilde Gutenberg, 43–56.

Diekmann, Andreas (1998): *Empirische Sozialforschung: Grundlagen, Methoden, Anwendungen*. Reinbek bei Hamburg: Rowohlt.

Dubois, Ellen C. (1998): *Woman Suffrage and Women's Rights*. New York: New York University Press.

Durkheim, Émile (1983): *Der Selbstmord*. Frankfurt am Main: Suhrkamp.

Durkheim, Émile (1947): *The Division of Labor in Society*. Glencole: The Free Press.

Eder, Klaus (1994): Die Institutionalisierung kollektiven Handelns: Eine neue theoretische Problematik in der Bewegungsforschung? *Forschungsjournal Neue Soziale Bewegungen*, Jg. 7(2), 40-52.

Eder, Klaus (2011): Wie schreiben sich soziale Bewegungen über die Zeit fort? Ein narrativer Ansatz. *Forschungsjournal Neue Soziale Bewegungen*, Jg. 24(4), 53–73.

Edwards, Gemma : *Social Movements and Protest*. Cambridge: Cambridge University Press.

Eisinger, Peter K. (1973): The Conditions of Protest Behavior in American Cities. *The American Political Science Review*, Jg. 67(1), 11–28.

Eisinger, Peter K. (2008): The Conditions of Protest Behavior in American Cities, in: Ruggiero, Vincenzo & Montagna, Nicola (Hg.): *Social Movements: A Reader*. London, New York: Routledge, 157–169.

Entman, Robert M. (1993): Framing: Toward Clarification of a Fractured Paradigm. *Journal of Communication*, Jg. 43(4), 51–58.

Engels, Friedrich (1961): Die Entwicklung des Sozialismus von der Utopie zur Wissenschaft, in Marx, Karl & Engels, Friedrich (Hg.): *Die Entwicklung des Sozialismus von der Utopie zur Wissenschaft*. Berlin: Dietz, 83–144.

Engels, Friedrich (1961): Der Ursprung der Familie, des Privateigentums und des Staates, in Marx, Karl & Engels, Friedrich (Hg.): *Der Ursprung der Familie, des Privateigentums und des Staates*. Berlin: Dietz, 159–304.

Engels, Friedrich (1952): *Der Ursprung der Familie, des Privateigentums und des Staates*. Berlin: Dietz.

Epstein, Barbara (2001): What happened to the Women's Movement? *Monthly Review*, Jg. 53(1). Internetquelle: http://monthlyreview.org/2001/05/01/what-happened-to-the-womens-movement/ [Stand 2015-07-01].

Eustance, Claire, Ryan, Joan & Ugolini, Laura (2000): Introduction: Writing Suffrage Histories - the „British" Experience, in: Eustance, Claire/Ryan, Joan & Ugolini, Laura (Hg.): *A Suffrage Reader: Charting Directions in British Suffrage History*. London: Leicester University Press, 1–19.

Evans, Richard J. (1979): *The Feminists: Women's Emancipation Movements in Europe, America, and Australia, 1840-1920*. London, New York: Croom Helm; Barnes & Noble Books.

Evans, Sara (2008): Personal Politics, in: Ruggiero, Vincenzo & Montagna, Nicola (Hg.): *Social Movements: A Reader*. London, New York: Routledge, 152–156.

Ferree, Myra M. (2012): *Varieties of Feminism: German Gender Politics in Global Perspective*. Stanford: Stanford University Press.

Ferree, Myra M. (2010): Die diskursiven Politiken feministischer Intersektionalität, in: Lutz, Helma/Vivar, Maria T. & Supik, Linda (Hg.): *Fokus Intersektionalität: Bewegungen und Verortungen eines vielschichtigen Konzeptes*. Wiesbaden: VS Verlag für Sozialwissenschaften, 67–82.

Ferree, Myra M. & Merrill, David A. (2003): Hot Movements, Cold Cognition: Thinking about Social Movements in Gendered Frames, in: Goodwin, Jeff (Hg.): *Rethinking Social Movements: Structure, Meaning, and Emotion*. Lanham: Rowman & Littlefield Publishers, 245–269.

Ferree, Myra M. (Hg.) (2002): *Shaping Abortion Discourse: Democracy and the Public Sphere in Germany and the United States*. Cambridge, New York: Cambridge University Press.

Ferree, Myra M. & Merrill, David A. (2000): Hot Movements, Cold Cognition: Thinking about Social Movements in Gendered Frames. *Contemporary Sociology*, Jg. 29(3), 454–462.

Ferree, Myra M. (1992): The Political Context of Rationality, in: Morris, Aldon D. & Mueller, Carol M. (Hg.): *Frontiers in Social Movement Theory*. New Haven: Yale University Press, 29–52.

Flacks, Richard (2003): Knowledge for What? Thoughts on the State of Social Movement Studies, in: Goodwin, Jeff (Hg.): *Rethinking Social Movements: Structure, Meaning, and Emotion*. Lanham: Rowman & Littlefield Publishers, 145–163.

Flick, Uwe (2007): *Qualitative Sozialforschung: Eine Einführung*. Reinbek bei Hamburg: Rowohlt.

Flick, Uwe (2009): *Sozialforschung: Methoden und Anwendungen. Ein Überblick für die BA-Studiengänge*. Reinbek bei Hamburg: Rowohlt.

Foljanty, Lena & Lembke, Ulrike (Hg.) (2006): *Feministische Rechtswissenschaft: Ein Studienbuch*. Baden-Baden: Nomos.

Frances, Hilary (2009): „Pay the piper, call the tune!": The Women's Tax Resistance League, in: Joannou, Maroula & Purvis, June (Hg.): *The Women's Suffrage Movement: New feminist perspectives*. Manchester: Manchester University Press; Distributed exclusively in the USA by Palgrave, 65–88.

Frank, Sybille & Schwenk, Jochen 2010: *Turn Over: Cultural turns in der Soziologie*. Frankfurt am Main: Campus.

Fraser, Nancy/Honneth, Axel & Wolf, Burkhardt (2005): *Umverteilung oder Anerkennung?: Eine politisch-philosophische Kontroverse*. Frankfurt am Main: Suhrkamp.

Freeman, Jo (1973): The Origins of the Women's Liberation Movement. *American Journal of Sociology*, Jg. 78(4), 30-49.

Frerichs, Petra & Steinrücke, Margareta (2007): Klasse und Geschlecht. Anerkennungschancen von Frauen im System gesellschaftlicher Arbeitsteilung, in: Hark, Sabine (Hg.): *Dis-Kontinuitäten: feministische Theorie*. Wiesbaden: VS Verlag für Sozialwissenschaften, 129–143.

Frevert, Ute (1986): *Frauen-Geschichte: Zwischen bürgerlicher Verbesserung und neuer Weiblichkeit*. Frankfurt am Main: Suhrkamp.

Frey, Regine & Dingler, Johannes (2002): Wie Theorien Geschlechter konstruieren, in: Heinrich-Böll-Stiftung (Hg.): *Alles Gender? Oder was?* Berlin, 7–25.

Galster, Ingrid (2004): Französischer Feminismus: Zum Verhältnis von Egalität und Differenz, in: Becker, Ruth (Hg.): *Handbuch Frauen- und Geschlechterforschung: Theorie, Methoden, Empirie*. Wiesbaden: VS Verlag für Sozialwissenschaften, 42–48.

Gamson, William A. (1997): Constructing Social Movements, in: Buechler, Steven M. & Cylke, F. Kurt (Hg.): *Social Movements. Perspectives and Issues*. Mountain View: Mayfield, 228–244.

Gamson, William A. (1997): The Social Psychology of Collective Action, in: Buechler, Steven M. & Cylke, F. Kurt (Hg.): *Social Movements. Perspectives and Issues*. Mountain View: Mayfield, 487–504.

Gamson, William A. (Hg.) (1990): *The Strategy of Social Protest.* Belmont: Wadsworth Pub.

Garner, Les (1977): *Stepping Stones to Women's Liberty: Feminist Ideas in the Women's Suffrage Movement, 1900 - 1918.* Rutherford: Fairleigh Dickinson University Press.

Garner, Roberta & Tenuto, John (1997): *Social Movement Theory and Research: An annotated Bibliographical Guide.* Lanham, Pasadena: Scarecrow Press; Salem Press.

Garrard, John (2002): *Democratisation in Britain: Elites, Civil Society, and Reform since 1800.* Houndmills Basingstoke Hampshire, New York: Palgrave.

Geisel, Beatrix (1997): *Klasse, Geschlecht und Recht: Vergleichende sozialhistorische Untersuchung der Rechtsberatungspraxis von Frauen- und Arbeiterbewegung (1894-1933).* Baden-Baden: Nomos.

Geißel, Brigitte & Thillman, Katja (2006): Partizipation in Neuen Sozialen Bewegungen, in: Hoecker, Beate (Hg.): *Politische Partizipation zwischen Konvention und Protest: Eine studienorientierte Einführung.* Opladen: Budrich, 159–183.

Gerhard, Ute (2009): *Frauenbewegung und Feminismus: Eine Geschichte seit 1789.* München: Beck.

Gerhard, Ute (2008): Olympe de Gouges (1748-1793). Französische Frauenrechtlerin und Literatin, in: Gerhard, Ute/Pommerenke, Petra & Wischermann, Ulla (Hg.): *Klassikerinnen der feminististischen Theorie: Band I (1789-1919).* Königstein: Helmer, 15–19.

Gerhard, Ute (Hg.) (2001): *Feminismus und Demokratie: Europäische Frauenbewegungen der 1920er Jahre.* Königstein: Helmer.

Gerhard, Ute (1999): *Atempause: Feminismus als demokratisches Projekt.* Frankfurt am Main: Fischer.

Gerhard, Ute (1997): Einleitung, in: Gerhard, Ute (Hg.): *Frauen in der Geschichte des Rechts: Von der frühen Neuzeit bis zur Gegenwart.* München: Beck, 11–22.

Gerhard, Ute (1995): Die „langen" Wellen der Frauenbewegung - Traditionslinien und unerledigte Anliegen, in: Becker-Schmidt, Regina (Hg.): *Das Geschlechterverhältnis als Gegenstand der Sozialwissenschaften.* Frankfurt am Main: Campus, 247–278.

Gerhard, Ute (1990a): *Gleichheit ohne Angleichung: Frauen im Recht* München: Beck.

Gerhard, Ute (1990b): *Unerhört: Die Geschichte der deutschen Frauenbewegung.* Reinbek bei Hamburg: Rowohlt.

Gerhard, Ute & Senghaas-Knobloch, Eva (1980): *Über die Anfänge der deutschen Frauenbewegung: Überlegungen zu einer Sozialgeschichte der Frau und der Organisation ihrer Interessen. Was heißt Gleichberechtigung?* Bremen.

Giddens, Anthony (1979): *Central Problems in Social Theory: Action, Structure and Contradiction in Social Analysis*. London: Macmillan.

Gildemeister, Regine & Wetterer, Angelika (1992): Wie Geschlechter gemacht werden. Die soziale Konstruktion der Zweigeschlechtlichkeit und ihre Reifizierung in der Frauenforschung, in: Knapp, Gudrun-Axeli & Wetterer, Angelika (Hg.): *Traditionen Brüche. Entwicklungen feministischer Theorie*. Freiburg: Kore, 201–254.

Glaser, Edith (2005): Hedwig Dohm: Die wissenschaftliche Emancipation der Frau, in: Löw, Martina & Mathes, Bettina (Hg.): *Schlüsselwerke der Geschlechterforschung*. Wiesbaden: VS Verlag für Sozialwissenschaften, 13–25.

Godineau, Dominique (2006): Töchter der Freiheit und revolutionäre Bürgerinnen, in: Fraisse, Geneviève & Perrot Michelle (Hg.) (2006): *Geschichte der Frauen. 19. Jahrhundert*. Frankfurt am Main: Zweitausendeins.

Goldstone, Jack A. (1990, c1980): The Weakness of Organization: A New Look at Gamson's The Strategy of Social Movement, in Gamson, William A. (Hg.): *The Strategy of Social Protest*. Belmont: Wadsworth Pub., 219–248.

Gottschall, Karin (2000): *Soziale Ungleichheit und Geschlecht: Kontinuitäten und Brüche, Sackgassen und Erkenntnispotentiale im deutschen soziologischen Diskurs*. Wiesbaden: VS Verlag für Sozialwissenschaften.

Greven-Aschoff, Barbara (1981): *Die bürgerliche Frauenbewegung in Deutschland, 1894-1933*. Göttingen: Vandenhoeck & Ruprecht.

Griesebner, Andrea (2005): *Feministische Geschichtswissenschaft: Eine Einführung*. Wien: Löcker.

Gullickson, Gay L. (1996): *Unruly women of Paris: Images of the commune*. Ithaca: Cornell University Press.

Günther, Jana (2011): Wenn das Private wissenschaftlich wird. Kleine Geschichte der Frauenforschung in Deutschland ab 1945, in: Kremberg, Bettina & Stadlober-Degwerth, Marion (Hg.): *Frauen eine Stimme geben*. Opladen, Farmington Hills: Budrich, 135–159.

Günther, Jana (2009): Suffragetten: Mediale Inszenierung und symbolische Politik, in: Paul, Gerhard (Hg.): *Das Jahrhundert der Bilder*. Göttingen: Vandenhoeck & Ruprecht, 108–115.

Günther, Jana (2009a): Die politischen Bilder und radikalen Ausdrucksformen der Suffragetten. Bilder der Heroisierung, des Martyriums und der Radikalität in der britischen Suffragettenbewegung. *kunsttexte.de - E-journal on Visual and Art History*. Jg. 1 (1), 1–11 [Stand 2012–12–01].

Günther, Jana (2006): *Die politische Inszenierung der Suffragetten in Großbritannien: Formen des Protests, der Gewalt und symbolische Politik einer Frauenbewegung*. Freiburg: Fwpf.

Gurr, Ted R. (1970): *Why men rebel*. Princeton: Princeton University Press.

Habermas, Jürgen (2008): New Social Movements, in: Ruggiero, Vincenzo & Montagna, Nicola (Hg.): *Social Movements: A Reader*. London, New York: Routledge, 201–205.

Hagemann-White, Carol & Schmidt-Harzbach (2006): Frauenstudium, in: Kurz-Scherf, Ingrid (Hg.): *Reader feministische Politik & Wissenschaft: Positionen, Perspektiven, Anregungen aus Geschichte und Gegenwart*. Königstein: Helmer, 145–147.

Hall, Stuart (1982): The Rediscovery of 'Ideology': The Return of the Repressed in Media Studies, in: Gurevitch, Michael (Hg.): *Culture, society, and the media*. London, New York: Methuen, 56–90.

Hannam, June (1995): Women and Politics, in: Purvis, June (Hg.): *Women's history: Britain, 1850 - 1945*. London: UCL Press, 217–245.

Hanschke, Silke (1990): Der Kampf um das Frauenwahlrecht in Großbritannien. Emmeline Pankhurst, die Women's Social and Political Union und was daraus wurde, in: Wickert, Christl/Clemens, Bärbel & Hanschke, Silke (Hg.): *„Heraus mit dem Frauenwahlrecht": Die Kämpfe der Frauen in Deutschland und England um die politische Gleichberechtigung*. Pfaffenweiler: Centaurus. 13–49.

Harrison, Brian H. (1996): *The Transformation of British Politics, 1860-1995*. Oxford, New York: Oxford University Press.

Haunss, Sebastian (2011b): Was ist der beste methodische Zugang? Bewegungsdiskurse und Prozesse kollektiver Identität. *Forschungsjournal Soziale Bewegungen*, Jg. 24(4), 36–38.

Hausen, Karin (2012): *Geschlechtergeschichte als Gesellschaftsgeschichte*. Göttingen: Vandenhoeck & Ruprecht.

Hausen, Karin & Wunder, Heide (1992): *Frauengeschichte - Geschlechtergeschichte*. Frankfurt am Main: Campus.

Häussermann, Hartmut & Siebel, Walter (2004): *Stadtsoziologie: Eine Einführung*. Frankfurt am Main: Campus.

Heilmann, Ann & Beetham, Margaret (2004): Introduction, in: Heilmann, Ann & Beetham, Margaret (Hg.): *New Woman Hybridities: Femininity, Feminism and International Consumer Culture, 1880-1930*. London, New York: Routledge, 1–14.

Heitmeyer, Wilhelm (2003): Right-Wing Extremist Violence, in: Heitmeyer, Wilhelm & Hagan, John (Hg.): *International handbook of violence research*. Dordrecht, Boston: Kluwer Academic Publishers, 399–436.

Hellmann, Kai-Uwe (1998): Paradigmen der Bewegungsforschung. Forschungs- und Erklärungsansätze - ein Überblick, in: Hellmann, Kai-Uwe & Koopmans, Ruud (Hg.): *Paradigmen der Bewegungsforschung: Entstehung und Entwicklung von neuen sozialen Bewegungen und Rechtsextremismus*. Opladen: Westdeutscher Verlag, 9–30.

Hervé, Florence (2001): „Dem Reich der Freiheit werb' ich Bürgerinnen": Von den Anfängen bis 1889, in: Hervé, Florence & Buchholz-Will, Wiebke (Hg.): *Geschichte der deutschen Frauenbewegung*. Köln: PapyRossa, 11–35.

Hettlage, Robert (1991): Rahmenanalyse - oder die innere Organisation unseres Wissens um die Ordnung der Wirklichkeit, in: Hettlage, Robert & Lenz, Karl (Hg.): *Erving Goffman: Ein soziologischer Klassiker der zweiten Generation*. Bern: P. Haupt, 95–154.

Holland-Cunz, Barbara (2003): *Die alte neue Frauenfrage*. Frankfurt am Main: Suhrkamp.

Holton, Sandra S. (2002): *Feminism and Democracy. Women's suffrage and reform politics in Britain, 1900-1918*. Cambridge: Cambridge University Press.

Holton, Sandra S. (1995): Women and the Vote, in: Purvis, June (Hg.): *Women's history: Britain, 1850 - 1945*. London: UCL Press, 277–306.

Holton, Sandra S. (1996): *Suffrage Days: Stories from the Women's Suffrage Movement*. London: Routledge.

Honegger, Claudia & Heintz, Bettina (1981): Zum Strukturwandel weiblicher Widerstandformen im 19. Jahrhundert, in: Honegger, Claudia (Hg.): *Listen der Ohnmacht: Zur Sozialgeschichte weiblicher Widerstandsformen*. Frankfurt am Main: Europäische Verlags-Anstalt, 7–68.

Hooks, Bell (1991, c1981): *Ain't I a woman: Black women and feminism*. Boston: South End Press.

Hooks, Bell (1991): Schwesterlichkeit: Politische Solidarität unter Frauen. *beiträge zu feministischen theorie und praxis*, Jg. 13(27), 77–92.

Horkheimer, Max & Adorno, Theodor W. (1988, c1969): *Dialektik der Aufklärung: Philosophische Fragmente*. Frankfurt am Main: Fischer.

Houen, Alex (2002): *Terrorism and Modern Literature, from Joseph Conrad to Ciaran Carson*. Oxford, New York: Oxford University Press.

Hume, Leslie P. (1982): *The National Union of Women's Suffrage Societies, 1897-1914*. New York: Garland.
Hunt, Karen (1996): *Equivocal feminists: The Social Democratic Federation and the woman question, 1884 - 1911*. Cambridge: Cambridge University Press.
Jacobi, Juliane (1990): „Geistige Mütterlichkeit": Bildungstheorie oder strategischer Kampfbegriff gegen Männerdominanz im Schulwesen? *Die Deutsche Schule* (Beiheft (1990)), 208–224.
Jacobi, Juliane (2006): Zwischen Erwerbsfleiß und Bildungsreligion - Mädchenbildung in Deutschland, in: Duby, Georges (Hg.): *Geschichte der Frauen*. Frankfurt am Main: Zweitausendeins, 267–281.
Jenkins, J. Craig (1983): Ressource Mobilization Theory and the Study of Social Movements. *Annual Review of Sociology* (9), 527–553.
Jenkins, J. Craig & Klandermans, Bert (1995): The Politics of Social Protest, in: Jenkins, J. Craig & Klandermans, Bert (Hg.): *The Politics of Social Protest: Comparative Perspectives on States and Social Movements*. London: UCL Press, 3–13.
Jenkins, J. Craig & Perrow, Charles (1977): Insurgency of the Powerless: Farm Worker Movements (1946-1972). *American Sociological Review*, Jg. 42(2), 249–268.
Joas, Hans (Hg.) (2007): *Lehrbuch der Soziologie*. Frankfurt am Main: Campus.
Jorgensen-Earp, Cheryl R. (1997): *The Transfiguring Sword: The Just War of the Women's Social and Political Union*. Tuscaloosa: University of Alabama Press.
Käppeli, Anne-Marie (2006): Die feministische Szene, in: Duby, Georges (Hg.): *Geschichte der Frauen*. Frankfurt am Main: Zweitausendeins, 539–573.
Karl, Michaela (2009): *„Wir fordern die Hälfte der Welt!": Der Kampf der Suffragetten um das Frauenstimmrecht*. Frankfurt am Main: Fischer.
Karl, Michaela (2011): *Die Geschichte der Frauenbewegung*. Stuttgart: Reclam.
Kent, Susan K. (1987): *Sex and Suffrage in Britain: 1860 - 1914*. Princeton: Princeton University Press.
Kern, Thomas (2008): *Soziale Bewegungen: Ursachen, Wirkungen, Mechanismen*. Wiesbaden: VS, Verlag für Sozialwissenschaften.
Kerner, Ina (2009): Alles intersektional? Zum Verhältnis von Rassismus und Sexismus. *Feministische Studien* (1), 36–50.
Killian, Lewis M. (1966): Social Movements, in: Faris, Robert E. L. (Hg.): *Handbook of Modern Sociology*. Chicago: McNally, 426–455.

Klandermans, Bert (1984): Mobilization and Participation: Social-Psychological Expansisons of Resource Mobilization Theory. *American Sociological Review*, Jg. 49 (5), 583-600.

Klandermans, Bert (1993): A Theoretical Framework for Comparisons of Social Movement Participation. *Sociological Forum*, Jg. 8 (3), 383–402.

Klandermans, Bert (1997): Identität und Protest. Ein sozialpsychologischer Ansatz. *Forschungsjournal Neue Soziale Bewegungen*, Jg. 10 (3), 41–51.

Klausmann, Christina (1997): *Politik und Kultur der Frauenbewegung im Kaiserreich: Das Beispiel Frankfurt am Main.* Frankfurt am Main, New York: Campus.

Kliment, Tibor (1994): *Kernkraftprotst und Medienreaktionen: Deutungsmuster einer Widerstandsbewegung und öffentliche Rezeption.* Wiesbaden: DUV.

Klinger, Cornelia & Knapp, Gudrun-Axeli (2007): Achsen der Ungleichheit - Achsen der Differenz: Verhältnisbestimmungen von Klasse, Geschlecht, „Rasse"/Ethnizität, in Klinger, Cornelia/Knapp, Gudrun-Axeli & Sauer, Birgit (Hg.): *Achsen der Ungleichheit: Zum Verhältnis von Klasse, Geschlecht und Ethnizität.* Frankfurt am Main: Campus, 19–41.

Knapp, Gudrun-Axeli (2012): *Im Widerstreit: Feministische Theorie in Bewegung.* Wiesbaden: VS Verlag für Sozialwissenschaften.

Knapp, Gudrun-Axeli (2010): „Intersectional Invisibility": Anknüpfungen und Rückfragen an ein Konzept der Intersektionalitätsforschung, in: Lutz, Helma/Vivar, Maria T. & Supik, Linda (Hg.): *Fokus Intersektionalität: Bewegungen und Verortungen eines vielschichtigen Konzeptes.* Wiesbaden: VS Verlag für Sozialwissenschaften, 223–243.

Knapp, Gudrun-Axeli (2008): „Intersectionality" - ein neues Paradigma der Geschlechterforschung?, in: Casale, Rita & Rendtorff, Barbara (Hg.): *Was kommt nach der Genderforschung?: Zur Zukunft der feministischen Theoriebildung.* Bielefeld: Transcript, 33–53.

Knapp, Gudrun-Axeli (2007): Konstruktion und Dekonstruktion von Geschlecht, in: Becker-Schmidt, Regina & Knapp, Gudrun-Axeli (Hg.): *Feministische Theorien zur Einführung.* Hamburg: Junius.

Knapp, Gudrun-Axeli (2004): Kritische Theorie: Ein selbstreflexives Denken in Vermittlungen, in: Becker, Ruth (Hg.): *Handbuch Frauen- und Geschlechterforschung: Theorie, Methoden, Empirie.* Wiesbaden: VS Verlag für Sozialwissenschaften, 177–187.

Knoblauch, Hubert (2010): *Wissenssoziologie.* Konstanz: UVK.

Kocka, Jürgen (2000): Arbeit früher, heute, morgen: Zur Neuartigkeit der Gegenwart, in: Kocka, Jürgen & Offe, Claus (Hg.): *Geschichte und*

Zukunft der Arbeit. Frankfurt am Main, New York: Campus, 476–492.

Kontos, Silvia (2008): Mit „Gender" in Bewegung? Eine Antwort auf die Frage „Was kommt nach der Genderforschung?" aus der Perspektive von Frauenbewegung, in: Casale, Rita & Rendtorff, Barbara (Hg.): *Was kommt nach der Genderforschung?: Zur Zukunft der feministischen Theoriebildung*. Bielefeld: Transcript, 60–76.

Kornhauser, William (2008): The Politics of Mass Society, in: Ruggiero, Vincenzo & Montagna, Nicola (Hg.): *Social Movements: A Reader*. London, New York: Routledge.

Kracauer, Siegfried (1952): The Challenge of Qualitative Content Analysis. *Public Opinion Quarterly*, Jg. 16(4), 631-642.

Kreisky, Eva (1995): Der Stoff, aus dem die Staaten sind: Zur männerbündischen Fundierung politischer Ordnung, in: Becker-Schmidt, Regina (Hg.): *Das Geschlechterverhältnis als Gegenstand der Sozialwissenschaften*. Frankfurt am Main: Campus, 85–124.

Kromrey, Helmut (2006): *Empirische Sozialforschung: Modelle und Methoden der standardisierten Datenerhebung und Datenauswertung*. Stuttgart: Lucius & Lucius.

Kuckartz, Udo (2012): *Qualitative Inhaltsanalyse. Methoden, Praxis, Computerunterstützung*. Weinheim: Juventa.

Le Bon, Gustave (1982, c1922): *Psychologie der Massen*. Stuttgart: Alfred Kröner.

Lenz, Ilse (2009): Geschlecht, Klasse, Migration und soziale Ungleichheit, in: Lutz, Helma (Hg.): *Gender mobil?: Geschlecht und Migration in transnationalen Räumen*. Münster: Westfälisches Dampfboot, 52-68.

Lenz, Ilse (1995): Geschlecht, Herrschaft und internationale Ungleichheit, in: Becker-Schmidt, Regina (Hg.): *Das Geschlechterverhältnis als Gegenstand der Sozialwissenschaften*. Frankfurt am Main: Campus, 19–46.

Lewis, Jane (1991): *Women and social action in Victorian and Edwardian England*. Aldershot: Elgar.

Liddington, Jill & Norris, Jill (1978): *One Hand tied Behind Us: The Rise of the Women's Suffrage Movement*. London: Virago.

Lloyd, Trevor (1970): *Suffragetten: Die Emanzipation der Frau in der westlichen Welt*. Lausanne: Editions Recontre.

Lucke, Doris 2003: *Die Kategorie Geschlecht in der Soziologie*. Berlin. URL: www.fu-berlin.de/sites/gpo/soz_eth/Geschlecht_als_Kategorie/Die_Kategorie_Geschlecht_in_der_Soziologie [Stand 2015-01-01].

Lutz, Helma/Herrera Vivar, Maria T. & Supik, Linda (2010): Fokus Intersektionalität - Eine Einleitung, in: Lutz, Helma/Herrera Vivar, Maria T. & Supik, Linda (Hg.): *Fokus Intersektionalität: Bewegungen und Verortungen eines vielschichtigen Konzeptes*. Wiesbaden: VS Verlag für Sozialwissenschaften, 9–30.

Mackenzie, Midge (1975): *Shoulder to Shoulder: A Documentary*. New York: Knopf.

Mamozai, Martha (1982): *Schwarze Frau, weiße Herrin: Frauenleben in den deutschen Kolonien*. Hamburg: Rowohlt.

Mann, Golo (1960): Politische Entwicklung Europas und Amerkias 1815-1871, in: Mann, Golo (Hg.): *Propyläen Weltgeschichte. Eine Universalgeschichte*. Berlin, Frankfurt am Main: Propyläen Verlag, 369–582.

Marlow, Joyce (Hg.) (2001): *Votes for Women: The Virago Book of Suffragettes*. London: Virago.

Marx, Gary T. & Wood, James L. (1975): Strands of Theory and Research in Collective Behavior. *Annual Review of Sociology*, Jg. 1, 363–428.

Marx, Karl (1961): Lohnarbeit und Kapital, in: Marx, Karl & Engels, Friedrich (Hg.): *Ausgewählte Schriften I*. Berlin: Dietz, 59–92.

Marx, Karl (1975): *Das Kapital: Kritik der politischen Ökonomie*. Berlin: Dietz.

Marx, Karl & Engels, Friedrich (1961): Manifest der Kommunistischen Partei, in: Marx, Karl & Engels, Friedrich (Hg.): *Ausgewählte Schriften I*. Berlin: Dietz, 15–58.

Marx-Ferree, Myra & McClurg Mueller, Carol (2006): Gendering Social Movement Theory: Opportunities, Organizations and Discourses in Women's Movements Worldwide, in: Weckwert, Anja & Wischermann, Ulla (Hg.): *Das Jahrhundert des Feminismus: Streifzüge durch nationale und internationale Bewegungen und Theorien*. Königstein: Helmer, 39–60.

Maurer, Susanne (2008): Merkwürdige Selbst-Vergessenheit? Thematisierungsdynamiken im Kontext feministischer Theoriebildung, in: Casale, Rita & Rendtorff, Barbara (Hg.): *Was kommt nach der Genderforschung?: Zur Zukunft der feministischen Theoriebildung*. Bielefeld: Transcript, 102–119.

Mayhall, Laura E. (2003): *The Militant Suffrage Movement: Citizenship and resistance in Britain, 1860 - 1930*. Oxford: Oxford University Press.

Mayring, Philipp (2007): Qualitative Inhaltanalyse, in: von Kardorff, Ernst/Steinke, Ines & Flick, Uwe (Hg.): *Qualitative Forschung: Ein Handbuch*. Reinbek bei Hamburg: Rowohlt, 468–475.

Mayring, Philipp (2008): *Qualitative Inhaltsanalyse: Grundlagen und Techniken.* Weinheim, Basel: Beltz.

McAdam, Doug (2007): From Relevance to Irrelevance: The Curious Impact of the Sixties on Public Sociology, in: Calhoun, Craig J. (Hg.): *Sociology in America: A history.* Chicago: University of Chicago Press, 411–426.

McAdam, Doug (1982): *Political Process and the Development of Black Insurgency, 1930-1970.* Chicago: University of Chicago Press.

McAdam, Doug (1996): Conceptional Origins, current Problems, future Directions, in: McAdam, Doug/McCarthy, John D. & Zald, Mayer N. (Hg.): *Comparative Perspectives on Social Movements: Political Opportunities, Mobilizing Structures, and Cultural Framings.* Cambridge, New York: Cambridge University Press, 23–40.

McAdam, Doug (1994): Culture and Social Movements, in: Laraña, Enrique/Johnston, Hank & Gusfield, Joseph R. (Hg.): *New Social Movements: From Ideology to Identity.* Philadelphia: Temple University Press, 36–57.

McAdam, Doug/McCarthy, John D. & Zald, Mayer N. (1996): Introduction: Opportunities, Mobilizing Structures, and Framing Processes - toward a Synthetic, Comparative Perspective on Social Movements, in: McAdam, Doug/McCarthy, John D. & Zald, Mayer N. (Hg.): *Comparative Perspectives on Social Movements: Political Opportunities, Mobilizing Structures, and Cultural Framings.* Cambridge, New York: Cambridge University Press, 1–20.

McCall, Leslie (2005): The Complexity of Intersectionality. In: *Signs: Journal of Women in Culture and Society.* Jg 30(5), 1771-1800.

McCarthy, John D. & Zald, Mayer N. (2008): Resource Mobilization and Social Movements: A Partial Theory, in: Ruggiero, Vincenzo & Montagna, Nicola (Hg.): *Social Movements: A Reader.* London, New York: Routledge, 105–117.

McCarthy, John D. & Zald, Mayer N. (1977): Resource Mobilization and Social Movements: A Partial Theory. *The American Journal of Sociology*, Jg. 82(6), 1212-1241.

Meissner, Hanna (2008): *Die soziale Konstruktion von Geschlecht - Erkenntnisperspektiven und gesellschaftstheoretische Fragen.* Berlin. URL: www.fu-berlin.de/sites/gpo/soz_eth/Geschlecht_als_Kategorie/Die_soziale_Konstruktion_von_Geschlecht_____Erkenntnisperspektiven_und_gesellschaftstheoretische_Fragen/hanna_meissner.pdf [Stand 2015-01-01].

Melucci, Alberto (1989): *Nomads of the Present: Social Movements and Individual Needs in Contemporary Society.* London: Hutchinson Radius.

Menschik, Jutta (1985): *Feminismus: Geschichte, Theorie, Praxis*. Köln: Pahl-Rugenstein.

Meulenbelt, Anja (1988): *Scheidelinien über Sexismus, Rassismus und Klassimus*. Reinbek bei Hamburg: Rowohlt.

Midgley, Clare (1995): *Women against Slavery: The British Campaigns, 1780-1870*. London, New York: Routledge.

Mies, Maria (2006): Methodologische Postulate der Frauenforschung, in: Kurz-Scherf, Ingrid (Hg.): *Reader feministische Politik & Wissenschaft: Positionen, Perspektiven, Anregungen aus Geschichte und Gegenwart*. Königstein: Helmer, 141–145.

Miethe, Ingrid (1999): *Frauen in der DDR-Opposition: Lebens- und kollektivgeschichtliche Verläufe in einer Frauenfriedensgruppe*. Opladen: Leske + Budrich.

Miethe, Ingrid (2001): Framingkonzepte aus biographischer Perspektive. Das Beispiel der Frauenfriedenbewegungen der DDR. *Forschungsjournal Neue Soziale Bewegungen*, Jg. 14(2), 65–75.

Miethe, Ingrid (2009): Frames, Framing, and Keying: Biographical Perspectives on Social Movement Participation, in: Johnston, Hank (Hg.): *Culture, social movements, and protest*. Farnham: Ashgate, 135–156.

Mitscherlich, Waldemar (1904): *Eine soziologische Betrachtung über die Entstehung der deutschen Frauenbewegung*. Berlin: Schade.

Moraga, Cherríe & Anzaldúa, Gloria E. (Hg.) (1983): *This Bridge called my Back: Writings of Radical Women of Color*. New York: Kitchen Table: Women of Color Print.

Morris, Aldon D. & Mueller, Carol M. (Hg.) (1992): *Frontiers in Social Movement Theory*. New Haven: Yale University Press.

Mueller, Carol (1994): Conflict Networks and the Origins of Women's Liberation, in: Laraña, Enrique/ Johnston, Hank & Gusfield, Joseph R. (Hg.): *New social movements: From ideology to identity*. Philadelphia: Temple University Press, 234–263.

Münkler, Herfried (1994): *Politische Bilder, Politik der Metaphern*. Frankfurt am Main: Fischer.

Nash, Kate (2000): *Contemporary Political Sociology: Globalization, Politics, and Power*. Malden: Blackwell.

Nave-Herz, Rosemarie (1997): *Die Geschichte der Frauenbewegung in Deutschland*. Bonn: Bundeszentrale für politische Bildung.

Nickel, Hildegard M. (2006): Sozialwissenschaften, in: von Braun, Christina & Stephan, Inge (Hg.): *Gender-Studien: Eine Einführung*. Stuttgart: Metzler, 124–135.

Nickel, Hildegard M. (1995): Frauen im Umbruch. *Aus Politik und Zeitgeschichte* (B 36-37/95), 23–33.

Niggemann, Heinz (1981): *Emanzipation zwischen Sozialismus und Feminismus: Die sozialdemokratische Frauenbewegung im Kaiserreich.* Wuppertal: Hammer.
Notz, Gisela (2008): Clara Zetkin und die internationale sozialistische Frauenbewegung, in: Plener, Ulla (Hg.): *Clara Zetkin in ihrer Zeit: Neue Fakten, Erkenntnisse, Wertungen; Material des Kolloquiums anlässlich ihres 150. Geburtstages am 6. Juli 2007 in Berlin.* Berlin: Dietz, 9–21.
Notz, Gisela (2011): *Feminismus.* Köln: PapyRossa.
Oberschall, Anthony (1973): *Social Conflict and Social Movements.* Englewood Cliffs: Prentice-Hall.
Oberschall, Anthony (2008): Social Conflict and Social Movements, in: Ruggiero, Vincenzo & Montagna, Nicola (Hg.): *Social Movements: A Reader.* London, New York: Routledge, 95–104.
Offen, Karen M. (2000): *European Feminisms, 1700-1950: A political history.* Stanford: Stanford University Press.
Oguntoye, Katharina/Ayim, May & Schultz, Dagmar (1986): *Farbe bekennen: Afro-deutsche Frauen auf den Spuren ihrer Geschichte.* Berlin: Orlanda Frauenverlag.
Ohnacker, Elke (2004): Vorwort, in: Bourdieu, Pierre & Ohnacker, Elke (Hg.): *Schwierige Interdisziplinarität: Zum Verhältnis von Soziologie und Geschichtswissenschaft.* Münster: Westfälisches Dampfboot, 7–18.
Olson, Mancur (1998): *The Logic of Collective Action: Public goods and the theory of groups.* Cambridge: Harvard University Press.
Opitz, Claudia (2008): Nach der Gender-Forschung ist vor der Gender-Forschung. Plädoyer für die historische Perspektive in der Geschlechterforschung, in: Casale, Rita & Rendtorff, Barbara (Hg.): *Was kommt nach der Genderforschung?: Zur Zukunft der feministischen Theoriebildung.* Bielefeld: Transcript, 13–28.
Park, Robert E. & Burgess, Ernest W. (1921): *Introduction to the Science of Sociology.* Chicago, Ill: The University of Chicago Press.
Parsons, Talcott (1969): *Politics and Social Structure.* New York: Free Press.
Pateman, Carole (2000): Der brüderliche Gesellschaftsvertrag, in: Braun, Kathrin (Hg.): *Feministische Perspektiven der Politikwissenschaft.* München: Oldenbourg, 20-49.
Perrot, Michelle (1998): *Les femmes ou Les silences de l'histoire: Essai.* Paris: Flammarion.
Pettenkofer, Andreas (2008): *Radikaler Protest: Zur soziologischen Theorie politischer Bewegungen.* Frankfurt am Main: Campus.

Piven, Frances F. & Cloward, Richard A. (1986): *Aufstand der Armen*. Frankfurt am Main: Suhrkamp.
Plessner, Helmuth (1992): *Die verspätete Nation: Über die politische Verführbarkeit bürgerlichen Geistes*. Frankfurt am Main: Suhrkamp.
Pugh, Martin (2002a): *The March of the Women: A Revisionist Analysis of the Campaign for Women's Suffrage, 1866 - 1914*. Oxford: Oxford University Press.
Pugh, Martin (2002b): *The Pankhursts*. London: Penguin.
Pugh, Martin (1999): *Britain since 1789. A concise history*. Basingstoke: Macmillan.
Pugh, Martin (2003): *State and society: A Social and Political History of Britain, 1870 - 1997*. London: Arnold.
Purvis, June & Holton, Sandra S. (2000): *Votes for women*. London: Routledge.
Raeburn, Antonia (1973): *The Militant Suffragettes*. London: Joseph.
Raeburn, Antonia (1976): *The Suffragette View*. Newton Abbot: David Charles.
Raschke, Joachim (1988): *Soziale Bewegungen: Ein historisch-systematischer Grundriss*. Frankfurt am Main: Campus.
Rauschenbach, Brigitte 2009: *Gleichheit, Differenz, Freiheit? Bewusstseinswenden im Feminismus nach 1968*. Berlin. URL: www.fu-berlin.de/sites/gpo/pol_theorie/Zeitgenoessische_ansaetze/Gleichheit__Differenz__Freiheit/rauschenbach_literatur.pdf [Stand 2014–01–01].
Richardson, Jane & Dawson, Ian (2002): *Dying for the vote: Britain 1750-1900: a Key Stage 3 depth study on the chartists and the suffragettes. Pupils' book*. London: John Murray.
Richebächer, Sabine (1982): *Uns fehlt nur eine Kleinigkeit: Deutsche proletarische Frauenbewegung 1890-1914*. Frankfurt am Main: Fischer.
Ringer, Fritz K. (1990): *The Decline of the German Mandarins: The German Academic Community, 1890-1933*. Hanover: University Press of New England.
Roberts, Elizabeth (1995): *Women's Work, 1840-1940*. Cambridge, New York: Cambridge University Press.
Roeding, Andrea (2002): Judith Butler - ein Sohn ihrer Zeit, in Heinrich-Böll-Stiftung (Hg.): *Alles Gender? Oder was?* Berlin, 26–34
Rommelspacher, Birgit (2009): Intersektionalität - über die Wechselwirkung von Machtverhältnissen, in: Kurz-Scherf, Ingrid/Lepperhoff, Julia & Scheele, Alexandra (Hg.): *Feminismus: Kritik und Intervention*. Münster: Westfälisches Dampfboot, 81-96.

Rosen, Andrew (1974): *Rise up, Women: The Militant Campaign of the Women's Social and Political Union 1903-1914*. London: Routledge and Kegan Paul.

Roth, Roland & Rucht, Dieter (2008): *Die sozialen Bewegungen in Deutschland seit 1945: Ein Handbuch*. Frankfurt am Main, New York: Campus.

Rover, Constance (1967): *Women's Suffrage and Party Politics In Britain 1866-1914*. London: Routledge & Kegan Paul.

Rowbotham, Sheila (1999): *A Century of Women: The History of Women in Britain and the United States in the Twentieth Century*. New York: Penguin Books.

Rowbotham, Sheila (1993): *Nach dem Scherbengericht: Über das Verhältnis von Feminismus und Sozialismus*. Hamburg: Argument-Verlag.

Rowbotham, Sheila (1980): *Im Dunkel der Geschichte (Hidden from history, dt.). Frauenbewegung in England vom 17. bis 20. Jahrhundert*. Frankfurt am Main: Campus.

Rowbotham, Sheila (1972): *Women, Resistance and Revolution: A History of Women and Revolution in the Modern World. Sheila Rowbotham*. New York: Pantheon books, a division of Random House.

Rucht, Dieter (2011): Zum Stand der Forschung zu sozialen Bewegungen. *Forschungsjournal Soziale Bewegungen*, Jg. 24(3), 20-47.

Rucht, Dieter (2006): Politischer Protest in der Bundesrepublick Deutschland: Entwicklungen und Einflussfaktoren, in: Hoecker, Beate (Hg.): *Politische Partizipation zwischen Konvention und Protest: Eine studienorientierte Einführung*. Opladen: Budrich, 184–208.

Rucht, Dieter (2002): *Anstöße für den Wandel - Soziale Bewegungen im 21. Jahrhundert*. URL: http://www.wzb.eu/sites/default/files/zkd/zcm/rucht02_vortrag_wandel.pdf [Stand 2014–06–01].

Rucht, Dieter (2001): *Protest in der Bundesrepublik: Strukturen und Entwicklungen*. Frankfurt am Main: Campus.

Rucht, Dieter (1994): *Modernisierung und neue soziale Bewegungen: Deutschland, Frankreich und USA im Vergleich*. Frankfurt am Main: Campus.

Rucht, Dieter & Neidhardt, Friedhelm (2007): Soziale Bewegungen und kollektive Aktionen, in: Joas, Hans (Hg.): *Lehrbuch der Soziologie*. Frankfurt am Main: Campus, 628–651.

Rucht, Dieter & Verhulst, Joris (2010): The Framing of Opposition to the War on Iraq, in: Walgrave, Stefaan & Rucht, Dieter (Hg.): *The World says no to War: Demonstrations against the War on Iraq*. Minneapolis: University of Minnesota Press, 239–259.

Ruggiero, Vincenzo & Montagna, Nicola (2008): Hegemony and Collective Behaviour, in: Ruggiero, Vincenzo & Montagna, Nicola (Hg.): *Social Movements: A Reader*. London, New York: Routledge, 41–51.

Ruggiero, Vincenzo & Montagna, Nicola (2008): Introduction, in Ruggiero, Vincenzo & Montagna, Nicola (Hg.): *Social Movements: A Reader*. London, New York: Routledge, 1-6.

Ruggiero, Vincenzo & Montagna, Nicola (2008): Resource Mobilisation, in Ruggiero, Vincenzo & Montagna, Nicola (Hg.): *Social Movements: A Reader*. London, New York: Routledge, 87–91.

Ruggiero, Vincenzo & Montagna, Nicola (Hg.) (2008): *Social Movements: A Reader*. London, New York: Routledge.

Ruggiero, Vincenzo & Montagna, Nicola (2008): Social Movements and Political Process, in: Ruggiero, Vincenzo & Montagna, Nicola (Hg.): *Social Movements: A Reader*. London, New York: Routledge, 139–143.

Saurer, Edith (2014): *Liebe und Arbeit: Geschlechterbeziehungen im 19. und 20. Jahrhundert*. Wien, Köln, Weimar: Böhlau.

Schäffner, Raimund (1997): *Anarchismus und Literatur in England: Von der Französischen Revolution bis zum Ersten Weltkrieg*. Heidelberg: Universitätsverlag C. Winter.

Schaser, Angelika (2006): *Frauenbewegung in Deutschland: 1815 - 1933*. Darmstadt: WBG.

Schenk, Herrad (1981): *Die feministische Herausforderung: 150 Jahre Frauenbewegung in Deutschland*. München: Beck.

Scheufele, Bertram (2003): *Frames - Framing - Framing-Effekte: Theoretische und methodische Grundlegung des Framing-Ansatzes sowie empirische Befunde zur Nachrichtenproduktion*. Wiesbaden: Westdeutscher Verlag.

Schröder, Hannelore (2001a): *Widerspenstige, Rebellinnen, Suffragetten: Feministischer Aufbruch in England und Deutschland*. Aachen: einFach.

Schröder, Iris (2001b): *Arbeiten für eine bessere Welt: Frauenbewegung und Sozialreform 1890 - 1914*. Frankfurt am Main: Campus.

Schwarzkopf, Jutta (2001): Chartist Women in Public in Politics, in: Montgomery, Fiona & Collette, Christine (Hg.): *The European Women's History Reader*. London, New York: Routledge, 114–123.

Schwenk, Jochen 2010: Konjunkturen und Wandlungen des Kulturbegriffs in der deutschen Soziologie. In: Frank, Sybille & Schwenk, Jochen: *Turn Over: Cultural turns in der Soziologie*. Frankfurt am Main: Campus , 45–65.

Scott, Joan W. (2012): *The Fantasy of Feminist History*. Durham: Duke University Press.

Scott, Joan W. (2006): Die Arbeiterin, in: Duby, Georges (Hg.): *Geschichte der Frauen*. Frankfurt am Main: Zweitausendeins, 451–476.

Scott, Joan W. (2000): The „Class" We Have Lost. *International Labour and Working-Class History* (57), 69–75.

Scott, Joan W. (1996): Introduction, in: Scott, Joan W. (Hg.): *Feminism and History*. Oxford: Oxford University Press, 1–13.

Sichtermann, Barbara (2009): *Kurze Geschichte der Frauenemanzipation*. Berlin: Jacoby & Stuart.

Sledziewski, Elisabeth G. (2006): Die Französische Revolution als Wendepunkt, in: Fraisse, Geneviève & Perrot Michelle (Hg.): *19. Jahrhundert*, 45–61.

Smelser, Neil J. (1997): The Norm-oriented Movement, in: Buechler, Steven M. & Cylke, F. Kurt (Hg.): *Social Movements. Perspectives and Issues*. Mountain View: Mayfield, 107–119.

Smelser, Neil J. (2007): Social and Psychological Dimensions of Collective Behavior, in: Goodwin, Jeff & Jasper, James M. (Hg.): *Social movements: Critical concepts in sociology*. London, New York: Routledge, 44–72.

Smelser, Neil J. (2008): Theory of Collective Behaviour, in: Ruggiero, Vincenzo & Montagna, Nicola (Hg.): *Social Movements: A Reader*. London, New York: Routledge, 79–85.

Smith, Harold L. (2007): *The British Women's Suffrage Campaign, 1866-1928*. Harlow England, New York: Pearson/Longman.

Snow, David A. (2012): *Blackwell Encyclopedia of Social and Political Movements*. : Wiley-Blackwell.

Snow, David A. (2007): Framing Processes, Ideology, and Discursive Fields, in: Snow, David A./Soule, Sarah A. & Kriesi, Hanspeter (Hg.): *The Blackwell Companion to Social Movements*. Malden: Blackwell, 380-412.

Snow, David A. (1986): Frame Alignment Processes, Micromobilization, and Movement Participation. *American Sociological Review*, Vol. 51, 464–481.

Snow, David A. & Benford, Robert D. (1992): Master Frames and Cycles of Protest, in: Morris, Aldon D. & Mueller, Carol M. (Hg.): *Frontiers in Social Movement Theory*. New Haven: Yale University Press, 133–155.

Snow, David A. & Benford, Robert D. (2005): Clarifying the Relationship between Framing and Ideology, in: Johnston, Hank & Noakes, John A. (Hg.): *Frames of protest: Social movements and the framing perspective*. Lanham: Rowman & Littlefield Publishers, 205–211.

Snow, David A. & Davis, Phillip W. (1995): The Chicago Approach to Collective Behavior, in: Fine, Gary A. (Hg.): *A second Chicago*

School?: The Development of a Postwar American Sociology. Chicago: University of Chicago Press.

Snow, David A./Soule, Sarah A. & Kriese, Hanspeter (2007): Mapping the Terrain, in: Snow, David A./Soule, Sarah A. & Kriesi, Hanspeter (Hg.): *The Blackwell Companion to Social Movements.* Malden: Blackwell, 1–16.

Snow, David A./Soule, Sarah A. & Kriesi, Hanspeter (Hg.) (2007): *The Blackwell Companion to Social Movements.* Malden, MA: Blackwell Pub.

Soiland, Tove (2009): „Gender": Kontingente theoretische Grundlagen und ihre politischen Implekationen. Berlin. URL: www.fu-belin.de/sites/gpo/pol_theorie/Zeitgenoessische_ansaetze/Kontingente_theoretische_Grundlagen/soiland_inhalt.pdf [Stand 2015–01–01].

Soiland, Tove (2012): *Die Verhältnisse gingen und die Kategorien kamen. Intersectionality oder Vom Unbehagen an der amerikanischen Theorie.* URL: www.portal-intersektionalitaet.de/uploads/media/Soiland_04.pdf [Stand 2014–12–15].

Staggenborg, Suzanne (2011): *Social Movements.* New York: Oxford University Press.

Staggenborg, Suzanne (2002): The „Meso" in Social Movement Research, in: Meyer, David S. (Hg.): *Social movements: Identity, Culture, and the State.* Oxford: Oxford University Press, 124–139.

Staggenborg, Suzanne & Klandermans, Bert (2002): Introduction, in: Klandermans, Bert & Staggenborg, Suzanne (Hg.): *Methods of Social Movement Research.* Minneapolis: University of Minnesota Press, ix-xx.

Staggenborg, Suzanne & Lecomte, Josee (2001): Bewegungsgemeinschaften in neuen sozialen Bewegungen. Die Frauenbewegung in Montreal. *Forschungsjournal Neue Soziale Bewegungen*, Jg. 14 (2), 44–53.

Stoehr, Irene (2000): Oh Fräulein! Ein Nach-Ruf. *WerkstattGeschichte* (27), 69–70.

Strachey, Ray & Fawcett, Millicent G. (1931): *Millicent Garrett Fawcett.* London: Murray.

Tarrow, Sidney (1997): Cycles of Protest, in: Buechler, Steven M. & Cylke, F. K. (Hg.): *Social Movements. Perspectives and Issues.* Mountain View: Mayfield, 441–456.

Tarrow, Sidney G. (2011): *Power in Movement: Social Movements and Contentious Politics.* Cambridge, New York: Cambridge University Press.

Taylor, Verta (1997): Social Movements Continuity. The Women's Movement in Abeyance, in: Buechler, Steven M. & Cylke, F. K.

(Hg.): *Social Movements. Perspectives and Issues*. Mountain View: Mayfield, 423–440.

Taylor, Verta & Whittier, Nancy (1995): Analytical Approaches to Social Movement Culture. The Culture of the Women's Movement, in: Johnston, Hank & Klandermans, Bert (Hg.): *Social movements and culture*. Minneapolis: University of Minnesota Press, 163–187.

Taylor, Verta & Whittier, Nancy E. (1992): Collective Identity in Social Movement Communities. Lesbian Feminist Mobilization, in: Morris, Aldon D. & Mueller, Carol M. (Hg.): *Frontiers in Social Movement Theory*. New Haven: Yale University Press, 104–129.

Teubner, Ulrike & Wetterer, Angelika (2003): Gender Paradoxien: Soziale Konstruktion transparent gemacht, in: Lorber, Judith/Beister, Hella & Teubner, Ulrike (Hg.): *Gender-Paradoxien*. Opladen: Leske + Budrich, 9–31.

Thébaud, Françoise (Impr. 2002, cop. 2002): La Grande Guerre. Le triomphe de la division sexuelle, in: Duby, Georges & Perrot, Michelle (Hg.): *Histoire des femmes en Occident: tome 5: Le XXe siècle*. Paris: Perrin.

Thompson, Dorothy (1981): Spurensicherung. Frauen in der frühen Arbeiterbewegung, in: Honegger, Claudia(Hg.): *Listen der Ohnmacht: Zur Sozialgeschichte weiblicher Widerstandsformen*. Frankfurt am Main: Europäische Verlags-Anstalt, 160-216.

Thönnessen, Werner (1969): *Frauenemanzipation*. Frankfurt am Main: Europäische Verlags-Anstalt.

Thoreau, Henry D. (1950): *Walden, and other Writings*. New York: Modern Library.

Thürmer-Rohr, Christina (2004): Mittäterschaft von Frauen: Die Komplizenschaft mit der Unterdrückung, in: Becker, Ruth (Hg.): *Handbuch Frauen- und Geschlechterforschung: Theorie, Methoden, Empirie*. Wiesbaden: VS Verlag für Sozialwissenschaften, 85–90.

Tickner, Lisa (1987): *The Spectacle of Women: Imagery of the Suffrage Campaign 1907-14*. London: Chatto & Windus.

Tilly, Charles (2004): *Contention and Democracy in Europe, 1650-2000*. Cambridge, New York: Cambridge University Press.

Tilly, Charles (1978): *From Mobilization to Revolution*. Reading: Addison-Wesley.

Tilly, Charles & Wood, Lesley J. (2009): *Social Movements, 1768-2008*. Boulder: Paradigm Publishers.

Turner, Ralph H. & Killian, Lewis M. (1997): Toward a Theory of Social Movements, in: Buechler, Steven M. & Cylke, F. K. (Hg.): *Social Movements. Perspectives and Issues*. Mountain View: Mayfield, 119–135.

Twellmann, Margrit (1972): *Die deutsche Frauenbewegung: Ihre Anfänge und erste Entwicklung, 1843-1889*. Kronberg: Athenäum.
Villa, Paula-Irene (2004): Poststrukturalismus: Postmoderne + Poststrukturalismus = Postfeminismus?, in: Becker, Ruth (Hg.): *Handbuch Frauen- und Geschlechterforschung: Theorie, Methoden, Empirie*. Wiesbaden: VS Verlag für Sozialwissenschaften, 234–247.
Wacquant, Loïc J. D (2013): Auf dem Weg zu einer Sozialpraxeologie. Struktur und Logik der Soziologie Pierre Bourdieus, in: Bourdieu, Pierre & Wacquant, Loïc J. D (Hg.): *Reflexive Anthropologie*. Frankfurt am Main: Suhrkamp, 17–93.
Walgenbach, Katharina 2012: *Intersektionalität - eine Einführung*. URL: http://portal-intersektionalitaet.de/uploads/media/Walgenbach-Einfuehrung.pdf [Stand 2014–10–15].
Walkowitz, Judith R. (1980): *Prostitution and Victorian Society: Women, Class, and the State*. Cambridge, New York: Cambridge University Press.
Wapler, Friederike (2006): II. Frauen in der Geschichte des Rechts, in: Foljanty, Lena & Lembke, Ulrike (Hg.): *Feministische Rechtswissenschaft: Ein Studienbuch*. Baden-Baden: Nomos, 25–43.
Weber, Max (1925): *Grundriß der Sozialökonomik*. Tübingen: Mohr.
Wehler, Hans-Ulrich (1973): *Geschichte als historische Sozialwissenschaft*. Frankfurt am Main: Suhrkamp.
Wehler, Hans-Ulrich (1983): *Das Deutsche Kaiserreich, 1871-1918*. Göttingen: Vandenhoeck & Ruprecht.
Wehler, Hans-Ulrich (2008): *Deutsche Gesellschaftsgeschichte. 1815-1845/49*. München: Beck.
Wehler, Hans-Ulrich (2008a): *Deutsche Gesellschaftsgeschichte. 1849-1914*. München: Beck.
Wetterer, Angelika (2004): Konstruktion von Geschlecht: Reproduktionsweisen der Zweigeschlechtlichkeit, in: Becker, Ruth (Hg.): *Handbuch Frauen- und Geschlechterforschung: Theorie, Methoden, Empirie*. Wiesbaden: VS Verlag für Sozialwissenschaften, 122–131.
Wingerden, Sophia A. van (1999): *The Women's Suffrage Movement in Britain, 1866 - 1928*. Basingstoke: Macmillan.
Winker, Gabriele & Degele, Nina (2009): *Intersektionalität: Zur Analyse sozialer Ungleichheiten*. Bielefeld: Transcript.
Wischermann, Ulla (2003): *Frauenbewegungen und Öffentlichkeiten um 1900: Netzwerke - Gegenöffentlichkeiten - Protestinszenierungen*. Königstein: Helmer.
Wurms, Renate (2001): Kein einig' Volk von Schwestern, in: Hervé, Florence & Buchholz-Will, Wiebke (Hg.): *Geschichte der deutschen Frauenbewegung*. Köln: PapyRossa, 36–84.

Young, James D. (1985): *Women and Popular Struggles: A History of British Working-class Women, 1560-1984.* Edinburgh, Atlantic Highlands: Mainstream.

Quellen

Historische Schriften und Autobiografien

Barnett, Henriette O. (1884): V. Women as Philanthropists, in Stanton, Theodore & Cobbe, Frances P. (Hg.): *V. Women as Philanthropists: A Series of Original Essays.* Cambridge: Cambridge University Press.
Bäumer, Gertrud (1901): Die Geschichte der englischen Frauenbewegung., in Bäumer, Gertrud & Lange, Helene (Hg.): *Die Geschichte der englischen Frauenbewegung.* Berlin: Moeser, 225–288.
Bäumer, Gertrud (1901): Die Geschichte der Frauenbewegung in Deutschland, in Bäumer, Gertrud & Lange, Helene (Hg.): *Die Geschichte der Frauenbewegung in Deutschland.* Berlin: Moeser, 1–210.
Bebel, August (1959, c1879): *Die Frau und der Sozialismus.* Berlin: Dietz.
Bell, Ernest A. (1910): Introduction, in Bell, Ernest A. (Hg.): *Introduction: A Complete and detailed Account of the Shameless Traffic in Young Girls.* Chicago, 13–17.
Blackburn, Helen (1902): *Women's Suffrage: A Record of the Women's Suffrage Movement in the British Isles.* London, Oxford: Williams & Norgate.
Blos, Anna (1930): Die Geschichte der sozialdemokratischen Frauen Deutschlands, in Blos, Anna, u.a. (Hg.): *Die Geschichte der sozialdemokratischen Frauen Deutschlands.* Dresden: Kaden, 7–95.
Braun, Lily (1901): *Die Frauenfrage, ihre geschichtliche Entwicklung und wirtschaftliche Seite.* Leipzig: Verlag von S. Hirzel.
Dohm, Hedwig ([1874] 1997): Ob Frauen studieren dürfen?, in Gerhardt, Marlis (Hg.): *Ob Frauen studieren dürfen?: Von Else Lasker-Schüler bis Christa Wolf.* Frankfurt am Main: Insel Verlag, 9–23.
Ensor, R. C. (1936): *England 1870-1914.* Oxford: University Press
Fawcett, Millicent (1920): *The Women's Victory - and After: Personal Reminiscences, 1911-1918.* London: Sidgwick & Jackson.
Fawcett, Millicent G. (1874): *Tales in Political Economy.* London: Macmillan.

Fawcett, Millicent G. (1884): I. The Women's Suffrage Movement, in Stanton, Theodore & Cobbe, Frances P. (Hg.): *I. The Women's Suffrage Movement: A Series of Original Essays.* Cambridge: Cambridge University Press.
Fawcett, Millicent G. ([1912] 2005): *Women's Suffrage: A Short History of a Great Movement*: Elibron Classics.
Fourier, Charles (1808): *Théorie des quatre mouvements et des destinées générales: Prospectus et Annonce de La Decouverte.* Leipzig.
Gerhardt, Marlis (Hg.) (1997): *Essays berühmter Frauen: Von Else Lasker-Schüler bis Christa Wolf.* Frankfurt am Main: Insel Verlag.
Gouges, Olympe de (1980): Erklärung der Rechte der Frau, in Wyss, Regula, Mostowlansky, Vera & Dillier, Monika (Hg.): *Erklärung der Rechte der Frau.* Basel, Frankfurt a. M: Stroemfeld-Verlag; Verlag Roter Stern, 36–54.
Guillaume-Schack, Frau (1882): *Über unsere sittlichen Verhältnisse und die Bestrebungen und Arbeiten des Britisch-Continentalen und Allg. Bundes: Vortrag von Frau Guillaume-Schack. Am 23. März 1882 in Darmstadt gehalten und von der Polizeibehörde daselbst verboten.* Berlin: Verlag von H. Dolfuß.
Hippel, Theodor G. von (1792): *Über die bürgerliche Verbesserung der Weiber.* Berlin: Voß.
Hippel, Theodor G. von (1793): *Über die Ehe*: Vossche Buchhandlung.
Humboldt, Wilhelm (2010, c1809/10): Über die innere und äußere Organisation der höheren Anstalten in Berlin, in Horst, Johanna-Charlotte (Hg.): *Über die innere und äußere Organisation der höheren Anstalten in Berlin: Texte und Positionen zu einer Idee.* Zürich: Diaphanes, 95–104.
Ichenhaeuser, Eliza (1898): *Die politische Gleichberechtigung der Frau.* Berlin W. 35.: Verlag von Carl Duncker.
Ichenhaeuser, Eliza (1900): *Die Dienstbotenfrage und ihre Reform: Vortrag von Eliza Ichenhaeuser gehalten im Berliner Frauenverein in Berlin und im Rechtsschutzverein für Frauen in Dresden.* Berlin: Verlag von Hermann Walther in Berlin W.
Ihrer, Emma (1893): *Die Organisationen der Arbeiterinnen Deutschlands, ihre Entstehung und Entwicklung.* Berlin: Selbstverl. d. Verf.
Ihrer, Emma (1898): *Die Arbeiterinnen im Klassenkampf: Anfänge der Arbeiterinnen-Bewegung, ihr Gegensatz zur bürgerlichen Frauenbewegung und ihre nächsten Aufgaben.* Hamburg: Verlag der Generalkommission der Gewerkschaften Deutschlands.
Joos, Joseph (1912): *Die sozialdemokratische Frauenbewegung in Deutschland.* M.Gladbach: Volksvereins-Verlag.
Lagerlöf, Selma (1913): *Heim und Staat.* Düsseldorf.

Lange, Helene (1896): Frauenwahlrecht. *Cosmopolis* (Heft III), 539–554.

Lette, Adolf (1865): *Denkschrift über die Eröffnung neuer und die Verbesserung bisheriger Erwerbsquellen für das weibliche Geschlecht: Zur Berathung im Vorstande und Ausschusse des Centralvereins in Preußen für das Wohl der arbeitenden Klassen.* Berlin: Janke.

Lion, Hilde (1926): *Zur Soziologie der Frauenbewegung. Die sozialistische und die katholische Frauenbewegung.* Berlin: F. A. Herbig Verlagsbuchhandlung.

Luxemburg, Rosa (1906): *Massenstreik, Partei und Gewerkschaften.* Hamburg: Verlag von Erdmann Dubber.

Martineau, Harriet (1834): *Illustrations of Political Economy: In Nine Volumes.* London: Fox.

Mill, John S. (1972): To George Croom Robertson, in Mill, John S., Francis E. Mineka & Dwight N. Lindley (Hg.): *To George Croom Robertson*: University of Toronto Press, 1853–1855.

Mitscherlich, Waldemar (1904): *Eine soziologische Betrachtung über die Entstehung der deutschen Frauenbewegung: (Abschnitt I und II).* Berlin: Schade [Druck].

Otto, Louise ([1866] 2012): *Das Recht der Frauen auf Erwerb. Blicke auf das Frauenleben der Gegenwart.* Wandlitz: Henricus - Edition Deutsche Klassik.

Pankhurst, Christabel (1913): *Plain Facts about a Great Evil.* New York: Sociological Fund of the Medical Review of the Reviews.

Pankhurst, Christabel (1915): *International Militancy: A speech.* London: Women's Social and Political Union.

Pankhurst, Emmeline (1913): *My Own Story.* London: Eveleigh Nash.

Pankhurst, Emmeline (1996, c1913): *Ein Leben für die Rechte der Frauen.* Göttingen: Steidl.

Pankhurst, Sylvia E. (1970, c1911): *The Suffragette: The History of the Women's Militant Suffrage Movement, 1905-1910.* New York: Source Book Press.

Pankhurst, Sylvia E. (1988, c1913): *The Suffragette Movement.* London: Virago.

Rousseau, Jean-Jacques & Brockard, Hans (1998, c1762). *Vom Gesellschaftsvertrag oder Grundsätze des Staatsrechts.* Stuttgart: Philipp Reclam.

Schirmacher, Kaethe (1976, c1912): *Die Suffragettes.* Frankfurt: Jassmann.

Simmel, Georg (1985, c1896): Der Frauenkongreß und die Sozialdemokratie, in Simmel, Georg, Dahme, Heinz-Jürgen & Köhnke, Klaus C. (Hg.): *Der Frauenkongreß und die Sozialdemokratie.* Frankfurt am Main: Suhrkamp, 133–137.

Simmel, Georg (1985, c1892): Ein Jubiläum der Frauenbewegung, in Simmel, Georg, Dahme, Heinz-Jürgen & Köhnke, Klaus C. (Hg.): *Ein Jubiläum der Frauenbewegung*. Frankfurt am Main: Suhrkamp, 72–80.

Simmel, Georg (1985, c1892): Einiges über die Prostitution in Gegenwart und Zukunft, in Simmel, Georg, Dahme, Heinz-Jürgen & Köhnke, Klaus C. (Hg.): *Einiges über die Prostitution in Gegenwart und Zukunft*. Frankfurt am Main: Suhrkamp.

Simmel, Georg (1908): *Soziologie: Untersuchungen über die Formen der Vergesellschaftung*. Leipzig: Duncker & Humblot.

Slosson, Preston W. (1916): The Decline of the Chartist Movement. *Studies in History, Econimics and Public Law*, Jg. LXXIII(127).

Strachey, Ray (1928): *"The Cause". A Short History of the Women's Movement in Great Britain*. London: Bell.

Tönnies, Ferdinand, Clausen, Lars & Deichsel, Alexander (2002, c*1922)*: *Kritik der öffentlichen Meinung*. Berlin: De Gruyter.

West, Julius (1920): *A History Of The Chartist Movement*. London: Constable And Company Limited.

West, Rebecca (1982, c1933): A Reed of Steel: Essay on Mrs Pankhurst from The Post-Vicorians, 1933, in West, Rebecca & Marcus, Jane (Hg.): *A Reed of Steel: Writings of Rebecca West, 1911-17*. New York: Viking Press, 239–262.

Wollstonecraft, Mary (1989, c1792): *Eine Verteidigung der Rechte der Frau*. 1. Aufl. Leipzig: Verl. für die Frau.

Zahn-Harnack, Agnes von (1928): *Die Frauenbewegung. Geschichte, Probleme, Ziele*. Berlin.

Zetkin, Clara (1889): *Die Arbeiterinnen- und Frauenfrage der Gegenwart*. Berlin: Verlag der „Berliner Volks-Tribüne".

Zetkin, Clara (1984, c1928): *Zur Geschichte der proletarischen Frauenbewegung Deutschlands*. Frankfurt am Main: Verl. Marxist. Blätter.

Zeitschriften

Centralblatt des Bundes deutscher Frauenvereine, hg. v. Marie Stritt, 11. Jg. 1909 – 14. Jg. 1913.

Die Frauenfrage, hg. v. Marie Stritt, 15. Jg. 1913 – 16. Jg. 1914.

Die Gleichheit, hg. v. Clara Zetkin, 19. Jg. 1908 – 24. Jg. 1914.

The Common Cause, hg. v. H. M. Swanwick, Clementina Black, A. Maude, I. Vol. 1909 – VI. Vol. 1914.

The Suffragette, hg. v. Christabel Pankhurst, I. Vol. 1912 – III. Vol. 26.06.1914.

The Votes for Women, hg. v. Emmeline & Frederck Pethick-Lawrence, III. Vol. 1909 – V. Vol. 1912.

Marta press

Sach- und Fachbücher
- Gesellschaftskritik
- Frauen-/ Männer-/ Geschlechterforschung
- Holocaust/ Nationalsozialismus/ Emigration
- (Sub)Kulturen, Kunst & Fashion, Art Brut
- Gewalt und Traumatisierungsfolgen
- psychische Erkrankungen

sowie
… junge urbane Gegenwartsliteratur, Krimis, (Auto)Biografien
… Art Brut und Graphic Novels
… (queere) Kinderbücher

www.marta-press.de

Substanz

Rebekka Blum

Angst um die Vormachtstellung

Zum Begriff und zur Geschichte des deutschen Antifeminismus

Marta Press

Marta Press 2019, 140 Seiten
ISBN: 978-3-944442-90-7
18,00 € (D), 20,00 € (AT), 22,00 CHF UVP (CH)

Juliane Lang, Ulrich Peters (Hg.):

Antifeminismus in Bewegung

Aktuelle Debatten um Geschlecht und sexuelle Vielfalt

Marta Press 2018, 336 Seiten
ISBN: 978-3-944442-52-5
20,00 € (D), 22,00 € (AT), 24,00 CHF UVP